U0897032

《法律人类学论丛》编委会

法律人類學論丛

2013（第1卷）

◎ 吴大华 / 主编

LEGAL ANTHROPOLOGY REVIEW No.1, 2013

中央民族大學出版社
China Minzu University Press

图书在版编目（CIP）数据

法律人类学论丛．2013 第 1 卷/吴大华主编．—北京：中央民族大学出版社，2014.5

ISBN 978－7－5660－0723－0

Ⅰ．①法…　Ⅱ．①吴…　Ⅲ．①法学—人类学—文集　Ⅳ．①D90－059

中国版本图书馆 CIP 数据核字（2014）第 099917 号

法律人类学论丛·2013（第 1 卷）

主　　编　吴大华

责任编辑　舒　松

封面设计　布拉格

出 版 者　中央民族大学出版社

北京市海淀区中关村南大街 27 号　邮编：100081

电话：68472815（发行部）　传真：68932751（发行部）

68932218（总编室）　68932447（办公室）

发 行 者　全国各地新华书店

印 刷 厂　北京宏伟双华印刷有限公司

规　　格　787×1092（毫米）　1/16　印张：22.25

字　　数　355 千字

版　　次　2014 年 6 月第 1 版　2014 年 6 月第 1 次印刷

书　　号　ISBN 978－7－5660－0723－0

定　　价　58.00 元

序

法律人类学是一门运用人类学的理论与方法对法律问题进行解释和研究的学科。它处于法律学与人类学的交汇点，是一门交叉性的分支学科。作为19世纪中后期产生并发展起来的一门边缘学科，法人类学是传统法学和传统人类学的扩张与“互渗”，要求不同文化间相互理解与尊重，对法律进行动态性的研究，认同法律多元，认同非国家法律，要求运用国家法律与非国家法律寻求纠纷解决以维护社会秩序。

20世纪90年代以来，西方后现代法学思潮逐渐被引介到中国，这种思潮认为存在着多种可供选择和互不等同的概念体系或假设体系，在各自体系里都可以解释世界，因为不存在权威性的客观的选择方法；它主张视角的多元性、多面化，倡导一种多元主义的方法论，允许各种法律理解的存在。受此影响，矢志于民族习惯法、民间法调查研究的学者和学术群体日渐增多。正是在这样的背景下，法律人类学在中国逐渐得以传播。经过三十多年的发展，中国的法律人类学研究从无到有，得以蓬勃发展起来。研究的领域从最初的少数民族习惯法拓展到民间法、乡村社会治理等诸多领域。研究的范式上，从以规则、制度为中心的研究范式逐渐转向了以纠纷、过程为中心的范式，从关注特定条件下法律制度的发展与现状转向了更为关注现实社会中的法律现象和法律问题。总之，近三十年来，中国的法律人类学研究在诸多方面都取得了令人瞩目的成绩。当然，存在的不足与问题也是明显的，例如法律人类学在中国尚未形成明确的学科体系，在理论层面的贡献尚欠缺，有影响力学术成果之数量仍显不足。

为了进一步推动中国的法律人类学发展，促进法律人类学研究经验的交流，不断繁荣中国的法律人类学研究，加强对外交流，在中国人类学民族学研究会、国家民委和民政部的支持指导下，国内热心于法律人类学研究的一批学者于2010年成立了中国人类学民族学研究会法律人类学专业委员会，并从当年开始每年举办一次法律人类学高级论坛，到2013年底已陆续举办了三期论坛。为了更好地推进法律人类学的研究，法律人类学专业委员会决定创办《法律人类学论丛》（年刊），以此作为国内法律人类学研究与交流的学术阵地。希望本刊的创办，能够推动以下几方面的工作：

一是进一步推动国内学术界对国外法律人类学理论及研究成果的译介。

二是促进法律民族志成果的研究。我国有着法律人类学发展的独特而丰富的民族资源，但尚缺乏能与阿尔福雷德·拉德克利夫—布朗的《安达曼岛人》、埃文斯·普理查德的《努尔人》等相比肩的法律民族志精品成果。特别是在法律现代化的背景下，我们也同样面临着现代法律文化与我国各民族传统法律文化之间的冲突与调适问题，而法律民族志的研究能够更好地帮助我们认识自身。

三是推动法律人类学研究内容的进一步丰富，运用人类学的基本研究方法研究城市生活的规则、秩序，甚至是研究现代社会中国家法律以外的一切非正式规则及其法律实践，以寻求社会治理中的“活法”。

四是促进法律人类学研究的视角更多地关注现实社会中的法律现象与法律问题，研究民间的“活法律”如何适应法律现代化和全球化的进程，这种“活法律”又如何与国家法律制度相结合。

五是推动中国法律人类学理论和研究方法的创新。目前国内法律人类学的研究在一定程度上还只是用中国的资料验证西方的理论，中国的法律人类学研究对此应当予以反思，回应中国的时代使命，创造出更为贴切中国现状的理论和方法。

愿《法律人类学论丛》在学界同行倾力支持之下，能做出更多有价值的思考和探索。

是为序！

中国人类学民族学研究会副会长暨法律人类学专业委员会主任委员

吴大华

二〇一三年十一月二十八日

目　录

法人类学的学科理论、方法

习惯法研究

纠纷解决机制研究

其他研究

域外法律人类学

法律人类学会议综述

法人类学的学科理论、方法

论法律人类学研究在我国的成长与发展

吴大华　郭　婧①

法律人类学（legal anthropology & anthropology of law）开始于西方19世纪中叶，成熟于20世纪70—80年代。最初，法律人类学主要遵循人类学的知识传统，研究人类早期的法律制度在不同文明世界中的表现、功能及其变迁，即注重“过程比较”。② 在20世纪60—70年代后，法律人类学开始将研究转向西方法律制度下的阶级和统治的问题，被广泛应用于包括西方国家在内的法律制度和社会秩序的研究。经过一百多年的发展，法律人类学贡献了丰硕的理论成果，如地方性知识理论、法律多元理论、半自治社会领域理论、法律的理性与合理性理论、法律与法律表达理论、纠纷与秩序的理论等。③ 如今随着社会的变迁和全球化趋势的发展，同时在科技飞速发展与各种多元思想相互碰撞的背景下，包括人类学的研究对象多元化和法学的研究视野国际化，法律人类学者已将研究目光从关注过去的法律发展史转向关注现实社会中的法律问题，从地方性法律问题扩展到全国性法律问题，甚至是国际性法律问题，并且必须是立足现实，在全球文化的时间与空间之内思考学科中的一切问题。法律人类学传入中国后同样

---

① 作者简介：吴大华（1963—），男，侗族，湖南新晃人，贵州省社会科学院院长，教授，法学博士，博士后，博士生导师。郭婧（1983—），女，汉族，贵州贵阳人，贵州师范学院经济与政治学院副教授，法学博士。

② 在“西方主义”、“欧洲中心主义”和殖民主义的影响下，最初的法律人类学家都将研究视域放在非西方的国家，并将这些国家视为西方国家的前发展阶段。

③ 张晓辉著：《法律人类学视角的学术魅力》（序），载张钧：《农村土地制度研究》，中国民主法制出版社2008年版，第3—5页。

也历经了类似的发展历程：在摸索中寻求发展，在困难中创造成绩。

一、在我国，有法律人类学吗？

在学科设置上，法律人类学在国外已成为独立的学科，在名称上表现为“法人类学”或“法社会学”。在我国，法律人类学尚未设置为学科。在名称使用上，“法律人类学”、“法人类学”、“法律社会学”、“法社会学”、“法律人类学——社会学”等名称混用。由此也造成国内有些学者产生“法人类学是什么？”、“我国是否有法人类学？”① 等疑问。同时，还有学者指出，在我国，由于其发展历程崎岖，社会——文化人类学研究对其他学科的影响力较为薄弱；在社会——文化人类学领域中，法律人类学是其中弱小的分支学科，国内研究者不多，参与的法学家也较少；与此同时，在法律人类学发展成熟的西方社会，20 世纪末后由于政府经费投入减少，社会——文化人类学的研究呈现衰落趋势，法律人类学的研究人员青黄不接，相关研究也发展缓慢。由此，在我国，法律人类学还是个无名的学科，“在国内的出版物中，很少能够看到有关法律人类学的著作和相关文章，即使是在国内学者撰写的社会——文化人类学著作中，也鲜有关于法律人类学的描述。”② 在我国，有法律人类学吗？

笔者认为，回答这个问题，首先要回答什么是“法律人类学”？有学者指出，“任何试图给法律人类学下定义的做法注定都要失败，这是因为在法律人类学的发展史上，研究对象并不是也仍将是确定不变的。”③ 笔者认为，由于社会的发展与变迁，法律人类学的研究对象不可能一成不变，但并不能因此否定一个学科定义的必要性，反之，就是将这门学科的理论和方法的贡献于不顾，忽视了诸多学者为这门学科付出的努力。法律人类学是运用人类学的理论与方法对法律问题进行解释和研究的学科，处于法

① 张文山著：《关于法人类学若干问题的思考》，载《广西民族大学学报》（哲学社会科学版）2006 年第 6 期。

② 张晓辉著：《法律人类学视角的学术魅力》（序），载张钧：《农村土地制度研究》，中国民主法制出版社 2008 年版，第 3—5 页。

③ 孙东国著：《法律人类学介评》，载《广西政法管理干部学院学报》2005 年第 1 期。

律学与人类学的交汇，是一门交叉性的分支学科。法律人类学的研究取向在于人类法律制度的变迁，“不发达”或“发达”人群和社区的法律文化及社会控制；研究目标注重在特定社会条件下的法律制度产生的原因、规范的内容、运行程序、原则等，[①] 即注重法律产生、发展、演变的共时性，并将“法律事件、纷争和规则放在时间的变化中，做连续事件来研究”，以获知它们在社会生活中的地位和影响，[②] 即注重法律事件的历时性；研究方法取人类学研究方法之长，强调参与观察与深度访谈的田野调查方法认识和研究特定社会中的法律现象和问题。在我国，法律人类学起步较晚这确是事实。尽管存在“不少法人类学的著作和学者在国内还未被学术界广泛知晓，作为一门极为特殊的研究领域甚至也还没有一个较为明确而规范的学术范畴可以依托和归类”[③] 等诸多问题，但是从目前的相关研究成果来看，已有不少学者采用法人类学的若干理论和方法来看待和分析中国的法律事件、法律现象和法律文化，并取得了多方面的科研成果。如同在此研究队伍中，不仅仅有法学者的参与，也有人类学者的参与，甚至还有历史学者、社会学者[④]的参与。[⑤] 不同学科背景会产生不同的研究倾向：法学学者们常常将法律人类学作为一种理论工具使用[⑥]；人类学学者偏向用人类学的方法和理论来进行法律问题的研究[⑦]。此外，由于经典人类学强调研究非西方社会，而中国社会学研究的是非西方的中国社会特别是中国乡村社会，因此，中国社会学和人类学在发展初期其实是相互影响的。在这样的知识传统下，法律社会学与法律人类学有相当多的共性。但这不影响对最终研究成果的形成与这些成果对学科和社会发展的贡献。2008 年北京大学出版社出版了朱晓阳、侯猛主编的《法律与人类学：中国读本》一书。该书主要收入了中国改革开放以来，特别是 20 世纪 90 年代以来，以

---

① 张晓辉著：《法律人类学视角的学术魅力》（序），载张钧：《农村土地制度研究》，中国民主法制出版社 2008 年版，第 1 页。

② S. F. Moore：《法律与人类学》，黄泽宪译，载李亦园主编：《文化——人类学选读》，台湾食货出版社 1980 年版，第 231—232 页。

③ 张冠梓著：《法人类学的理论、方法及其流变》，载《国外社会科学》2003 年第 5 期。

④ 如黄宗智、赵旭东、高丙中等学者。

⑤ 侯猛著：《法律和人类学研究：中国经验 30 年》，载《法商研究》2008 年第 4 期。

⑥ 如梁志平、苏力等学者。

⑦ 如王铭铭、朱晓阳等学者。

中国问题为中心的人类学的法律研究文献。文献作者不仅有法学者，也有人类学者、社会学者等。该书导言指出："在中国，法律人类学与政治人类学、经济人类学、艺术人类学、历史人类学，至少在研究内容上存在诸多交集，彼此之间的研究界限并不明显，因此，需要放宽法律人类学的研究视野。"① 同样，对于什么是法律人类学？哪些文献属于法律人类学？这些问题，同样也要"放宽视野"。笔者认为，只要符合法律人类的定义的研究成果都可以视为关于法律人类的成果。我国不仅有法律人类学的研究，而且在我国这样一个多民族同处、多元文化共存的国情下，尤其在如今社会转型期，问题多发的社会背景中，更需要和鼓励法律人类学作为人类学对传统法学（概念法学）的"闯入者"，它能起到给传统法学开阔视野、提供思路、贡献方式方法的作用。②

二、法律人类学在我国的成长与发展

若一定要将法律人类学在我国的成长与发展划分历史阶段，可以按照一定时间内文献突出反映的主要问题分为以下几个阶段：

（一）初始阶段：法律人类学相关理论的引入与借鉴

我国法人类学研究的初始阶段主要是对西方法人类学的相关理论与概念的介绍与引进。这种译介工作开始于20世纪80年代中后期。起初，这种对国外法人类学经典名著的翻译和介绍并不成体系，更多是译介者或出版机构的个人行为，缺乏系统化、规范化的管理和组织。这一时期国内陆续译介的法律人类学的相关著作，如霍贝尔的《原始人的法》（又译《初民的法律——法的动态比较研究》），马林诺斯基的《原始社会中的犯罪与风俗》，梅因的《古代法》，千叶正士的《法律多元：从日本法律文化迈向一般理论》，克利福德·格尔茨的《地方性知识》，汤浅道南、小池正行、大仲滋等人的《法人类学基础》等，在学界产生了较大影响。可以说，中

① 朱晓阳、侯猛主编：《法律与人类学：中国读本》，北京大学出版社2008年版，第3页。

② 若从辨别现有研究成果和研究方法是否符合这个"宽泛的"法律人类学定义这个角度而言，在名称上目前的法律人类学更适合被称为"法律社会人类学"。

国法律人类学正是在这种辛苦而必要的译介工作的基础上逐渐发展起来。①

（二）发展阶段：法律人类学的本土化实践与跨学科借鉴

1. 法律人类学的本土化实践——习惯法与民间法研究与乡村治理

近年来，随着对中国法律文化过分追随西方法律体系的批评，越来越多的专家学者把目光转向本土，希望从本土民间法、习惯法等中国基层自身社会控制体系中找到有中国特色的法律文化根基，从而更有效地解决法律文化移植中的冲突与矛盾。法律人类学也在这样的学术背景下得到空前重视，越来越多的法学专家、人类学学者、民族学学者关注法律人类学问题，法律人类学理论与实践的探讨得以加强，并出现了不少科研成果。②在法学学者出版的著作中，着重历史研究的著作有：《青海藏区部落习惯法资料集》（张济民主编，青海人民出版社 1993 年版）、《中国少数民族法制史》（徐晓光著，贵州民族出版社 2002 年版）、《生存范式：理性与传统——元明清时期南方民族法律变迁研究》（胡兴东著，中国社会科学出版社 2005 年版）、《从冲突到和谐——清明时期西南少数民族纠纷解决机制研究》（佴澎著，人民出版社 2008 年版）等。从现代研究视角出发的相关法学著作有：《中国习惯法论》（高其才著，湖南出版社 1995 年版）、《少数民族习惯法研究》（徐中起、张锡盛、张晓辉主编，云南大学出版社 1998 年版）、《苗族习惯法研究》（徐晓光、吴大华等著，华夏文化艺术出版社 2000 年版）、《羌族习惯法》（俞荣根主编，重庆出版社 2000 年版）、《藏族部落习惯法丛书》（张济民，青海人民出版社 2002 年版）、《中国少数民族习惯法研究》（高其才著，清华大学出版社 2003 年版）、《民族法律文化散论》（吴大华著，民族出版社 2004 年版）、《彝族法律文化研究》

① 侯猛著：《法律和人类学研究：中国经验 30 年》，载《法商研究》2008 年第 4 期。

② 祁进玉著：《中国法律人类学研究三十年：1978—2008》，载《西北民族研究》2009 年第 3 期。

（张晓辉、方慧主编，民族出版社2005年版）。[1] 人类学学者、民族学者的相关著作有：《神判》（夏之乾著，上海三联书店1990年版）、《神判论》（邓敏文著，贵州人民出版社1991年版），《侗族——贵州黎平县九龙村调查》（刘峰、龙耀宏主编，云南大学出版社2006年版）。在我国法人类学研究中，除了少数民族习惯法的研究以外，还有学者将研究点放在汉民族的宗族村落习惯法、行业习惯法、宗教寺院习惯法以及秘密社会习惯法等问题上。翟同祖在其《中国法律与中国社会》（中华书局1981年版）一书中使用人类学中固有法的概念，认为固有法是产生于一个民族本土文化的法律，而习惯法只是固有法的一个部分。[2]

在乡村治理方面，法学学者朱苏力的《法治及其本土资源》（中国政法大学出版社1996年版）、《清代习惯法：社会与国家》（梁治平著，中国政法大学出版社1996年版）、《多元化的农村纠纷处理机制研究》（严军兴主编，法律出版社2008年版）、《迈向深嵌在社会与文化中的法律》（王启梁，中国法制出版社2010年版）、《乡村江湖：两湖平原“混混”研究》（陈柏峰，中国政法大学出版社2011年版）等。人类学、社会学者方面，费孝通先生的卓越贡献不言而喻。他不仅是一位社会学家，同时也是一位人类学家。近几年还有王铭铭所著的《村落视野中的文化与权力》（三联书店1997年版），及其与王斯福合著的《乡土社会的秩序、公正与权威》，（中国政法大学出版社1997年版）；朱晓阳：《小村故事 罪过与惩罚1931—1997》（法律出版社2011年版）；赵旭东：《法律与文化：法律人类学研究与中国经验》（北京大学出版社2011年版）等。

---

① 近五年还有：《黔东南雷山县三村苗族习惯法研究》（周相卿著，贵州人民出版社2006年版）、《蒙古族草原法的文化阐释——〈卫拉特法典〉及卫拉特法的研究》（黄华均著，中央民族大学出版社2006年版）、《法律多元视角下的苗族习惯法与国家法》（徐晓光、文新宇著，贵州民族出版社2006年版）、《彝族法文化——构建和谐社会的新视角》（孙伶伶著，中国人民大学出版社2007年版）、《瑶族习惯法》（高其才著，清华大学出版社2008年版）、《凉山彝族习惯法田野调查报告》（陈金全、巴且日伙主编，人民出版社2008年版）、《西南少数民族习惯法研究》（陈金全主编，人民出版社2008年版）、《碉楼与议话坪——羌族习惯法的田野调查》（李鸣，中国法制出版社2008年版）、《原生的法——黔东南苗族侗族地区的法人类学调查》（徐晓光著，中国政法大学出版社2010年版）、《西南少数民族民间法的变迁与现实作用——以黔桂瑶族、侗族、苗族民间法为例》（周世中等著，法律出版社2010年版），《习惯与法制的冲突与整合——以西部地区的调查分析为进路》（高晋康、何真等，法律出版社2010年版）等。

② 高其才著：《中国习惯法论》，湖南出版社1995年版。王学辉著：《从禁忌习惯到法起源运动》，法律出版社1998年版。

2. 法律人类学的跨学科借鉴——拓展基础科学的研究视野

近几年，随着法律人类学理论和方法的引入，一些学者有效借鉴了各学科的理论与方法，以拓展自己学科的研究视野，突围基本学科的理论瓶颈。以刑法学学者为例，如陈兴良、周光权的《法律多元：理念、价值及其当代意义——尤其从刑事角度的思考》（《现代法学》1996年第6期，后收录在陈兴良著《当代刑法新视野》，人民大学出版社2007年版），徐发民的《刑法的社会学分析》（法律出版社2003年版）和《刑法的社会文化分析》（武汉大学出版社2004年版）、杜宇的《重拾一种被放逐的知识传统——刑法视域中“习惯法”的初步考察》（北京大学出版社2005年版）、瞿中东:《刑罚问题的社会学思考》（法律出版社2010年版）等。

需要指出的是，随着后现代人类学理论[①]的发展引起对话语的关注，一些中国的学者也开始关注法律与语言的关系中的语境、话语权的问题。如朱苏力的《语境论》（载《中外法学》，2000年第1期），季卫东的《从农村的法律话语场看中国宪政的合意论基础及其缺陷》（载《法律人》2004年第9期），夏勇的《民本与民权——中国权利话语的历史基础》（载《中国社会科学》，2004年第5期）等。并且，还有学者注意到，在中国这样一个多民族国家中，语言文字与法律的关系不应仅限于官方或法律语言文字的选择和确立上，多语或双语的现象还会直接引起法律对民族语言的权利保障及法律实施中的语言文字障碍。如张晓辉主编的《中国法律在少数民族地区的实施》（云南大学出版社1994年版），刘云飞的《刑事诉讼中民族语言翻译制度：一种来自实证经验的思考和构想》（载《民族法学评论》（2008年第6卷），毛公宁、吴大华主编，团结出版社2009年版）等。

实际上，法律人类学在我国的成长与发展中并没有明显时间阶段的界线。相关理论的引入与借鉴、法律人类学的本土化实践和跨学科借鉴有着相互影响、作用的共存关系，只是可能在某个时期内由于社会的需求和当时哲学社科思想的影响，法律人类学的发展在某一方面会显得相较突出。并且，早在西方法律人类学理论引入前，20世纪20年代，就已有中国学者开始利用田野工作方法研究社会问题。严景耀是这个方面的典型代表。

① 朱炳祥著:《社会人类学》，武汉大学出版社2006年版，第107—108页。

他在20世纪20年代后期和30年代初期通过田野工作方法研究违法犯罪与社会变迁的关系，从1927年夏天开始，到监狱当一名志愿犯人，和囚犯一起住在号子里“参与观察”，通过访谈收集案例，深入到囚徒的家中了解背景资料，完成了一系列的论著。① 二十世纪五六十年代，国家组织的少数民族调查也曾采用民族志方法对少数民族进行社会历史调查，涉及少数民族“法”的相关内容。总体来看，从最近几年的研究成果看，法律人类学的研究在中国的学术界正呈蓬勃发展趋势。一些专门从事乡村研究的学者开始把注意力转移到实际纠纷的解决过程的研究上来；而一些法律研究者也在开始注意法律实际发生状况以及近年来国民法律意识抬头的趋势；对少数民族生活有兴趣的研究者也在开展更大范围的以习惯法为核心的习惯法的田野调查以及法律民族志的撰写。“今天随着学术兴趣的转换，它们（上述研究兴趣的转变）已经成为法律研究以及社会学、人类学研究中的显学了。”②

三、中国法律人类学的研究视角

若按照研究者的学科背景划分，从目前中国法学者运用人类学知识的法律研究方面来看，中国法律人类学大体上分为两种研究风格：一是法律文化研究，以中国文化研究院梁治平研究员为代表；二是法律的社会科学研究，即广义的法律社会学研究，以北京大学朱苏力教授为代表。③

（一）法律文化研究

20世纪80年代，以梁治平为代表的法律文化研究兴起于“法律文化”一词，可以用来笼统和含糊地指称与法律有关的历史、传统、习惯、制度、学理和其他任何东西。此源于我国在20世纪80年代开始掀起的“文化热”，研究者作为旁观的“他者”浸入社会文化脉络中加以审视，即便

① 严景耀著：《中国的犯罪问题与社会变迁》，北京大学出版社1986年版，第210、第220页。

② 赵旭东著：《法律与文化——法律人类学研究与中国经验》，北京大学出版社2011年版，第5页。

③ 侯猛著：《法律和人类学研究：中国经验30年》，载《法商研究》2008年第4期。

是自己的文化也有一个从外到内或从内到外的身份与视野的转变。对文化的比较研究，尤其强调整体文化形态的考察和认知，最后加以分析与阐释。梁治平在《法律的文化解释》一书中指出，文化解释理论为研究中国历史提供了这样一种范式，那就是时常有意识地借助于陌生的经验去了解我们“熟知”的历史。在此过程之中，各种不同类型经验的独特性在比较、对照和参证的基础上显现出来。那时，我们掌握的应当不只是一套解释的理论和技巧，而且有一个来源于研究对象并与之相适应的有启发力的概念体系。我们就应当用这种方式对中国社会科学理论的发展和中国文化的重建做出贡献。此外，刘作翔在其所著的《法律文化理论》中也将法律文化视为一个宏观的法学新思维，认为文化渗透在人类的法律实践活动之中。他同样也强调法律是文化的一部分，将法律放在文化中进行考察。即法律文化既体现在作为隐性的法律意识形态之中，也体现在作为显性的法律制度性结构之中。法律文化既是历史文化的遗留，也是现实的人类创造。过去人们创造了法律文化，今天人们仍在发展着法律文化。法律文化是一种集历史与现实、宏观与微观、静态与动态、观念与制度在内的宏观的整体性文化。20 世纪的中国法律文化，伴随着中国社会的转型，也经历了一个由传统向现代、由封闭向开放、由一元向多元的历史转型和发展时期，正在向现代化迈进。21 世纪的中国法律文化将在世界法律文化体系中居于重要的地位，成为多元并存的世界法律文化体系中不可忽视的、具有光彩的一支重要文化。[①] 此外，赵旭东在《法律与文化——法律人类学研究与中国经验》一书中也围绕法律与文化这一主题展开论述。他在对西方既有的法律人类学研究进行梳理的基础上，结合对一些中国文化下的法律观念与实践问题进行了社会学和人类学的分析，试图以法律与文化来整理既有的法律人类学研究以及在中国社会中所展开的实地法律运作和习惯法调查。[②]

（二）广义的法律社会学研究

20 世纪 90 年代以来，运用社会科学的方法来分析法律现象成为一种研究趋势，其中以苏力为代表。苏力的法律社会学研究，受到费孝通先生

---

① 刘作翔著：《法律文化理论》，商务印书馆 1999 年版，第 1—2 页。

② 赵旭东著：《法律与文化——法律人类学研究与中国经验》，北京大学出版社 2011 年版。

思想的深刻影响。在苏力看来，费孝通先生在《乡土中国》中对于中国社会基本问题的经验表述，如“中国乡土社会的基层结构是一种所谓‘差序格局’，是一个‘一根根私人联系所构成的网络’”、[①]“法治秩序的建立不能单靠制定若干法律条文和设立若干法庭，重要的还得看人民怎样去应用这些设备。更进一步，在社会结构和思想观念上还得先有一番改革。如果在这些方面不加以改革，单把法律和法庭推行下乡，结果法治秩序的好处未得，而破坏礼治的弊端却已先发生了”[②] 等，至今仍有很强的解释力。15 年前，苏力教授提出的“本土资源论”是在很大程度上运用上述法律人类学研究成果的基础上产生的，他所著的《法治及其本土资源》在法学界刮起了一股“本土化”旋风。尽管有学者称其论为“法律保守主义”，但他在最近十几年的我国法学界可以说是风头最劲的法学家之一，其理论的主要利器就是“地方性知识”和“法律多元”。苏力认为，法学家除了关注国家法之外，也应该关注非国家法的规则和习惯。尽管这些论断在世界范围内已有人提出，但对发展中的中国来说，该观点提出得十分及时，它有利于活跃我们的学术气氛，有益于中国法学研究的繁荣。正是在苏力教授的启发下，不少学者加入了研究“民间法”和“本土资源”的行列。此外，谢晖教授主编的《民间法》已成为“民间法”研究的重要载体。近年来，我国法律人类学研究也开始更多关注“民间法”研究，深入挖掘“本土资源”，也取得了一些可喜的研究成果。到 2010 年，由谢晖教授和陈金钊教授发起的“全国民间法 · 民族习惯法学术研讨会”迄今已成功召开了 6 届。该会议为民间法、民族习惯法研究提供了交流平台，为壮大民族法文化的研究队伍，促进民族法律文化的发展做出了卓越贡献。若要说苏力的独特贡献，那么应该是苏力推动了中国法学界在 20 世纪 90 年代后期兴起法律的田野调查之风。[③] 这一时期形成的研究作品包括强世功的《乡村社会的司法实践：知识、技术与权力——起乡村民事调解案》（载《战略与管理》1997 年第 4 期）、赵晓力的《通过合同的治理——80 年代以来中国基层法院对农村承包合同的处理》（载《中国社会科学》2000 年第 2 期）、贺欣的《在法律的边缘——部分外地来京工商户经营执照中的“法

① 费孝通著：《乡土中国生育制度》，北京大学出版社 1998 年版，第 31、第 58 页。

② 费孝通著：《乡土中国生育制度》，北京大学出版社 1998 年版，第 31、第 58 页。

③ 侯猛著：《法律和人类学研究：中国经验 30 年》，载《法商研究》2008 年第 4 期。

律合谋”》（载《中国社会科学》2005年第3期）、田成友《乡土社会中的民间法》（法律出版社2005年版）、陈柏峰的《乡村江湖——两湖平原“混混”研究》（中国政法大学出版社2011年版）以及苏力自己的《送法下乡——中国基层司法制度研究》（中国政法大学出版社2000年版。），等等。特别是《送法下乡——中国基层司法制度研究》已经成为中国法学研究的里程碑式的作品。

另一方面，在人类学者对法律问题的关注视角主要表现在：（1）秩序问题，即将现代性话语与中国社会联系起来。目前以分析中国社会特别是中国基层社会问题为重心，关注其中的法律、政治与权威，反思法律的现代性。（2）产权问题，即关注经济制度的变迁。认为对于法律人类学而言，法律本质上是权利（财产权利）配置的规则，纠纷往往是产权纠纷。①（3）“法律”的艺术问题，即将艺术人类学与法律人类学相结合，在相互启发中扬弃结构主义，成为真正意义上的“反思式文化研究的一个局部”。认为不仅要观察和反思传统艺术作品中的法律问题，也要对在中国已经存在的当代艺术作品中的法律问题进行反馈。②（4）将历史学人类学与法律人类学结合，即将法律档案与田野调查相结合。③

总体上，无论是基于哪个学科背景，中国当代的法律人类学的研究主题主要是围绕两个问题展开：一是在“情、理（礼）、法”三者关系基础上的研究；二是对研究方法的反思。

四、法律人类学在中国的评价与展望

三十多年来，随着改革开放，中国打开国门，去粗取精积极地引进、介绍国外先进的学术理念，法律人类学这门外来学科，已在中国找到了自己的位置，采用若干理论和方法来看待和分析中国的法律事件、法律现象和法律文化，并取得了一些成果。但就目前的发展状况来看，法律人类学研究还有以下问题：

① 朱晓阳著：《语言混乱与草原“共有地”》，载《西北民族研究》2007年第1期。

② 王铭铭著：《威慑艺术：形象、仪式与“法”》，载《民间文化论坛》2006年第4期。

③ 朱晓阳、侯猛主编：《法律人类学：中国读本》，北京大学出版社2008年版，第2—6页。

第一，尚未形成学术流派与学科体系。尽管近年来，法学界的学者们对法律人类学表现出了极大的兴趣，但是与之不相协调的是，人们对这门新兴的学科缺乏准确、系统、足够地了解，也缺乏对这门学科的属性的明确界定，在法学研究中，人类学方法还没有得到较为广泛的应用和应有的重视，法律人类学也没有取得应有的地位。具体而言，首先由于法律人类学的研究路径常常是着重于地方性知识，对此种知识，很多人（包括官员、学者）都不了解。其次法律人类学的研究路径是“小地方，大问题”。这就相较于传统法学（或概念法学）基于国家立场，“大地方，大问题”的研究路径而言，显得不是那么“入流”，或者说对国家、社会或者整个法制的影响不是那么能直接或明显地起到影响作用。再加上目前学界一些学者做学问存在浮躁的风气，[①]“不求名不求利”的法律人类学变得愈加“非主流”了。因此，到目前为止，学界还存有对中国是否有法律人类学、法律人类学是什么诸类问题的争议，一些学者质疑或放弃对法律人类学的研究，而我国学科设置中更无“法律人类学”。尽管一些高校开设了法律人类学这门课程，但也基本上属于法理学。可以说，在中国法律人类学只是在“无名无分”地暗自发展着，这不能不说是个遗憾。

第二，缺乏高质量的民族志。中国拥有法律人类学发展的独特而丰富的民族资源。但相对于在人类学界、法律人类学盛名的著作中，如布罗尼斯拉夫·马林诺夫斯基的《原始社会的犯罪与习俗》、阿尔福雷德·拉德克利夫—布朗的《安达曼岛人》、埃文斯·普理查德的《努尔人》，中国的这类法律人类著作少之甚少。2006 年，世界人类学界有一个特别值得纪念的事件，那就是里弗斯发表的《托达人》一百周年。里弗斯是人类学学科化历程中第一个以自己的实地调查为基础完成民族志专著的人类学家。一部高质量的民族志精品，不仅需要学者持之以恒的学问之心，也需要相关机构、部门对法人学研究的大力关注与支持。但是，法律人类学要求的田野工作，不是什么愉快的度假或旅行，更不是什么浪漫的探险或访幽。它意味着研究者在生活和工作中要面临难以预测或想象的困难。所以真正潜下心来，严格按照人类学田野调查的要求，埋头于乡土之间调研工作的研究者太少。另一方面，对这种研究的资金支持无论在金额上还是项目数量

① 汪建生著：《文化人类学调查——正确认识社会的方法》，文物出版社 2002 年版，第 2 页。

上都相对较少。因此，现在一些法律人类学的田野调查常常流于走马观花的形式，自然出不来高质量的研究成果。这样也导致后续的一些学者更习惯于寻求二手资料，丧失了法律人类学的基本立场与方法。由此，法律人类学成为一门冷僻之学，或被人质疑也是理所当然了。

第三，研究视野尚停留在国内，对国外区域的研究较为缺乏。现代西方人类学以它的海外社会为对象的经验研究已经积累了百年成就的事实。尽管目前国内法律人类学研究者已将研究目光有所扩展，但笔者认为，除了做中国的特殊性研究，有意识地到国外开展民族志研究或者关注国外法律人类学问题，在经济全球化、文化多元化的当代形势下已经成为中国的法律人类学研究无可回避的趋势。“中国从‘独立自主’到融入国际社会，许多学科的学者在讨论中国的市场转型、政治改革，但是没有给予必然与这些过程相伴随的社会科学的知识生产方式的转变以足够的重视。中国人类学能够进入世界，中国的社会科学才有机会成为当前世界的学术。”①

我们这个时代需要一种新的思想。中国的历史、文化、民族传统有条件用来构建新的理论——法律人类学的中国体系。法律人类学的产生与发展是对规范法学的反思，也是法治变革的需要。我们越来越意识到，一个社会如把解决争端的重担全部诉诸法律，会“法律多如牛毛”、诉讼成灾、积案如山、效率低下，而法律人类学的理论和方法就是解决这类问题的有效工具。我们认为，法律人类学的中国体系的建构必将对中国的传统法学和法治化道路发挥巨大推动作用，同时也能富足世界法律人类学思想宝库。法律人类学在中国的发展方兴未艾，但无论从理论建构还是相关制度的支持上，都还有很长一段路要走。

① 高丙中著：《人类学国外民族志与中国社会科学的发展》，载《中山大学学报》（社会科学版）2006年第2期。

民族志方法对日常生活史的意义

张佩国①

以往的历史研究，可能给人一种“见物不见人”的感觉，一个重要原因，就在于无视历史当事人的主体性。日常生活史的研究，如果不引入“他者”的视角，也有可能碎片化，变成对人们衣食住行的“采风”式民俗描述。本文论及民族志方法对于日常生活史研究的方法论意义，希图对此有所裨益。

一、法律民族志：延伸个案与日常生活

法律民族志关注地方社会民众的日常生活实践，并非是在纠纷出现的场合才会有“法”的必要性，纠纷在日常生活中的统计学比例无疑是很小的。但相对于非争讼的日常生活来说，纠纷更能凸显“法”的意义，民事审判、民间调解和纠纷解决机制遂成为法律史、法社会学、法人类学者关注的对象。赵旭东对此有这样的判定：“当今的法律人类学正在悄悄发生着一种研究兴趣的转向，即从社会秩序何以得到维持以及社会构成的原则这样的问题，转变到了对纠纷解决过程的研究上来。……这样的转变，使得社会人类学者有可能更多地关注正式的国家法律制度与习俗惯例同时出现在一起纠纷中的相互作用的过程。”② 也许存在着这种法人类学的研究趋

---

① 作者简介：张佩国，男，上海大学人类学研究所教授。

② 赵旭东著：《权力与公正——乡土社会中的纠纷解决与权威多元》，天津古籍出版社2003年版，第6页。

势，但问题的关键在于如何解释纠纷解决过程。赵旭东以法律多元和权威多元为方法论层面的关键词，解释了位于华北平原的李村纠纷解决的实践机制，关注的焦点是国家法律机构与民间习俗之间的互动。他最后也反思了自己“对于习俗究竟怎样向国家的权力机构渗透，或者说通过什么样的渠道获得其生存的合法性并没有给予太多的注意。”① 究其原因就在于法律多元的概念虽有在实践层面理解国家法与民间法互动关系的研究进路，但毕竟还是将国家法与民间法当作两个相对独立的经验实体，而纠纷的发生学机制则可能是一个更为复杂的实践过程。

我之所以用“纠纷的发生学机制”这样的表述，而不说“纠纷的发生机制”，是为了避免引起不必要的误解。如果说“纠纷的发生机制”，人们可能就以为纠纷的发生和解决是纠纷事件中两个相对独立的阶段。“纠纷的发生学机制”的解释策略，就不仅把纠纷的发生和解决作为一个整体纳入其装置中，而且还故意模糊纠纷与日常生活非纠纷场合的边界。比如一件家产纠纷，无论是经由正式的民事审判，还是非正式的民间调解来解决，其产生的渊源都离不开亲属关系、婚姻模式、财产观念、道德评判这些日常生活中的结构性要素。在具体的解释过程中，这些所谓的结构性要素，应该被置换成当地人日常生活中的话语和故事，这在下文“阅读法意识”中还会进一步讨论。

这种解释方法被许多学者称为法律民族志的延伸个案法，我以为这可以在两个层面开展工作，一方面是将纠纷所赖以发生的“前历史”纳入纠纷的发生学解释框架中，实际上是将纠纷的发生学机制放在特定时空坐落的社会脉络中进行解释②；另一方面是将纠纷消解在当地人的日常行为中，这些行为如朱晓阳所说，表现为散布在时间中的过程和一系列的零散行动，“它们不以争端的方式出现，不像以争端为核心的个案那样形式公开，也不像传统个案一样伴随着一次裁决或者决定，从而使个案终结。”③ 前一方面工作中的“前历史”，不是孤立的编年史或地方志大事记，而是相对

① 赵旭东著：《权力与公正——乡土社会中的纠纷解决与权威多元》，天津古籍出版社 2003 年版，第 340 页。

② 杨方泉著：《塘村纠纷：一个南方村落的土地、宗族与社会》，中国社会科学出版社 2006 年版，第 25 页；

③ 朱晓阳著：《罪过与惩罚，小村故事：1931—1997》，天津古籍出版社 2003 年版，第 37 页。

于某件纠纷来说的地方社会的社区史，可能包容了纠纷赖以发生的微生态、家族移居、地方政治事件等因素，与纠纷的发生有着直接的经验上的关联；同时，所谓“前历史”与纠纷事件并不存在某一明晰的时间点，也不必然分解为若干功能性的结构要素，其叙述策略全然以当地人的生活实践逻辑为转移。后一方面工作也不是完全消弭纠纷与零散化的日常行为的界限，但二者的相对化区分又是有必要的，其解释策略是要将纠纷的发生放在一个特定的文化场景中，当地人的道德言说、互惠习俗、交易惯例、民间传说等“小传统”甚至成为纠纷链条中的某个重要环节。

研究者不能将自己限制在所谓法律人类学的学科范围内，只是盯着纠纷不放。相反，更合理的策略是，不以纠纷为研究的切入点，只是研究民间习惯的发生，如遇纠纷事件则将其作为解释民间习惯的素材。如当年日本学者“满铁”“中国农村惯行调查”，即是奉行了这样的法律人类学方法，这样的研究虽不标榜为法律民族志，但对纠纷的发生机制却可能是更为合理的解释策略。延续“满铁”“中国农村惯行调查”学术传统的社会史学者张思对近代华北农村农耕结合习惯的研究，在这方面为我们提供了比较好的文本[①]。正如两位美国人类学家斯达（June Starr）和科利尔（Jane F. Collier）在二十世纪八十年代就已经指出的法律人类学研究的新方向：“不是再去问社会是如何平静地解决纠纷的，大多数的时候是要问，在特定的时间和地点，个体和群体是如何利用法律资源来达到他们的目的的。不再是关注规范体系或者是纠纷的过程，这里的章节是要分析法律与更广泛的社会关系体系之间的关系。因而在复兴法律人类学这一领域的过程中，我们已经改变了这一领域。”[②] 在特定的时间和地点，个体和群体的法律实践策略不是偶发性的孤立事件，而是与整体性的社会关系体系紧密相连，这样，历时性的历史要素和共时性的结构要素也有机地结合在一起了。因此，本文所说的纠纷发生学机制的历史实践解释，实际上也符合法律人类学的这一新趋势，就是不再仅仅关注纠纷本身，而是将其放在特定的地方社会的历史—文化场景中，进行更为立体化、动态化和多元化的

① 张思著：《近代华北村落共同体的变迁——农耕结合习惯的历史人类学考察》，商务印书馆2005年版。

② June Starr & Jane F. Collier, History and Power in the Study of Law, Ithaca and London, Cornell University Press, 1989, p 2.

解释。

纠纷的发生学机制中当事人乃至整个地方民众的法意识，是构成民间法秩序的最核心要素，也是其最深层的支配性要素。这里所说的法意识，也许可以在格尔兹的“地方性知识”的意义上进行解释，“深描”的民族志方法可以为此提供借鉴。格尔兹在法律民族志解释的层面认为：“法律就是地方性知识，地方在此处不只是指空间、时间、阶级和各种问题，而且也指特色，即把对所发生的事件的本地认识与对可能发生的事件的本地想象联系在一起。这种认识与想象的复合体，以及隐含于对原则的形象化描述中的事件叙述，便是我所谓的法律知识。”① 在格尔兹看来，地方性知识是当地人日常生活秩序得以维系的意义世界，而秩序可以通过对原则或制度规则的“深描”式的事件叙述加以展示。他以巴厘岛的雷格瑞事件为例，说明了阐释人类学“深描”的独特视角，“在这件事情中，事件、规则、政治、习俗、信仰、情感、符号、程序和形而上学都被纠缠在一起，其方式又是如此陌生、如此微妙，以至于进行‘实然’和‘应然’的纯粹比较就显得过于粗糙了。”②

地方民众的法意识作为地方性知识，也体现在习俗、信仰、道德、情感等诸多“总体社会事实”的构成要素中，须从当地人的视角才能真正深度阅读这样的观念世界，这里仅仅浮泛地谈人类学的主位—客位关系、参与式观察，没有太大的意义。格尔兹的“深描”作为解释地方性知识的方法，是否就真正走进了“他者”的精神世界呢？美国人类学家温森特·克拉潘扎诺（Vincent Crapanzano）对格尔兹的“深描”方法就提出了较为严厉的批评，他以格尔兹关于巴厘岛斗鸡仪式的研究为批评文本，认为格尔兹在描述的层面上将他自己的主体性与村民的主体性和意向性混淆起来，无凭无据地将各种各样的经验、意义、意图、动机、性情和理解归诸巴厘人，在“深度游戏”中，作者在现象学和解释学方面的虚伪姿态进一步复杂化了民族志作者的权威建构问题③。格尔兹对斗鸡仪式的观察尽管声称

① ［美］格尔兹：《地方性知识：事实与法律的比较透视》，载梁治平编：《法律的文化解释》，三联书店1994年版，第126页。

② 同上，第88页。

③ ［美］克拉潘扎诺：《赫耳墨斯的困境：民族志描述中对颠覆因素的掩饰》，载［美］詹姆斯·克利福德、乔治·E. 马库斯编《写文化——民族志的诗学与政治学》，商务印书馆2006年版，第100－109页。

要从当地人的意义世界出发①，但在其“深描”的文化解释中，对于民族志作者自身却缺乏知识论反思，以至于湮没了当地人的声音和自主性，没有真正走进“他者”的精神世界，他的文化解释因而成为“过度诠释”。

法国年鉴学派第三代领袖勒华拉杜里的《蒙塔尤》是精神状态史的经典之作，该书利用丰富的宗教裁判所档案，对中世纪一个法国山村的居民的精神世界做了细致入微的描画，显示了作者超凡的史料解读能力，其历史民族志的视角和方法似乎也比较真实地将当地居民的性行为、情感、宗教观念等比较私密的精神世界呈现给读者。他是如何呈现“他者”的精神世界的呢？美国人类学家雷纳托·罗萨尔多批评了勒华拉杜里过于天真地相信宗教裁判记录的真实性，富埃尼主教作为审讯者的调查是如此具有权威性，以至于遮蔽了宗教裁判记录作为宗教压迫的文献之事实；在民族志书写的层面，勒华拉杜里以田园诗的书写方式将他的乌托邦憧憬转变为对贫穷但“快乐的牧羊人”形象的刻画②。民族志作者自身权威的构建和乌托邦憧憬，都使对“故事”的叙述技巧和宗教裁判记录的权力支配的反思付之阙如。因此，他的精神状态史的历史民族志书写，其所谓的历史真实性不免使人质疑。

美国新文化史学家娜塔莉·泽蒙·戴维斯则注意到了司法档案中故事叙述者的权力关系，她曾研究过16世纪法国司法档案中的赦免状，其中的故事叙述者较少受到法官的干扰和主导，在赦罪故事中，“我们看到的不是一种不可穿透的‘官方文化’强将自己的准则加在‘百姓文化’上，而是在国王的规则主导下所导致的文化交流的结果。求赦者、听众、赦罪者的利害关系是不同的，但他们都牵扯到关于暴力与和解的一场寻常的讨论。”③

由此可以得到启发，要深度阅读地方民众的法意识，须使法律民族志的书写更具反省取向，作者时刻要提醒自己摆脱人类学概念的解释障碍，先去充分发掘当地人的观念系统，比如民间谚语、民间传说所折射的当地

① ［美］格尔兹：《深层的游戏：关于巴厘岛斗鸡的记述》，《文化的解释》，上海人民出版社1999年版，第506页。

② ［美］雷纳托·罗萨尔多：《从他的帐篷的门口：田野工作者与审讯者》，载《写文化——民族志的诗学与政治学》，第111－123页。

③ 娜塔莉·泽蒙·戴维斯（Natalie Zemon Davis）：《档案中的虚构：16世纪法国司法档案中的赦罪故事及故事的叙述者》，麦田出版公司2001年版，第303页。

民众的本地想象，诉讼事件中当事人的表达背后的法意识，交易行为中交易双方对惯例理解的差异和达成契约的意愿，等等。正如博汉南关于非洲替夫人（Tiv）的司法制度的研究中所运用的方法，用当地人的语言和表达来研究当地人的法律，而当地人的所谓法律则构成了一套民俗体系①。

阅读法意识这一问题意识，实际上也提出了方法论层面的民族志实践策略，即究竟是功能主义、结构主义式地进行亲属关系、婚姻、宗族等制度的整体分析，还是以方法论个体主义视角展开个人中心的民族志实践呢？美国人类学家乔治·E. 马尔库斯和米开尔·J. 费彻尔在清理所谓“实验民族志”转向时，提及写作策略的革新问题，“这些实验集中地探究如下问题：在被研究者眼中生活是什么？生命在不同的社会环境中的体验是什么？为了用直觉探知被研究者日常生活经验的本质，我们需要抛弃传统功能主义民族志那种依靠观察和评注被研究者的集体象征的做法，从而建构不同的范畴和不同的文本组织形式。”② 民族志实践和写作策略向个人中心的转向似乎成为实验民族志的一股潮流。

阎云翔认为，当代的个人中心的民族志着眼于个人体验以及个人的主体性，而不是社会结构与文化规范，他由此探究了东北下岬村村民1949年以来半个世纪的家庭生活中的个人情感问题，甚至涉及像风流韵事、两性关系、节育和性动力等私密的话题，展示了一幅普通村民精神世界的充满微妙变化的图景③。因为个人中心的民族志可以“使得研究者进入研究对象在当地生活的道德体验过程”④，所以，在阎云翔的民族志文本里，个人的道德体验反映在当地人日常生活的诸多方面，从公共话题到私密领域，可以说是无处不在，而涉及家庭财产、赡养老人、夫妻关系这样的带有“法秩序”倾向的问题时，基于道德体验的道德评价，其作用尤不可低估。或者反过来说，所谓“法意识”不是孤立的社会意识形式，而是弥散在日

① Paul Bohannan, Justice and Judgment among the Tiv, Oxford University Press, 1957, p4.

② 乔治·E·马尔库斯（Geoge E. Marcus）米开尔·J·费彻尔（Michel M·J·Fischer）：《作为文化批评的人类学：一个人文学科的实验时代》，三联书店1998年版，第73页。

③ 阎云翔著：《私人生活的变革：一个中国村庄里的爱情、家庭与亲密关系，1949～1999》，上海书店出版社2006年版，第14页。

④ Kleinman, Arthur, Experience and Its Moral Modes, In Grethe Peerson (ed.) The Tanner Lectures on Human Values, no. 20, Salt Lake City: University of Utah Press, 1999, P357－420. 转引自阎云翔《私人生活的变革》，第14页。

常生活的道德体验中。

二、个人中心的民族志与生活史方法

近年来，西方人类学界的道德民族志研究，呈现出两种趋向，其中的一种趋向，即如前文所介绍的，是在整体主义和关系主义的方法论框架内的道德民族志，侧重于道德实践对于规则之制的意义及秩序形成过程中道德话语所蕴含的权力支配关系[①]，虽关涉道德价值观和道德体验，但其问题意识旨在解释社会文化秩序何以可能而非个人的生命价值。另一种趋向是基于方法论个体主义的个人中心的民族志（Person - Centered Ethnography），以探究人的道德体验和主体性为旨归，其代表人物 Douglas Hollan 指出："主要着眼于个人以及个人的心理与主观体验如何形成社会与文化秩序，以及个人的心理与体验如何受其影响。"[②] 阎云翔关于黑龙江下岬村的第二本民族志文本，即受此影响，将私人生活领域中的个人体验作为其主要研究对象，并且将私人生活看作是个道德过程，这一过程是存在于地方道德世界中的人际间相互关系与交流[③]。

"个人中心的民族志"由 Robert Levy 所首倡[④]，其学术脉络是沿着玛格丽特·米德和鲁思·本尼迪克特所开创的心理人类学（Psychological Anthropology）发展而来的[⑤]。民族志固然不是人类学的全部，但心理动力民族志（Psychodynamic Ethnography）无疑也构成心理人类学的主要知识领域，它试图"展示的是，经验、性感和自我、梦境、回忆、联想、隐喻、曲解及移植方面、移转和强迫行为的重复性自我反省"，从而强有力地论

---

① Quetzil E. Castaneda, Ethnography in the Forest: An Analysis of Ethics in the Morals of Anthropology, Cultural Anthropology, Vol. 21, Issue 1, 2006, pp. 121 - 145.

② Douglas Hollan, Developments in person - centered ethnography, Carmella C. Moore, Holly F. Matheus, Edited, The Psychology of Cultural Experience, Cambridge University Press, 2001, P. 48.

③ 阎云翔著：《私人生活的变革——一个中国村庄里的爱情、家庭与亲密关系，1949 ~ 1999》，上海书店出版社 2006 年版，第 13 - 14 页。

④ Douglas Hollan, Setting a New Standard: The Person - Centered Interviewing and Observation of Robert I. Levy, ETHOS, Vol. 33, No. 4, 2005, pp. 459 - 466.

⑤ Paul A. Erickson and Liam D. Murphy, A History of Anthropological Theory, Broadview Press, 2003, P. 86.

证了“民族志如何能够围绕着个人的概念和本土话语对情感的界说来进行改造，从而为揭示所有社会的文化经验提供最透彻的洞见。”① 心理动力民族志和个人中心的民族志一样，也是个人作为研究单位，当然这两种民族志实践都不满足于停留在对个体经验的解释上，而是试图理解人类的生存意义，并在文化相对主义与普遍主义之间寻找一个平衡点。

作为人类学分支的医学人类学，基于对生物个体病理学的关注，在民族志实践上也与个人中心的民族志不期而遇。医学人类学家阿瑟·克莱曼（Arthur Klenman，中文名凯博文）自二十世纪九十年代初以来，一直在倡导一种关于个人道德体验的民族志研究，他认为：“道德体验总是个人在特定的本土世界内的实践经验，这个本土世界是个包含着特定文化、政治、经济意义的空间。”② 这样的道德民族志应该说也是个人中心的民族志，其旨归在于揭示地方道德世界里人际间主体性的沟通，当面对涉及政治、经济因素的外部世界时，也只是看到其对道德生活的影响。在最近的一本道德民族志中，凯博文归纳了关于道德生活更新的解释模式：政治经济、全球文化变迁→地方文化表现、社会经验、主观性→道德生活更新，指出该书“涉及大规模地摧毁或者打乱真实的政治势力和政治经济是如何改变我们的道德生活，这种改变是三种不同的因素：文化的意义，社会经验和主观性（内部的情感和自我感觉）相互作用的结果。”③ 作为医学人类学家的凯博文，其民族志经验主要得益于他作为精神病学专家的门诊病人关于病痛的道德体验，凯博文假设报道人的叙述是在一个特定的地方道德空间里，但因研究单位是个体而无法呈现其特定生活场景的地方感。虽然他并无意追究其话语的真实性，但对其道德表述的正当性仍表现出一定程度的质疑，比如对于旅居美国的中国医生严仲舒的生活史，作者即有所反省，“严仲舒的自我表述是要给我留下深刻印象，他也确实做到了这一点。在更安全的美国环境里，对我这个中国研究学者讲述他自己的故事，而我已经明确表明自己关注和支持知识分子对政治暴力的道德抵抗；所以，严

① ［美］乔治·E. 马尔库斯、米开尔·M. J. 费彻尔：《作为文化批评的人类学——一个人文学科的实验时代》，三联书店 1998 年版，第 83 页。

② Arthur Kleinman, Experience and its moral modes, In Grethe Peterson (ed.), The Tanner Lectures on Human Values, No. 20, Salt Lake City: University of Utah Press, 1999, P. 365.

③ ［美］阿瑟·克莱曼：《道德的重量：在无常和危机前》（What Really Matters），上海译文出版社 2008 年版，第 197 – 198 页。

医生当然知道以哪一种方法讲述他的故事，可以引起我的注意。假设高尚的道德立场是中国人用来建立人脉关系的沟通策略，也假设严医生是在把握引向他的人脉关系，那么，我就不能确定，他的经历中就没有反映其他他不便或不愿公开表达的价值观的方面……。"[①] 虽有所质疑，但作者甚至不能以"我（民族志作者）在这里"来充分呈现报道人（informants）道德体验的相对性，从而使道德表述因其"一面之词"而降低了"道德的重量"。

同样也是采用生活史方法（life history approach），黄树民在福建林村的民族志文本中，以村支部书记叶文德的生活史为主干，透过他的生活来了解政府如何改变村民和村中的风俗，并且以参与观察作为主要研究工具，"一一搜集有关林村的历史、风俗、内部摩擦、宗教信仰和目前发展等种种资料，然后再用这些资料来印证及补充叶文德的历史。借此，我希望达到相当程度的客观性，以免落入传记的窠臼。"[②] 黄树民的文本不是个人中心的民族志，他没有把国家权力对乡村的影响局限在叶书记个人的道德生活，而是试图借此揭示1949年以后中国乡村变迁的历史逻辑，也看到个人道德表述与实践的背离倾向，因而在对村落文化场景乃至整个中国政治场景中呈现叶文德的生活史，虽不以追求"社会事实"的客观性为旨归，但全面、立体的"事实"呈现，至少使读者减少了对民族志作者叙述权威的质疑。在日常生活中，人们"言行不一"（道德表述与实践的背离）甚至是生活常态，为自己赚取好名声，积累道德资本，是人之常情，表述的道德正当性与行为的利益化取向可能是并存的。因此，个人中心的民族志，如仅仅停留在报道人个体的道德体验和表述层面，有可能会落入"偏听则暗"的道德陷阱。

三、"在地范畴"与日常生活的"历史介质"

民族志实践对日常生活细节保持着高度的历史敏感性，"在人们日常

① 《道德的重量》，中译本，第193页。

② 黄树民著：《林村的故事：一九四九年后的中国农村变革》，三联书店2002年版，第19～20页。

生活的细节中看到结构的变迁，这是具有历史敏感性的民族志的一项任务，人们日常生活的细节是田野工作的基本资料和民族志表述的原始素材。"①

日常生活的细节，集中体现在"在地范畴"中。在"历史的民族志"实践中，"在地范畴"的发掘是一条解释"整体的历史"的有效途径。"在地范畴"就是整体社会范畴，同时呈现了社会实践的历时性和共时性，从而将结构与过程的纬度融为一体；又将"事实"的实践系统与"理解"的意义系统结合起来，同时还纳入当地人应对现代范畴的经验和理解，应该是整体性地体现了当地人的历史主体性。在民族志实践中，"在地范畴"能够充分展现"整体的历史"的多维面相，反映整体生存伦理的文化逻辑。所谓整体生存伦理，意即，生存伦理弥散于社会整体生活中，在所谓的政治、经济、文化、宗教诸领域均无处不在，无时不有，因而是整体性的，故称之为整体生存伦理②。无论是个人的日常生活史、区域的社会史，还是国家的政治史，都存在着"在地"的生存实践逻辑。

"在地范畴"所呈现的整体生存伦理正蕴涵了"他者"的生命体验和道德实践，其解释纬度中，既有"他者"对政治经济过程的现代性意义的经验，又有生产、生活、生命（做人、做事）的意义阐释，因而具有超越人类学二元论解释的民族志实验意义。在这里，道德不再作为一个狭隘的伦理学领域，其整体性特点体现在其弥散于政治、经济、宗教诸多领域，这时，"道德"的整体性应使人类学家以更加开阔的视野呈现一个立体化的民族志图像。弥散在整体历史中的道德，本身就是历史性的，更是整体性的，具有民族志的"诗学与政治"的道德表述也成为历史实践的内在要素。在此，深邃的历史感和敏感的历史意识是"历史的民族志"实践者必备的精神气质和职业素养③。

"历史"通过仪式、事件、地景、记忆与物的生命史等诸多介质活在"当下"，成为"被发明的传统"，而"'被发明的传统'意味着一整套通

---

① ［美］乔治·E. 马尔库斯、米开尔·M. J. 费彻尔著，王铭铭、蓝达居译，《作为文化批评的人类学——一个人文学科俄的实验时代》，三联书店 1998 年版，第 152 页。

② 张佩国著，《整体生存伦理与民族志实践》，载《广西民族大学学报》（哲学社会科学版）2010 年第 5 期。

③ 张佩国著：《整体的历史与弥散的道德》，载《中国社会科学报》2010 年 6 月 22 日。

常由已被公开或私下接受的规则所控制的实践活动，具有一种仪式或象征特征，试图通过重复来灌输一定的价值和行为规范，而且必然暗含与过去的连续性。”①

如果把仪式也当作一种历史记忆的话，那么正如保罗·康纳顿所说，“研究记忆的社会构成，就是研究使共同记忆成为可能的传授行为……正是为此目的，我把纪念仪式和身体实践作为至关重要的传授行为，加以突出……有关过去的意向和有关过去的记忆知识，是通过（或多或少是仪式性的）操演来传达和维持的。”② 王斯福在研究民间宗教的仪式时，不仅将其看作一种记忆，更看作是地方文化秩序的运作实践，“过去与现在区分开来，过去被当作一种教条而倍受尊敬，目的是要借助仪式或者其他的观察和知识，重新认识到过去的那些失败，并加以改进……历史意义在这里就是一种运作，通过这种运作，现在便从过去那里转借来一种权威，由此也保持了一种前后秩序的连续。”③

“地景”不是纯自然的观赏景观，而是一个历史过程，蕴含了一个地方社会的形成过程，更富含了意识形态的历史意义④。“地景从来不是一成不变的，它浸透着历史——既是与之相关的人的历史，更重要的是它自己的历史。两个层面的历史常常是交织在一起，无法清晰区分与辨别的；以拟人的修辞来说，历史便是人之‘命运’与地景之‘命运’之间的相互切合。这使得我们对地景的探讨，一方面绝不能忽视或抹去地景自身所浸透的时间感，另一方面也需要从中看到与之相关的人群社会交往的历史关系。”⑤“地景铭刻”（landscape inscription）实际就是一种历史记忆，也是一个地方文化秩序生成的历史，人们籍地景的想象来划定空间边界、族群

① ［英］E. 霍布斯鲍姆等著，顾杭、庞冠群译，《传统的发明》，译林出版社2004年版，第2页。

② ［美］保罗·康纳顿，纳日碧力戈译，《社会如何记忆》，上海人民出版社2000年版，第40页。

③ ［英］王斯福著，赵旭东译，《帝国的隐喻——中国民间宗教》，江苏人民出版社2008年版，第8-9页。

④ Eric Hirsch and Michael O' Hanlon, Edit, The Anthropology of landscape, Perspectives on Place and Space, Oxford, Clarendon Press, 1995, P23.

⑤ 汤芸著，《以山川为盟——黔中文化接触中的地景、传闻与历史感》，民族出版社2008年版，第30页。

类别，以竞争财富资源、争夺文化领导权①。

而“物”也是有生命的，“物”有其生命史，形成了其背后的物质文化。台湾人类学家黄应贵及其学术合作者对物与物质文化的研究，按照他们自己的说法，“最主要的突破是，由象征性沟通系统之性质的改变来凸显物性与历史及社会经济性之间的关系。”② 而有关“物”的历史民族志实践，则“试图从长时段中去考察物的流通、传播，以及在跨文化语境下意义转化的过程。”③

当然，在整体史取向的“历史的民族志”书写中，事件、仪式、地景、记忆、物的生命史等介质，都不是碎片化的，而是在整体生存伦理的视野下得以解释，更凸现“他者”的历史主体性。“在当下发现历史”，一方面显示了民族志实践者敏锐的历史意识和读史（此处主要指在田野工作中发现历史）能力，另一方面，更应呈现当下的人们是如何“制作历史”的。

四、“制作历史”：历史感抑或历史主体性

从历史哲学的角度来说，“一切历史都是当代史”（克罗齐语）、“一切历史都是思想史”（柯林伍德语）。这一历史哲学问题在“历史的民族志”实践层面，则转化为“制作历史”（Making History）的方法论。历史不仅是历史学家、人类学家“心中的历史”，更是“他者”的历史，“历史的民族志”更多的是要呈现“他者”的历史主体性。约翰·戴维斯在评论E·沃尔夫对历史人类学的贡献时说：“如果我们想要解释过去在某个当代异国社会所发挥的形塑力量时，我们就必须要牢记：那个历史中的行动者，对过去可能会有与我们不一样但首尾一贯的看法。”④ 我们必须打破粗

① 胡正恒著：《历史地景化与形象化：论达悟人家团创始记忆及其当代诠释》，收录于《宽容的人类学精神：刘斌雄先生纪念论文集》，民族学研究所2008年版，第199－232页。

② 黄应贵主编，《物与物质文化》，民族学研究所2004年版，第18页。

③ 舒瑜著，《微“盐”大义——云南诺邓盐业的历史人类学考察》，世界图书出版公司2010年版，第244页。

④ 约翰·戴维斯，《历史与欧洲以外的民族》，［丹麦］克斯汀·海斯翠普（Kirsten Hastrup）编，《他者的历史——社会人类学与历史制作》，中国人民大学出版社2010年版，第29页。

糙的主观史与客观史的二元界分，真正将历史制作看作一个整体性的历史实践过程。

台湾学者贾士衡将 Making History 翻译成“制作历史”，也许来自于对 Making History 英文原词的理解。人类学家安唐·布洛克（Anton Blok）就指出了“制作历史”的“建构论”倾向：“‘制作历史’（making history）这话，并非没有语病。首先，它带有唯意志论的弦外之音。其次，就算‘制作历史’指的是‘建构’、‘组成’、‘塑造’或仅是单纯的‘书写’历史，我们也必须同样小心。过去并不只是一种建构，而就算它只是建构（或重构或解构），我们也必须指出它是谁的建构，并且要描绘出其中的权力安排：谁对过去的声明得到承认和接受？凭什么？为什么？敌对的小派系竞相争取历史的真相。”①

我们熟知马克思的那段经典表述：“人们自己创造自己的历史，但是他们并不是随心所欲地创造，并不是在他们自己选定的条件下创造，而是在直接碰到的、既定的、从过去承继下来的条件下创造。”② 安唐·布洛克也引用了这段话，“人民制作他们的历史，但是他们不能完全随心所欲地制作”，但又加注释进行解释，贾士衡将其译为：“人类制造自己的历史，但是他们不是以随便的事实来制造，或可以有自己的选择；而是以被给予的和留下来的直接事实进行制造。”③ 这里，仅安唐·布洛克的文章里，就出现了“制作历史”和“制造历史”两个概念，后者和《马恩选集》“创造历史”的译法相近，较多“决定论”色彩。

不管是“制作历史”，还是“创造历史”，都既有“决定论”成分，也有“建构论”的意义，两个面向都融合在历史实践的整体结构中，正如克斯汀·海斯翠普所言：“历史人类学的一个重要课题，是生产‘历史’的模式会随着脉络的不同而不同。除了环境、经济和社会组织上的明显差异以外，历史的制作也有一部分取决于当地对于历史的思考方式。人们系

---

① 安唐·布洛克，《“制作历史”的反思》，［丹麦］克斯汀·海斯翠普（Kirsten Hastrup）编，《他者的历史——社会人类学与历史制作》，中国人民大学出版社 2010 年版，第 134－135 页。

② 马克思，《路易·波拿巴的雾月十八日》，《马克思恩格斯选集》第一卷，人民出版社 1972 年版，第 603 页。

③ 安唐·布洛克，《“制作历史”的反思》，［丹麦］克斯汀·海斯翠普（Kirsten Hastrup）编，《他者的历史——社会人类学与历史制作》，中国人民大学出版社 2010 年版，第 134－135 页。

同时从概念及物质两方面来体验这个世界。”①

“制作历史”的整体实践意义，可以进一步从历史主体性和历史性（Historicity）的讨论得到阐发。黄应贵在总结台湾人类学家关于时间与历史记忆的研究时，曾指出：“有关历史主体性的讨论，不只是指出它是当地人主观上为其主观历史的建构者及其历史过程的活动者与主导者，而为其历史的建构、运转与再现的主体，更指出作为文化认同的主要文化观念与其历史的长期发展经验所形成的历史发展趋势与特色，均共同塑造其历史性与历史主体性。也因此，历史主体性的建构并非完全只是当地人主观的意识而已。”② 由此可知，历史主体性的概念融合了建构论和决定论两种视角。

而“历史性”则带有更多的建构论和象征论倾向。“大贯惠美子（Emiko Ohunki - Tierney）综合归纳出‘历史性’（historicity）的性质如下：

1. 历史性是指涉历史意识，是一个文化得以经验及了解历史的模式化方式。

2. 它具有高度的选择性。

3. 在历史性中，过去与现在透过隐喻及换喻关系相互依赖与相互决定。

4. 历史性包含多样的历史再现。

5. 历史行动者的企图与动机，会影响历史的结构化。

6. 历史性是历史建构与再现的关键角色。

7. 由历史性来探讨文化界定历史的历史人类学课题，最终的关怀还是文化本身。”③

张原特别推崇大贯惠美子的“历史性”概念和方法，他将其译为“历史感”，认为：“就方法而言，象征人类学的历史研究已经超越了‘文字中

① 克斯汀·海斯翠普，《乌有时代与冰岛的两部历史，1400 - 1800》，［丹麦］克斯汀·海斯翠普（Kirsten Hastrup）编，《他者的历史——社会人类学与历史制作》，中国人民大学出版社 2010 年版，第 114 页。

② 黄应贵主编，《时间、历史与记忆》序，民族学研究所 1999 年版，第 18 页。

③ Ohunki - Tierney, Emiko, 1990. Introduction, The Historicization of Anthropology, in Emiko Ohunki - Tierney ed. Culture through Time, Stanford, Stanford University Press, pp. 27. 转引自黄应贵，《历史与文化——对于“历史人类学”之我见》，《历史人类学学刊》第二卷，第二期，2004 年 10 月。

心主义'的研究，在研究中他们已经关注到一些公共的象征符号和浓缩的意义形式在实践中的演变，象征人类学的历史研究也突破了以往对符号象征较为静态的研究风格。将历史视为意义结构的过程，并将历史感视为历史主体活生生的经验，对于我从历史过程的动态与意义系统的多元背后去揭示和认识一个持续稳定的文化深层结构是极有帮助的。"[①] 如果仅仅在象征论意义上运用"历史性"概念，我以为，实际上比萨林斯所开创的后结构主义人类学，是倒退了一大步。

"他者"的历史编纂也构成历史制作的一部分，并体现了其"历史主体性"，必须承认在地方社会生存的人们才是地方社会历史的主人。而如福柯所说，历史的编史学，"就其传统形式而言，历史从事与'记录'过去的重大遗迹，把它们转变为文献，并使这些印迹说话，而这些印迹本身常常是吐露不出任何东西的，或者它们无声地讲述着与它们所讲的是风马牛不相及的事情。在今天，历史则将文献转变为重大遗迹，并且在那些人们曾辨别前人遗留的印迹的地方，在人们曾试图辨认这些印迹是什么样的地方，历史便展示出大量的素材以供人们区分、组合、寻找合理性、建立联系，构成整体。"[②]

王明柯即在历史叙述的意义上提出了"历史心性"的概念，"作为根基历史的'弟兄祖先故事'与'英雄祖先历史'皆有一定的叙事模式，或者说，它们有一种模式化的叙事倾向。我称之为'历史心性'。我以'历史心性'来指人们由社会生活中得到的，一种有关历史、时间与社会构成的文化概念……它更贴近西方学者所称的'历史性'（historicity），但又比'历史性'更具体——我们可借文本分析来了解并分别不同的'历史心性'。"[③] 他更多地从历史叙述文本的角度来谈历史心性，显然带有福柯的影子。但"历史心性"，甚至有意忽略了历史实践的物质层面和政治经济体系的意义，比"历史性"带有更浓厚的"唯意志论"色彩。

连瑞枝则为我们展示了云南洱海地区大理古国祖先与神明结合的历史

---

① 张原著，《在文明与乡野之间——贵州屯堡礼俗生活与历史感的人类学考察》，民族出版社2008年版，第38页。

② 米歇尔·福柯，《知识考古学》，三联书店1998年版，第7页。

③ 王明珂著：《英雄祖先与弟兄民族——根基历史的文本与情境》，中华书局2009年版，第28页。

面相，她“从人们如何理解祖先，如何透过祖先的系谱来定义世系，以及依据此一世系界定群己关系，这三个面向来讨论大理社会的内在动力以及运作原则。”① 她的“社会结群论”与“历史心性”相结合，使其更注重当地人的“历史制作”。这一研究的启发意义在于，历史当事人的话语也是一种历史解释和历史编纂，更是地域社会秩序建构的要素。

“文化界定历史”，制作历史首先是一种实践，是体现“他者”历史主体性的实践过程，这一实践过程，自然涵括了“他者”的历史编纂。而历史编纂则不一定是历史学家和“历史的民族志”实践者的专利，“礼失求诸野”，“正史”和“西方中心主义”的历史书写之外，社会大众和“非西方”的所谓“没有历史的人民”，也在创造和书写着自己的历史，乃至“国史”和“世界史”。

① 连瑞枝著：《隐藏的祖先——妙香国的传说和社会》，三联书店2007年版，第6页。

法人类学对羌族习惯法研究的启示

李　鸣[1]

法律人类学是人类学与法学二者在各自的边缘上与对方交接而培植出来的一门“新兴”学科。法律人类学的历史始于19世纪60年代，最初研究人类早期的法律制度在不同文明个体中的表现、功能及其变迁，后来被广泛应用于包括西方国家在内的法律制度和社会秩序的研究。法律人类学涉及的主要是无文字社会的法律制度，这种法律制度往往不是以国家成文法而是以民间习惯法的形式显现出来，从某种意义讲，法律人类学以某社区或某人类群体内的习惯法为关注目标和研究对象，以从法的源头寻找法在历史和现实中存在的合理性的原始证据。法律人类学的学科性质，决定了我们在研究民间习惯法时必须运用它的理论和方法。

“文革”期间，我在羌族地区生活了4年，在当时的茂汶羌族自治县念完了小学和初中，在此期间对羌民的生活和文化有过接触和感受。20世纪90年代，我在西南政法大学工作时，确定了以西南本土资源的羌族习惯法为重点研究方向，参加了“羌族习惯法”课题组，1994年率队到羌族地区进行田野调查，收获甚丰。2000年我承担国家课题少数民族法制通史羌族卷的写作任务，从2011年至今，几乎每年都去羌区调查，收集资料，进行学术研究。在这一过程中，自己开始学习法律人类学的知识和理论，并将它运用于羌族习惯法的研究之中，试图以“一样的人，不同的文化”的理论为依据，运用田野调查等方法，以羌族文化持有者羌人的眼光对羌族习惯法作近乎客观、具体、真实的描述，并在此基础上做一些“离我远

① 作者简介：李鸣，中国政法大学法学院民族法研究中心主任，教授，法学博士。

去”的思考和研究，从而有了一些真切的感触和收益。在中国法律人类学会成立之际，仅以此向各位专家学者作一汇报。

一、端正研究羌族习惯法的态度和立场

在研究羌族习惯法过程中，“态度决定一切”这句话十分灵验，而法律人类学教导我们应抱有一种正确的态度，选择一种正确的立场。

人类学研究的魅力在于：“一样的人，不同的文化”[①]，这意味着，作为人，全人类的基因基本一致、心智体力大约相同，但由不一样的人种，或不一样的血缘——亲缘关系，或不一样的地缘关系形成的不同社会共同体所创造的物质文化和非物质文化的形态是不一样的。那么，人类学家所研究的对象——人类文化，可能是“自我”文化（自身所处的文化），也可能是“非我”文化（自身文化以外的文化）。当他研究的是“非我”文化时，有两种立场，一是从主位出发，站在“文化持有者”的角度，以羌人的知识背景和评判标准谈对羌族法律文化的理解；二是从客位出发，站在研究者的角度，以尊重事实的方式来理解和诠释非我族类的法律文化。一般人轻而易举地选择第二种立场，而法人类学家与众不同之处在于他时常偏爱选择第一种立场，为研究对象“代言”，表达他们的心愿和想陈述的事实。

中华民族由五十六个民族构成，中华民族多元一体的格局，决定了我们在研究少数民族法律文化，在研究羌族习惯法时，应依据人类学的基本理论。

首先，人类学家强调在空间距离上的“离我远去”。中华民族多元一体格局，决定了中华民族的大文化体系是由林林总总的各民族小文化单元组成的，这些各具特色的小民族文化单元又有其自身存在的合理性。“离我远去”旨在尽量淡化研究者自身民族的主体意识和“中心地位”，将自己置身于一个新奇的陌生世界，在自我文化之外体验和审视自我文化和非我文化，寻找二者之间的差异点和相通之处，感悟非我文化的优越性和自

① 王铭铭著：《人类学是什么》，北京大学出版社 2003 年版，第 12 页。

我文化的局限性，以提倡不同民族文化之间的相互交流、相互理解以及“和而不同”地友好相处。

其次，人类学家力图在时间隧道“反观自身”。人类学不像其他社会科学那样热衷于怎样实现经济的发展，怎样移植外来的文化，怎样建设现代化，怎样实现人类的全球化。而是喜好沉浸于本土的“过去”或“传统”之中，对于“现代”社会中存在的那些“非主流”的、很传统的民族及其他们的文化十分关注，并通过时空隧道，从“过去”反观“当今”，从“传统”反观“现代”，从“非主流”反观“主流”，从“滞后”反观“先进”。他们的兴趣不是作为目的论的“现代”而是作为“现代”反面镜子的“过去”，或者在“现在”的内部寻找它的历史反讽。通过认真的反思，以守住人类文明、进步的底线，保有人类“原生态”的朴直、善良和人的本性。

再次，人类学注重从人类的基本物质生活方式——衣、食、住、行和人的基本生命过程——生、老、病、死着手研究。不同民族的基本物资生活和人的生命历程是不一样的，同一民族在不同的历史阶段和社会形态中的基本物质生活方式和生命历程也是不一样的。不一样的基本物质生活方式和生命历程所反映的文化必然就不一样。就“衣”而言，特定的服饰可以让我们区别出人的特定性别、年龄、社会地位和民族身份，为什么要做这样的区分，这与一个民族的特定文化传统有着密切关系。不同民族的衣、食、住、行方式和生、老、病、死过程不但有其自己的生活逻辑、技术逻辑，而且有其自己的社会逻辑、文化逻辑。人类学的使命就是要在研究不同的基本物质生活方式和生命过程中的生活逻辑和技术逻辑的基础上挖掘出蕴涵其中的社会逻辑和文化逻辑，让我们看出“非我”时代的特殊性和“非我”文化类型存在的可能性。再反观“自我”时代的特殊性和“自我”文化类型的局限性，最后让我们清晰地认识到我们日常生活的社会意义和价值观，以及世界人类文化内容的丰富性和复杂性。

不言而喻，研究少数民族法律文化，乃至研究羌族习惯法只能以人类学的理论做指导进行研究，“离我远去”、“反观自身”和注重对衣食住行、生老病死等文化现象的研究，只有这样，才能真正体验和感悟到羌族文化的真谛。如果“以我为主”，按照部门法分类的固定模式去研究羌族习惯法，那只会按图索骥，虽然可以化繁为简、趋易避难，但会造成我们愈想努力接近目标，实际效果反而是我们离追寻的目标愈来愈远。

《庄子·秋水》有一个“安知鱼乐”的故事，说明了人觉得鱼快乐和鱼是否快乐是两回事的道理。在田野调查中我们不难看出，羌族习惯法在羌人眼里是一种“自以为美”、“自以为乐”的社会规则，羌人对本民族习惯法的这种感受和评价是至关重要的，因为他们不但知道羌族习惯法规定了些什么，而且知道羌族习惯法为什么要这样规定，这些规定在羌区的社会生活中怎样运作，并对这些规定确信无疑。如果我们站在“自我中心主义”立场上认为羌族习惯法“过时”、“落后”，实际上都是认识上的一种“自以为是”的错误判断。

二、校正羌族习惯法特定的研究视野

对传统法学而言，法人类学不仅展示了一个全新的学术视野，而且提供了一套别具特色、行之有效的思考进路和研究方法。从法律人类学角度来看，法律的背景是社会整体文化，必须通过对社会文化脉络的掌握来解释法律现象。社会组织、宗教巫术、习俗等与法律存在着密切的功能依赖，研究这些社会结构因素与法律的功能关系，有助于更好地理解法律的本质。而就部门法来说，财产占有、继承、乱伦、通奸、谋杀、渎神及审判方式是法人类学研究的重点。法律人类学重要的是通过分析法律事件和法律行为，揭示其文化形态和特征。这些问题许多也是现代民法、婚姻法、刑法与程序法的起源。而原始社会的纠纷解决的人员组成结构和社会的结构在某种程度上彰显了现代组织法与行政法的初步结构。

法律人类学的研究对象包括两个层面：一是法律与社会的层面，二是各种民刑法律的内涵和变迁的层面。这既涉及研究法律的整体性问题，也涉及研究法律的连续性问题。

研究法律与社会的关系，就是探讨法律在社会结构中的功能关系。从法律人类学角度来看，法律的背景是社会整体文化，必须通过对社会文化脉络的掌握来解释法律现象。从社会生活本身出发，生计经济、社会组织、宗教巫术、婚姻家庭等习俗与法律存在着密切的功能依赖，研究这些社会结构因素与法律的功能关系，有助于更好地理解法律的本质。

整体的观点又称“整体论”，是人类学独特的研究视角。“整体论”包含两个基本方面，一是“整体关照”，即从整体的观点展开对人的文化品质的总体把握，犹如从森林分析树木；二是“局部透析”，即从某一局部的透视中折射或反映出整体，犹如以树木判断森林。

就“整体关照”而言，为了全面、贴切地理解人的文化品质，人类学家往往分别从人的社会性（亲属制度）、经济性（经济人类学）、政治性（政治人类学）和宗教性（宗教人类学）四个领域进行研究。对于人的这四个方面的把握是人类学研究的基础，但是，一个社会、一种文化、一种生活方式是上述四个方面的有机结合，因此，研究人类生活就不能把人的社会性、经济性、政治性和宗教性之间的关系截然分割开来，这四者的关系是不可分离的、非决定性的关系。换言之，对人的某一要素研究所得出的结论不可以简单地代替对另外其他要素的结论，对某一方面的研究不能简单地决定于或受制于对另外其他方面的研究，如对人的社会性或经济性的研究就不能简单地代替对人的宗教性或政治性的研究。这就是研究人类生活文化关系的不可化约性。把人类生活的这些方面视为一个整体，对不同方面之间的相互关系进行深入细致的观察研究，同时注意不同方面产生的文化存在的生态因素，以及人与自然的互动模式。实际上，“整体论”脱离了进化论的研究方法不把重点放在某个要素的起源上，而是采用了结构主义的研究方法注重研究在某一点上各个要素之间的必然联系。

就“局部透析”而言，人类生活文化的各个要素之间有何联系，是怎样联系的又必须通过个别的局部来了解整体。这些局部分别为：

1. 亲属社会。研究亲属习惯法，是法人类学对人际关系的核心考察。亲属习惯法是人类史上最古老的文化遗产，人类社会首先是根据人和他人之间的两性关系和血缘关系的远近构成的，横向的两性关系与婚姻有关，纵向的血缘关系与家庭经营与财产继承有关。根据地缘关系构成的区域性社会、根据行政等级构成的政治国家，都是亲属关系之后的产物。随着人类社会的“进化”构成社会的基础，越来越丧失它与天然的血缘关系的联系。我们通过对亲属习惯法的研究了解人际关系和人的社会的构成：在国家出现之前，血亲-姻亲和地缘关系起着组织社会的重要作用；在国家出现以后，这些关系被纳入到法权和礼仪的体系中，成为正式的社会规范和所有权关系的组成部分，传统的价值和习惯法就还起着相应的作用。研究羌族亲属习惯法，对于了解社会的基本形态及家族制度的进化，有着重要的意义。

2. 经济生活。生计经济主要包括人类群体的经济协作、社会分工、商品交换等经济事件和经济行为。经济人类学通过对生产方式的类型（物质生活的再生产）、交换的类型（物质交换）、和不同文化对"经济"的不同看法（物质性的文化观念）的研究，理解一定社会形态中人的经济生活和经济秩序。比如传统社会的生产方式属于自给自足型，交换模式属于比较复杂的互利互惠型，个人的搭档又被安排到同属一个图腾的氏族分支中，以便这种交换能常常和个人与个人之间、亲属群体与亲属群体之间、村与村之间、地区与地区之间的其他联系统合起来，建立一个具有经济性质的社会学上的联系体系。基于等价交换的互惠原则的重要性，认为双向互惠原则为每一项法律规则都提供了约束力。所以羌族村寨至今不能形成严格意义上的市场经济，"人情"在人们的经济交往中始终起着或轻或重的作用，羌族习惯法确认和维护少数民族自给自足、互利互惠的经济状态，并对危及、破坏这种经济状态的言行举止予以惩戒。

3. 民间权威。社会组织及权力关系往往表明一个社会法律的某些特点。前文字社会中，政治组织的有无导致公法的有无及其发达程度。社会组织习惯法研究政治制度，但并不研究国家政治制度如何运作，而是研究正式制度和非正式制度的对比，希望知道没有政府的社会怎样变成了有政府的社会，"无国家的社会"有着怎样的政治运行的基本逻辑和实践；或者，对政治制度进化带来的诸多问题进行反思；或者，研究不同社会中的权力和权威对于判断是非的作用。羌族社会组织习惯法是关于有别于国家政权的族群、村寨等民间权威管理所属地方民众公务的规则和制度，其以自治的方式，对维护一方安定起着举足轻重的作用。在羌区，由民间长老负责根据羌族习惯法验明证据和调解、裁决纠纷。只有当原告和被告不服从时，方允许其诉诸官衙。

4. 宗教信仰。少数民族宗教，不是被政治学说或政治权力和权威认可的正统宗教和教派，而是正统宗教和教派以外的宗教现象——原始巫术、迷信、原始遗俗，与人的生、老、病、死相关的仪式以及因仪式而建立的道德秩序，宗教人类学研究的不是被政治学说或政治权力和权威认可的正统宗教和教派，而是关注正统宗教和教派以外的宗教现象——原始巫术、迷信、原始遗俗，与人的生、老、病、死相关的仪式以及因仪式而建立的道德秩序，它是原住民实际生活的相互反映。羌族宗教信仰习惯法维护羌民宗教信仰的权利，以保证其精神有所依赖和归宿。在羌区传统社会中，宗教与法律互相交织，难分难解，习惯法容纳了许多宗教、道德的规范，违反习惯法，往往既要受到法的制裁，还要受到道德上公众舆论的谴责和宗教精神上的折磨。

至于遗嘱继承、财产、契约、侵权和犯罪等各种法律制度的历史渊源和变迁，法律人类学重要的是通过分析法律事件和法律行为，揭示在不同的历史阶段习惯法的动态和变化特征。因此，对于羌区社会，就不能沿用现代法律部门分类对习惯法做静态描述，而应就羌区社会全部法律现象，从法律发展变化过程中，研究羌区运用习惯法进行的社会控制是如何逐渐形成的。

就“整体论”而言，我们在研究羌族习惯法的具体操作过程中突出两个要点：

一是羌族习惯法尊重自然法则，注重在“时间”中依循“生活的节律”。人与自然的互动构成人类生活的节奏，这种直接的、简单的节律对应，必然是人的活动的基本步调，同时也是社会的基本步调。在这种社会，人与自然之间密切联系，融为一体，自然的季节性与社会的节奏性达到充分的对称一致，这也构成生活本身的意义和生命的力量。控制人类生活节奏的是时间。时间里的人表现在生物性方面就是人的生、老、病、死等人生关口，沿着这一个个的关口，人从有生命的人变成无生命的物。在这个意义上，“时间就是生命”；时间里的人表现在社会性方面就是在不同时间段的人生关口中人与人形成一定的关系，表现出一定的行为，从而创造出调整一定的人际关系、规范人一定行为的习惯法规则，如，“男大当婚，女大当嫁”，“婚丧嫁娶皆有礼”。社会要融为一体，需要依靠时间的关口，在把握这些关口的过程中，显示社会的整体意义。在这个意义上，“时间就是社会”。在什么人生阶段要完成什么事遵循的是社会时间，在特定的社会时间，围绕着人生的成年、结婚、劳作、休闲、交往等等，人形成习惯法。由此可见，按照时间的规则和节律行事产生了习惯法，有了习惯法就有了秩序，有了秩序社会就得到了有效控制。

二是羌族习惯法尊重地方性知识，注重在“乡土”里寻觅“风情韵致”。作为羌族习惯法的有机组成部分，亲属制度、经济规则、政治权威、宗教信仰，它们的存在与发挥作用，都离不开一定的社会范围，离不开一定的人群，从而具有了明显的民族特色和地方性特征，这些民族特色和地方性特征，深深地嵌入特定人群日常生活的衣、食、住、行各个方面，对人的工作与娱乐、生产与消费、实践与仪式起着微妙的社会约束的作用。从这个意义上讲，羌族习惯法来源于羌人的社会生活，真切反映的是羌人在社会生活中对法律需求和对法律的理解，羌族习惯法必然有羌人独具一格、乡土气息浓郁的“风情韵致”，羌族习惯法所体现的“乡土”中的“风情韵致”，以及羌族习惯法与其他民族习惯法在这种方面的种种差异，正是羌族习惯法的生命力和魅力之所在。

研究羌族习惯法，既要注重社会重建，又要注重知识的反思。所谓社会重建，是关注在一个多民族文化接触日益频繁的时代，如何保留文化的多样性，同时不阻碍羌族文化生存、发展的基本需求，实现社会公平；所谓知识反思，是培养一种尊重传统的习惯，建立在悠久传统之上的羌族习惯法，虽可能逐步在现代化进程的主流社会中被排挤出历史的舞台，失去它的生命力，但它所蕴含的精神，将继续被尊重，成为人类共享的文化遗产，即羌族习惯法中所确立和维护的人类不会改变的一些最基本、本质性的要素，会给“过热”的时代“退热”，给瞬息万变的世界“镇静”，给超速前行的社会“减速”，为疲劳奔命、负担累累的人们“减负”，最终实现人与人之间“和而不同”的共生与并存。

三、改变传统的法学研究方法

对法学研究而言，法律人类学与其说是一种理论，毋宁说一是种方法。从总体上看，法律人类学是法学研究特别是法律社会学经常使用的一种重要方法。从具体方法上看，法律人类学采用的方法主要有田野工作法、跨文化比较、案例分析等方法。为了揭示羌族习惯法的具体性、丰富性、生动性和复杂性，我们需要采用人类学特定观察、透视生活的科学与实证的方法。

1. 田野工作　参与观察

田野调查法，是人类学也是法律人类学的最基本的方法。田野工作法最初是指称深入现存的原始民族地区进行研究的一种方法。随着人类学转向都市研究，田野工作法被用来泛指深入被研究对象的实际生活领域进行调查研究的一种方法。在进行田野工作时，强调对研究调查对象的所言、所行和所思之间差别的辨析，以期更科学、更正确地了解被研究的对象。田野工作法作为法律人类学的基本方法为人类学者广泛使用，产生了大量的成果。可以说，法律人类学史上的所有经典著作都是建立在田野工作的基础上的。羌族习惯法的特定内容，决定了我们应该采用主要的研究方法是田野调查的方法，研究羌族习惯法，只能走出书斋，到羌族地区深入生活，注重观察，亲身体验，深度访谈，了解实情，进而熟谙这个地区居民的规范与价值，掌握第一手资料。在撰写调查报告的基础上，形成论文和专著。田野调查是相当不容易的，我们去过一些羌族村寨，道路崎岖，气候恶劣，甚至会碰到地震、泥石流、洪水，有一定的生命危险。但是我仍觉得这个工作很有价值，因为它不但有社会意义，而且田野调查的研究成果绝对是原创性的，绝对是自己得到的真知。

我认为搞田野调查必须进行如下工作：其一，事先要看相关的书面资料；要和具体调查地区的人员频繁接触，建立关系，听取其意见和建议，寻求帮助。其二，调查前必须拟定详细的调查大纲——包括当地习惯法的渊源、禁忌、家谱族规、乡规民约、土司法规、审判案例等；其次要分类——分为亲属社会习惯法、经济生活习惯法、社会组织习惯法、宗教团体习惯法，并一一列出；要具体写明发生了哪些纠纷？乡民的法律意识如何？必要时可以把这些内容变成具体问题，直截了当去询问。其三，调查中还要点面兼顾——小到村寨，中到乡镇，大到州县都应该调查；还要考虑人口的代表性、地域的代表性、历史进程的代表性，选择有代表性的加以分析。其四，搜集当地的资料，包括当地档案馆、博物馆、图书馆的资料，但更多的是搜集口耳相传的资料、民歌民谣及各种文书契约。其五，及时整理、制作资料卡片，它的好处是可及时发现遗漏及时补出。卡片应包括对事件的观察、思考，形成的假说及再观察、再验证后得出的简单结论。其六，撰写调查报告，包括对调查问题的说明，调查区域介绍，所搜集资料的说明，典型案例的叙述及法理分析，及最后得出的基本结论。其七，返回后撰写论文和专著。

“田野工作”的侧重点可以有所不同：有以获取第一手资料为目的的

"田野工作"，即实地考察某个地方在一定时间周期中社会生活的基本过程，与当地人形成密切的社会关系，参与其家庭和社会活动，了解其社会关系、交换活动、地方政治和宗教仪式，特别要注重生活的细节和个案的收集，了解当地该民族人士对自己文化的理解和解释；然后，将在实地考察中所得的社会知识写成专著或报告。有以进行一种更宏观研究为目的的"文献里的田野工作"，即依据他人社会历史调查收集的资料、口头传说和历史文献去追踪个别事物、个别制度、个别象征的历史演变和文化结构的关系，或对某个地点的历史命运进行探索，或集中在某一时刻，对那个特定时间段上发生的事件进行深入的文化解释。我们认为，这两种研究方法不但不产生抵触和冲突，反而可以互相印证，互相补充。在具体田野调查中，可以根据具体情况，侧重某一方面的"田野工作"。

2. 反观比较　客观评述

对不同文化个体的法律制度进行比较研究，是法人类学的研究目的之一，也是其基本特征和方法。"人类学的最终目标正是要在时空上对不同社会条件作出系统的理解和解释。因此人类学是一门比较学科，它需要一种概念的工具来进行比较。"跨文化比较，后来被人们有意识地使用，人们开始把不同的法律制度、法律行为与不同的文化背景相联系，也开始关注不同法律制度、法律文化之间的区别。为了作出关于一个民族的法律的正确报告，必须完成两个单独而又有联系的任务，以确保当地制度的实质特征不被曲解，同时又形成使跨文化比较研究成为可能的科学术语。一个任务是正确理解作为研究对象的民族的法律制度及其赖以构建的该民族关于不法行为的观念，以及采取的补救程序和形式的观念的认知范畴。另一个任务是将这些范畴翻译、转换成自己的交流媒介。

羌族习惯法的特定内容决定了我们的研究是服务于社会理论建设的经验研究和比较研究，它当以"理论概括"为目的，其最终的前景，是基于跨文化、跨社会的比较研究提出一般社会学理论。我们认为，一个民族的生活情况的描述，不足以代替具有普遍意义的理论，国家主流社会的研究与非主流社会的研究，不应该各执一端、彼此隔绝、不相往来，其实神圣是与世俗生活相互对应、互为因果的。为了比较，我们研究了"远离国家的社会"是怎样建立的，其内部结构如何？如何进行有效的社会控制？而这样的对比分析和客观评述有助于理解国家与社会的区别与联系，有助于对非主流社会的文化类型进行“旧体新用”的“本土改良”。

3. **分析个案　归纳法律准则**

羌族习惯法注重在“个案”中形成“规则”。羌族习惯法的许多规则都是在实际生活中民间权威或公众解决一个又一个纠纷事例而形成的，“个案”的日积月累，促进了习惯法的发展和完善，对“个案”的裁决是产生习惯法规则的法律渊源，从“司法”到“立法”是羌族习惯法产生的途径，从这一点讲，重视解决纠纷的实效是羌族习惯法的特征之一。对“个案”的关注可有效地避免将我们自己所属社会、文化中特有的见解、概念、理论等套用或投射到研究对象——羌族习惯法上去，造成错觉。而对“个案”掌握多少，决定我们对羌族习惯法实质问题知道多少，决定我们对羌族习惯法研究究竟能达到哪种程度。

总之，无论是田野工作，还是反观比较，乃至个案分析，历史具体主义与文化相对主义的看法是分不开的，凡是历史存在的，就有它的合理性，任何一种文化都有相对的价值和意义。历史具体主义和文化相对主义的理论，必然导致对现代文化的认真反思和自我批评。

四、准确把握羌族习惯法的特征和价值评价

在法律人类学的指导下，我们力图从以下三个方面全面、具体、深入描绘羌族习惯法：

其一，羌族习惯法演进论。客观描述羌族社会的历史变迁以及羌族习惯法纵向发展的基本脉络，旨在弄清羌族习惯法从起源、形成、发展到定型的动态变化，以揭示习惯法成长的规律和总结习惯法的进化模式。

其二，羌族习惯法整体论。全面介绍羌族习惯法的有机组成部分，旨在弄清羌族习惯法立足的社会基础，弄清羌族习惯法的具体内容，以及这些内容的内在逻辑联系和它们各自不同的社会功能。

其三，羌族习惯法传承论。冷静分析羌族习惯法的现实处境，深入了解羌族习惯法中法律规范、否定性的制裁措施、处理纠纷机制等要素是否有继续存在的合理性，旨在了解羌族习惯法在当代社会的走向，以及学术价值和应用价值。

在上述过程中，还突出以下研究重点：

1. 寻找羌族习惯法的代表性标识

在亲临实地田野调查时，总想找出过目不忘、铭刻在心的羌族习惯法的象征标识。当找到这一标识时，我们是这样描述的，当我们走近羌寨，蓝天白云下首先映入眼帘的是那拔地而起、岿然屹立的碉楼，碉楼主要用于贮藏物资、抵御外来之敌，是捍卫村寨安全的堡垒和屏障，巍峨雄壮的碉楼，似乎在张扬羌人百折不挠、坚毅沉稳、奋起抗争的秉性；当我们走进羌寨，在羌民的悉心指点下，我们会找到处于村寨核心地带的议话坪，这是羌族村寨政治、文化的中心，羌民在这里自我认同、团结一致，村寨的大事在这里民主协商、制订规则，各种纠纷在这里摆事讲理、调和化解，犯罪者在这里接受公众的惩戒、悔过自新，平坦、宽敞的议话坪，似乎在暗示羌人开明爽朗、温和宽容、善解人意的涵养。羌族习惯法有对外积极抗争的外在职能和对内自我认同的内在职能，羌族习惯法有最能代表和象征羌族习惯法两大职能的权威性标志是羌寨的碉楼和议话坪，除此之外，羌族习惯法还有立法民主协商的过程和严格的习惯法实施强制程序这两个基本环节，从而使羌族习惯法既有折衷性，又有强制性，而明示羌族习惯法产生式的民主性和实施过程中的强制性这两个基本环节的，还是碉楼和议话坪，由此看来，碉楼和议话坪无疑是羌族法律文化最有代表性的标识。

2. 揭示羌族习惯法背后的价值取向

羌族习惯法规定的政治生活中的协商、经济生活中的“相帮”、法律生活中的“赔命价”，其现象背后隐藏着一种必然的价值取向，这就是“互惠”。这是因为，传统羌区社会，物资贫乏，住户流动性不大，关系相对密切，相互依赖性强。互惠产生于对对方利益的关注和尊重，互惠是实现人类公平的起码要求，是秩序基石，互惠是羌族习惯法的基础。只有互惠，人际关系才会和谐。互惠作为法律的基础，不仅对我们理解法律的含义和本质，而且对我们理解社会关系的本质都有极具启发性的意义。

3. 突出羌族习惯法的功能分析

羌族习惯法只有满足羌族人民的需要，它才能传承下来，并在新的环境和条件下更好地发挥作用。因此，必须对羌族习惯法进行系统的功能分析。羌族习惯法使人们的行为在很大程度上都在可预期的社会中，并以此形成社会秩序，实现控制社会的功能。羌族习惯法的功能表现在四个方面：第一，它规定羌族社会成员间的相互权利义务关系，确定人们的行为模式，以维护社会的协调统一；第二，它引导出为维持秩序而服从强制力的必要性，并规定强制力的使用主体和具体办法；第三，它处理疑难案件，平息所有的社会混乱；第四，在生活条件变化时，重新规定个人和集团之间的权利义务关系，以适应维护秩序的需要。习惯法发挥了这四个职能就能使社会的基本价值通过习惯法得以实现而免遭毁灭。这无疑启示我们：立法和制度安排必须考虑人们的偏好，要真正满足社会的需要。因为即使有国家强制力为后盾，但真正能够有效执行的法律，恰恰是那些符合或者接近人们的偏好和利益的法律（包括民间法）。任何一个公权力机构必须提供满足社会需要的法律资源和制度资源。

4. 关注羌族习惯法的文化转型和传承

羌族习惯法是一种文化现象，它与特定社会的其他文化现象（如宗教、经济政治等）有着密切的联系，功能依赖也远比现代社会强。习惯法的存在与发展有着与特定文化背景有关的多样性，就是要满足自己的文化需求。把法律视为一种文化现象，既意味着对各种法律现象的解释必须是在掌握了相关社会文化脉络的基础上来进行，还意味着法律的存在与发展有着与特定文化背景相关的多样性，即法律具有“地方性”、“民族性”或称“法律多元”，法律的“地方性”、“民族性”只有存在的合理性而没有优劣之分。法律作为一种“根植”于特定文化背景的文化现象，是不能随便“移植”到另一文化背景的。这就告诫我们：没有普适性的法律文化和法律制度，只有具体的、适合特定民族和特定文化背景的法律文化和法律制度。因此，在法学研究的过程中，我们必须把整个文化作为法律的背景，利用社会学、哲学、人类学、经济学等多学科知识对法律进行“文化解释”。只有这样，我们才能更好地认识和理解各种法律问题。

少数民族习惯法作为民族地区社会法律的一种本土性资源，应当得到珍惜和合理利用。民族区域自治法是我国现行的基本法，民族地区的法制建设离不开具有民族性、区域性的少数民族传统法律文化的支撑，少数民族习惯法是民族自治地方立法的重要法源，也是民族地区村民自治制定乡规民约的可利用的制度规范。少数民族习惯法在保护生态环境方面，有浓郁的保护意识和执行机制。少数民族习惯法在禁毒、戒毒方面，有积极地心理暗示、群体关怀和监督制约功能。特别是在多元解决纠纷机制中，少数民族习惯法有明显的优越性和独特之处：其程序灵活、费用低廉、节时省力、当事人意思自治，民间权威的参与与主持公道，有利于维护甚至促进当事人之间关系的修复，促进社会和谐。在法治建设的过程中，我们必须从我们真正的“国情”出发，从我们的文化背景出发，发现、引导并促进我们自己的法律文化和法律制度，而不应一味进行“法律移植”。少数民族习惯法在调查、收集、整理、分析、总结和研究的过程中，得到了很好地保存和传播。人们还从这些丰富的社会法律现象出发，对社会法律有了更具体的感受和更深刻的理解，以促使其对法制及其法理有更深入的思考。

5. 理顺少数民族习惯法与国家法的关系

法律人类学的研究表明，民族多元、文化多元必定造成社会多元，社会多元造成社会秩序的多层次性，从而自然形成法律多元。所谓法律多元是多种类型法律的并存状态，而这些多种类型的法律即犬牙交错，又雄踞一方，它们之间没有直接的从属关系。法律多元的含义是：一个社会的控制机制不仅仅局限于国家法制机制，还包括习惯机制。国家机制只是从整体上进行把握，而习惯机制却是通过风俗的统治使人们服从于稳定的社会秩序之中。习惯法作为实现习惯机制的手段有着巨大而深厚的力量，它被特定的群体所选择吸收，并经过长时间的积累得以延续，并在特定的范围内有一定自我治理、有效控制的能力。习惯法在一定范围、一定时期丰富和弥补了制定法的不足，成为一种有效的补救手段和协同方式，它独立于制定法之外，效力、范围、作用都自成体系，真正是一个具有自身独特地位和价值的法。

国家法与习惯法，既存在时间距离的纵向关系，也存在空间距离的横向关系。从历史的纵向考察，制定法往往是从习惯到习惯法再到制定法，习惯法是制定法产生的法律渊源，是本土化的法律渊源。从地理的横向考察，国家立法从国家整体利益出发，强调法律的普遍适用性，习惯法从特殊群体的局部利益考虑，突出法律因地制宜、缘俗而治的特性，二者比较而言，国家制定法占主导地位、具有最高权威，始终是调整社会关系的重要手段，是解决纠纷的最后屏障，不能以消极和规避的态度对待国家制定法；习惯法是一种有效的补救手段和协同方式，可以在特定区域里、特定人群中、特定时间段丰富和弥补制定法控制机制的不足，因此，在国家制定法面前，习惯法切忌不可喧宾夺主，更不能越俎代庖。

目前，我们应该着手的工作，不是要简单地归纳总结特殊群体在特定领域的习惯法，而是要让习惯法尽量靠近国家法，并使二者相互渗透，彼此关照，或将习惯法当成文化。首先要了解什么是习惯法？有哪些习惯法？然后才能做出判断，现实社会需要什么样的习惯法，如何取舍。为此对少数民族习惯法要进行全面的调查、收集、整理和分类。有些少数民族习惯法只能通行于个别村寨，就把它变成乡规民约；有些少数民族习惯法只适用于某一民族地区，就把它制定为该民族地区的自治条例；有些少数民族习惯法是整个中华民族和国家需要的，就把它吸纳为国家制定法，特别是民法的内容是可以大量吸纳的。总之，应形成国家法与少数民族习惯法的良性互动，彼此关照。研究少数民族习惯法对于民族法制建设具有重要意义，深入理解少数民族的文化、社会与传统规范，应当是国家和少数民族自治地方开展民族立法、执法与司法工作的基础，同时，对于习惯法的重视和利用，也有利于少数民族权利的保障及社会的治理。

6. 充分利用习惯法争端解决机制

争端解决机制一度被认为是法律人类学研究的中心问题。就法人类学的目的而言，较富有成效的研究方法莫过于考察初民社会的争端解决机制。要解决争端，就必然涉及法律的三个基本方面：规则、调查和审判的程序补救。规则需要靠习惯法（判例）的记录来获取。解决争端有三个程序：调查犯罪和责任、裁判、补救和实施的方式。三者紧密相连，有时是合并的。在初民社会中，村坊大会是处理争端的组织，负责实施补救。

民间的司法程序在于通过基于互惠的调解和妥协创造社会的平等与和谐，而现行法制明确的权利分配则会扩大人们之间的隔阂。在现代社会，法律知识过于专业，以至于社会远离于这种“律师的法律”，诉讼当事人成为法庭上不知所措的旁观者。乡土社会则不同。在那里，人们都能清楚的知道习惯法的主要规则，司法过程不再是人们愤恨、敬畏的东西，人们相信年长者丰富的智慧和正义感一定能使争端得到令人满意的解决。在民间，法官在某种意义上就是个仲裁者，他们是和平的制造者，通过各种途径（补偿、处罚、训诫等）达成和解。初民社会对犯罪行为的评价要考虑血统和家族关系，根据血统关系的远近来确定犯罪行为的严重程度。而血统关系经常变化，这种变化只有年长者才能弄清楚。因此，年长者通常被邀来当调解人以主持公道。

民间纠纷的解决没有采用制定法，而是采用民间习惯。国家法具有国家性、普遍性、强制性的特点。相对而言，民间习惯则具有地域性和非正式性的特征。因此它能在相对封闭和自给自足的乡土社会中起到分配权利、义务，定纷止争的作用。因此必须通过大家认可的方式和规则解决纠纷，力求获得各方的满意，这样才能彻底解决了纠纷。民间习惯本身即是得到社会的认可产物，并且更多情况下是双方共同自愿地达成了协议解决纠纷。

羌族地区的多元化纠纷解决机制具有高效、便捷、实用的特点，同时还拥有一些针对性强、贴近生活、灵活适当、特殊有效的惩罚措施，它深深地扎根于羌族的社会生活之中，与羌族传统文化的其他方面共同作用于羌民的行为。羌族习惯法、村规民约与国家正式的纠纷解决制度一起调整着羌族地区的纠纷解决及其他社会关系，充分发挥这些多元化纠纷解决机制的每个方面的作用，有利于羌族地区的社会和谐并对我国的司法改革具有重大的借鉴性和指导性意义。

尽管目前中国民族习惯法的研究取得了不少成绩，但该领域的研究尚显疏浅和不足。这主要是由于研究者与研究对象存在某种隔膜。有的研究者对少数民族习惯法不大了解、不大熟悉，或知识积累不够，研究只能以我为主、泛泛而谈、浅尝辄止。我们知道，少数民族习惯法，有自己的知识系统和表达方式，对民族地区和少数民族文化需要长期的关注，需要对相关知识的不断积累，需要认真的思考，才能由表及里，去粗取精。许多研究者按照现代部门法分类研究少数民族习惯法，对少数民族的民事习惯法、刑事习惯法、商事习惯法有过分门别类的研究，做出了一定的学术贡献，但由于这样的研究实属削足适履，其研究视野狭窄，研究思路模糊，问题意识不强，学科定位不准，许多少数民族习惯法规则被忽视和遗漏，未能反映出少数民族习惯法的全貌和少数民族习惯法各部分紧密的内在联系。要克服民族习惯法研究的幼稚性，有必要引入法律人类学的理论和方法，从而规范民族习惯法研究的学术范式，促进研究者之间的学术认同。可以期望的是随着法律人类学的引入和运用，国内少数民族习惯法的研究将在一个较高的平台上做出更精深的研究成果。

法律人类学研究中的本土方法论

兰元富[①]

法律人类学的研究与其他社会科学的研究一样，其理论研究也不能脱离本民族的社会政治经济条件及其文化传统，否则，其研究就会失去针对性。为此，我国法律人类学的研究必须坚持本土方法。法律人类学作为一门交叉学科，在涉及本土方法这样的命题时，它就更多地指向了社会学方面。因此，在探究法律人类学研究中的本土方法问题，就不能不涉及社会学研究中的本土方法问题。我们之所以提出法律人类学研究中的本土方法论问题，是因为在社会生活中存在许多不确定性、多种文化彼此冲突的情况下，在法律人类学的研究中，如何把握住本民族主流文化对传统法律文化的决定作用？如何将法律人类学研究植根于本民族的社会现实？如何针对该民族的文化背景进行有的放矢的研究？这些问题的解决无疑会对我国法律人类学理论建设具有重大的现实意义。

一、本土方法的基本内涵

本土方法论（ethnomethodology）是分析人们在日常社会相互作用中所遵循的全部规则的社会学方法，其英文词头“ethno”在希腊文中意为国家、人民、部落、种族。其创始人是加芬克尔，加芬克尔借鉴了美国社会学家G. H. 米德的角色理论和德国哲学家E. 胡塞尔的现象学，并大量吸收

① 作者简介：兰元富（1973－），男，畲族，福建上杭人，贵州民族大学法学院副教授、硕士研究生导师。

了A·舒茨的现象学、社会学和英国日常语言哲学的思想观点。他的基本假定是：社会是具体的而不是抽象的，社会仅仅在它的成员觉察到它存在时才存在，因此必须对社会成员在建构和解释他们所处的社会时所使用的方法进行详细考察。在现实生活中，社会成员依据一定的规则和程序来组织社会活动，并使活动具有共同的意义。这套规则和程序就称为民俗学方法，也有人称它为本土方法或民族方法。

本土方法论认为，一个群体中的成员间所有普遍的社会相互作用均由某些民间的规则所支配。即人们之间的互相理解不仅基于当事人说出来的东西，而且根据大量谈话中未提到的因素。对这些的理解要依赖于谈话所涉及的当事人最近的互动发展过程及前景预期，依赖于对话发展的一系列时间上连贯的表达以及谈话的过程等。比如，人们采取语言的索引和省略原则，即无需将所有的意思表达出来或解释清楚，只要提示一下，互动双方就能理解对方的意思，使日常互动顺利进行下去。当然，这样的理解必须建立在具体的互动背景中，根据当时当地的特殊情境才能做出正确的解释并采取相应行动。

二、法律人类学研究中本土方法的理论基础

法律人类学研究中本土方法的采纳有如下几大学科作为理论基础：

（一）文化人类学理论

文化人类学为法律人类学研究的本土方法的运用奠定了坚实的理论基础。法律人类学（legal ant hropology）是法学与人类学的交叉学科，是伴随着文化人类学（social and cult ure ant hropology）的产生而产生的。扬巴蒂斯塔·维柯（Giambattista Vico，1668—1744）作为历史唯物主义的先驱，其历史哲学思想深深地影响了马克思的唯物史观的形成。同时，维柯也创立了文化人类学。维柯的文化人类学成为当代各国法律人类学家家研究社会问题的一个重要理论基石。这是因为“文化人类学是从文化角度研究人类的历史、现状和发展的一门学科，它特别重视对原始文化、神话传

说所体现的人类文化渊源、结构的考察。"[①] 维柯指出：共同的文化意识植根于人类的"心头词典（Mental dictionary）"，"心头词典"是"心头语言（Mental words）"的总汇。"心头词典"就是"以一致的方式去掌握在人类社会行得通的那些制度的实质，并且按照这些制度在各方面所表现出的许多不同的变化形态，把它们的实质表现出来。"[②]

（二）历史唯物主义哲学理论

历史唯物主义哲学要求法律人类学研究必须尊重人的生存的现实性。马克思主义关于"人的本质在其现实性上，它是一切社会关系的总和"[③]的思想，为我们的法律人类学研究奠定了科学的基础。在谈到人的发展的社会制约性时，马克思恩格斯指出："个人怎样表现他们的生活，他们自己也就怎样。因此，他们是什么样的，这同他们的生产是一致的——既和他们生产什么一致，又和他们怎样生产一致。因而，个人是什么样的，这取决于他们进行生产的物质条件。"[④] 这一科学论断表明了人受其所处的生产方式的制约与决定，为法律人类学研究的本土方法奠定了唯物史观基础。

（三）社会学理论

法律人类学研究在运用法学理论的同时，应更多地运用社会学理论及方法分析问题，社会学理论也为法律人类学研究的本土方法提供了坚实的理论基石。法律人类学研究的"本土化"问题的提出本身就表明了法律人类学正日益体现其社会学分支学科属性。我国社会学自1979年恢复重建以来，在借鉴西方发达的社会学理论的基础上，努力构建中国的社会学体系。其中，包括对本土方法的借鉴与探讨，这为法律人类学研究的本土方法的采用奠定了理论基础。

---

① 孟宪忠等著：《思考世界的十个头脑》，辽宁教育出版社1988年版，第74页。

② 同上，第61页。

③ 《马克思恩格斯选集》，第1卷，人民出版社1972年版，第18页。

④ 《马克思恩格斯选集》，第3卷，人民出版社1972年版，第23页。

三、法律人类学研究中本土方法的基本内容

为了使法律人类学研究采用本土方法，使法律人类学研究更具针对性，除了经常采用的法学研究方法外，在此着重介绍田野调查法、案例分析法、比较法等研究方法。

（一）田野调查法

注重田野调查是人类学有别于其他人文社会科学的特色，也是法律人类学的一个基本特征。1915 年，马林诺夫斯基来到大西洋新几内亚东部一个名叫特罗布里安德的岛上，与当地的原住民一起捕鱼、耕种，学习他们的语言，参与巫术表演，观看各种仪式、习俗，“沉浸”（Deep Immersion）于当地人的生产和生活实践。历经三年，他满载而归，回到英国，相继发表了一系列以特罗布里安德人为题材的著作，首创了迄今仍被人类学者所推崇并广泛采用的田野工作法。自此后，从马林诺夫斯基、荷兰阿达特学派，到后来的霍贝尔、格鲁克曼、波赫南以至当代的法律人类学家，田野调查的传统被一代代传了下来。

田野调查法的一个重要原则是参与性观察，要求调查者到行为发生的地点去直接观察，投身于他所要研究的人群之中，参与他们的社会生活，观察周围正在发生的事情，进而熟谙这个地区居民的规范与价值。霍贝尔指出：“参与观察是指一个人既在其社会群体之中，又与之相分离。这种分离，意味着除了在极不寻常的情况下，他能及时接近其他社会宗派团体，其他团体的人应很乐意看到他们这一方面的事件也被同样报道。”① 作为法律人类学研究工作者，欲研究某一社会行为及其结果产生的原因并如何发挥作用，就必须到实地去观察，参与这一社会行为产生地的生活，了解当地的文化。

（二）案例分析法

案例分析法也是近年来社会学界经常使用的方法，即对个别案例进行

① ［美］霍贝尔：《初民的法律》，周勇译，中国社会科学出版社 1993 年版，第 40－41 页。

分析得出结论。此方法在法律人类学的本土研究方法中是一个重要的方法，因为每个社会问题的背后都隐藏着深刻的社会诱因。霍贝尔比较了法的三种研究方法："第一，是在观念中构成能正确引导和控制人们行为的准则；第二，是对实际进行描述，并依据实际存在的行为探究其模型；第三，是研究事故、争端、冤情和纠纷的实例，考察它们的性质及其发生的原因和过程，如果可能的话，还要考察动机和结果。"而马林诺夫斯基以一个破坏族外婚的案例来说明特鲁布里安人的刑法规则。特鲁布里安有一个年轻人从一棵椰子树上跳下来自杀了。其真相是他违背了族外通婚的规则，与其表妹通奸。该女孩的族外情人很爱她，一直想娶她，得知自己的情人与其表兄通奸后，深感自己受到了侮辱和伤害，于是决定主动出击。他首先威胁要用邪恶的巫术来对付其情人的表兄，但是没有达到目的，于是在一天晚上，当众侮辱了这个罪人——在整个社区都能听到的情况下，指责这个年轻人乱伦，并用连土著居民都无法忍受的言辞恶言相向。结果，受不了侮辱的情人的表兄穿上节日盛装，佩上饰物，爬上椰子树，在茂密的树林中对村民们哭诉，说明了自己走绝路的原因，也含蓄地控诉了逼其走绝路的人。遵照当地习俗，他放声大哭，然后从60英尺高的椰子树上跳下，当场死亡。为他报仇就成了其同族弟兄义不容辞的责任。随后，村里爆发了一场殴斗，他的情敌身负重伤。在特鲁布里安人看来，违反了通婚规则是一种严重的犯罪，族外通婚是图腾制度、母权制度和等级划分制度的基石之一。氏族内所有姐妹都被男子以兄弟姐妹相称，没有什么比违反这条禁律更可怕的事了，除了公众舆论会做出强烈反应外，超自然的惩罚同样会惩治这种犯罪行为。这对特鲁布里安人来说就是一条公理。土著居民们一听到违反族外通婚的事就显得惊恐万分，并且他们相信疼痛、疾病甚至死亡都是与氏族乱伦相伴而来的。[①] 对于此种犯罪，当地人有一套系统的处理规则，即根据双方是否近亲，或是否是共同的氏族成员，两种情形会受到不同的对待。与姐妹的乱伦，对土著居民来讲是最严重的罪过，表兄妹之间乱伦也被视为是极为严重的；亲等递减，当犯罪人仅仅同属于一

① ［英］马林诺夫斯基：《原始社会的犯罪与习俗》，原江译，云南人民出版社2002年版，第51－52页。

氏族时，违反外族通婚规定虽属犯罪，但被认为罪行极轻微，很容易得到宽恕。[①] 这些案例都应引起法律人类学工作者冷静的思考，深刻分析诸案例背后社会及文化的诱因，此乃法律人类学工作者肩负的使命与责任。

（三）比较法

比较法也是法律人类学本土研究方法中的基本方法，对法律人类学来说，跨文化比较具有一定必然性。“人是悬挂在文化之网的动物”，法律人类学者在研究被研究对象时，难免带有“文化先见”——他们事实上都在无意识地、不自觉地进行跨文化研究。依此看来，无论是欧美学者研究非洲原始部落，还是汉族研究少数民族、城市人研究农村都是在进行跨文化比较的研究。跨文化比较后来被人们有意识地使用，人们开始把不同的法律制度、法律行为与不同的文化背景相联系，也开始关注不同法律制度、法律文化之间的区别，如马林诺夫斯基把特罗布里安德群岛的继承制度与母系的文化背景结合起来进行分析、霍贝尔就谈到了初民法律与现代法律之间的区别等等。

四、法律人类学研究中运用本土方法需要注意的问题

（一）应注意社会伦理学问题

在运用法律人类学研究的本土方法的过程中要注意一些相关的社会伦理学问题。也就是说，在结合社会文化背景进行法律人类学的问卷、观察、实验、案例分析以及实地调查时，必须遵循的两个伦理问题是：一方面，社会研究首要的伦理规则就是不能伤害研究对象。即无论是从身体方面还是从心灵方面都必须保证对研究对象无害，甚至不应该有任何的因疏忽或因受到暗示而使研究对象产生不幸感或受挫感，也不能披露与研究对象相关的负面信息。法律人类学研究尤其要坚持这一原则，为此，研究者本人就必须具备较高的个人素养。另一方面，社会研究的又一基本准则就

① ［英］马林诺夫斯基：《原始社会的犯罪与习俗》，原江译，云南人民出版社 2002 年版，第 55－56 页。

是，参与者必须是出于自愿的而非被迫的。任何主试人员或调查人员强迫他人做被试或接受调查及访谈，对研究本身均是不利的。因为，这样做无法收到预期效果。我们常常会发现许多调查问卷及访谈的对象都是在被迫的而非积极主动参与的情况下进行的，因而所得出的结论也失去了应有的信度及效度。

（二）应注意客观公正的科学的研究精神

法律人类学研究的本土方法的使用还必须确立科学的精神，这是使本土研究方法具有科学性的前提。所谓科学精神的确立，在此指的是在研究过程中，必须遵循科学研究的客观态度。为此必须杜绝如下情况的发生：有时候，我们只根据有限的观察就妄下结论，这势必导致结论的失真。譬如当我们为获得一定的结论时，经常会忽视与结论相抵触的证据，而只注意了那些可以支持结论的证据，这也是非科学的态度。因为很难想象科学研究的过程是在头脑里预先给定了结论，然后就只关注和强调与此结论相一致的论据，而无视与其相悖的论据，这不符合科学研究的归纳推理的程序。即便是运用演绎推理程序，可以先提出假说再去验证，这个验证过程也应是客观的，验证的结果也会有两种可能，即证实与证伪。我们不可能为了追求证实假说而抛弃科学精神，否则，就会经不住历史的推敲，科学史上不乏这样的例子。另外，与此相关的一个值得注意的问题是，社会科学研究的伦理学核心问题是强调“是什么”，而不是“应该是什么”。也就是说，理论应该是符合实际情况的，而不应该和个人价值观或信仰混淆。即，法律人类学研究中必须关注现实社会正在发生着什么，而不是研究者想当然地臆断现实社会应该是什么样子的，更不应该在研究之前或研究过程中就先入为主地将个人的价值观及各种理念渗透到法律人类学的研究中去，否则研究的科学性也就会令人质疑。最后，更应该引起注意的是，法律人类学研究的本土方法的使用一般都是研究者深入客文化之中，了解客文化的社会及文化状况，而研究者本人就携带着主体文化及其特有的思维定式。如果不加以注意的话，则常常呈现出研究主体将自己既有的文化及其价值观强加于客文化，其结果，势必使该研究失去科学性和客观性。

法人类学研究的发端、发展与发达

——一个学术史的考察

胡月军①

法学与人类学要进行对话，所需要的并不是一种“半人半马”的学科，而是对彼此的更深层次的更为精准的认识。——吉尔茨

你只要研究法律那么就直接通向了人类学。——霍姆斯。

黑格尔曾经指出，学科的方法并不是外在的形式，而是内容（观点、体系等）的灵魂。②“任何体系都是暂时的东西，而包含在体系中真正有价值的方法却可以启人心智、发人深省；观点也可能随着时间的推移而过时或者变成错误，但是正确的方法却能够给人们提出独立探索的合理途径。因此，一门学科成熟和发达的标志往往在于其自身方法论的觉醒和更新。”③ 然而，长期以来，中国民族法学界对方法论问题一直未给予足够的关注。虽然中国民族法学界也有一些不同研究方法的运用，但是往往只是潜意识的，而缺乏积极的思考，未能使各种研究方法由分散过渡到完整，由零星发展到体系，由方法上升到方法论。那么，究竟什么样的方法才适合中国民族法学的研究？各种研究方法之间的关系如何？民族法学方法论是否具有自身的独特性？所有这些问题都是目前中国民族法学研究过程中需要热切关注和认真对待的方法论问题。这些问题的解决将直接关系到未来中国民族法学发展的方向，以及学术研究结论的正确概率和实用价值。

中国民族法学界有关民族法学方法论问题的意识，发端于吴大华教授

---

① 作者简介：胡月军，贵州省社会科学院法律所助理研究员。

② 【德】黑格尔著，贺麟译：《小逻辑》，第27页。

③ 刘艳红著：《实质刑法观》，中国人民大学出版社2009年版，第222页。

《论法人类学的起源与发展》。他指出，法人类学是运用人类学的理论与方法对法律问题进行解释和研究的学科。它处于法律学与人类学的交汇点，是一门交叉性的分支学科。作为19世纪中后期产生并发展起来的一门边缘学科，法人类学是传统法学和传统人类学的扩张与‘互渗’，要求不同文化间相互理解与尊重，对法律进行动态性的研究，认同法律多元，认同非国家法律，要求运用国家法律与非国家法律寻求纠纷解决以维护社会秩序。中国拥有法人类学发展的独特而丰富的民族资源，这是一个国外学者无法比拟的先天优势。从法治发展历史来看，法治最初是强调形式法治，发展到一定阶段便开始重视实质法治，要求“法”不应拘泥于静态的法律条文，而应该用动态的观点看待法律，把法治改革与中国的社会现实、社会经济发展结合起来。法人类学的出路在哪里？这是当前研究法人类学的学者应当经常思考的一个问题。法人类学理当在实证法与自然法之间求得均衡，即寻求活的法——社会的治理规则。这是法人类学发展的必由之路。[①] 法人类学探寻的就是当前社会的“活”法，如果学者能把民间的“活法律”和国家的法律制度结合在一起，那将有很广阔的发展前景。现在国家对统一的法律在民族地区的实施与适用非常关注，这将是法人类学发展的一个良好机遇。[②]

这实际上为法人类学的未来发展指明了方向，同时标志着中国民族法学界方法论意识的觉醒。

一、法人类学研究的发端

法人类学是如何起源的？一般认为，法学和人类学在拓展各自学科、挑战本学科的屏障和壁垒时，形成了视角互补的关系。[③] 最早的法人类学研究开始于19世纪60年代。瑞士法学家巴霍芬的《母权制》（1861年）、英国梅因的《古代法》（1861年）、美国人类学家摩尔根的《古代社会》（1877年）以及恩格斯的《家庭、私有制和国家的起源》（1884年）被列

① 吴大华著：《民族法学前沿问题研究》，法律出版社2010年版，第285页。
② 吴大华著：《民族法学前沿问题研究》，法律出版社2010年版，第295页。
③ 张冠梓著：《法人类学的理论、方法及其流变》，载《国外社会科学》2003年第5期。

为法人类学的第一批经典文献。但是，这些文献只能算作初期的雏形的法人类学，作为一个学科的真正的法人类学并没有形成。马林诺夫斯基是法人类学在理论上成熟的重要标志。1926 年马林诺夫斯基出版的《原始社会的犯罪与习俗》，该书直至现在仍然是研究部落社会中社会控制的经典著作之一。①

自马林诺夫斯基的《原始社会的犯罪与习俗》开始，法人类学才在学界、学术上获得真正独立的地位。他通过对特洛布里恩岛的社会经济活动的考察，指出土著人为了维持良好的声望而自觉地履行义务，也就是说，当地的社会控制在人们的互惠义务中得以实现。那么，对于没有成文法的社会，我们只要对社会关系加以充分的研究，就足以解释其法律的内容和运作。在其著作中，我们可以清晰地发现，他把法律规范的边界扩展为包括正式和非正式的规则与限制。一门学科的成熟与其独立的研究对象或者方法论有着极大的关系。法人类学要求在长期的田野工作的基础上观察法律现象，完成理论证明。我们说马林诺夫斯基是法人类学研究的先驱，正是基于他对法人类学的独创性贡献，他在研究中选择特定的社区，长期观测、体验当地的生活，形成对当地法律的客观认识。这正是法人类学的起源、发端。

二、法人类学研究的发展：国外与国内

在马林诺夫斯基之后，民族志方法成为法人类学的核心方法，相应的成果被称作法律民族志。整体地贯彻并把握对象的民族志是理解的有效工具，它可以通过建构当前的背景去理解法律的历史。而以纠纷解决机制为目标的法人类学方法更强调了法律的功能与作用。这种研究范式的基本假设是能够处理的解决纠纷的规则即“法”。这种调节社会生活的规则无时不在、无处不有，是任何一个社会维持基本秩序的必须。这样便为研究不同社会中的社会控制形式提供了同一的分析工具与比较视角。最初的纠纷解决强调的是结构——功能主义视角，但是最近的研究更侧重利用行动选

① 张永和著：《法人类学作为独立学科的诞生及其他》，载《现代法学》2005 年第 1 期。

择模式来研究地方法律，注重过程分析。这种过程分析更为强调个人的尊严和价值，而非“法”的权威与作用，更关注当事人如何利用法律来达到自己的作用，关注当事人争夺的政治和经济利益，关注不同当事人如何影响纠纷的处理结果。①

法律与人类学的研究本身是一种跨学科研究，是两个甚至多个学科整合的结果。实际上，在20世纪80年代以前，国外法律与人类学研究传统中一直有两大分野：一是人类学者遵循人类学的知识传统所做的法律研究，注重比较过程；二是法学者及其他学者运用人类学的知识所做的法律研究，注重“制度和结构比较”和“应然、实然比较”，其中早期研究仅限于以法律人的视角研究“非西方法律”。不过在20世纪80年代以后，两者对话和融合趋势已经相当明显。法律意识、生活样式和世界看法等观念经过格尔茨的倡导后，成为两类学者共同关注的重点之一。按照Sally Engle Merry在20世纪90年代初的看法，当时的法律与人类学还关注以下这些侧面：其一，法律的国家和跨国际语境；其二，对法律多元主义的重新关注，但与以前不同的是，不再将一个社会或国家内存在不同的法律视角当作静止或相互隔绝的，而是讨论共存法律系统的复杂性及其相互联系性；其三，权力和法律建构与解构的权力关系。②

晚近以来，中国“法律与人类学”研究也经历了既相互区分又对话融合的过程。可以分为：人类学者研究法律的视角、法学者对人类学知识的运用。

（一）人类学者所做的法律研究，往往是在人类学的知识背景下展开的，特别是在进行人类学个案调查时，尤其重视人类学。此即人类学家马林诺夫斯基奠定的科学的人类学规范。这一规范的基本要求是：选择特定的社区作为调查地点，进行长时间的田野调查，掌握当地语言，注重参与观察和体验，通过理解他者最终达成对他们的客观认识。这样，人类学者可以在长期田野工作的基础上写作一部法律民族志。不过从人类学研究趋势看，即使在中国，法律人类学与政治人类学、经济人类学、艺术人类

① 吴大华著：《民族法学前沿问题研究》，法律出版社2010年版，第282页。

② 朱晓阳、侯猛主编：《法律与人类学：中国读本》，北京大学出版社2008年版。以下对晚近以来中国法律人类学发展的素描，来源于对该书中侯猛撰写《导论》部分的总结，第1至14页。

学、历史人类学在研究内容上存在诸多交集，彼此之间的研究成果并不明显。因此，需要放宽法律人类学的研究视野，法律人类学和政治人类学的研究重心，甚至中心问题是围绕着“秩序”而展开的；法律人类学和经济人类学都研究产权问题，关注经济制度的变迁；艺术人类学也关注作为“法律”的艺术，即从绘画、雕塑、建筑等艺术作品中探讨其中的法律意义；历史人类学将法律档案与田野调查结合在一起。

（二）法学者对人类学知识的运用。

目前中国法学者运用人类学知识的法律研究，大体上分为两种风格：一是以梁治平教授为代表的法律文化研究；二是以苏力教授为代的法律的社会科学研究，即广义的法律社会学研究。这两类研究区别很大，但是有暗通之处。

尽管“法律与人类学”在中国经验研究具有以上两类分野，但是基于相同或者相似的中国问题意识、知识和方法的互惠性，不同学科之间的对话和融合趋势也日益显现出来。大致归纳这一跨学科研究的主题至少包括：（1）法律与情理。“法律与人类学”研究注重探讨法律与其他社会规范的关系，在中国语境中，这一关系往往表现为法律与情理的关系，为法学、人类学以及历史学者所关注。（2）法律现代性。晚近以来对法律与情理关系的分析，已经不仅仅局限于个案深描，而是提升至对国家或外来法律、现代法治、现代性问题进行反思的层面。法律与情理的问题往往被转化为中国与西方、现代与传统、移植与本土的问题，并且在二元对立的理解框架内加以讨论。（3）法律语境化。为了解决现代法治带来的和可能带来的问题，在中国这样一个后发法治国家，为避免国家中心主义、西方中心主义，在整体社会文化的背景下来面对中国经验并且理解其法律，应当成为一个基本共识。中国法律与人类学研究的中心问题就是寻找能够有力解释外来法律和在地经验的冲突和融合，从而构建法律语境化问题的认知框架。（4）研究方法。在已经有的中国法律与人类学研究当中，学科研究方法的相互借鉴也相当明显。人类学者分析法律问题常常会运用法律解释的方法，而法学者也越来越多地运用田野调查的方法进行个案研究。

可以说，发展到今天，法人类学似乎已经初具架构。基本的共识是采用人类学方法，尤其是民族志方法研究法律的一门学科，是法人类学。在学科内容上，法人类学主要包括：（1）法律文化的比较研究。主要是从法律文化的差异上分析鉴别东、西方法律文化、不同种族的法律文化的差异与独立价值，寻求法律文化沟通的渠道，发现二者共同的元素，为法律移植与借鉴、为文化之间的沟通和尊重提供理解的基础与改革的前提。(2) 民族法学。主要是通过分析民族历史、传统、心理以及经济社会发展与民族地区秩序、规则的联系，研究与各民族相关的习惯、习俗在民族地区维持秩序的功能与作用，以及如何适应法律现代化和全球化的过程改革法律。(3) 法律的人类学研究。这里讲的法人类学研究，主要是说如何运用人类学的基本研究方法，去研究现代社会中存在于国家法以外的非正式规则。我们过去在研究初民的法律时多采用人类学的方法，有点类似于“考古发掘”，但现在我们从现代的城市与农村中同样会发现存在于国家之外的非正式规则，这样需要我们采用人类学的方法进行研究，以发现国家法的不足而以民间法予以补强。必须承认，无论是法律文化的比较研究还是法律的人类学研究，抑或民族法学研究，都不是绝对划分的，它们之间存在交叉，它们也没有穷尽法人类学的研究领域，同时它们与法社会学、法文化学存在一定的交叉。作为一个开放性的理论体系，法人类学不断融入新的研究成果，探索新的理论疆域。①

三、法人类学研究的发达

吴大华教授指出，中国的法人类学要形成独特风格、独立气派，应当从两个方面着手，注重两种研究方法或者思维的训练与运用。

第一，重视都市法人类学的研究。人类学的都市研究是人类学的第三次革命。法人类学既往的研究多限制在初民的法律、习惯法等上面，对于现代都市的“法”缺乏研究。20 世纪 20—30 年代，美国芝加哥大学社会学系的学者采用人类学的方法研究芝加哥的犯罪问题，形成卓有声名的芝加哥学派。在中国，伴随城市化进程的加快，如何以人类学的视角发掘城市生活的规则、秩序并予以改进成为“法”，实现城市的良治与善治，这是我们今后要面临的一个重要问题。

---

① 吴大华著：《民族法学前沿问题研究》，法律出版社 2010 年版，第 281—283 页。

第二，重视民族习惯法的研究。中国拥有法人类学发展的独特而丰富的民族资源，这是一个国外学者无法比拟的先天优势。长期以来，我们的学者在民族习惯法上获得了一定进展，对少数民族的法律法规有着比较深入研究。国家对统一的政策与法律在民族地区的实施和适用非常关注，并对从事民族政策、民族法律研究的专家学者倾力扶持。这是民族习惯法研究的良好机遇，也是法人类学实现突破的一个关键领域。

第三，关注田野调查方法的运用。法人类学习惯于比较研究，习惯于整体化地看世界，习惯于在动态的过程中把握法的实质及其发展，关注法律行为及其相互之间的变化过程，关注“活的法”。注重以参与性观察为特征的田野调查方法是法人类学的一个基本特征。

第四，关注处理纠纷的典型案例分析。20 世纪 60 年代后期，法人类学从研究原始法、部族法的模式转换成研究纠纷及其解决方式，人们将研究国家法律定式化的规则演变为研究纠纷及其解决与处理的过程。霍贝尔阐释了法人类学的三种研究路径：一是在当地人中间总结出规则，得到理论性的线索；二是观察当地人的行动，得到描述性的线索；三是研究争执、纠纷等事件的方法。关于处理纠纷的典型案例分析正是我们开拓新的法人类学研究疆域的新的工具。①

① 吴大华著：《民族法学前沿问题研究》，法律出版社 2010 年版，第 285 - 286 页。

当下习惯法研究的相关理论检视

——基于法律史角度的分析

潘志成①

笔者过去因着个人的兴趣，关注的多是习惯法②一类的问题，也曾多次到川、桂、滇、黔、藏的少数民族聚居区从事习惯法田野调查和文献收集工作。近二三十年来，习惯法已渐成学术界研究的热点，无论是法理学、法律史学还是部门法学，甚至是社会学、人类学、民族学，都对少数民族习惯法表现出越来越浓厚的兴趣，且在习惯法资料的抢救整理、习惯法内容的挖掘、特点分析、价值研究等各个方面都取得了令人瞩目的成绩。但尽管如此，目前学界对习惯法的研究尚还存在一定的问题，其首要者在于缺乏系统完整的理论支撑，现有的理论“还没有成功地确立起能与国家法理论一较长短的理论基础”③。目前相当部分的研究成果都存在着

---

① ［本文系2011年国家哲学社会科学基金重大招标项目“清水江文书整理与研究”（项目编号：11&ZD096）、2012年贵州省哲学社会科学规划项目“清代清水江流域乡村社会的纠纷与秩序研究”（项目编号：12GZYB28）的阶段性成果］

作者简介：潘志成（1981.6－），江苏盐城人，贵州民族学院法学院副教授、法学博士。

② 习惯法是不是法，诸如此类的问题在国内外学术界都存在较大的争议，John L. Comaroff 和 Simon Roberts 在《规则与过程》（*Rules and Processes*）一书中提出人们已经为争论法的定义问题花费太多时间和精力，这是一种“没有丝毫意义的浪费”（John L. Comaroff and Simon Roberts：*Rules and Processes*，*in The Common Place of Law*：*Stories of Popular Legal Consciousness.* Edited by Susan S. Silbey and Patricia Ewick，Chicago：University of Chicago Press，1998.）。笔者则较为赞同 Sally Falk Moore 的观点，他认为法律是特定社会秩序的反映（a reflection of a particular social order），任何社会只要有相对稳定的秩序存在就表明存在法律规则（Sally Falk Moore，*Law as Process*，*An Anthropological Approach*，Routledge &Kegan Paul，1978，p. 244.）。

③ 谢晖、陈金钊著：《民间法（第三卷）》，山东人民出版社2004年版，第1－13页。

"国家—社会"二元对立或者"法律多元"的理论预设，认为习惯法是与国家并立的一套法律体系，并以此作为立论的前提，进一步论证其合理性、必然性。曾宪义、马小红两位先生认为借用市民社会理论的研究方法或概念来解说中国历史，容易使读者对并不存在"多元"或"二元"的"权力体系"及"结构"的中国古代、近代社会容易产生曲解[①]，寺田浩明教授则指出二元对立理论的展开和进一步说明相当困难，甚至或让人觉得有时这种二元法论反倒成为深入探讨问题的障碍。[②] 一言以蔽之，在当前习惯法研究中普遍存在着的"国家—社会"二元对立理论在突出了习惯法自身功能的同时，也割裂了其与国家法之间的联系。[③]

此外，当下学术界对习惯法（尤其是少数民资习惯法）的研究或仰赖20世纪六十年代少数民族社会历史调查时期的庞大资料，或依据广泛深入的当代人类学田野调查获致的民族志素材，是故相当部分的学者对习惯法的研究都是在静态层面进行的（尽管也有部分学者尝试探讨习惯法的发展变迁，也多因条件限制只涉及近代以后，对习惯法在近代以前的发展变迁则较少研究），并没有关注到社会形态和国家典章制度的变迁所带来的深远影响。[④] 且因西方人类学的理论范式、研究方法甚至研究框架被不加鉴别地运用于国内的相关研究中[⑤]，有少部分习惯法研究著作在笔者看来与其说描述的是中国某一少数民族社区的习惯法，而毋宁说是太平洋某个封闭岛屿的法律民族志。事实上，最晚到清朝中期，我国各少数民族几乎都被置于王朝的法律控制之下，虽然因国家对各民族的法律政策有所不同而使此种法律控制的重点及程度有所差异，但无论如何，大一统的法律制度已经成为各少数民族习惯法发展的重要外部环境，但这一外部环境在相关的研究中并没有受到应有的重视。

① 曾宪义、马小红：《中国传统法的"一统性"与"多层次"之分析——兼论中国传统法研究中应慎重使用"民间法"一词》，载《法学家》，2004年第1期，第134－144页。

② ［日］寺田浩明：《超越民间法论》，载谢晖、陈金钊主持：《民间法（第三卷）》，山东人民出版社2004年版，第1—13页。

③ 中国社会科学院法学研究所主编：《中国法学与法治发展30年》，中国社会科学出版社2008年版，第7页。

④ 张应强著：《木材之流动：清代清水江下游地区的市场、权力与社会》，三联书店2006年版，第7页。

⑤ 王铭铭著：《社会人类学与中国研究》，广西师范大学出版社1998年版。

下文笔者将从法律史的角度，检视时下习惯法研究中常用的几种理论框架。

一、关于法律多元的理论

二十世纪七十年代，西方人类学家在对美洲印第安人和亚非原殖民地的研究中提出了法律多元的理论，其代表者是胡克（Hooker），他于1975年出版了《法律多元》一书，其后约翰·格里菲思（John Griffiths）、布赖恩·Z·塔玛纳哈（Brian Z. Tamanaha）等学者相继采用了相似的研究方法，他们多认为西方殖民地统治者在殖民地的法律移植是形成殖民地“法律多元”现象的重要原因，例如胡克认为继受的法律并未替代原有的法律，移植法并未消灭当地的宗教与习惯法，而是二者共存①。20世纪70年代以后，法律多元又被区分为“经典的法律多元主义”（Classic Legal Pluralism）和“新法律多元主义”（New Legal Pluralism），前者是研究殖民地和后殖民地国家的固有法与殖民者带来的欧洲法律之间的法律多元，而后者则是将法律多元的理论引入到对非殖民国家特别是欧美国家的研究中，主张所有社会都存在法律多元的现象②。此外，Leopoid Pospisil提出的“法律层级性”理论③，埃利希的“活法”论④以及昂格尔对习惯法、官僚法和法律秩序的划分⑤以及千叶正士教授的“三重二分法”⑥ 等等，均可归属于法律多元理论的范畴。

Sally Engle Merry认为两种或多种法律制度在同一社会中共存的一种状况，都可以被称作是法律多元⑦。朱苏力教授认为法律多元的研究促使研

---

① Baudouin Dupret, Maurits Berger, Laila al - zwaini, *Legal Pluralism in the Arab World*, Boston: Kluwer Law International, 1999, p. 5.

② Sally Engle Merry, “Legal Pluralism”, *Law and Society Review*, 1988, 22/5.

③ Leopoid Pospisil, *The ethnology of law*, Cunning Publishing Co. 1978.

④ ［奥地利］欧根·埃利希：《法社会学方法——关于‘活法’的研究》，张菁译，载《山东大学学报》（哲学社会科学版），2006年第3期，第12－19页。

⑤ ［美］昂格尔：《现代社会中的法律》，吴玉章、周汉华译，译林出版社2001年版。

⑥ ［日］千叶正士：《法律多元》，范愉等译，中国政法大学出版社1997年版。

⑦ Sally Engle Merry, “Legal Pluralism”, *Law and Society Review*, 1988, 22/5, p. 870.

究者重新考察国家法和民间法之间的更为复杂的互动模式，“在任何具体的社会中，所谓社会制度都不仅仅是国家的正式制定的法律，而是由多元的法律构成的，这些多元的法律又总是同时混缠于社会微观的同一运行过程中。法律多元的研究因此在一定程度上促成了法律社会学研究的转向，促使法律社会学家转向对那些作为社会背景而成为人们社会生活的‘正常’方式的研究”。[①] 作为针对“一元”的结构性话语，“法律多元”理论是在批判法律中心主义和法律形式主义的基础上建构的，这种理论在提醒我们注意国家法律之外其他规范的同时，也极易过度强调制定法之外其他规范的功能。就本文的研究来看，虽然我们不能把清廷开辟贵州苗疆的举动与西方的殖民相等同，但两者在法文化层面造成的影响则是大同小异的，清廷在苗疆实施法律控制、建立统治秩序的行为实质上就是法律移植（或者说是异质法文化的传播），其所造成的法律多元现象时至今日仍然普遍存在。然而，清代贵州苗疆的法律多元只是就存在状态而言，虽然曾在一定时间内承认习惯法的效力，但这可以称作是进入正式法律程序中的一种“事实”，而绝不是一种“规范”[②]，因此在开辟之后的贵州苗疆，并不存在法理意义上的法律多元。法律多元理论在我国学术界的运用在相当程度上又与“国家—社会”二元对立的理论框架相紧密联系，例如寺田浩明教授就认为法律多元理论下的“民间法”实质上采用的就是“国家—社会”二元对立的理论，他认为这种理论的展开和进一步说明相当困难，甚至或让人觉得有时这种二元法论反倒成为深入探讨问题的障碍。[③] 笔者在前文曾经提及，曾宪义、马小红两位先生认为借用西方理论来解说中国历史，容易使读者对并不存在“多元”或“二元”的“权力体系”及“结构”的中国古代、近代社会容易产生曲解[④]。因此，笔者认为，在运用法律多元理论进行相关研究之时，既应当正视“法律多元”的存在状态，但同时亦不宜过度强调习惯法的独立性，要考虑到中国社会自身的特殊性，注重“多元”之间存在的勾连融通。

---

① 苏力著：《法治及其本土资源》，中国政法大学出版社 1996 年版，第 51 – 52 页。

② 杜宇著：《重拾一种被放逐的知识传统：刑法视域中“习惯法”的初步考察》，北京大学出版社 2005 年版，第 242 页。

③ 谢晖、陈金钊著：《民间法（第三卷）》，山东人民山版社 2004 年版，第 1 – 13 页。

④ 曾宪义、马小红著：《法学家》，2004 年第 1 期，第 134 – 144 页。

二、关于"大传统"、"小传统"的理论

"大传统"与"小传统"理论是文化人类学领域常用的一种分析框架，最早是由芝加哥大学的人类学家罗伯特·雷德菲尔德（Robert Redfield）在1956年出版的《农民社会与文化》一书中提出的，这一分析框架主要是针对相对复杂的文明，他认为在这种社会中存在两个不同文化层次的传统，大传统是指以城市为中心，社会中少数上层人士、知识分子所代表的文化；小传统是指在农村中多数农民所代表的文化。雷德菲尔德虽是以其关于墨西哥和中美洲的研究为基础提出的这一框架，但他认为这一对观念最适合于研究古老文明的社会，因为在这些社会中上层文化、经典文化比较突出，与下层文化的距离比较大。[①] 虽然此后又不断有学者用精英文化和大众文化、上层文化和下层文化等诸如此类的概念来进行修正，但大体内涵并没有多少变化。[②] 虽然雷氏自己认为这种框架对复杂文明都可适用，但与其他理论一样，国内学术界亦多有学者反思这种分析框架的缺陷，例如王铭铭教授认为，这种分析框架没有注意到两种传统中各自存在着内部分化，此外他认为把"小传统"看成是被动的、没有体系的文化也是错误的。[③] 温春来认为大小传统具有相互渗透的一体两面，并非二元对立，这种分析框架忽略了传统中国社会整合性的一面。[④] 张佩国教授认为雷德菲尔德的"大传统"与"小传统"实质上也可以用"国家"与"民间"来代替，但他认为国家、民间之间并非是二元对立的关系，也没有明确的边界，而是呈现非同质性的多元互渗关系。[⑤]

虽然这一理论自身的不足是显见的，但对中国少数民族习惯法的研究仍具有较强的分析工具意义，正如王铭铭教授所说的，只要经过一定的修正，它是非常有用的理论分析方法，尤其是对于我国的民间传统的特点等

---

① 孙秋云主编：《文化人类学教程》，民族出版社2004年版，第19页。

② 谢晖著：《法治讲演录》，广西师范大学出版社2005年版，第278页。

③ 王铭铭著：《社会人类学与中国研究》，广西师范大学出版社1998年版，第157－158页。

④ 温春来著：《从"异域"到"旧疆"：宋至清贵州西北部地区的制度、开发与认同》，三联书店2008年版，第3页。

⑤ 张佩国著：《民间法秩序的法律人类学解读》，载《开放时代》，2008年第2期。

方面是有帮助的。[①] 李亦园先生也曾借用这一分析框架从垂直的立场来观察杜维明提出的“文化中国”理念，他认为中国文化可以看成是上层的士绅与下层的民间文化所共同构成，从民间文化的角度或者说从“小传统”的观点去探讨“文化中国”的意义，应当是研究中国文化的另一个角度。[②] 少数民族地区也是中国这个大一统国家的组成部分，虽然其民族特色较为浓郁，但即使是内地省份也有着各种各样的地方性特色[③]，此种地方性特色与前述民族特色（事实上民族特色也可以说是一种地方性特色）并没有本质区别，都可视作“‘国家’在不同地方的不同表达”[④]，只不过因不同地区进入大一统国家秩序的时间有先有后，且因多种因素的差别，而在大传统之下呈现出各不相同的小传统而已。

三、关于“国家—社会”的理论框架

20 世纪八十年代，中国社会史的研究得以复兴和重建，近年来这一学科的研究方法和理论框架也逐渐被引入到对少数民族习惯法的研究。尤其是从法律史学角度研究少数民族习惯法的学者，对此有较多的论述。例如龙大轩教授提出研究法律的实践状况有极大的重要性，“唯有对历代法律的运行情况进行实证研究，才能洞悉传统法律与传统国情、传统文化间的本质联系”[⑤]，“我们不能满足于单从国家制定了什么去考察法律传统，更应该从民众的生活实践中去考察……这样，我们看到的才是民众生活中流动着的‘活’的法律传统，而不是‘编著之图籍，设之于官府，而布之于百姓’的‘死’的法律条文了”[⑥]。张仁善教授则提出了“法律社会史”

① 王铭铭著：《社会人类学与中国研究》，广西师范大学出版社 1998 年版，第 157 – 158 页。

② 李亦园著：《李亦园自选集》，上海教育出版社 2002 年版，第 225 – 226 页。

③ 这在清末民初的民商事习惯调查中可以得知，不同的省份亦或存在不同的民商事习惯法。

④ 温春来著：《从“异域”到“旧疆”：宋至清贵州西北部地区的制度、开发与认同》，三联书店 2008 年版，第 7 页。

⑤ 龙大轩著：《乡土秩序与民间法律——羌族习惯法探析》，华夏文化艺术出版社 2001 年版，第 306 页。

⑥ 龙大轩著：《十九世纪末地方法律实践状况考——一块碑文透出的历史信息》，载《现代法学》，2002 年第 3 期，第 129 – 136 页。

这一概念，他认为法律史学不能只注意法律条文，“更应注意法律条文产生的动因是什么，实际功能有多大，实践的效果如何，哪些因素在影响法律功能的发挥”，“研究中国法律史，如果不把视角更多地转向社会中下层的社会生活，转向影响法律变化的最基本社会结构，很难跳出政治制度史的框子”，他认为中国法律史不仅是法律制度史、法律思想史，“而且还是法律与社会结构、社会生活等互动的历史，即法律社会史”①。

当然，1947年就已经出版的瞿同祖先生的《中国法律与中国社会》一书应当是法律社会史研究的开创之作，该书将法律与社会结合起来形成了新的学术研究方向。不过20世纪八十年代后逐渐兴起的法律社会史研究则更多地采用了“国家—社会”这一分析框架②，例如朱勇教授的《清代宗族法研究》一书提出中国传统社会存在二元结构，一是国家法律，二是民间秩序。③ 梁治平对清代习惯法的研究就直接以“国家与社会”为题④，虽然他在书中对“国家—社会”理论框架本身提出批评，但相当部分学者都认为他的研究并没有跳出这一框架。⑤ 卞利的《国家与社会的冲突和整合——论明清民事法律规范的调整与农村基层社会的稳定》一书从国家与社会的冲突这一途径探讨明清时期的民事法律规范⑥。张小也在《官、民与法——明清国家与基层社会》⑦ 中提出的“官—民”分析框架实质上亦可归属为“国家—社会”理论的衍生，梁治平认为“官—民”这种理论框架在范围上更具涵括性，在边界上更具确定性，用它来描述国家与社会的关系，似乎也更加恰当。⑧ 著名经济史学家傅衣凌先生将中国传统社会的控制系统分为“公”和“私”两个部分，前者是凌驾于整个社会之上的是组织严密、拥有众多官僚、胥役、家人和幕友的国家系统，后者是基层社会的直接控制者——乡族势力。公、私两个部分之间既有斗争又互相妥协

① 张仁善著:《法律社会史的视野》，法律出版社2007年版，第4-6页。

② 侯瑞雪著:《“国家——社会”框架与中国法学研究》，法律出版社2009年版。

③ 朱勇著:《清代宗族法研究》，湖南教育出版社1987年版。

④ 梁治平著:《清代习惯法：社会与国家》，中国政法大学出版社1996年版。

⑤ 杨念群主编:《空间·记忆·社会转型：“新社会史”研究论文精选集》，上海人民出版社2001年版。张小也著:《官、民与法：明清国家与基层社会》，中华书局2007年版，第13页。

⑥ 卞利著:《国家与社会的冲突和整合——论明清民事法律规范的调整与农村基层社会的稳定》，中国政法大学出版社2008年版。

⑦ 张小也著:《官、民与法：明清国家与基层社会》，中华书局2007年版。

⑧ 梁治平著:《清代习惯法：社会与国家》，中国政法大学出版社，1996年版，第23页。

和利用，他认为国家政权对社会的控制，实际上也就是“公”和“私”两大系统互相冲突及互相利用的互动过程。[①] 厦门大学历史系的王日根教授则提出了“自域”与“共域”的理论，他认为明清时期的基层社会管理相对呈现出有序状态，“一方面官方积极致力于行政力量的全面渗透；另一方面，民间社会亦努力将自己的管理成果纳入到官方管理体系中。因而在一定时期以及一些地区形成了官民协调共治的景象”，“自域”指的是官民各自开展自我管理的领域，包括官方的“自域”和民间的“自域”；“共域”是官民均可发挥作用的管理领域，如赋税的摊征、水利活动的开展、教育事业的建设等[②]。秦晖先生指出，国内学术界在更多的时候将“国家——社会”二元对立的理论框架具体化为“国家—宗族”或“皇权—绅权”的二元模式[③]。有的学者认为，传统中国社会存在着两种秩序和力量，一是“官制”秩序或国家力量，二是乡土秩序或民间力量。“前者以皇权为中心，自上而下形成等级分明的梯形结构；后者以家族为中心，聚族而居形成大大小小的自然村落。每个家族的村落是一个天然的‘自治体’，这些‘自治体’结成为‘蜂窝状结构’”，在国家力量与民间力量之间起连接作用的就是乡绅阶层。[④]

“国家—社会”这一分析框架是西方社会发展的产生的概念，它是随着西方“市民社会”、“公共领域”等理论一同被引入中国的，黄宗智教授认为这种理论框架是从那种并不适合于中国社会的近现代西方社会历史里抽象出来的一种理想构造，不能将其照搬于中国的研究之中，他在《民事审判与民间调解：清代的表达与实践》一书中试图打破“国家—社会”二元对立的理论框架，该书通过对清代民事审判与民事调解的实证研究，在国家与社会之间寻找一个双方都参与的第三空间，也即“第三领域”[⑤]。

美国历史学家柯文认为，中国的情形完全不同于西方，应该“从自身

---

① 傅衣凌著：《中国传统社会：多元的结构》，载《中国社会经济史研究》，1988年第3期。

② 王日根著：《明清时期社会管理中官民的‘自域’与‘共域’》，载《文史哲》，2006年第4期。

③ 秦晖著：《传统十论》，复旦大学出版社2004年版，第5页。

④ Vivienne Shue, *The Reach of the State: Sketches of the Chinese Body Politic*, Standford University Press, 1998，转引自秦晖著：《传统十论》，复旦大学出版社2004年版，第4页。

⑤ 黄宗智著：《民事审判与民间调解：清代的表达与实践》，中国社会科学出版社1998年版。

的情况出发，通过自身的观点，加以认识"①。其他也多有学者就这一研究框架的运用提出了各种批评意见。例如秦晖先生指出，"传统政治的'非国家性'与近代化过程中'国家权力向传统社会渗透'因而成了一个重要的话语范式——尽管从中世纪领主林立的'非国家状态'走向现代民族国家的西方经验是否适用于中国，并没有得到认真的论证"，且这种社会史视角下提倡的微观研究在同时还有一定的局限性。② 杨念群先生认为，"国家—社会框架的基本主旨是建构在近代西方社会的形成与王权相对抗的历史事实基础上的，对市民社会（civil society）的自主空间如'公共领域'（public sphere）的构成分析，使得这一框架的使用在西方社会学界具有相当特殊的历史时效与阶段性内涵"，他认为中国社会的地方精英阶层根本就无从谈起如何在实质意义上与国家构成对立的关系③。著名史学家陈春声教授指出在传统中国的区域社会研究中，"国家"的存在是研究者无法回避的核心问题，但不少研究者往往不假思索地运用"国家—地方"、"精英—民众"等一系列二元对立的概念作为分析工具，忽略了"国家"的存在。他认为，"区域社会的历史脉络，蕴含于对国家制度和国家'话语'的深刻理解之中。如果忽视国家的存在而奢谈地域社会研究，难免有'隔靴搔痒'或'削足适履'的偏颇"。④

虽然"国家—社会"理论框架遭遇了种种批评，但这一理论框架的价值仍是不容忽视的，它的广泛运用使得我国的法学研究逐渐摆脱了"阶级斗争模式"的束缚。特别是在法律史研究领域，促使研究者逐渐开始关注具体法律制度的实践问题。此外，法律社会史甚至是社会史在当前尚无法割舍这一理论，许多研究者也意识到了"国家—社会"理论本身存在的问题，但仍将其视为思考问题的重要进路⑤，甚至多有学者指出黄宗智本欲用"第三领域"来突破"国家—社会"理论，但实质上这也是"国家—

① ［美］柯文著：《在中国发现历史——中国中心观在美国的兴起》，林同奇译，中华书局1989年版，序言，第6页。

② 秦晖著：《传统十论》，复旦大学出版社2004年版，第3页。

③ 杨念群著：《中层理论——东西方思想会通下的中国史研究》，江西教育出版社2001年版，第102-103页。

④ 陈春声著：《走向历史现场》（总序），温春来：《从"异域"到"旧疆"：宋至清贵州西北部地区的制度、开发与认同》，三联书店2008年版，丛书总序第5页。

⑤ 梁治平著：《清代习惯法：社会与国家》，中国政法大学出版社1996年版，第25页。

社会”二元对立理论的衍生物，因为如果没有二元对立模式的预设，第三领域中所谓的国家与社会的互动也就成了无源之水。①

那么，“国家—社会”这一理论究竟应该如何使用？Richard Madsen 认为中国及亚洲国家应该在“公共领域”方面寻求一种亚洲文化模式（Asian cultural style），而不是仅作历史现象的简单比附。② 邓正来先生提出需要研究者严格论证研究对象是否能反映国家与社会的关系以及“国家与社会”研究框架能否具体适用其分析对象③，山西大学的行龙教授也提出相关的理论运用到中国社会史的研究并非不可以，但需要深刻把握西方社会发展的内在脉络以及“国家—社会”的理论实质，领会中国社会本身的结构特征，才能较好地借鉴和运用。④

无论是“国家—社会”理论，还是“大传统”与“小传统”，抑或“法律多元”，这些理论并非是基于对中国社会的研究而提出的，其在我国习惯法研究中的运用亦受到相当的批评。尽管在当前这些理论的运用仍是极为普遍的，但笔者以为，这些理论框架更多的应是一种分析工具，或者说是一种研究的视角，而非对事实状态的认可⑤，更不能把这些分析工具“简单地外化为历史事实和社会关系本身”，“不可以‘贴标签’的方式对人物、事件、现象和制度等做非彼即此的分类”⑥。华南师范大学的陈长琦教授提醒我们制度史的研究应该具备整体观，具备整体视野⑦，对习惯法的研究也应注意到这一点。

---

① 王洪兵、张思著：《清代法制史研究路径——以黄宗智著〈清代的法律与文化〉为中心》，载《史学月刊》，2004 年第 8 期，第 95 – 102 页。

② Richard Madsen, *The Public Sphere, Civic Society and Moral Community: A Research Agenda for Contemporary China Studies*, in: Modern China, Vol. 19, No. 2 (April 1993).

③ 邓正来著：《〈国家与社会〉研究框架的建构与限度——对中国的乡土社会研究的评论》，王铭铭、[英] 王斯福著：《乡土社会的秩序、公正与权威》，中国政法大学出版社 1997 年版，第 610 页。

④ 行龙著：《走向田野与社会》，三联书店 2007 年版，第 11 页。

⑤ 王志强在《中国法律史研究的反思与法律多元的视角》一文中指出使用法律多元这种理论并非是要揭示中国是否存在法律多元这一简单结论，而是以清代为例，探讨这一现象的某些方面在中国古代社会存在的程度、特点和原因，并展示在这一视角下研究问题的可能习惯和路径（王志强著：《法律多元视角下的清代国家法》，法律出版社 1998 年版，第 15 页）。

⑥ 陈春声：《走向历史现场》（总序），温春来著：《从“异域”到“旧疆”：宋至清贵州西北部地区的制度、开发与认同》，三联书店 2008 年版，丛书总序第 5 页。

⑦ 陈长琦著：《制度史研究应具整体观》，载《史学月刊》，2007 年第 7 期。

习惯法研究

当今瑶族的神判习惯法①

——以广西金秀六巷泗水一起烧香赌咒堵路纠纷为考察对象

高其才②

一、引　言

神判是以非人的神灵为后盾的解决氏族成员的争端和纠纷的一种裁决方法。由于社会发展阶段和文明进化程度的限制，包括瑶族在内的相当多的民族采用神明裁判方式来解决疑难纠纷，处理复杂的违反习惯法的行为，形成了有关神判的适用条件、神判的种类、方法、结果等的习惯法。广西金秀瑶族主要有赌咒、砍鸡头、进社、装袋、烧香等神判方式。③

在21世纪的当代中国，神判这种原始、古老的纠纷解决方式已较少出现。2008年2月13日，广西壮族自治区金秀瑶族自治县六巷乡六巷村泗

---

① 本文为2010年度教育部人文社会科学研究规划基金项目“习惯法的当代传承和现代价值——以广西金秀瑶族为考察对象”（项目批准号：10YJA820021）的阶段性成果。根据社会学的惯例，文中涉及的人基本上都进行了化名处理，特此说明。

② 作者简介：高其才，法学博士，清华大学法学院教授。

③ 高其才著：《多元司法——中国社会的纠纷解决方式及其变革》，法律出版社2009年版，第13—33页，第131—155页；关于中国古代少数民族的神判，高其才著：《多元司法——中国社会的纠纷解决方式及其变革》，法律出版社2009年版，第131—155页；关于瑶族固有的神判习惯法，高其才著：《瑶族习惯法》，清华大学出版社2008年版，第305—317页。

水屯发生了一起烧香诅咒的堵路纠纷，为我们了解当今瑶族的神判习惯法提供了生动的实例。

金秀瑶族自治县六巷乡位于金秀县城西南部，乡驻地距县城96公里，下辖5个村民委48个自然屯、66个村民小组，全乡总户数为1184户，共有5436人。瑶族人口占全乡总人口的52%，有坳瑶、盘瑶、花蓝瑶、山子瑶四个民族支系。全乡总面积203.1平方公里，有耕地9628亩，水田3152亩，旱地6476亩。六巷村泗水屯为六巷村的一个村民小组，地处大瑶山腹地五指山下，离乡政府和村民委员会所在地机耕路有10公里。[①] 全屯有26户126人，主要为盘瑶。泗水屯有山林面积7000多亩，水田面积有80来亩。八角、杉木为泗水屯的主要收入来源，2008年的人均收入在800元左右。

由于新开的屯级公路无法到达家门口，必须要自己挖路才能把摩托车开回家。于是泗水屯赵来海、赵容克、黄民力等共住一个山头的五户商议决定共同开一条路以便把摩托车开回家，但是路要经过赵容克用石头围成的菜园，当时赵容克二话不说同意路在他的菜园通过，并邀大家把菜园石头围墙拆除。经过五天左右他们已经把路基本开完成，但是在往赵容克的房屋这一段路石头很多，而且地势更加高，暂时还无法开到他的家门口，他只有把车子放在近他家原来的菜地的路上。但是为了防止牛或马搞坏他的摩托车，他在放摩托车的路的两头用木头栏住。这样导致赵来海的摩托车无法开回家，赵来海认为他是故意拦路不给他的摩托车走。加之赵来海怀疑赵容克开路时没有经过他们同意砍了他家的一些八角树枝，而赵容克不予承认。于是在2008年2月13日农历正月初七早上，赵来海妻子在赵容克放摩托车路的另一头（靠近赵容克家）烧香并用石头砌起，表示也不给赵容克走这条路。赵容克见赵来海已经在这条路烧香下咒了，便邀其余三户就把这条摩托车路彻底堵死，他们不走也不给赵来海家走这条路。赵容克他们四户另外开一条路。这样赵来海只能走原来的摩托车走不了的那条老路。赵来海妻子又在原上下屋的历史通道架起一座木栏，这样大家只

① 2006年10月2日，金秀瑶族自治县六巷乡六巷村泗水屯至乡政府的屯级公路动工建设。该屯级公路全长4.8公里，属县扶贫项目，总投资25万元，其中六巷乡扶贫联系帮扶单位来宾市交通局5万元，群众自筹配套资金4.8万元，其余由扶贫部门的投入。2007年7月泗水屯级公路建设完成。

有绕路才能上下。于是这四户人又把赵来海家必定要走的那条老路用几根很大的石头堵住，即使赵来海自己把石头搬走后不久又会有同样大的石头堵住，由此双方相互堵路引起纠纷。2008 年 5 月 14 日，经过六巷司法所和六巷村委会的调解，双方当事人达成协议基本解决了这一纠纷。烧香这一神判方式成为这起相邻纠纷扩大的关键因素。

二、神判的条件规范

作为一种最后的解决纠纷的方式，神判一般不轻易被运用。通常在双方矛盾较深、证据不足、调解无效的情况下才进行神判，习惯法对此进行了全面的规范。

按照瑶族习惯法，神判运用的对象较为广泛，财产纠纷、名誉纠纷等各类纠纷都可以通过神判进行解决。泗水 2008 年 2 月 13 日的烧香诅咒是开摩托车路引起双方矛盾而相互堵路所致，双方欠缺沟通、相互存在不尊重状况。在财产方面，赵来海家一方怀疑赵容克家砍了其的一些八角树枝，本身损失并不大。因此，这起烧香诅咒神判更多的是涉及名誉、尊重等精神方面因素，与个人声望、社会评价紧密相关。按照烧香诅咒事件发生前后参与调解的六巷村党支部书记盘新本的分析，赵来海方是基于不服气而烧香诅咒：

> 泗水那个案例，是由于开路引起的，开路经过赵来海的地方。赵来海认为你应该是要跟我说一下，我的是八角树。砍了不是整棵的，砍了一些枝条。事先没跟赵来海讲。开路是讲了的，砍八角枝没讲。当时赵来海不在家，回家后看见就不服气了，路不给走，不能经过我这里走。那四家说我不走也不给你在这里走，这样就有意见了。赵来海说你修我的八角枝，那边几家说又不是我修的。赵来海说你不承认砍我的八角枝，那就烧香；如果是你修的，哪只手修的就断哪只手，说些不吉利的话。如果是你们手断了脚断了；你不承认刀就修你，上山也好，全户全家就绝种，没有生存了。改革开放以来就是泗水的这一起，其他的没有碰到过。我一户你四户，我

闹不过你们，说也说不过，闹也闹不过，没有办法了，就用这个办法（烧香诅咒）。如果是我认为是对的，你认为是不对的，我们就烧香。你敢烧香？你为什么不敢呢？①

但是，根据习惯法一般情况下并不使用神判方式。按照泗水的邻村下古陈人盘位刚形象的所言，神判为“核武器”。

烧香、进庙的也有，一般是到极点，没办法解决的才用这个办法解决。这种办法是由天来决定的。这是个核武器（笑），是使用核武器了，最厉害的。过去如果是意见不大，一般就不用。②

盘新本有类似的认识：“（烧香诅咒）过去如果是事情不大一般就不用。”③ 下古陈村民盘国强也强调大的纠纷才进行烧香神判。

烧香有，也很少，一般事情是不烧香的。以前，就是说一般烧香诅咒的事情是比较大了，难得处理，有不处理不下。他认为在某个角度来说的处理不公平，他就通过烧香来诅咒。点香时他说这个香通天，上通天堂，下通阎王，中通明堂，是“三通”。他点这个香了，神灵就会知道这个事情公不公道。④

这一纠纷中运用神判方式与双方当事人矛盾较深有关。根据赵来海家的介绍，赵来海与赵容克两家关系不睦由来已久。2001 年 10 月赵容克家建小电站挖水沟时将赵来海家的约碗口粗的八角树挖掉，赵来海家去找赵

---

① “盘新本访谈录”，2009 年 12 月 29 日。

② “盘位刚访谈录”，2009 年 12 月 28 日。

③ 盘新本还讲述了他知道的一起六巷村上古陈屯用水纠纷而烧香的事件。在 1945、1946 年左右，上古陈屯两户人盘成富与盘古仁共条沟用田水。过去开水沟时，盘成富一方投工多，田多，有两份水而另一方盘古仁有一份水。以后发生了变化了，原来田多的一方盘成富田没那么多了，另一方盘古仁想搞个公平合理的分水，盘成富不愿意就引起纠纷。村上解决不了，双方召集亲戚开打甚至开枪。当时也进行了烧香神判。最后是换地来解决的，下面一家跟一个亲戚用下古陈的好地交换了。这样双方纠纷才解决。“盘新本访谈录”，2009 年 12 月 29 日。

④ “盘国强访谈录”，2009 年 12 月 29 日。

容克家时，赵容克家不承认有八角树存在。以后，在村干部协调下赵来海与赵容克两家达成协议互换了山地，挖水沟所占的赵来海家的山地换与赵容克家，赵容克家另将一块山地换给赵来海家。两年后赵容克家反悔不承认换地。2005年赵来海与赵容克两家为八角树发生争执。2005年3月18日下午在村民小组开会时发生争吵，赵容克妻子赵玉英打了赵来海妻子梁芳，致梁芳在六巷乡医院住院治疗，花了729元医药费。村组干部解决无效、乡派出所处理不下，赵来海起诉到法院，在桐木法庭主持下进行了调解，赵容克家赔付600元医药费给赵来海家。在这样多次发生争执、积冤较深的情况下，邻里相处不和、关系欠佳，就容易发生神判之类的极端事件。烧香以后去泗水进行调解的六巷乡司法所所长谭民军就认为赵来海妻子梁芳烧香诅咒是气愤之极而“以暴制暴”。

> 她烧香的理由是，你不给我走，我也不给你走，我就烧香诅咒你。在我们瑶家还是很忌讳的。她一烧香都是骂全家死光啊这种很恶毒的话，全家死光啊有什么灾难、出什么车祸的，反正什么恶毒的话都说出来了。她自己承认烧香的，她说当时是太气愤了。我和村党支书一起去的。一开始双方都不让嘛。我们首先指出她这个烧香肯定是不对的。在农村，别人是很忌讳的，你烧香诅咒的话，别人肯定不走你这条路了。她接受，她说当时是气愤太气愤了。她是接受批评的，你上面那个摩托车一直放着，我就不好走。她像以暴制暴。①

由于证据不足，特别是缺乏旁证，当事人就会考虑进行神判。虽然在我们调查、访问时赵来海夫妻否认进行了烧香诅咒，但是从其言语中可以发现他们进行神判是基于赵容克不承认砍其八角树，而他们也仅仅是怀疑，没有确凿的证据，于是只有求诸天地神灵。

> 他们不承认砍我们的八角（树），就是不承认，就是赵容克不承认。他那个人就是这样的，挖我们的很多他不承认的。村里

① “谭民军访谈录”，2010年1月4日。

面调解没办法，他（赵容克）太凶了。我们又不想给他们争吵，就只有自己想办法了。①

这一点也得到其他村民的印证。在47岁的冯大通看来，赵来海妻子梁芳烧香赌咒就是与八角树受损但是对方又不承认有关。

烧香赌咒有过这回事的，我也是听说，听梁芳、赵来海的老婆说的，梁芳亲自说的，就是她烧香的。他们开路，旁边有一棵八角树，她没说可以，要在别的地方让一棵给她。后来还没说好的时候，是牛还是马还是风吹的，八角树倒了。后来梁芳就说是他们弄的就烧香。她说，他们不承认是他们弄到的八角，不是他们弄怎么会倒。他们不承认，所以她就烧香。烧香是这样说的，要是你不承认你弄倒的，烧香就诅咒他有病灾或者这人会死，就这样的。他们几家认为不是他们弄的八角，她就烧香，就不开那条路了，也不给她（为民）自己开。②

通常神判是其他解决纠纷方式无效后的选择。发生纠纷后，邻居、亲友、村组干部等对双方当事人进行劝解、说服、调处，由于缺乏证据种种因素导致没有解决争端。无奈之下，往往就有当事人考虑进行神判。针对双方的堵路纠纷，另一方当事人之一的冯春金妻子黄芬芳就指出六巷村民委员会调解的无效。

先是村公所的人来处理，处理不下来，后来司法（所）的来。村公所来了但司法（所）没来之前，她们又打了茅标，放在进里面的路里，意思讲不让我们走。她说我们不让他们走这条路，他们也不让走那条路。两个茅草在路中间打了个叉，像房子，我们去看了的。上面打了个茅标交叉。村公所、司法（所）的来，也讲的，批评她。讲烧香是不对的，这样子批评她没听见，只是听见不让走这条路是不对的，应该让走这条路的。我们

① “赵来海访谈录”，2009年12月28日。

② “冯大通访谈录”，2009年12月29日。

上边两家告诉村公所的人他们烧香的。[①]

曾经担任过六巷村委会主任现为村委会成员的冯大通，对赵来海与赵容克等的修路、堵路纠纷进行过调解，由于双方互不相让致使纠纷没有解决，最终赵来海妻子梁芳采用烧香诅咒的神判方式。

> 赵来海他们吵架事，我也去调解过。这个嘛，有些是很难说得清楚。比方说有些事呢，路从他那边过有点损失，其他户对他赔偿呢他又不太满意。后来大家一个都互不相让。我认为是要把路开好，他们就认为我是要帮某个人，（我调解）比较为难。（我）处理不下来，后来村委会也来过，也处理不下来。[②]

值得注意的是，进行神判者一般认为自己有理在手、光明磊落、问心无愧，1983年来泗水的韦田力为汉族，调查时已有60岁，在他看来烧香的一方往往认为自己理直气壮。

> 这个方面，烧香方面一方认为自己有理，风俗习惯，诅咒嘛，看是谁的。以后呢，他们两家人就会慢慢的自己解决，不是政府的意见嘛。农村风俗习惯，相互争不下，就不得（解决），就去烧香。以后嘛两个人自己慢慢处理。[③]

对此，祖父担任过石牌头人的六巷村下古陈屯村民盘国强也指出了这一点：

> 他敢烧香了，他是没有野心，对那件事情他认为是合理的，所以他敢烧香。有两方面的说法，一方面认为我是对的，我烧香以后要神灵保佑自己、惩罚对方，希望神灵处罚对方，处罚就是对方会产生一种不好的事情发生嘛，遭到神灵的打击，对方家里

---

① “黄芬芳访谈录”，2009年12月28日。

② “冯大通访谈录”，2009年12月29日。

③ “韦洪志访谈录”，2009年12月29日。

> 会出现一些不吉利的事。另外一方面，比方说这件事情不是我挑起的，是另外人挑起的，现在歪曲了颠倒过来了。这样我就要求神灵，通过烧香神灵以公正的方式处理好这件事情。①

可见，神判为一种具有终极性的解决纠纷的方式，民众一般不轻易运用；通常在其他解纷方式不能解决时运用。习惯法对神判的对象、神判的时机等有着较为明确的规定，约束力极强。

三、神判的程序规范

习惯法对神判的时间、地点、参加人、具体过程等神判的程序有一定的规范，保障神判的权威性。我们可围绕泗水赵来海妻子梁芳烧香诅咒事件进行初步分析。按照纠纷另一方当事人之一的黄建划夫妻的叙述，梁芳烧香诅咒的基本过程是这样的：

> 2008年2月13日，正月初七上午八点左右，赵来海妻子梁芳烧香，在开路地方，在路旁那棵八角树两边，一边种了一根约有一尺长的竹子，并在中间插了三炷香并点燃。梁芳一边烧香一边口中诅咒。约三分钟后，梁芳完成烧香诅咒以后与在一旁观看的小女儿一起离开。②

① 五十多岁的盘国强还向我们讲述了这方面的一起实例：具体时间我不起来了，也是我十多岁（时）。六巷的，30来岁。他是偷盗的，本来我们旁人认为是他偷的，杀人家牛，也是六巷人的牛。他不承认，他说他来烧香、诅咒了，就是说我要是偷了，不得好死、把跌下山崖、雷劈火烧，说的这些坏话。意思是说他没有偷。后来就不行了不。他去砍木头，木头打他，木头倒下来时压倒他了，腰骨压断了。后来医了很长时间，那个用草药医的。烧香以后第二年就出事。旁人就说，不能乱烧香，乱烧香是要受到报应的。一般的大家也不烧香。他也是上午烧的，也有许多人看见的。有些人不愿意看的，认为是不吉利的事情。特别是明明是他错的，他要烧香，别人更不愿意看了。我们来六巷有亲戚，我这个阿公去处理一些事情，所以看到他烧香的。他在自己家旁边的巷里面（烧香的）。姓什么不知道。我阿公盘杰辉，是石牌头。“盘国强访谈录”，2009年12月29日。

② “黄建划夫妻访谈录”，2009年12月28日。

纠纷另一方当事人之一的赵容克、赵玉英夫妻的说法虽略有差异但基本相同：

> 那个纠纷是因为八角（树）引起的。后来她烧香诅咒，具体时间不记得了。正月初七，早上大约八、九点钟，我们都看见了，我们几家人都看见。我们四家人，我们、下家这家黄建划、冯春金也看见了，三家人看见她在烧香。我们在上面他在下面，早上我们看见了。赵来海老婆烧的，拿着一大把香，十来炷，在开路的地方烧的。烧香叫天叫地在那边闹我们看见了。比较远一点，她闹的时候具体没听见。烧香时她说的话我们没有听见，他们看见以后我们没有下去说，他烧香闹了大概有二十分钟左右，一炷香都烧完了才回去。她拿石头拦起路，小石头拦的，象征不让我们走这个路，随后才回家。[①]

按照相关当事人的讲述，根据调查所得，在进行神判的具体日期、时间方面，习惯法没有明确而严格的规范，神判日期有的通过看皇历而定，有的则随便确定；具体时间一般以早上为多，也有傍晚进行的，由神判当事人决定或者双方当事人约定。如泗水村梁芳烧香诅咒神判的今天时间在上午八点左右。

在神判的地点方面，通常结合神判的目的，选择纠纷的对象所在地或者纠纷的发生地进行烧香诅咒，有的则选择到庙里进行神判，也有的是按照习惯法在村寨外择地进行。[②] 如由于是阻止对方通行，梁芳烧香诅咒的地点就选择在具体的纠纷引起处，即在双方争议的受损的梁芳家八角树旁的路上。

关于神判的参加人，按照具体方式不同习惯法而有不同要求。单方进行的神判方式，如烧香诅咒等，习惯法对神判的参加人通常没有明确的要求，由神判一方自己决定由谁参加。而双方在场的神判方式，如砍鸡头、烧香赌咒等神判方式，纠纷的双方当事人都必须参加，同时在场；其他参加人不一，可能有双方当事人的亲友、观看热闹者等。泗水村梁芳烧香诅

---

① “赵容克访谈录”，2009 年 12 月 28 日。

② 广西壮族自治区编辑组著：《广西瑶族社会历史调查》（第一册），广西民族出版社 1984 年版，第 71 页。

咒活动仅有梁芳一方的梁芳和其女儿两人参加。而金秀村党支部书记苏国雄这样向我们介绍他所看见的神判参加人的情况：

> 从我知道，从我青年时代起，砍鸡头这种事情没发现过，但烧香赌咒我是见过的。这个烧香的是（20 世纪）80 年以后，我见有两起烧香赌咒的。第一起在八十年代初期，在（六拉）村上的大寨垌。当时具体什么原因引起烧香的我们不知道，我是路过那里看见的。一般是在上午。我们认为你们没过村民委调解，没找我们的，我们见了这种事就不插手的，不吉利的。两个人在50、60 以上了，一般都是老年人啦。就是看见有一方烧香的。(20 世纪）80 年代，另外一起，白沙村与金秀村的两个人，两人对面一起去烧香赌咒，在（20 世纪）90 年代的，具体引起原因也不知道，村与村之间的事情。烧香有一个人烧的，也有两个人当面一起烧的，具体情况不一样的。①

在神判活动中，是否需要中间人、证明人等人参加，习惯法不作严格规定。在一般村民看来，烧香诅咒这样的神判活动属于不吉利的活动，大多不愿参与。② 泗水村梁芳烧香诅咒神判过程中就没有这类人在场。而金

---

① “苏国雄访谈录”，2010 年 1 月 7 日。

② 按照六巷村下古陈屯的村民盘国强介绍，历史上的有些神判是有中间人等参与的：

我阿公盘杰辉，是石牌头，是这条河的，包括古陈、六巷、门头、黄桑这些村，不包括盘瑶、山子瑶，管这个坳瑶和、花蓝瑶，快解放时才管盘瑶。

我举一个例子。门头村有两户人因为这个土地纠纷，争了三年时间争不下。新中国成立前，具体时间不知道。这个是我听说的，听我们村上老人，我父亲老头子说的。地也不宽，三尺立宽，大概有 100 米长。也经过很多人的调解，不通，双方都不愿意。后来请到我阿公。他叫双方一方买一斤香，就是一大把，拿去，喊村，双方的当事人代表，还有亲戚、村老都到场。他到河里拿了三块石头，三个石头，基本上是一样重一样圆。叫他们把这个石头扛到山上，（石头）不大，(每块）10 斤左右。到争议的地块，在地角烧了一把香。他问两个当事人：那么今天请我来调解，就听一听我的了啦；我请土地神帮我来解决这个事情；现在上有天下有地，我已经点燃香了希望神灵以公正的方法来处理这个事情，谁要谋对方的，希望神灵公正来解决。在地脚烧了一把香，到地头、地的上面烧一把，把那三块石头烧香起来，叩拜石头，希望石头显灵以公正的判决。后来向众人宣布：我三块石头有两块是比较近的，以那个为线。他把三个石头滚下去。后来三块石头，一块相差一尺一寸，三块石头上相差一尺一寸，滚到地脚时。就按三块石头的中间来判断啦。双方都同意了。双方打洋枪、放火炮来恭喜了。成功（解决）了，回去就杀鸡杀鸭喝酒了，和好了，没有什么事了。“盘国强访谈录”，2009 年 12 月 29 日。

秀老人苏贺辉介绍的金秀道江的一个砍鸡头神判就有许多人围观。

> 听说三年前在道江有两家，两家争杉树、杉木，有一个砍了杉树后没有拿回家，放在山上。另一家把木头扛回来，收起来了。后来真正的主人发现了以后，就说这个树木是我家的。一个说是一个说不是，争不下来，生产队又解决不了。后来两家就提出来按照石牌制砍鸡头，到道江那个河边去砍鸡头，就是赌咒。砍鸡头呢，主人家一家拿一只鸡，就一刀下去鸡头就砍断了，砍树的那家一刀下去鸡头就一刀断了。偷的这家呢砍的时候，鸡头没有断。回来以后呢，两、三个月，这个家的主人就死了。看的人挺多的，我们是听讲的，没有到现场。①

神判活动需要一定的用品、用具，习惯法对此的规定较为笼统。一般情况下，神判的用品、用具包括香、烛等，有时需要鸡等物品。这些神判用品、用具一般不需要专门准备。在金秀泗水村梁芳烧香诅咒神判事件中，神判的用品、用具主要为香。

习惯法在神判的具体过程方面有一些规定，包括烧香、上告、赌咒发誓、砍鸡头等程序通过这些环节将纠纷起因、纠纷过程、解纷要求告诉天地鬼神，希望天地鬼神进行公平的处理。根据相关当事人的叙述，泗水村梁芳烧香诅咒神判事件主要包括烧香和诅咒两个方面的内容。如黄建划妻子这样描述梁芳烧香诅咒的过程的：

> 烧香是烧了的，我们只是看见两根小竹子放在那里，放在开路地方，是在八角边上。十点钟左右，我们走过去就看到了。烧香是烧了的。她现在不敢承认了。我们看见两根。我进菜园那边的厕所那里，看见（赵）为民老婆在那里，没听见具体讲什么，听见她小声地在讲，两、三分钟左右，她就回去了。她和它小女儿一起在那里烧的。（赵）振国他们可能也看见了。②

① “苏贺辉访谈录”，2010年1月9日。

② “黄建划夫妻访谈录”，2009年12月28日。

至于是否需要神判上书状即阴状，习惯法一般没有明确要求。这一方面是由于村民文化水平有限，识字不多；另外，历史上的神判活动和神判习惯法也没有这方面的要求和规范。因此，当代的神判规范也没有这方面内容。

一般而言，不存在就同一纠纷进行多次神判的情况，故不存在这一方面的神判习惯法规范。

通过神判解决纷争，不存在执行问题，因此也就不存在执行程序和执行方面的习惯法规范。神判过程结束，按照习惯法神判即告完成。

四、神判的效力规范

神判有无效力，这在村民之间是有争论的。泗水村梁芳烧香诅咒神判事件还没有明确的效力出现，也可能永远不发生实际效力。不过，习惯法有神判效力这方面的内容却是客观的。在神判的效力方面，当今的神判习惯法就效力时间、效力空间、效力对象、效力表现等方面进行了规范，基本上为固有神判习惯法的延续。

一如以往，当今的神判过程全部结束后，神判即开始发生效力，且习惯法没有终止生效的规定，神判的效力是永恒的、一直有效的。就泗水村梁芳烧香诅咒神判活动而言，从2008年2月13日农历正月初七上午开始，诅咒神判就开始生效。

在效力空间方面，神判活动结束以后的效力主要及于本地，如双方当事人的家、山林、田地等。对于做工、走亲等外出场合，神判习惯法也有效力。金秀泗水村梁芳烧香诅咒神判主要针对双方当事人共同修建、通行的小路，按照赵容克、赵玉英夫妻的说法：（她）烧香是讲是为了叫天叫地，不给我们开这条路，意思是这样。她讲我们这三家，叫天叫地，叫天叫地不给我们开（这条路）。[①]

习惯法关于神判效力对象的规定，主要为双方当事人及其家庭成员。除了人之外，神判习惯法对牲畜也有某种效力；在一定程度上，神判习惯

① “赵容克访谈录”，2009年12月28日。

法对作物也产生影响。就泗水村梁芳烧香诅咒神判而言，黄建划妻子这样讲述梁芳烧香诅咒的对象：

（赵来海老婆）当我们夫妻两个人的面承认烧香，（我们）到她屋里去问的，我去问的。我们直接问过她，好像是当天或是第二天，是初八，我们下去问她。我下去问她：我们大家一块商量共开的路，现在你又不给走了。这样子做事情是不对的。我到她（赵来海老婆）屋头去问的，她们也承认了。她当着我的面说她烧了香，我说你这样烧香是不对的。她说我只是不给他们走，他们砍我们的八角。他们也没看见是不是（赵）振国砍的八角。她讲，（赵）为民老婆讲：没给那么走，从另外地方上来，我烧香就是咒（赵）振国那一家，对你们是没有什么。对我们是没有意见，是对（赵）振国有意见。但是路是共同的，我们几家一起开的。①

根据习惯法，当代神判的效力主要表现为直接效力和间接效力。直接效力方面，梁芳烧香诅咒后，由于害怕出现不利后果，赵容克、黄建划等纠纷另一方当事人的所有家庭成员就都不走被烧香诅咒的那条路了，而是另外修建了一条路。间接效力主要表现为出现了一种担心、害怕心理。按照纠纷另一方当事人之一的赵容克、赵玉英夫妻的说法，神判是对有错一方才有直接效力和间接效力：

现在是我们三家另外开了一条路，没走原来经过他们那里的路，不从他们那里过。

烧香，意思是以后有什么影响，我们没有怕。这种事，我们的风俗习惯是这样，我们没错。比如这种事我们错了，我们就怕；如果我们没有错的，你闹，你烧香诅咒，我们不怕的，我们就是不怕的。所以，我们不担心有什么后果。

听老辈讲过以前烧香诅咒的事，老辈说烧香做这种是对别人

① “黄建划夫妻访谈录”，2009年12月28日。

没有利的，以后对自己也没有好处。烧香这种行为呢，对人没有好处的，但是我们的风俗习惯是这样的，如果别人错了，对别人没有好处，如果别人没错，对自己没好处。没好处，就是家里面有人生病啊，就是这种事。过去老一辈讲，我们只是听说。没有好处呢，是对后一代没有好处。

烧香的时候呢，我们没有错的，我们当然很难过的。他不准我们开路、不准我们过，用木头、石头拦着不给我们过。我们当然很生气的。后来闹完以后呢，经过政府帮我们处理。我们告诉政府他们烧香了，政府批评他们，拦路政府也批评了。六巷村里的人知道后，说这种做法是不对的。①

其他的另一方当事人也持类似态度，如黄建划夫妻认为："我们没把香、竹子拔掉。烧香是诅咒，她诅咒你什么什么样的，怕什么？没怕。她这种没有现实，（我们）根本不怕。她诅咒我们，我们不得怕，不用怕。我们没做亏心事，不用怕的。我们没从那里走了，我们另外花了30几天开了一条路上来。"② 冯春金妻子黄芬芳也认为："我们不怕的。她烧香这种事情我们不信的，她讲迷信，这种事情我们不信的。我们没有什么生气，还好。后来我们就没走那条路了，自己也开一条路。他们上面两家开的。因为她已经烧香了，就不走那条路了，走那条路也没什么利。"③

受历史上的神判习惯法的影响，神判主要表现为一种潜在的效力、长远的效力，而现实效力则是次要的方面。在调查中，金秀村党支部书记苏国雄就这样表示：

烧香赌咒灵不灵那是以后的事情，不知道了，这是对天神判啦。现在年轻人一般不相信了，但也有相信这种制度的，因为老一辈传下来的。灵的话，烧香烧一半（香）就自己灭了。听说有这样一回事，解放前灵验的。我砍的那个是断的，说明我是清白（的）；没断的呢，说明是有问题。新中国成立前有这样的说法。

① "赵容克访谈录"，2009年12月28日。
② "黄建划夫妻访谈录"，2009年12月28日。
③ "黄芬芳访谈录"，2009年12月28日。

> 我砍的鸡头是断了，说明我是清白的；你砍的鸡头没有断，说明你是诬陷我的。①

当今神判的效力具体体现为警告、威慑、发泄、害怕、满足等，心理方面的影响最为突出。这种效力既表现为针对当事人的效力，也是面向社会的效力。针对泗水村梁芳烧香诅咒事件，六巷村党支部书记盘新本就认为明显体现了警告：

> （泗水赵来海妻子烧香时）种竹子是挡八角，就不要动我的，起这个作用。瑶族的习惯，意思是不要从这里挖了，我插竹子是告诉你不要挖了，我不同意了，就是这个意思。②

在六巷屯的广西区级非物质文化遗产“金秀瑶族石牌制”传承人 91 岁的蓝扶布看来，烧香诅咒的目的主要是出气。

> 烧香这种事，以前有，就是那个人太恶毒了，就诅咒他、骂他。比如说某家人爱拿别人的东西、爱偷别人的东西，就烧香来诅咒他。（我）没碰到过烧香，听说过这个事。以前的，很老的。现在没有了，没有听说过。
>
> 某一家与某一家有纠纷了，没有地方出气，就拿老天爷来出气，就这样的。偷别人东西，没有证据、没有办法弄到他，就烧香来骂他，没有什么别的意思。烧香来诅咒，他等于是出口气。不可能灵验的，就是出气，让心里平静一点。因为现在有法律保护了，就少有烧香这种事了。③

在六巷司法所原所长谭民军看来，泗水村梁芳烧香诅咒进行神判以后，心理影响是客观存在的：

---

① “苏国雄访谈录”，2010 年 1 月 7 日。
② “盘新本访谈录”，2009 年 12 月 29 日。
③ “蓝扶布访谈录”，2009 年 12 月 29 日。

人家不干了，这条路被诅咒了，肯定不走了，就另外开一条路，上面那几户就不敢走了。烧香诅咒会不会灵验，我都不知道。反正一烧香诅咒的话，在别人心里就有了烙印，总觉得被诅咒的话，一辈子就会做不成什么事情，就会倒霉。你说灵不灵验？一出点什么事情，他就会怪这个了，会拿这个做文章。出车祸啊什么的都会联想起这个来。现在农村还很有这种想法，还很普遍。①

总体而言，烧香诅咒这类的神判方式是否灵验、是否有效很难证明，正如泗水村60岁的村民韦田力所言：

烧香赌咒灵不灵呢，是另外一回事。他有些人要烧香，你不服我我不服你，就去烧香赌咒，明天后天就知道（结果）了，意思是由老天来决定，让老天来决定谁对谁错。天地有证明，烧香就问天问地，究竟是谁的？烧香的是问天问地，赌咒了明天后天就出来（结果）。

（烧香赌咒）没有那么灵的，有那么灵的话，律师方面、法律方面，成立那么多机构就不需要了，就不需由法律来处理的。不会那么灵的，问不出来的。烧香问不出来嘛，那个你怎么问呢。烧香没那么灵的。农村有这个风俗习惯，两家争执不下就烧香、赌咒。讲到灵不灵，那是另外一回事。他这个（是）问仙呐，求仙呐，问山神问土地。烧香好不好我不知道。人与人之间有意见，不得（解决）就去烧香，好不好我也不知道。风俗习惯就是这样。烧香乱啊。烧了的，怎么知道？村是有这个大事（烧香赌咒）（不好），村上的人都是兄兄弟弟。②

曾经担任六巷村委会主任现为村委会成员的泗水人冯大通就强调神判“不存在灵验”的问题：“后来，我说你这样做不对，开路也是方便你自己。我认为这种没必要的，不存在灵验的问题。村上人没怎么议论，应该

① “谭民军访谈录”，2010年1月4日。

② “韦田力访谈录”，2009年12月29日。

是把修好。有的认为梁芳有点过分，就一棵八角树，又不大，开路是大家方便自己也方便，说她过分了。[①] 在参与调解的六巷村党支部书记盘新本看来，“烧香是没有效果的”：

> 烧香是没有效果的。大家说些不利的话，我认为本来这件事（泗水）不应该是这样解决的，反而是越搞越大。烧香这样的民族习惯在过去还是有效果的，相信迷信方面的民族习惯。现在行不通了，因为现在按法律程序来，了解呀、调解呀，通过群众、根据事实。如果不是的话也不能乱说。现在是以理服人的，现在你没有事实，按法律程序你不能乱说。现在人文化意识高，和过去的人不同。[②]

通常，乡村干部由于职责所在，从神判是迷信活动的角度大多是否认神判的效力。但是，村民中往往也有许多说法或直接或间接地支持了神判的效力。调查时，金秀老人苏贺辉就向我们介绍了这样一例：

> 三年前在道江有两家争杉树、杉木，后来两家就提出来按照石牌制砍鸡头，到道江那个河边去砍鸡头，就是赌咒。砍鸡头呢，主人家一家拿一只鸡，就一刀下去鸡头就砍断了，砍树的那家一刀下去鸡头就一刀断了。偷的这家呢砍的时候，鸡头没有断。回来以后呢，两、三个月，这个家的主人就死了。老百姓过去没有见过这个东西，现在见了，你说灵不灵？你看死了没有？所以还是神灵的。[③]

---

① “冯大通访谈录”，2009年12月29日。

② “盘新本访谈录”，2009年12月28日。

六巷村泗水屯42岁的冯春后妻子黄芬芳也介绍了这样烧香诅咒无效的一例：

听说过烧香，听讲过，没见过烧香。好久了，大概20年前，在泗水。听说的是生产队分牛时，大家有争执，一边讲是我的，另一边讲不是你的是我的。大牛，母牛。女的，不知道姓名，现在没在我们村了。后来有一个去烧的香，在家里屋附近烧的香，烧完也就完了。另外一家后来也没有出现什么不好情况。具体时间记不得了。“黄芬芳访谈录”，2009年12月28日。

③ “苏贺辉访谈录”，2010年1月9日。

显然，就村民的理解，金秀道江的这一砍鸡头神判非常灵验。[①] 不过，在当代中国，神判和神判习惯法的效力仍然主要是心理方面的。

应该看到，由于神判方式的性所定，神判以后双方当事人的关系很难恢复正常了，毕竟这一解纷方式太极端了。正如泗水村纠纷另一方当事人之一的赵容克、赵玉英夫妻所言："现在呢，这种事情，经过政府处理，基本上解决了。我们没有和他话讲的，见着以后还是不和他们讲话的。他们两家也不跟他们家讲话的。"[②] 烧香诅咒的梁芳、赵来海方也觉得今后双方不易相处。

五、神判习惯法的基础

在当代中国，神判习惯法的存在有其历史、文化、心理等方面的基础，民众选择神判、遵循神判习惯法规范是经过其一定的理性判断和思考的；同时，这与政府力量的有限、国家法律的局限也有一定的关系。

应当看到，在当代中国，神判现象已不多见，这既与社会发展、科学发达有一定关系，也与许多神判活动不易发现有一定关系。在泗水屯所在的六巷村党支部书记盘新本看来，神判这种事罕见了，很少见烧香的。其他村有也是有，都是偷偷地烧，没有反映到我们这里。[③] 六巷村泗水屯的盘国强也认为烧香、诅咒这类神判活动不多见了。

---

① 六巷村下古陈五十多岁的盘国强介绍了这样烧香诅咒有效的一例：

我见过烧香的，见过两次，很久以前的事情了，我十多岁时，是上古陈的，因为田水纠纷，名字我都不懂。年纪双方差不多，现在都不在了。拿一大把香，大概半斤重以上，到露天地方烧，在那里诅咒：某某人，你挖的田水，我请个神灵打击你，（你）全家要死绝、五雷轰顶，这个是我听见的。（看见他烧香）的人有一二十人，因为他吵架起来了，很多人去看。上午，在太阳出来不久时。要么在太阳快下山时烧香。烧香是有一定的时间、规律的。烧了以后、说了以后看起来是有一点报应的，错的是有一点报应的。上古陈那个经常破坏人家田水，这个是村里人知道一点的。他除了走不动以外，还跌下火塘去烧，有报应了，我们认为这个有报应了。十多年后他走不动瘫痪了，跌到火塘，是烧香后十多年，比那个走不动时间长一点，最后医不好就死了。跌下去烧过后第三天就死了，死时年纪有 60 左右。"盘国强访谈录"，2009 年 12 月 29 日。

② "赵容克访谈录"，2009 年 12 月 28 日。

③ "盘新本访谈录"，2009 年 12 月 29 日。

> 烧香那些，那种叫诅咒的那些，互相吵架又不服气，就烧香诅咒那样。那种是遗传下来的，我也不具体清楚。这种现在不多了。我没有听说过，没有的。两个吵吵吵的，一个没办法了就断绝了，就烧香下咒这样的。一般情况下不用的。[①]

泗水屯的赵容克也认为烧香诅咒活动少是少了，但是各村有还是有的：

> 这种行为现在很少了，有是有的。我们不知道人家怎么一回事，这种事情我们就不知道了。我们没有看见别人的事，就不知道怎么讲。在泗水有还是有的，古陈、六巷那边也是有的，烧香还是有的。一般别人不说出来，所以我们也不是太知道。我小时候听讲、听说过，没有看见人家（烧香）过。[②]

就地理环境而言，六巷村泗水屯为一山区小村，海拔较高，周围大山重重，沟壑纵横，交通非常不便，在2007年没有修建好屯级公路之前，只能经由林间小路去乡政府所在地，步行单程需要费时一个多小时；与最近的自然村下古陈屯单程也需要费时近一个小时，这导致泗水与外界交流、来往的严重不便。泗水虽然只有26户，但是由于没有平地，分散在五个地方，每处不过几家甚至一家独居，从村口到村尾步行需要近半个小时。这样的地理特征致使村民与外界的联系不多，交往较少，因而受外面的影响也极有限，变化也比较缓慢。这使得固有的神判习惯法能够延续下来，在二十一世纪仍然产生影响。

受历史传统影响，当今的神判习惯法是历史上形成的神判习惯法的现代表现，正如六巷乡司法所原所长谭民军所言，这是“历史留传下来的”：

> 其他的烧香诅咒的，我没有碰到过，这起我也是第一次碰到，就这一起。现在在六巷的话，烧香诅咒普不普遍呢，我不怎

---

① “盘国强访谈录”，2009年12月28日。50多岁的盘国强岳父和70岁的盘国强阿公都回避谈论赵来海妻子烧香诅咒这一事情。

② “赵容克访谈录”，2009年12月28日。

么了解。你一到农村，大家吵架的话，就有人会说：不行的话我们就一起去烧香。都有这样的说法。一般是威胁的多，真正烧香诅咒的很少的。烧香诅咒的观念现在都还有。这个是以前都有的，以前一直传下来的。如果没传的话就不会有的。这是老的风俗习惯传下来的。老百姓信的，很忌讳的，现在都还很忌讳的。

现在来说，你说迷信还存在，还存在蛮多的，应该是原来那个历史留传下来的。其实，你说这个迷信不迷信吧，那个问卦都很普遍的，这个确实是大家很相信的，不要说农村，就是国家干部有时也是这样子的。做领导嘛应该有点档次的，我听说都还问卦的。前几天那个所长刚进新房子，择日子择得不好，和他会相冲。人们普遍有什么事情的话就会联想起这种事情。[①]

广西金秀地区历史上一直存在烧香、砍鸡头等神判方式，[②] 神判习惯法规范明确。这一传统规范影响深厚，一直流传至今。

烧香诅咒之类的神判活动有着深刻的心理基础。在我国许多地区，民众中存在着较为普遍的迷信观念，按照六巷村党支部书记盘新本的说法，烧香诅咒是迷信的行为，文化素质太低了。[③] 对此，出生在广西金秀、现在居住在广西金秀的中央民族大学退休教授苏贺辉是这样认为的：

这个相信是有思想根源的。因为瑶族，所有的瑶族都信仰道教，虽然它派别不同，但道教根子是相同的。道教思想传进来后，过去科学不发达，群众愚昧落后。这个同华夏民族一样的，他对自然灾害、雷电啊不理解，他只有寄托于神，寄托于祖先的阴灵来帮助他战胜这些东西。万物有灵嘛，包括动物、植物，你像石头他都认为是有灵的。他这个思想是宗教的思想，宗教的意识在人民头脑中是很深的。看到任何事情，他就认为是拜神的结果。所以现在不仅在瑶族，在很多民族里面都存在宗教意识，宗教思想都相当相当严重。所以，他还是相信这个神判。你像砍鸡头这个事

① 2009 年 12 月 30 日，金秀瑶族自治县三角派出所所长罗铁出车祸去世，当时他刚搬进新房子不久。“谭民军访谈录”，2010 年 1 月 4 日。

② 胡起望等著：《盘村瑶族》，民族出版社 1983 年版，第 127 ~ 128 页。

③ “盘新本访谈录”，2009 年 12 月 28 日。

情，他活灵活现的，你不得不信啊！①

神判活动、神判习惯法在当代中国的客观存在，与政府力量有限、国家法律局限也有一定关系。在山区、在农村，特别的偏远地区，由于交通等因素的限制，政府的实际治理力量不易到达，因而县乡政府对于纠纷存在发现晚、解决慢等方面的局限，通常情况下没有办法及时进行解决，这样村民就往往按照身边的习惯法选择身边的解纷方式，神判方式和神判习惯法也为其中选择之一。

村民之间的纠纷多为较小的民间纠纷，不易存有证据，村民也缺乏保存证据的意识，而国家法律却非常强调证据的重要性，法律的这种局限影响了村民对国家法律的信任。按照国家法律规定，纠纷解决需要经过法律规定的程序，在金钱、时间等方面支出较多，成本较高。对普通农民而言，法律内容丰富、规定抽象、理解不易，正确、全面的掌握国家法律的立法意图和具体规范颇为困难。在这种状况下，通过国家法律这一正式解纷方式解决纠纷就难度极大，这就为神判活动、神判习惯法提供了一定的存在条件。

六、结 语

对神判行为和神判观念，我们需要全面的认识，不能简单地视之为迷信、愚昧、落后而进行否定，应当认真分析神判现象存在的社会文化基础，思考神判习惯法在当代存在的效力根源。

由于社会发展的阶段性和地区发展的差异性，我国的纠纷解决方式存在多元的特点，各地、各民族有着独具特色的纠纷解决方式。虽然以国家审判为主要方式的人判是现代社会解决纠纷方式，但是神判这一解纷方式仍然在我国的某些地区、某些民族客观存在，这是值得重视全面分析的。

在当代中国，神判习惯法的适用对象在缩小，存在基础在减弱，这些变化反映出现代发展因素对制度层面的神判习惯法的影响有了一定的限制，但是观念层面的神判习惯法的影响将是长期的、持续的。

① “苏贺辉访谈录”，2010 年 1 月 9 日。

牯臓节的礼物

——黔东南苗族祭祖活动中“礼物往来”仪规研究

徐晓光[①]

“牯臓节”，又称“鼓藏节”或“鼓社节”，2006年5月苗山县苗族鼓藏节被列为第一批国家级非物质文化遗产名录。牯臓节是贵州省黔东南州雷公山、月亮山区苗族的祭祖节日，是苗族诸多的节日中最盛大的节庆活动。该节鼓社（由数个具有血缘关系的村寨组成）同宗范围内，一个村寨或几个寨子联合，每隔13年才举行1次，节日期间组织之严密，仪式之隆重，耗财之巨大，宴请客人之多，持续时间之长都非别的节日可比。通过牯臓节祭祀宗族列祖列宗，保佑宗族繁衍、兴盛繁荣，整个节日的仪式和活动增进了宗族、亲属之间的感情联络和族群内部的团结，举办鼓藏节村寨和家庭成员也通过这一活动展现社会影响和家庭经济生活水平。

一、祭祀“厚礼”与祖先“回赠”

（一）“杀牛祭祖”程序与祭品

据《贵州通志》载，苗族“每十三年畜牯牛，祭天地祖先，名曰‘吃牯藏’。因其以肉分赠亲友，而以肠脏饷客，故名。”[②] 所以“杀牛祭祖”是牯臓节的中心活动，大牯牛是祭祖的标志性祭品，也是送给先祖们的

---

① 作者简介：徐晓光（1958－），男，凯里学院教授、副院长，法学博士，研究方向：法人类学、中国少数民族法制史。

② 冯楠著：《贵州通志》，第372页。

“厚礼”，不仅体现在祖先的庇护下人们生活富足，同时也祈求祖先继续保佑子孙后代五谷丰登、家族繁盛，延绵不断。

“杀牛”是最基本的祭祀要素，只是由于地域不同在各地也有些差异。为显示富足和对祖先的敬仰，杀牛自然是越多越好。但在历史上，杀牛一直受三个因素的影响：一是政府禁令，历代政府鼓励农耕，一般禁止宰杀耕牛，并在地方法令中严格加以规定；二是移风易俗，以前历代政府把苗族牯臓节杀牛、送礼及聚众集会看作是“陋习”，因为在民间大型活动中容易滋事，容易造成对统治的威胁和社会秩序不稳；三是经济原因，由于社会动荡、自然灾害造成某些年景不好，这时候人们买不起、养不起水牛，杀牛的头数自然就少。有时多种因素同时起作用，如“文化大革命”时期的强烈的政治冲击，黔东南地区过牯臓节的范围大面积缩小。直到现在保留这一古老习俗的只有黔东南州雷公山、月亮山区的一些苗族村寨，很多村寨已经不再过了。一些村寨虽然还在过，但祭祖的礼物已经不是牯牛，而用猪或其他物品来代替，这是以前“杀牛祭祖”的变异形式。

“杀牛祭祖”是庄严的仪式，必需的仪式有3个，一是“炫牛堂”；二是“诉牛”；三是“椎牛”（现在太多为砍牛或敲牛）。“炫牛堂”：所谓“炫牛堂”是祭祖户各家将牯臓牛洗刷干净，牵着牛前往斗牛场进行展示活动。祭祀用的牯牛要选腿部、脑门上有“旋儿”者，标准的是5个“旋儿”，而且对位置也有要求，即：四条腿上部肉厚的地方和脑门儿正中各一个“旋儿”，肛门、脖子、腋下长有“旋儿”的牛则禁用。以两角间距宽、角尖白色、额头宽大，四蹄整齐、睾丸硕大、毛色纯正、膘肥体壮的牯牛为最佳。在“炫牛堂”，队伍由村寨的“鬼师”（苗族的“风水先生”）引领，身后是芦笙队、牛队，接着是抬着新衣、新被的妇女和挑着祭品的男人队伍。“炫牛堂”的队伍要围着斗牛场转3圈，富有人家庭有的还在牛角上挂银项圈，牛头上捆上三五根小旗式的纸幡，在牛背上贴祭纸或披上盛装和绸缎。[①] 一般的人家则在斗牛场地上抓一把稀泥抹在牛背上，再把米撒在稀泥上，这样米就不会滑落，象征着风调雨顺、丰收吉

① 石声德著：《新桥五家鼓藏节》，载政协雷山县委员会编：《雷山苗族鼓藏节》，中国文化出版社2010年版。

祥。[①] 祭司此时要唱《赞牛旋》等“牯臓辞”，以表示把最好的水牛敬献祖先。

“诉牛”：有的资料称作“审牛”。即由身份是客人的祭司或年长者，用巫词和“古理”对用来祭祀的牯牛交代牯臓之理，通过回忆历史，详细地追述祖先漫长而艰辛的迁徙和创业过程，最后回到目的主题讲到这双漂亮的大角，既然长在水牯牛头上，就由牯牛来做牺牲吧。所以“杀牛祭祖”是顺承天意的，实乃牯牛之福也。祭司把道理娓娓道来，说清讲透，如诉如泣，全场肃然，仿佛天地同悲，直说得牯牛匍匐流泪、在场的人无不动容，方才结束。

“椎牛”：祭祖户各家先把祭祖牯牛拴在事先固定好的大木桩上，木桩上方在牛头高的地方挫有粗孔，来客将牛拉到木桩前把牛角和牛鼻捆牢。按照传统的规矩，由“牯臓头”（鼓主）家先杀，别人家后杀。“椎牛”是不用刀的而是用凿子，由亲戚（首推舅家人）代劳，另外两人着黑衣黑裤，一人手持凿子对准后脑（牛耳根附近），另一人手持锤子猛敲，一般一锤就能将牛毙命。这种杀牛方法应该是比较古老的，现在新桥王家还保留着。[②] 应该说“椎牛祭祖”仪式不仅为苗族所独有，内地汉族和黔东南地区的侗族也用此种杀牛方式来祭祖。据《增广贤文》载：“椎牛而祭墓，不如鸡啄亲存”，[③] 就是说待父母死后杀牛祭墓，还不如生时厚待父母。现在很多苗族村寨杀牛多是使用锤砸或刀砍头顶，就是用三根木头固定成三角形，将牛头枷在其中捆牢，然后由事先请来或约定好的专人猛力击打或劈砍牛的头顶，而操锤操刀多是娘家舅舅。

众人杀完牛后，直接破肚分肉，把牛角连在一起砍下，将牛杂碎洗净，取其肝脏，把牛胸肉切成如豆腐块一样大小一同煮熟。祭祀活动正式开始，将牛肉、牛心、牛肝切片，与糯米饭、米酒、鱼等一同祭祖。苗族重视12这个数字，主祭司用12份祭品，唱着祭祀词祭祀列祖列宗。“牯臓头”家先祭，主祭司完成“牯臓头”家的各项祭事后，祭祖户各家方才接

① 李宇著：《黔东南苗族鼓藏节的象征人类学解读——以台江县排举乡九摆村为个寨》，贵州大学硕士研究生论文，2012年。

② 石声德著：《新桥五家鼓藏节》，载政协雷山县委员会编：《雷山苗族鼓藏节》，中国文化出版2010年版，第94页。

③ 吴偲千著：《中国封建蒙学文化述评》，附《增广贤文》，陕西人民出版社1989年版，第75页。

着祭。家祭仪式比较简单，几位祭司分头挨家挨户地念祭语，每到一家即把各家准备好的牛肉（或猪肉）掐点放在火坑边，请祖宗享用。祭祖完毕，每家都拿要拿一团糯米饭、一块肉、一条鱼送给祭司，以为酬谢。

（二）祖先的“回赠”

牛是农耕社会苗族人民重要资财，是生产和生活的重要依托，在牯臓节中，牛最有资格作为祖先与人们之间的神圣使者向祖先传达人们祈福的信息，并能从祖先那里“带吉祥来，送财富来，送繁衍来”。

隆重的“杀牛祭祖”活动是相信祖先是至高无上的、万能的神灵，对祖先的虔诚能给宗族带来平安、繁衍和繁荣，所以通过牯臓节祭祖活动来祈求祖先保佑宗族繁衍，献给祖先厚重礼物目的是祈求祖先保佑宗族，这才是人们主要目的诉求。如《诉牛理词》这种唱道：“牯牛啊，你要带去吉祥财富来送主人家，要带吉祥财富送给鼓主，还要送给鼓主家；牯牛啊，你还要带来送给歌师，还要带来送给巫师；牯牛啊，带来送给他家的兄弟；牯牛啊，送给他家的亲戚，送给他们的朋友，牯牛啊，你一定要送来呀！牯牛啊，你一定不要怪罪鼓主啊，不要怪罪主人家哟！是你自己开口说，是你自己把话讲；本来生你是来犁田，养你是来耙地的，你自己邀约大家来聚会，邀约大家来做牯藏节；牯牛啊，你一定要送来呀！牯牛啊，你要送富贵、繁衍来，送他家个个住（活）得老，送他家人人都长寿；我会说也不多讲了，会理歌也不会唱完，我说小的（道理）你懂得大的（道理），我说少的你知道多的；牯牛啊，我的话就说到这里了！牯牛啊，我已经说了几遍啦，牯牛啊，你要鼓社家家也昌盛，户户也富贵吉祥！牯牛啊”。①

在鼓藏节期间任何对祖先的不敬言行则会给族群、家族、个人带来灾难。如丛木、岩寨、小开屯、排浪一带苗族的牯臓年不能进行婚嫁、建房等重大活动，这是一条重要禁忌和戒律；有的村寨每过牯臓节后为了聚财，不让破费和外流钱财，所以3年内不得起房造屋，姑娘不得出嫁，谁家违反了戒律嫁姑娘谁就要给房族赔“牯臓礼”，即猪1头，糯米饭、甜酒（醪糟）、米酒，请巫师念咒，奉请祖先开恩，给予避祸赐福，祭物数

① 《黔东南苗族“鼓藏节”的象征人类学解读——以台江县排羊乡九摆村为个寨》，贵州大学硕士研究生学位论文，2012年。

量以足够全寨人吃一顿为标准。[①]

二、亲戚带来的礼物

（一）客人的“组合礼品”

牯臓节是以家族为单位的活动，在过节之前祭祖户就要考虑邀请哪些客人，有的还要准备上门邀请。祭祖户各方面准备停当，就分头去通知邀请的客人，客人主要是以主人家父母亲的兄弟、姐妹及女儿的丈夫等有血缘关系的男性为主，主要的客人为：舅爷、舅舅、姑父、女婿、表亲、姨老（妻子姐妹的丈夫）和最好的朋友。邀请客人的多少视家境（主要根据本次杀牛、猪数量而定）而定，但也有顺序，娘舅家、姑妈家首先要通知，然后是母亲或妻子、姐妹姨妈家、朋友家等。对主家来说，以客人多为自豪，没有客人来主家会没面子；对客人来说，那就是到自己母亲的亲戚家或自己妻子姐妹家和兄弟家去作，得到邀请的人都乐意来做客。牯臓节第一天在爆豆般的鞭炮声中客人挑着礼物来到主家的村寨，村寨烟雾弥漫，洋溢着节日的气氛。

雷山县苗族各地牯臓节中客人所送礼物大同小异。皆是按照古理规定的“组合礼物”。西江：主要客人来时必须抬糯米饭1篮（一般是特制的竹篮），米酒1壶（5–10斤），鱼要单数，为3、5、7、9条，鱼必须用麻绳穿系嘴巴吊在扁担上，公鸭1只，鞭炮若干[②]。乔洛：进客这天，凡是主家邀请到的亲朋好友或近或远纷纷赶来，一般客人带1只鸭，1壶酒和1串鞭炮，主家事前交代回赠以猪腿的客人，还另外加1小篮的糯米饭，5或7或9条鲤鱼。[③] 乌秀：下午2–3点钟以后，客人（主要是中老年男性）陆续进寨，客人一般要带1篮糯米饭（或10多斤糯米），1只鸭、3至9条单数活鲤鱼，1坛米酒（5–10公斤）以及鞭炮。[④] 党高、羊排：礼物是公鸭1只，鲤鱼5至7条，酒1小壶(3–5斤)，糯米饭1包，鞭炮若

① 政协雷山县委员会编：《雷山苗族鼓藏节》，中国文化出版社2010年版，第127页。

② 政协雷山县委员会编：《雷山苗族鼓藏节》，中国文化出版社2010年版，第4页。

③ 政协雷山县委员会编：《雷山苗族鼓藏节》，中国文化出版社2010年版，第53页。

④ 政协雷山县委员会编：《雷山苗族鼓藏节》，中国文化出版社2010年版，第87页。

干。黄里：按照古礼，客人要带公鸭1只，单数鲤鱼，1壶米酒，1包糯米饭，以及糖果、鞭炮等礼品，客人进屋前要放鞭炮，告示要人接客。[①] 有的地方还通知杀牛的亲属另抬1头100斤左右的肥猪，如乌流。[②]

（二）礼品"人神共享"

按照传自古以来的规矩，当天晚上的祭品和食用只能是客人带来的礼物，这一点不得违反，各地也都一致。当天晚上主人家屠宰客人带来的鸭和鱼，鸭和鱼要求用清水煮，以便用来祭祖，主人还把客人带来的其他礼物排放在神龛前祭祖。同时念到："今天大吉大利，亲朋好友，抬糯米、鸭、鱼、酒来，在此先奉给天地神灵、山水龙脉、树神、桥神、花神、岩爹，列祖列宗享用，你们先来吃来喝，来保佑主人家和在座的亲朋好友，家家幸福安康，个个发财发户，从长命百岁"。[③] 晚上主客共同食用客人带来的鸭、糯米、鱼和酒等，以上是西江的情况。在陶尧，"辰日晚上的晚餐，主人便宰杀客人带来的鸭与鱼，煮熟以后念上几句吉祥祭语，于是宾主共进晚餐"。[④] 在乌叠，卯日下午四时左右，各路客人陆续到齐，鸭子一大堆，鱼几大盆，还有五六块贺联。鞭炮放了一个多小时，震耳欲聋。放完鞭炮，大家一齐动手，把客人带来的鸭子、鱼全部处理。一会儿工夫几大盆鸭肉、鱼肉便端上桌来。大伯拿着祭品，面向香火、烧香烧纸，通知所有的先祖及山神来与他们一起过牯臓节："客人们带来的礼品都在这里，各路祖先、山神现在过鼓藏节了，你们都来与我们一起享用，一起来庆贺，一起来保佑在世的主人和客人，老人长寿，儿孙健康、六畜兴旺，年年风调雨顺，粮食满仓，永保太平"。[⑤] 这天晚上，大家和神灵一起享用客人们带来的礼品。在乌流，主家把客人送来的礼物办成节日菜肴，主客在香火前烧香化纸、祭祀祖先。[⑥]

---

① 政协雷山县委员会编：《雷山苗族鼓藏节》，中国文化出版社2010年版，第63页。

② 政协雷山县委员会编：《雷山苗族鼓藏节》，中国文化出版社2010年版，第22页。

③ 政协雷山县委员会编：《雷山苗族鼓藏节》，中国文化出版社2010年版，第5页。

④ 政协雷山县委员会编：《雷山苗族鼓藏节》，中国文化出版社2010年版，第11页。

⑤ 政协雷山县委员会编：《雷山苗族鼓藏节》，中国文化出版社2010年版，第36页。

⑥ 政协雷山县委员会编：《雷山苗族鼓藏节》，中国文化出版社，第22页。

三、主人“回赠”的礼物

按照古理规定，主人家回赠给舅舅、姑夫、姨夫等回赠的礼物是一条猪腿，特别是舅舅得到的是带尾巴的猪腿。从牯臓节源流看，以前牯臓节的祭品都是牯牛，每家杀多少头牛是邀请、收礼和有资格带走牛腿的人数来决定的，亲戚多杀牛的头数就多，有时主人家不堪重负，特别是灾荒和经济浩劫年代主人家就更难支应，加之过多宰杀耕牛也会影响生产，也为政府的法令所不容。有鉴于此，“杀牛祭祖”的习俗很难维持，才逐渐得以改变：一是杀牛的头数渐少，过牯臓节只杀1、2头牛作为象征性地保留，更多的是以杀猪来代替。如桃江，“有些家庭条件好的，就杀几头水牛，再加1、2头猪，家庭条件差的，也可以杀黄牛，但不能只杀猪”。[①]二是全不用牛，而是用猪来祭祖，这样回馈给亲属的礼物只有猪腿。

（一）牛肉的分配及“切割礼”

牯臓节期间主客的食物主要是牛或猪的内脏和一部分杂肉，正所谓“以肠脏饷客”，好的牛肉要分给客人。在九摆鼓社整体祭祖时，牛被剖解后，将牛身砍成6大块，即牛胸脯、前后4腿、牛头；牛胸脯肉砍来祭祖。祭祖完毕后，按家族宗支户数多少把牛胸脯肉砍成小块分给每户回家祭自家祖宗，牛头移放鼓藏头家堂屋的神龛下祭祖宗。[②]

黔东南本土学者杨元龙先生在他的一篇调查报告中详细记录榕江县月亮山区计划乡加两苗寨牯臓节分割牛肉的情况：杀牛后先砍下15公斤左右的颈项肉留给主人（有的人家牛肉不够分，颈项肉也拿去分给客人）。割每串重6公斤，含1小节牛瘪（牛的胃）、1块牛皮、1小节牛肋骨的10串牛肉，每串再搭配好肉、内脏放在一边，主人留1串，早饭用1串，其余8串送给最好的亲客。再割2串各6公斤，4串各4.5公斤，30串各3公斤，两腿各19公斤（给姑妈），胸脯16公斤（给舅舅），臀部肉各9公

① 政协雷山县委员会编：《雷山苗族鼓藏节》，中国文化出版社，第99页。

② 《黔东南苗族“鼓藏节”的象征人类学解读——以台江县排羊乡九摆村为个寨》，贵州大学硕士研究生学位论文，2012年。

斤（给舅子），前腿肉55公斤（给主祭司）共300多公斤。有的人家杀的牛小，肉不够分，还用猪肉来补充，但猪肉只能作搭配。作为“退礼”的肉，无论多少，都要有牛肉、皮骨、内脏、瘪等，肉多少无所谓，但一定要有瘪和皮，不然客人不高兴。[①]

（二）回赠猪腿及“切割礼”

据说在四五十年前，雷山的祭祖节均是每户杀1头牛，后来由于经济不济，才改为杀猪来替代了。但每户在节日中杀猪不少，从1头到9头不等（苗族杀猪也以单数为吉数），这主要根据自己家庭经济情况和亲友多少来决定，[②] 不够的还要到市场买来补充。在郎当，每一组至亲（姑、舅爹、姐妹夫）均要送一腿猪肉，每头猪只够馈送4组亲戚。猪腿大小以猪尾巴所到之处为标准，即把尾巴拉回猪身，量到哪就在哪里下刀。分时把带尾巴的猪腿送辈份最长、关系最亲的亲戚，其他至亲也回赠猪腿表示亲近，尊重和敬意。[③] 又如在公统苗寨，猪砍四腿，如果邀请舅公辈的，由舅公辈抬带猪尾巴的猪腿；邀请到舅子辈的，由舅子辈的抬；邀请到姑妈、姨妹辈的，也由大的先抬。[④] 当然回馈是以亲友送礼为前提，也是有“亲属差序”的，这是苗族自古以来的礼仪，不仅体现礼物的互惠性，在“切割礼”上也体现了朴素、公正和差等。[⑤] 回馈猪腿、牛腿代表家支亲属间关系的维系，具有深刻的历史渊源。据徐家干《苗疆见闻录》记载：“地名四脚牛，初不知其何义，即执苗人问之。凡地方有事，须合众会议者，则屠牛分四脚，传之以为之约。因即以四脚牛名，曰水口，曰南江，

① 杨元龙译著：《祭鼓辞》，附：《加两苗族吃鼓藏始末—月亮山地区苗族吃鼓藏田野个寨调查》，贵州民族出版社2011年版，第174－184页。

② 1999年牯臓节笔者在陶尧的唐海洲家度过，第一次看到陶尧牯臓节热闹的场面。2010年牯臓节笔者应邀去了控拜和西江。记得2005年10月笔者再次到陶尧唐晓梅家做客时，唐晓梅父亲和我约定如果2011年牯臓节时我带上“组合礼物”来，他就回赠我一条猪腿，但因外出陶尧没能成行。

③ 政协雷山县委员会编：《雷山苗族鼓藏节》，中国文化出版社，第72页。

④ 政协雷山县委员会编：《雷山苗族鼓藏节》，中国文化出版社，第84页。

⑤ 汉时陈平居库上里，乡里祭社时，陈平为宰，分肉食均匀，受到父老称赞。据《史记·陈丞相世家》：“里中社，平为宰，分肉食甚均。父老曰：‘善，陈孺子之为宰！’平曰：‘嗟乎，使平得宰天下，亦如是肉矣！”后陈平终成为汉朝开国功臣，官至宰相。中国古代把辅佐皇帝的重要大臣称为“宰相”、“宰辅”。由此可见公正、公平是切割礼的关键，在中国文化中有其渊源。

曰古邦，曰高岩，号称四脚首寨，余各随所近者附之。主其寨者皆称曰头公。而首寨头公尤见尊大，牛传毕至，相应如响。故一旦狡启，数千之众，随时可集……”① 苗族这种家族、家支间的关系维系结果可能与苗族、侗族“议榔”、“合款”中“屠牛分脚”有着某种文化上的联系。在以前苗族一些地方牯臓节礼品改革中也有通过“议榔”来进行如乌秀村在清代的时候，各族长和村民们认为牯臓节仪式非常繁缛，花费大，大家都要买牛来杀，这样多的牛不但很难买到，许多贫困人家也买不起，为了减轻族人的负担，便召开本村讨论重大事务的“议榔”会议，决定改杀牛祭祖为杀猪祭祖。

四、牯臓礼物的象征性与社会性功能

（一）缅怀祖先的心理需要

牯牛是赠给祖先最好的礼物，在苗族人观念中阴阳相通，祖先在阴间犁田也需要水牛，所以才把它作为祭祀的核心，子孙敬献水牛祈求祖先保佑人丁兴旺、五谷丰登。所以对牯臓节用来祭祀祖先的水牛标准要求特别高；牛角对称、牛毛色泽好、牛旋儿标准、牛蹄“达标”，正如《祭牛词》说得那样：“牛啊！早年你自愿代替羊，承担祭祀重任，牛啊！你的蹄好四只，你的角好一对，你的毛好一身，旋儿也没差错，用你来祭祖，祖先的灵魂会好高兴，我们的家族才兴旺，男的会有雄才大略，女的会颜赛天仙”。

水牛的繁殖能力很强，用水牛祭祀象征着子孙繁衍，后代繁盛。公统苗寨牯臓节的故事中有这样一个传说：公统三角四下寨有一名叫里甘（苗名）的人，家里很富裕养，养了1头白母牛，这头牛特别善待牛崽，仅10年间生出一大群小牛，敞放山间，自然生长，数量尽达100余头，这些牛的大部分后来都作为一次牯臓节祭品和回赠客人的礼品，从而解决了这次牯臓节缺牛的燃眉之急。

在客人“组合礼品”中总是离不开1只雄鸭，在苗族文化中鸭能将祖

① 徐家干著：《苗疆见闻录》，吴一文校注，贵州人民出版社1997年版，第232页。

先的灵魂引来寨中，保佑家族繁衍兴旺。“带龙来寨，鸭是带龙的先导”。苗族人认为鸭子不像一般性家禽，鸭子陆地上去得，水中去得，有时还能飞，鸭子一直陪伴祖先迁徙，熟悉祖先曾走过的路，所以用鸭子来带路最适合了。往返“东方老家乡”的途中有千山万水阻隔，但有鸭引路，祖先的灵魂就不会迷路了，稻禾和糯米饭代表的是五谷丰登，鱼应该代表“年年有余”。

（二）维系族亲联系的需要

目前从各地牯臓节情况看，有从血缘向地缘转变的趋向，但以祭祀祖先为核心的这一节庆活动仍然还很重视血缘关系的。祭祀由氏族房族长老“牯臓头”主持，寨子里的亲族关系也非常紧密，节日的主要活动之一是邀请和款待客人，也是父母双方的兄弟姐妹以及女婿们进行交流和欢聚的节日，客人们都很重视这层亲戚关系，认定这种联系凭证就是还保留着把猪腿带回家祭祀祖先的习俗，所以该习俗在促进亲属之间相互友好往来有着很重要的意义。牯臓节的功能是“既娱神且娱人”，在起到宣泄和调整生活气氛的同时，也为疏通人际关系，建构乡土社会关系网格提供了条件。它保留着维系族亲的联系和祭祀祖先的义务意识。目前牯臓节期间老一辈要求所有外地子女都回来一起度过，并将子女的收入的一部分用于牯臓节的花费，传统的力量还在尽力维持这种族亲关系。现在苗族地区外出打工的青年人增多，很多年青人对鼓藏节意识淡化，有的村寨回来的人也不像以前多了，2010 年我们在雷山控拜见到的情况就是这样，由于参加的人少，节日庆典也不如以前隆重，程序上也有不少简化。

（三）互惠性的设计安排

牯臓节杀牛祭祖有一重要环节，就是把整个鼓社的牛肉平均分割，每户分得 1 块，或每个得 1 份，如榕江县计怀乡计怀寨的鼓藏头用分成小块的 1 盆牛肉和牛头以及 7 条熟鲤鱼和 1 篮糯米饭，在祭祖完毕后，向寨人、家人、客人，前来参观的人分发 1 块牛肉，1 团糯米饭。杀猪祭祖的，把猪肉分成拳头大小，每人分得 1 份。[①] 榕江月亮山区情况大体如此，在杀

① 政协雷山县委员会编：《雷山苗族鼓藏节》，中国文化出版社，第 292 页。

牛的当晚亲朋好友将牛破肚后，即将牛肉、牛肝、牛蹄等五脏六腑各割一点10余斤煮给大家吃，余下的牛肉，除牛头（牛角自留，牛头集中在一起皮带肉穿成半分给不杀牛的祭祖户，头骨和碎肉煮牛肉稀饭，供全寨和客人享用）颈项、大肠以外，其余的按亲朋好友送礼的轻重，全部（含牛肉、牛皮、牛骨、内脏）作为回礼送给亲朋好友（有的祭祖户所杀的牛小，肉不够回礼还得用猪肉补足）。①

在雷山，鼓社宗族把自家牛杀了，请自己的姻亲关系来享用，体现了共同占有劳动果实的原始社会人们平等心理，同时各支系、各宗族的约定俗成一个惯例，今年我这支宗族杀牛祭祖，明年你那支杀猪祭祖，后天又轮到他那支祭祖，雷公山区苗族祭祖时间就是这样错开安排的，郎德镇的乌流在丑（牛）年；西江支系，包括掌荣、乌尧、黄里、陶尧在卯（兔）年；雷山附近和乌开、脚雄、固鲁、猫猫河在辰（龙）年，郎德则在申（猴）年。这种自古以来的时间错落安排，使前后几年中不仅亲戚之间可以不断地相互往来，还能缓解因礼品准备与回赠过程中经济紧张，也可以在几年中保证肉食的来源。苗族村寨农户虽然自养家畜，但家畜是家庭的重要财产，平时不能用于食肉，相对城市居民吃肉的机会并不多。在节俭生计的同时，正常食物链的维持要求补充足够的动物蛋白。② 苗族人讲究"礼尚往来"，在亲属圈中今年你拿"组合礼品"来，我还之以猪腿，明年我拿"组合礼品"到你家，你必赠以猪腿。"回赠猪腿"的习俗，在血缘关系很浓厚的苗族村寨社会不仅是一种交往形式，还具有在生活上互利互惠的文化意义。

马林诺夫斯基在《野蛮社会的犯罪与习俗》一书中指出：社会之所以可能有秩序，依靠的是相互性原则，是一种互惠的义务，不是随便的个人就可以进行交换，相反在交换中，每个人都有其永久的伙伴，他们要么是姻亲，要么是盟兄弟，或者是"库拉"（Kula）伙伴，这种相互性的关系构成社会结构的基础，他说"这种交换构成了一种经济活动的社会结构系

① 杨元龙译著：《祭鼓辞》，附：《苗族吃鼓藏活动的社会反映》，贵州民族出版社2011年版，第208－209页。

② 笔者在苗族村寨一次调查时，在一家住户门前曾看到这样的情景：一中年男子劈柴，木中有10余只昆虫幼虫（可能是马蜂），他取出放在小箩中，问他用来做什么？回答说晚上炒来下酒。

统，由此系统出发，个人和个人之间，亲属群体与亲属群体之间，村落与村落之间，区域与区域之间就联系在一起。”① 莫斯也认为：互惠是所有社会交往的明显特征，没有“免费的赠品”，习俗模式中的对称原则促进了互惠。有国内人类学者认为：在“黔东南凯里、丹寨、雷山、榕江等地的苗族聚居区存在着许多步行可及范围的牯臓祭祀圈。这些祭祀圈以 12 支动物属相为序，形成了一个相互连接、循序不断的节目链。这种有趣的节目链为山民们获得稳定的肉食来源提供了社会条件，从而起到了维持正常食物链的重要作用。在这种大规模的，以肉食的赠予和获取为基本要素的仪式活动中，大型家畜的利用自然优于小型家畜禽。”②

五、礼物的研究及牯臓文化特性

莫斯主要以他关于礼物交换的著作而闻名于人类学界，他发现在许多土著部落中广泛存在着赠礼习俗，这种习俗由三个环节构成，即：义务性送礼、义务性接受和义务性的回赠礼物。他试图指出在这种“送礼与回礼”的社会现象背后的基本原则，说明礼物被接受后必须回赠的原因，概括起有以下三点结论。

第一，将具备以上三个环节的礼品交换习惯命名为“全面酬报制度”，认为在具有这种制度的社会中，相互赠礼的人就像是共享财产的“所有权”，而不断地有彼此给予、接受和回报的义务。任何在给予、馈赠行为上的怠慢都会引发猜忌和冲突，接受礼物后不回报会损坏收礼者的人格和声誉。

第二，这种给予、接受与回报的义务就相当于这些义务束缚下的人或群体所订立的长期契约。比如，一个物品一旦进入“全面酬报制度”中，它往往会成为神圣物品，迫使接受者必须回礼，否则就会受到恶的报应和惩罚。这是维持契约关系的一种力量。此外诸如约定俗成的礼节、慷慨的习惯、个人的面子与荣耀感也都是保证契约得以执行的力量。

① 马林诺夫斯基著：《野蛮社会的犯罪与习俗》，原江译，云南人民出版社 2002 年版，第 40 页。

② 王建新著：《高排苗族牯藏节调查与思考》，载《原生态民族文化学刊》2010 年第 1 期。

第三，“全面报酬制度”的根本原因或深层原则是社会秩序与社会关系。比如特洛布里恩德人库拉交换，不仅是从事经济交易活动的基础，同时也是进行婚姻，参加葬社和成人社等社会活动的依据，当地居民通过库拉交换建立起了自己的社会关系网。

总之，在莫斯看来，迫使人们进行礼物交换的主要原因是社会。社会需要这种互惠性制度，以保证社会活动的进行和社会规范的建立，可以说基本上所有的交换行为都是为了建立某种社会关系，参与社会活动交换是社会网络建立的基本要素。从事交换的个体实际上代表着社会或群体的道德准则，个体间的交换活动按社会规则进行，同时也在强化着这些规则。因此，莫斯得出了交换活动产生并强化社会规范结构的思想，这些思想成为后来结构主义亲属理论的基础。①

莫斯对礼品的研究有很多也适合苗族地区牯臓节的礼物与回赠的情况，如苗族虽实行父子连名制，以父系的血缘来维系着社会成员之间的关系，但从牯臓节礼品关系看它和母系亲缘以及婚姻关系也有深刻的联系，即包含着父母双方的亲缘情况，所以通过牯臓礼物研究苗族亲属关系为基础的社会结构、社会活动、社会规范以及社会秩序具有非常典型意义。但莫斯的观点有些也不适合苗族地区，比如他认为赠送礼品不是具有实用价值的经济性交换，只是没有实用价值的礼仪性交换，而在牯臓节客人“组合礼品”与主人“回赠猪腿”之间，既体现祭祀先祖的神圣性，又体现仪式性交换，同时又能得到“饱回福”的肉食享受，具有其实用价值。

莫斯另一项学术贡献是“夸富宴”（potlafch）研究，“夸富宴”是一种在宴会上显示富贵的风俗。在莫斯曾经调查的夸扣特尔人及其他美国西北海岸的印第安人中盛行一种社会性仪式。“夸富宴”习俗涉及财富问题，其形式可以是故意在客人面前大量毁坏个人财产并且慷慨地赠送礼物，很像我国晋朝时“石崇夸富”的过程和情节。“夸富宴”也可以是大量地宰杀牛羊，或大量地撒金散银，目的是显示主人雄厚的财富和高贵的身份。如置身苗族牯臓节的“酒海肉林”中人们自然想到“夸富宴”，自然会以“夸富比富”视角对两者进行比较，从“铺张”这一点来看，两者似有相近之处，但两者却有本质不同。首先，牯臓节的“铺张”是针对祖先，用

① Marcel Mauss：The Gift：Tht form and Reason for Exchange in Archaic So - Cieties，N. Y.，W. W. Norton and Company. 1967（1923）. P. L.

厚礼祭祀祖先，希望祖先赐予更多福祉，而“夸富宴”撒金散银是表示主人的雄厚财力；其次“夸富宴”表现高贵的身份，那些分发礼物越多的“大款”酋长，其地位与声望也就会越高，因此形成了特定的阶层秩序与权力关系。而黔东南苗族地区直到新中国成立前社会阶级分化都不强，阶级关系体现不明显，寨老、榔头、牯臓头都是村寨的自然领袖，平时参加劳动，没有特殊权力，苗族村寨基本上家家平等，人人平等，没有阶层序列和权力关系，牯臓节并不炫耀权力和体现等级差别，而是亲属、朋友通过送礼与回礼体现有好和互惠关系。当然在牯臓节中“爱面子”的苗族户与户之间的“攀比”情况自然是有的，但都不能与“夸富宴”相提并论。第三，从消耗来看，牯臓节杀猪砍牛主要是用于祭祖、回礼和食用，其中祭品消耗不大，食用也主要是内脏，肉主要是用于“回礼”。雷山县有些村寨，杀牛的人家所有的肉基本上是用于送客，除杀牛那餐外，节日期间甚至没有肉吃，有的客人只好从已分成自己礼物的那份腿肉中割些来做菜。[①] 最后，“夸富宴”一般在生日、结婚、成年礼丧礼上举行。而苗族在牯臓年全年则不能进行婚嫁、建房等重大活动，这是一条重要禁忌，有的村寨每次过牯臓节后为了聚财，不让破费和外流钱财，所以 3 年内不得起房造屋，姑娘不得出嫁（但可以娶媳妇和做生意进财）。

在雷公山、月亮山苗族地区近两轮牯臓节调查资料中，杀牛最多的是 1996 年 12 月榕江计划加两牯臓节，共有 11 位祭师，共杀牛 54 头牯牛（其中 3 头不祭祖，仅作为菜牛当回礼送客）。加两村当时共 201 户，942 人，平均每 4 户杀 1 头牛，其中有 1 户杀 2 头的，也有杀 1 头，更多的是几户合杀 1 头牯牛。[②] 从近些年苗族村寨生存环境和经济水平看，牯臓节举行周期为 13 年，“牯臓牛”有的家庭甚至在上一次鼓藏年结束后就精心选择和喂养。一般家庭每年按一定的比例投入积累，为祭典饲养或购买一头中等档次的水牛经济上还是可能的，实际上为备牛而倾家荡产的现象并

---

① 石声德著：《新桥王家鼓藏节》，载政协雷山县委员会编：《雷山苗族鼓藏节》，中国文化出版社 2010 年版，第 95 页。

② 杨元龙著：《远古遗风—月亮山地区加两苗族吃鼓藏田野个案调查》记载：1996 年初，加两牯臓头王老金提出不当的“头”理由有三，一是他家自古以来没有杀牛祭祖，也没人当过牯臓头；二是他不是村干部，怕压不住阵；三是他家只有一头牯臓牛，有两位老牯臓头今年都各有 2 头鼓藏牛，有一家还是乡里的领导，一头牛自然比不上有 2 头的人家，怕人家讥讽、笑话。载《原生态民族文化学刊》2009 年第 1 期。

不存在。

六、"牯臧礼物"仍为苗族风俗改革焦点

传说中苗族在鼓藏节时曾用过水牯牛、猪、蚂蚱等家畜、鸟类和昆虫，此外还有鱼类。但最主要的是牯牛，因为这最能体现对祖先的敬意，而大批屠杀水牛会造成耕畜的短缺，同时购买水牛的高昂代价会给农户造成巨大经济负担，社会上很多人认为这种仪式活动的负面作用大于正面的社会功用，特别是在新中国成立后到"文革"期间"破旧立新"环境下，有的地方就干脆不过祭祖节了，把牯臧节的祭祖活动合并在一年一度的苗年或其他节日中去了。过牯臧节的地方祭品和数量也变化很大。即使在改牛为猪后，有些村寨由于"生猪涨价"没有猪卖，人们就用南瓜祭祖，如西江。大塘乡新塘村改用鱼来祭祖，使牯臧节文化得以顽强地传承下来。南瓜和鱼虽然节约，但对祖先的祭祀又不够厚重。改革开放后传统牯臧节活动有所恢复，人们都认可全寨或1个鼓社只需杀1头牛来祭祖，而喂有多头牯牛且生活富裕的人家也可自家另杀1头牯牛，其他家庭则多使用猪来代替。以上种种，说明苗族牯臧礼物在不断改革之中。牯臧节习俗改革集中体现在限制祭祀祖先用的牛和猪的数量上，目前成年水牛的价格在3000－8000元不等，1头生猪也要1000元左右，对经济条件差的农户，确实是不小的负担，所以民间改革的呼声还是很高的。如榕江县月亮山八开地区于2009年3月自发组织了民俗改革"议榔"会议，通过传统的"栽岩"[①] 形式，共同订立了《八开南部地区苗族习俗改革榔规》，其中第6章"过鼓藏节习俗改革"规定：吃鼓藏牛、杀猪，浪费太大，持续时间过长，一般不予提倡；吃鼓藏一律不准舅向姑爹伸手和收受牛或牛钱，也不准姑爹拉牛送舅，姑爹送来的礼物只能以礼计收。要以现金或红妆（布）送，

① 栽岩（jenl vib）。苗族历史上没有文字，大凡重大事件都要通过集体讨论以"栽岩"（埋一块石头）为凭，如"栽岩议榔"、"栽岩为界"等等。这是苗族为了本地区的安定团结，防止偷牛盗马，拐婚骗婚等不良事件的发生，把同一支系或语言相通、服饰相同、习俗相似的十几寨或几十寨的住户召集在一起，共同制定"村规民约"。这些条约又能通过"议榔"的形式，由榔头（主持人）念颂先辈传承下来的"榔规"和新制定的"榔约"来约束大家，使其共同遵守。"栽岩"表示"榔约"稳如磐石，谁也不得随意更改和推翻。

尽量不以糯米送礼；吃鼓藏杀牛，可以根据送礼多少分配回赠猪、牛肉。在这次“榔规改革情况说明”中，针对“牯臓礼物”作了如下几条说明：1. 过去过一次鼓藏节，寨子大则杀上百头牛、几百头猪，寨子小的也得杀几十头牛，上百头猪。辛辛苦苦几十年，好不容易积蓄一点钱，不用来培养子女上学和购买生产，生活用具，而用来买牛，买猪，吃鼓藏，大量的挥霍浪费吃光用光，越穷越吃，越吃越穷，这种做法不利于民族进步，也是国家所不提倡的。改革形式后，本支苗族要算账、要觉醒，不予支持和提倡吃鼓藏，有钱拿来培养子女上学，发展生产、购置生产和生活用具，不能拿来搞铺张浪费，浪费是可耻的。2. 如果不觉得浪费，不以为耻，反以为荣，非要吃的，不得向姑爹索要牛或牛礼钱，杀牛时根据客人送礼大小分肉，原则是分完肉为止；3. 吃鼓藏以禾谷送礼太麻烦又笨重，又不值几个钱。改革之后要取消。送现金或红妆（布）类，利于管理和帮助吃鼓藏的人家恢复生产。① 受八开地区“议榔”活动的影响，2009 年相邻摆垭山地区苗族支系，2010 年 3 月从江能秋地区一些苗族支系相继举行“议榔”活动，订立新的“议榔规约”，由于三地习俗基本相同，所以改革的内容很相近（但能秋没有牯臓礼物内容）。

黔东南苗族地区牯臓节文化就像一柄双刃剑。目前苗族村寨还很贫穷，但由于“爱面子”和相互攀比造成很多浪费，也有妨碍生产一面；改革开放以来，牯臓节活动不断恢复与流行又是苗族人民生活水平提高和传统文化复兴的象征。在国家大力提倡弘扬各民族文化的今天，作为当地规模最大、最有特色的牯臓节势必成为黔东南民族文化资源开发利用的主要目标，还会有扩大的趋势，今后将是怎样发挥各地区、各村寨地域个性，重视设计仪式过程，着力提高文化门槛，同时在理性考虑的基础上，注意将牯臓礼物关系设定在令祖先“满意”、亲属认可、苗族同胞都乐意接受的水平上。

① 榕江县苗学研究会秘书处编纂：《榕江县苗学研究会工作纪实》，2009 年内部印刷，第 71－72 页。

从江县登双寨侗族习惯法田野调查民族志[①]

周相卿　张　姝　陆胜春[②]

当前国内侗族习惯法的专门研究成果主要是以二手资料为基础的研究，以田野调查为基础对侗族习惯法的研究成果散见于民族学研究资料中，田野调查为基础的专门研究成果很少。侗族没有自己的传统文字，由于地理条件的限制，各地的侗族文化也存在很大的差异。了解当地民间习惯法的基本方法只能是田野调查法。本文第一作者最初对黔东南黎平县、从江县和榕江县的侗族习惯法进行田野调查是在2009年，由于当时的调查资料不是很成熟，故一直没有整理发表。2013年4月29日开始，本文第一作者又组织法学院的研究生和本科生到这三个县分别选择调查点进行了调查。对登双寨进行调查时，本文第三作者担任侗语翻译，回来后整理录音。本文中使用的田野调查资料主要是这次调查的内容。

一、调查点一般情况介绍

根据2010年第六次人口普查的数据资料，贵州前5位的少数民族依次

---

① 贵州省教育厅2012年高等学校人文社会科学研究项目“黎从榕地区侗族习惯法田野调查与研究”（编号：12JD068）的部分成果。

② 作者简介：周相卿，男，汉族，内蒙古宁城县人，法律人类学博士，贵州民族大学法学教授，博士研究生导师，贵州世居民族研究中心主任。张姝，女，苗族，贵州民族大学2011级刑法学专业硕士研究生。陆胜春，女，侗族，贵州从江县洛香镇人，贵州民族大学法学院2009级学生，担任侗语翻译。

为苗族、布依族、土家族、侗族和彝族，其中侗族人口排名第四。全国侗族人口 287.99 多万人，贵州省侗族人口 143.19 多万人。贵州的侗族主要分布在贵州与湖南、广西、湖北三省区毗邻的黔东南苗族侗族自治州和铜仁市。居住在北部的侗族一般称之为北侗，汉化严重，保留本民族的文化传统很少。黔东南地区东南部的侗族一般称之为南侗，很多地方很好地传承了侗族文化。黔东南苗族侗族自治州境内的都柳江流域是贵州省侗族的最主要聚居区域，而都柳江从西到东横贯黔东南苗族侗族自治州从江县的中部，从江县是贵州侗族的主要聚居地方之一。

（一）从江县一般情况介绍

从江县东部与南部与广西壮族自治区接壤，北部、西部和西南部与本省黎平、榕江、荔波等县接壤，县城距省会贵阳 255 公里、距州府凯里市 252 公里。最近刚刚通车的厦蓉高速公路穿过县域的北部，使从江县的交通条件大为改善。原来从贵阳到达从江县的东部需要十几个小时，现在虽然交通部门限制了营运大巴车的行驶速度，从贵阳到达从江县东部的洛香镇也只需要四个小时左右。正在建设中的贵广高速铁路也经过县域的北部。通车后，到达从江县的交通条件将得到进一步的改善。

从江县辖 21 个乡镇，总人口 34 万（常住人口 29 万），少数民族人口占 94%，主要少数民族是侗族和苗族，同时还居住壮族、瑶族和水族等其他少数民族。以前由于交通和地形等因素，难以与外面接触，少数民族原生态文化保留得比较好。从江县的侗族主要居住在东部和北部的依山傍水的坪坝或者河谷中，由于自然条件比较好，相对于苗族地方而言，在文化上受到汉族的影响要大一些。苗族主要居住在西部的高山上，位于从江县西部月亮山地区东部的苗族是贵州苗族保留原始文化最好的地区之一。

（二）登双寨一般情况介绍

登双寨属于从江县东部的洛香镇的管辖范围，与黎平县肇兴镇的管辖范围相邻。一个自然寨也是一个行政村，居民全部都是侗族，没有任何其他的民族成分。居民的日常生活都是使用侗族语言。全寨共有 64 户，286 人，分为两个居民小组。登双寨距离洛香镇政府所在地的洛香寨大约 3 公里，登双寨在以前的一段时间曾经属于洛香村的一个自然寨，由于距离远难于管理，后独立为一个村。登双寨里陆姓最多，但陆姓并不都是同一个祖先。登双寨的陆姓居民祖先分别来自邻近的纪堂寨、登江寨和洛香寨。登双寨总共有4个家族，同姓不是一个祖先的可以结婚。

贵州的侗族一般都是居住在自然条件比较好的依山傍水的平坝地方，由于人口的增长，平坦的地方人口过于集中，一些居民开始搬到相对高一点的山上，相对于当地的苗族而言，居住的条件还是好多了。登双寨就是在很早以前，从附近几个平坝地方搬迁过来的人组成的。

在原始宗教信仰方面，黔东南的传统侗族聚居地方普遍都是信仰“萨神”，但是登双寨并没有供奉萨祠或者萨坛，也就是没有供奉当地人所称的“央萨”。登双寨建有一个“央公”庙，还有专门的人守庙，这种“央公”庙是当地的传统自然崇拜与汉族地区土地庙信仰文化互相融合的产物。庙是用木头做的小房子，上面盖瓦，类似于当地的民居。大小相当于汉族地区的土地庙，里面有一块石碑，石碑上刻有一个像男人、一个像女人的两个人像，象征土地公婆。在当地的侗族聚居地方，人们普遍认为，大一点的村寨要养“萨”，小的村寨就养“公”，一般有萨祠的村寨就没有土地公庙，有土地公庙的村寨就没有萨祠。我们在黎从榕地区调查的自然寨普遍如此。村民也祭拜山上的大树和巨石，在寨子的边缘，有4棵很古老的大树，祭拜树的人比较普遍，仅仅有个别人祭拜石头。

登双寨居住的山的北面是一个窄长的平坝，过了平坝是东西向更高的山，山顶上有高速公路通过，在这条高速公路通车以前，登双寨还是一个比较封闭的侗族村寨。可是现在，在相邻的洛香寨，高速公路有一个出站口，高速铁路也通过那里，省里准备建设一个充当贵州东南门户的经济开发区，从登双寨下山后，就会到达正在修建中的高速公路出站口到黎平县肇兴镇的二级公路边上，这里传统侗族文化的快速变迁是一种趋势。对登双寨的习惯法文化进行田野调查并完整记录属于是抢救性的发掘。

二、几种主要的习惯法实体规范内容

（一）对盗窃行为的处罚

在登双寨，近些年没有发生严重的偷盗事件，但是也对个别小偷小摸行为进行了罚款。2009 年，寨内某人游手好闲，经常偷别人的瓜果蔬菜，一次被发现后报村委会，此人被罚款 20 元。寨子的前山和后山的林地是村里的风景林，属于集体所有，树木不能砍，石头也不能敲碎。主要是为了保护生态环境，与作为神树的保寨大树不同。2011 年农历 12 月份，寨内某人不愿到远处的山林砍柴，跑到离村寨最近的前山风景林区偷砍柴火，被村民抓住交到村委会，后村委会对其罚款 30 元。由于两个案例罚款的数额都比较小，无法请全寨的人吃饭，只是买烟给村民聚会时抽，当事人认错了结。如果当时人不交罚款，或者不认错，就会受到更加严厉的处罚。

在传统的侗族村寨，对盗窃行为的处罚是非常严厉的，财产性处罚一般都是罚请全寨吃饭，花费巨大。在登双寨近些年没有出现类似的案例，也就无法证明类似习惯法规范的存在。登双寨虽然也是一个行政村但是没有成文的村规民约，与登双村相邻的洛香村的村规民约第四条第三款规定："凡是偷牛盗马、猪、羊等被抓到者，除退赃外，每人每次罚款'三个七十斤'，即 70 斤肉、70 斤大米、70 斤酒，情节严重交公安部门处理。"第四条第五款规定："进入他人住宅偷钱、物等被抓到者，每人每次罚款'三个壹佰伍拾斤'，即肉 150 斤、大米 150 斤、酒 150 斤，并勒令退赃。"洛香村也有过处罚三个七十的案例。在都柳江流域其他侗族村寨调查时，发现过很多处罚三个一百二斤、四个一百二斤或者三个一百斤、四个一百斤等案例。

在调查的过程中，村干部和寨老解释说，村内不执行罚请全寨吃饭的处罚，是认为处罚得太重，村民承担不起。不是太严重的事件，进行少量罚款，起到教训和警诫的作用就可以了。从调查过的侗族村寨的情况看，一般是对严重的盗窃行为或者外寨到本寨盗窃的，才采取罚请全寨吃饭的处罚方式。

（二）防火规范

在都柳江流域的侗族地区，除了城镇以外，房屋都是木质结构。当地的人们为了节约耕地，房屋非常集中地连成片，一旦出现火灾，殃及的面积往往很大，损失会非常严重。1974 年登双寨发生特大火灾，全寨都被烧光，连鼓楼都烧毁了，至今寨子里一直没有重新建起鼓楼。这场火灾是由于一人在家做木薯粑不慎引起的，因为当时比较缺粮，很多人只能做木薯来充饥，在做木薯过程中烧到地面上的刨花引起火灾。到现在为止，登双寨的住房基本上都是木质结构。关于防火问题，与其他地区相比，仅仅依靠国家法律无法满足社会生活的需要，当地的相关侗族习惯法弥补了国家法的不足。

根据当地的防火规范，发生火灾后，失火的那一户必须被赶出村寨，在离寨子较远的地方住满3年后才能回到寨子里住。凡是发生火灾的，不论火灾范围的大小，都必须出钱买纸钱、香、肉、酒和米请鬼师“洗寨”（侗语“卡宰”）。2012年寨子里有一户人家失火，未造成重大损失，但也要出钱“洗寨”。在别人救火结束时，失火的人家还要当场给每个去救火的人喝一口酒，为他们除去晦气，避免晦气沾身。

黔东南雷公山地区苗族聚居地方的民居和从江地区侗族聚居地方的民居相似。2009年在台江县反排苗寨调查时，村民们讲到，一户村民家失火，一栋房子及其家里的财产全部被烧光。这次失火虽然没有祸及其他人家，但是对其他人家构成了潜在的危害。村民救火后，失火的人家买了100斤酒，每人喝一口后洗手、洗脸。根据反排村村规民约第五条规定，被罚款250元，并罚请鬼师扫寨。这一次洗寨用了价值100元的白公鸡一只，价值800元的母猪一头，价值200元的米酒200斤，30元的请鬼师费。剑河县柳川镇巫堆村也是苗族村寨，《柳川镇巫堆村村规民约》第二十四条就规定：“在叁年内发生两次以上火警的，除加倍罚款外，并责令该户搬迁到离寨子150公尺外的地方居住，不肯自动搬迁的，由村委、支部及治安联防组织派人拆除，造成损失概不负责。”在黔东南地区主要居住木质结构的少数民族村寨中，防火规范具有相似性。

（三）婚姻习惯法规范的传承与变迁

1. “行歌坐夜”与结婚对象的选择

在20世纪80年代以前，登双寨盛行“闹姑娘”，也就是汉语称之为的“行歌坐夜”。主要形式是一群男孩到女孩家里唱歌，唱的内容多种多样，有琵琶歌、山歌以及侗族大歌等，在唱歌过程中，许多男孩和女孩产生爱慕之心。20世纪90年代还有唱歌的，后来越来越少。现在以选择异性为目标的唱歌基本上不存在了。

关于结婚对象的确定，以前有父母包办婚姻，也有在“行歌坐夜”过程中自己选择的。但是在当时自由恋爱想结婚的，一般都要经过父母同意，而且比较少，主要以父母包办为主。1989 年寨子里有一对自由爱恋的想结婚，由于双方父母都不同意，最终两人没有在一起。村民们说，如果两人坚决要在一起的，父母也没有办法，也不会将两人关在家中。现在年轻人除了上学的以外，基本上都是在外面打工，父母无法决定子女的婚姻，依靠“行歌坐夜”选择结婚对象的形式也已经没有存在的必要了。

2. 结婚

传统上当地实行仪式婚，20 世纪 90 年代以前女孩 16 岁左右，男孩 18 岁左右就可以结婚了，并且大多数都没有办理结婚证。20 世纪 80 年代以前男女双方结婚必须是喝结婚酒满 3 年后，女方才到男方家里与其共同生活。在这 3 年中，男女双方还可以自由唱歌（即行歌坐夜）。

这种不落夫家制度是一种传统的制度变迁的结果。在清代，现在的侗族也是广义的苗人，《百苗图》记载：六洞夷人“新郎每夜潜入女家，与妇同宿。生子方过聘，［始］归夫家。”① 根据李汉林所注《百苗图校释》的解释，六洞夷人是指当时居住在现在的黎平、从江两县交界地带的侗族。登双寨正好在这一范围之内。从《百苗图》记载的情况看，在没有生育以前是不算正式结婚的，生育是结婚的条件，也是一种婚姻最终成立的标志。《百苗图汇考》的作者杜薇也认为类似的这些现象是“一直要到怀孕生子，才能正式建立家庭。”② 一直到现在贵州原始文化保留得更好的一些苗族地区统计结婚数量的方法就是看是否生了小孩。登双寨 20 世纪 80 年代以前的不落夫家制度已经不再把是否生育作为结婚的必要条件，只是保留了传统的部分形式。

以前当地也存在姑舅表婚优先的传统。寨子中有过一对姑舅表婚的婚姻，但后来两人觉得不合适就离婚了，从那以后就没有这种婚姻了。这主要是人们认识到姑舅表婚的危害。

3. 离婚

（1）未常住夫家的离婚

按照当地的传统，举行了结婚仪式还没有到男方家常住的情况下，如果女方在唱歌过程中，喜欢上其他男生时，第二个男生就必须赔偿第一个

① 李汉林著：《百苗图校释》，贵州民族出版社 2001 年版，第 198 页。
② 杜薇著：《百苗图汇考》，贵州民族出版社出版 2002 年版，第 219 页。

男生家里的经济损失。20世纪90年代登双寨有一个女子已经先嫁到宰悟寨，但在未满3年没有到男方家常住时，又喜欢上登岜寨一个男的，经过两家的家长会同当地寨老进行协商，由登岜寨的男方赔偿宰悟寨男方家里的经济损失后，该女子嫁到登岜寨。登双寨从未有因为这样的情况而打架的。这种通过协商方法解决的方式与贵州的一些比较封闭的存在不落夫家制度的苗族地区的解决方式相似。[①] 但是与贵州的很多布依族地方不一样，布依族地方由于受到汉族儒家文化的影响更大，类似的情况往往导致报复伤害或者群体性事件。[②]

（2）常住夫家后的离婚

20世纪90年代以前，常住夫家后的离婚也不用起诉到法院或者到婚姻登记机关签署离婚协议，只是双方家族的人和寨老在一起商定赔偿办法或者财产分割办法，口头议定就可以了。现在是没有打过结婚证的，议定的方法与以前相同。打过结婚证的，双方议定以后再到婚姻登记机关签署离婚协议。

三、程序规范

（一）习惯法实施的组织

1. 寨老与罗汉制度

在登双村，除了村民委员会制度之外还存在寨老制度。寨老是选举产生的，担任寨老的一般是60周岁以上的男性村民，如果在能力上和品行上得到大家的认可，其年龄略低于60岁的也行。被选为寨老的都是关心村寨里的公共事务并有一定威望的人。是以自然寨为单位经过村民大会推选出来的，不是自然形成，也不按家族推选，有一定的任期。寨老有一定的权力，如村里的整治、村民之间的纠纷解决、对违反习惯法的村民进行处罚等都要请寨老参加。

① 例如在雷公山地区的苗族聚居地方类似问题的处理方法与这里的侗族相似。

② 中国少数民族社会历史调查资料丛书《布依族社会历史调查》，贵州民族出版社1986年版，第86页。

在国内苗族聚居最集中的雷公山地区，传统上的寨老“既不是官府任命的，也不是世袭或选举的，其人数不定，不脱离劳动生产，也不享有特权。”① 当代一些村寨中存在的寨老的产生方式与社会地位与传统上的相似。这与登双寨寨老的产生方式、享有的权威等明显不同。自然形成的没有确定的任期，登双寨的寨老是选举产生，就有一定的任期，可连选连任。

在贵州省内的很多布依族地区也存在寨老制度，其职能与登双寨的相似，但一般都不是选举产生，而是自然形成，多数都是以家族为单位产生。比如在邻近贵阳市管辖范围的黔南布依族苗族自治州惠水县长田乡的上黄寨，其寨老是以家族为单位自然形成的。

登双寨的村民中16岁到36岁的称为“罗汉”，但没有选罗汉头，罗汉要出钱组织芦笙会，如果谁不出钱就要罚一笆筒米和五竹筒酒，一笆筒米估计有10斤左右，五竹筒酒估计有5斤酒。笆筒也是一种乐器，主要和芦笙搭配一起吹。寨老和村民委员会按照当地习惯法做出的处罚决定，当事人拒不执行的，寨老和村民委员会组织罗汉强制执行。

2. 村民委员会

登双村村民委员会的三个主要负责人是支书、文书和主任，村内两个小组的组长协助村委会工作。从江县每个月补助支书、文书和主任每人800元。村民委员会每一届定一次村规民约，由寨老提议，村干部主持，村民大会通过。通过后，都会将村规民约写成文字形式公示在村寨里头，当群众熟记后就不再张贴，村规民约是村民约束自己行为的一种重要规范。

（二）程序制度

1. 强制执行制度

处罚的程序是，村民委员会的人到有盗窃行为的人家催要罚款。如果当事人拒不执行，村民委员会就会组织人到其家中强行拿一些实物。如果当事人态度恶劣，村里就会宣布这一家人不能参加寨子里的一切活动，任何村民也不许与这一家往来。在当地，很多重要的仪式活动都特别需要他

① 周相卿：《台江县五个苗族自然寨习惯法研究》，贵州人民出版社2009年版，183页。

人的帮助，一个人如果被断绝与他人的联系，其生活就会遇到非常大的麻烦。这实际上形成了另外一种处罚，当地一般称为“开除出寨”，其实称为“孤立”更为合适。

2. 调解制度

当地的民间纠纷主要是由寨老调解。因为村民们认为寨老想得宽，看得远，并有一定的社会阅历，解决纠纷一般都愿意听寨老的劝说，然后双方达成和解。纠纷解决后有的还要写书面协议，双方签字认可。如登双寨村民与肇兴镇岑所寨村民的换田纠纷，当初两人为了生产方便，岑所寨一户村民将在登双寨附近的一块田与登双寨村民在岑所寨附近的田进行了交换，后来由于修建洛香镇到肇兴镇的二级路，该田被征用，获得国家赔偿两万多元，岑所寨的村民想重新换回，登双寨的村民不愿意，两人产生纠纷。后经过两村村委会和寨老的调解，最终达成协议，双方签字确认。有一些村委会解决不了的纠纷就交给政府或司法机关处理。如登双寨与纪堂寨有山林纠纷，双方村干和寨老都没能解决，后上交上级政府处理。

广西三江侗族传统款约习惯法研究

李远龙　郑海山[①]

广西三江侗族自治县位于黔湘桂三省的交界处山区，地形复杂，交通不便，历史上一直是封建王朝统治势力比较薄弱的地方。尽管有些封建王朝为了加强对民族地区的统治，曾经在这里建立过郡县或者州县，但很多侗族村寨直到清朝末年仍处于“有款无官”的状态。本文试图从其侗族款约的历史、内容、功能、表现形式及其执行特点等方面综合论证，就教于大方之家。

一、款约溯源

（一）民歌与历史传说中的款约

侗族民歌中载：“人有股，众拍手；人有份，众高兴”；“祭祖，靠嘴；做工，靠力；进山，找兽；下河，找鱼；得肉，分串；得鱼，分吃；独吃，额肿；众吃，快长”。[②] 我们可以看出在早期侗族社会中讲究的是平均分配生产生活资料，如果不这样平均分配将会受到惩罚，是故，平均分配劳动产品或许是款约产生的重要原因之一。

广西三江侗区关于款约的形成有个这样的传说：“混沌之年，楚王和

---

① 作者简介：李远龙，男，广西民族大学法学院教授，法学博士，硕士生导师，主要研究方向为民族法学、法律文化及法理学；郑海山，男，广西民族大学民族学与社会学学院民族学专业硕士研究生，研究方向为民族法学。

② 石开忠著：《侗族款组织及其变迁研究》，民族出版社 2009 年版，第 112 页。

汉王射死了九层棉阳的一个儿子。九层棉阳的另外几个儿子就向楚王和汉王讨还血债。为了拯救楚王和汉王的子孙，张古王和盘古王折断矛头，使它变成晒纱杆；他们毁掉盔甲，使它能当板凳坐。从此，纠纷终结于山巅，讼事了结于山梁……可是因为罗单公走过田贝时偷了别人的鹅；罗懂公走在路上偷了别人的羊。朝王的女儿偷了祖母的棉纱；朝王的祖母又偷了外祖母的纱锭。朝王的子子孙孙睡不安稳，站不安宁。于是他们一喊一，筹金子；二喊二，积银两。买得一头白水牛，到河滩上去宰杀，将牛的腮巴破为四瓣。一瓣送给周富创造侗歌；一瓣送给六郎创造约法。”[①] 从这段款词中可以看出：制裁偷盗也是当时款约产生的重要原因之一。

（二）早期汉文献记载中的款约

关于侗族的款约最早文字记载见诸南宋洪迈（1123－1202 年）《容斋随笔》一书，“靖州之地（今天侗族集中聚居之湖南通道、靖州、贵州黎平东部、天柱，广西三江等县），其风俗与中州异。男丁受田于酋长，不输租而服其役，有罪则听其所裁，谓之草断。”[②] 这里所说“草断”并不是草草了断，而是一整套和国家法律不相干的地方习惯法来断案的方式，这里的地方习惯法可能指的就是侗族的款约。元代的《宋史》记载则更为明白：“辰、沅、靖三州之地，多接溪峒，其居内地者谓之省民，熟户、山徭、峒丁乃居外为捍蔽。其初，区处详密，立法行事，悉有定制。”[③] 可以看出这个时候的以侗族为主体的民族，其社会习惯法已经比较成熟了。

关于款约产生的具体年代现在还无法考证，但是作为一种社会组织的行为规范，它必然是随着该组织的产生而产生，所以应该先有款组织后再有款约的，而根据一些传说和历史记载，款组织早在唐代以前就已经产生了。

---

① 邓敏文、吴浩著：《没有国王的王国：侗款研究》，中国社会科学出版社 1995 年版，第 65 页。

② 廖君湘著：《侗族传统社会过程与社会控制》，民族出版社 2005 年版，第 57 页。

③ 同上。

二、款约的表现形式

（一）无字石碑

最早的时候没有文字，当时款组织每次商讨制定完款约时，在款坪上树立一块没有文字的石头，在那里歃血为盟。为了维护整个民族的利益，必须联盟起来，杀鸡杀羊，喝血酒。每一个碗放半碗酒，半碗血。谁同意就喝一碗酒，喝完之后就按照款约去办事。①

在款坪上树立一块高大的石头，表示所议定之款约像石头那样坚不可摧，世世代代永远遵守，俗称为“勒石盟款”。无字石碑的主要内容为公平分配生产资料，稳定氏族婚姻关系等。虽然没有文字，但是在人们的心中却都知道它代表的是什么意义，规范着款民们的日常生活。石头常常以其坚硬、不怕火烧、不怕水泡赢得人类的尊重，传统侗族人们在这里把石头当作一种象征意义上的符号，利用石头的特质象征着所制定款约的牢不可破、坚不可摧、人人遵守、世代永存。同时采用无字石碑也受侗族早期社会对石头崇拜的宗教因素的影响，利用神灵来规范人们的行为。广西三江侗族自治县境内的独峒乡平流村、巴马村之间的猛江河边、林溪乡冠洞村附近和八江乡八斗村旁等，都曾立过这样没有文字的石碑。

（二）书写款约

书写款约是在汉文字进入侗区之后才出现的，在先受到汉文化影响的地区出现。那时候人们开始接触汉字，能用汉字记录侗语了，侗族就把制定的款约书写在本子上。虽然都是用汉字记录侗语，但是记录的方法也是各种各样。书写的款约突破了时空的限制，可以相对完整和广泛、长久的流传开来。目前很多侗族村寨都留有书写本，年代都不算太久，可能是因为侗族居住在木房子里，加之成片的紧挨居住，发生火灾容易造成重大损失，烧毁有时难于避免。目前流传下来的主要有广西三江本、湖南城步本、湖南通道本、贵州黎平本等，广西三江本侗族款约习惯法以“六面阳

① “吴德光讲述”，吴德光，三江侗族自治县独峒乡岜团村人，退休乡干部。

规”、“六面阴规”、“六面威规”为核心内容。书写款约是保留下来最完整的规约，具有重要的研究价值。

（三）碑刻规约

“碑刻文本是将传统的款约翻译成汉语以后，再经过文人加工提炼而形成一种较简单的条款，然后抄刻于石碑上。这些条文简洁明了，具备法律的性质与书写格式”。[①] 清代的改土归流，在侗族地区大量设置学校，这是汉文化大量传入侗区的产物。虽然它的语言风格和传统形式发生了变化，但是它还是把款约的有关内容较好的保存下来，现在发现最早的碑刻石碑是清代康熙十一年（1672 年）农历七月初三所立的“高增款碑”。涉及今广西三江侗族自治县的碑刻规约主要有位于贵州黎平县境内“软禁碑”（1757 年）立，内容涉及三省交界地区，包括今天的广西三江侗族自治县。位于广西三江独峒路边的“独洞乡条规碑”（1872 年）立，位于广西三江侗族自治县马胖村“马胖乡永定合约碑”（1913 年）立，弄埠“议功德碑”（1936 年）立等。

三、款约的主要内容

目前流传下来的广西三江侗族的传统款约以“六面阳规”、“六面阴规”、“六面威规”三大部分为其核心内容，现将其归纳如下：

（一）制裁严重违法犯罪行为，一般处于死刑的“六面阴规”

在款约之中，“六面阴规”的处罚是最严厉的，都是规定一些严重的违法犯罪行为，违法者一般都处于死刑。

1. 对于毁坏地气龙脉、偷挖坟墓的惩处

在侗族的宗教信仰之中，毁坏地气龙脉、挖掘公共墓地会威胁到整个村寨乃至几个村寨之间的共同利益，属于最严重的违法犯罪行为。这种情况时候，款约规定对于违法者及其父亲处以活埋或者水淹。

① 石开忠著：《侗族款组织及其变迁研究》，民族出版社 2009 年版，第 117 页。

2. 对于偷盗特殊财物惩处

偷盗特殊财物在这里主要指偷粮、偷钱、偷鱼、偷稻田里的禾苗。当时生产力低下，对于生产和生活资料的窃取将直接影响到人们的生产和生活。在当时“有款无官”的特殊背景下，如果不给予严厉打击，整个社会无法正常运转。款约严厉规定制裁该种盗窃行为的同时，注重违法犯罪证据的收集，讲究人赃俱获。对偷盗者处死刑并抄家，直系亲属（指父母、子女）开除村寨，永远不能回来。

3. 对于杀人、放火、图财害命惩处

对杀人放火图财害命这种直接危及到生命财产的行为应进行严重的惩处，保护人民的生命健康权利和财产权利，维护社会治安。对于这种违法之人，按所犯之罪规定款约为以钱赎命、没钱尝命。通常对于杀人、图财害命这种剥夺生命的行为，直接以活埋处死。

4. 对于破坏婚姻家庭伦理、行骗、作假等行为的惩处

侗族人民很注重婚姻家庭观念，对于乱伦、目无尊长，破坏传统婚姻制度的处理，款约规定全村进驻犯者家中吃喝，对违法者本人处以水淹。“六面阴规”最后教育全寨人要团结一致，和睦相处，对于作假、行骗、敲诈勒索者要给予严厉的打击，营造一个良好的社会环境。

（二）惩处较轻违法行为，罚款为主的“六面阳规”

“六面阳规”主要规定为一般违法行为，相对于六面阴规处罚较轻，对于违法者一般处于罚款，有时会责令其敲锣喊寨，赔礼道歉。

1. 对于破坏男女青年交往及恋爱规则的惩处

侗族男女青年村寨之内或者村寨与村寨之间的“行歌坐夜”也就是我们说地聚在一起谈情说爱，“六面阳规”规定男女之间不能有作风不正、行为越轨，否则将处于罚款。此外对于山盟海誓、发生性关系之后，男方反悔不娶，造成女方不能落舅家（女还舅家的习俗），这时款约规定组织让两个人公开对质，如果男方确实不反悔、不听劝阻，将对其处以吃“猪狗屎”的处罚。

2. 对于破坏家庭婚姻关系的惩处

款约对于抢夺他人妻子、暗地私通、私奔还有离婚的处罚，一般为罚款同时伴有进驻吃喝的现象。至于罚款还有贫富之别，富者多罚，贫者少罚。同时规定还有违法者送串串肉进行赔礼道歉，要求各自村寨、家族管好自己的人。

3. 对于小偷小摸，尚不严重行为的惩处

比如偷盗芋头、红薯、菜、豆、偷鸡、偷鸭、进山偷柴、偷笋等行为。对于此种小偷小摸，情节不算严重或者属于初犯，规定各个村寨可以自己处罚，如果不服从处罚，可以集中到款组织去，由款组织给予严加惩处。对这种行为的处罚主要为罚款，另外有的还伴有敲锣喊寨，赔礼道歉。

4. 对于乱移山界、毁坏山林、侵占水源的惩处

各有各的山界，各有各的林地。对于故意乱移山界、侵犯他人田地，毁坏山林的行为。款约规定对于违法者处于罚款，另外其父亲要出来修补损失，母亲要出来赔礼道歉。款约对于塘水和田水的利用要合理，要符合水的自然流动规律，不能故意围堵，侵占水源，同时禁止纷争械斗。违法者由其父母出来赔礼道歉。

（三）以道德教化为主，教惩结合的“六面威规”

“六面威规”主要为一般的礼仪和道德要求，如提倡相互尊重、热情好客、和睦共处、避免纷争、秉公断案、依约行事、齐心合力、治理村寨等，对犯者，则以劝教为主。①

1. 要求人们要相互尊重、热情好客

讲明款约威力无时不在，教育人们平时不要乱说乱道、行为不轨、乱摸乱动。要相互尊重，互相礼让。侗族青年男女要经常往来，对于来客要热情欢迎、盛情接待，结成朋友、结成亲戚，世代相好。

2. 要求兄弟要和睦、村寨要团结

家中兄弟要和睦相处，紧密团结，心胸宽广，不要发生矛盾和纠纷。只有家庭团结，村寨才能和睦。对于行为不轨者，常指偷盗之人，我们不要去包庇他，要团结一致，主动揭发违法行为，并一起把他捉出来惩处。村寨内部团结，不要随便打人捉人，同时也要求对外族之人不能随意打捉。对随意捉人打人的违法者处于很重的罚款，交不出罚款就处死，亲属

① 邓敏文、吴浩著：《没有国王的王国：侗款研究》，中国社会科学出版社1995年版，第69页。

(指父母、子女）开除村寨。

3. 对于偷盗、破坏公共财物行为的惩处

“六面威规”规定对于偷盗之人，我们应该团结一致，不要包庇，给予处罚。也意在教育人们款约威力无处不在，不要去做偷鸡摸狗的事情，否则将会受到款约的制裁，同时对于目无法纪，毁山、毁溪、毁林之人处罚严厉，即使是官府也无权干涉侗族款约规定的事情，足可见处罚态度之坚决。

四、款约的功能

（一）保护私人生产生活资料，制裁偷盗行为

据统计，在发现的款约之中，关于制裁偷盗的条款占到了整个款约三分之一左右。在“六面阴规”二层二部就有这样一段记载“如若哪家孩子，胆大如葫芦，气大如雷吼。恶如虎，狡如龙。能拱天上粮仓，能挖地下金银。掘田埂，掀鱼窝，挖墙拱壁……咱们用棕绳套他的脖子，咱们用草索捆他的手脚，拉他进十三款坪，推他进十九土平。抄家抄仓，翻屋倒晾。让他家门板破，让他家门槛断。抄家抄产，抄钱抄财。赶他的父亲到三天路程以远，撵他儿子到四天路程以外。父亲不准回村，母亲不准回寨。”① 五层五部也规定池塘偷鱼、田里偷禾给予严厉制裁。这些款约讲述的是偷盗行为，引起全村人的公愤，而且要当场被抓到，人赃俱在。这时候就会捆绑他到款坪去交给有威望的头人处理，全村人对他进行抄家，捣毁房屋，驱逐出寨，全家人开除村籍。类似制裁偷盗的款约还有很多，比如“六面阳规”六部六层中就有对小偷小摸的行为处罚款四两四，还要他敲锣喊寨。此外“六面威规”四层四部也有类似的规定。由此可知，制裁偷盗是款约的重要功能之一。

（二）保护山林、水源、田地等，维护公共财物

“六面威规”六层六部载：“如若哪家孩子，耳不听劝，不依古理，不

① 邓敏文、吴浩著：《没有国王的王国：侗款研究》，中国社会科学出版社 1995 年版，第 71 页。

怕铜锣。他毁山毁溪，毁了十二个山头的桐油树，毁了十二个山头的杉木林……我们就跟他当面说理，我们就给他当面定罪”。[①] 此外“六面阳规”里面也有关于毁坏山林、侵占公共水源的处罚。还有很多相关款约，这里不再一一列举。笔者在三江独侗乡调查款约习惯法时，谈到款约对于村寨公共财产的保护这个问题，村中一老人这样说：“款约首先规定的就是整个村寨的利益，对于保护村寨公共财产也是十分重视的，村里面的一些山林，还有山地、田地都是属于村里的公共财产。对于破坏公共财产的行为，一般情况下是处于罚款，由款首召集款民在款坪集中开会去决定。但是如果涉及破坏公共墓地，挖掘公共坟墓的行为，也有处死的”。正是由于侗族款约对于公共财产的保护，才使得今天的侗族村寨依然是树木林立，郁郁葱葱，溪水清澈见底，一副世外桃源的景象。

（三）惩处抢劫、杀人、放火等，稳定社会治安

“六面阴规”三层三部：“如若哪家孩子，胆大如虎。气大如雷，狼心狗肺。拦路抢劫，夺人金银。林中捆人，路上杀人。他捆人不露脸面，他杀人不留姓名。他放火烧人于草丛，他行凶害人于刺蓬。他放火烧屋，放火烧山，图财害命，天地不容。拉他进十三款坪，推他上十九土坪。有钱拿钱来抵罪，无钱拿命来偿还。要他的灵魂到阴间，要他的身躯砖土堆”。[②] 讲的是对于杀人、抢劫、放火行为的处置，以死刑为主，另外还有拿钱来赎罪的，这些都要到款坪去，召集村寨人共同研究决定。相关款约还记载：“不许谁人，杀人放火，行凶逞强，搞乱村里。哪人触犯，当众抓到，敲锣传村，千家事，众人理。村里放在水就水，放在火就火，是水制得住火，是村罚得了人”。[③] 对于严重扰乱社会治安的行为处罚是相当严厉的，捆住手脚投入水中淹死，扔到火里烧死。笔者在三江独峒乡调查时听当地老人讲：“新中国成立前独峒抢劫比较多，抢劫者一般都是在山路里比较隐蔽的地方，头巾蒙面。抢劫得钱不杀人，一般在离村寨比较远的

---

① 邓敏文、吴浩著：《没有国王的王国：侗款研究》，中国社会科学出版社 1995 年版，第 79 页。

② 邓敏文、吴浩著：《没有国王的王国：侗款研究》，中国社会科学出版社 1995 年版，第 71 页。

③ 石开忠著：《侗族款组织及其变迁研究》，民族出版社 2009 年版，第 130 页。

地方，不容易捉到，捉到的话就要按款约处死”。[①] 另外款约还规定有对于拐卖人口、强奸妇女、内外勾结滋扰乡里的处罚，处罚都比较重，有肉刑和罚金。

（四）规制乱伦、离婚等，构建和谐家庭

“六面阴规”四层四部记载：“他当公公却贪恋儿媳，他当兄弟却贪恋姐妹。他把母亲喊成姑妈，他把姑妈喊成母亲……他要树木变成竹子，他要萝卜变成青菜，他搞乱了村规，他破坏了寨里，全寨依寨理来喝他。牵他到村头旋水塘，赶他到寨脚绿水潭。叫他跟乌龟共村，叫他同团鱼共寨”[②]。从上面款约可以看出侗族对于那种乱伦，破坏家庭伦理道德，破坏传统婚姻制度的行为处罚是极为严厉的，全寨人到他家里大吃大喝，然后还要拿他沉塘水淹。在广西三江，新中国成立，高定村某款首去世，而其弟弟跟该款首的老婆有染，被村寨人发现，该弟弟又不娶她为妻，最后村寨集体开会商议，结果由该款首弟弟的房族之人将其处死。“六面阳规”里面也有关于男女之间的恋爱和结婚的明确规定，对于不守规矩者给予严厉的处罚。此外相关款约还有这样的记载：“女子出嫁，节草山头相许，唱歌山中定情。男丢女罚银七钱二，女丢男也罚银七钱二。女子出嫁，凡出黑糯饭、白兹粑，过大礼这时女丢夫罚六两六，男丢妻也罚六两六。若生已经生男育女，夫妻不和，窝火打架，相争相吵，因此婚姻拆散，要罚十二两银子。不准谁喝过田口之水，割过田埂之草，如若乱搞，罚他五十二两。若是教不服，劝不转，就拿他到石法场处罚。”[③] 综上所述，侗族的款约法在维护侗族的家庭婚姻的稳定发挥了巨大的作用，同时对于破坏婚姻，破坏家庭和谐的行为给予严厉制裁。家庭和睦，社会才会稳定，才能集中力量搞生产，促发展。

① “吴德光讲述”，吴德光，三江侗族自治县独峒乡岜团村人，退休乡干部。

② 邓敏文、吴浩著：《没有国王的王国：侗款研究》，中国社会科学出版社1995年版，第71页。

③ 石开忠著：《侗族款组织及其变迁研究》，民族出版社2009年版，第133页。

五、款约的执行

（一）适用上人人平等

款约由民主方式制定，不仅仅代表某个人的意志和利益，而是代表全村寨或者整个地区的意志。款组织所制定的款约就对该款组织所包含的村寨有约束力，不论对于款首或者对于一般的款民来说都是平等的，款首没有任何的特权，一旦违反了款约所规定的各种行为，也是要受到制裁的。有这样一个例子："1923 年，高定村青年吴信酉，其父是该村的款首，偷别人的鸡被发现，寨老按照当地的款约对其进行严厉的处理，由其叔伯给予活埋了。"[①] 另外一个例子："1933 年高定村侗族歌手吴宏庙一时糊涂偷了别人的东西，被送到鼓楼进行处理。大家认为他平时为人不错，也是初犯就想罚他银子了事，而且有人愿意代他交罚银，但是吴宏庙拒绝了这样的处罚，认为自己有愧乡亲，已无颜立足了，要求寨老们按照款约给予严厉的处罚，最后被亲属带到山上活埋处置了。"[②] 以上两个例子说明款约已经深入人心，为侗族人民所接受，神圣不可侵犯。无论是谁，只要违法，就要受到严厉的惩处，在适用上体现出人人平等。

（二）处罚手段多样

款约的处罚手段多种多样，归纳起来主要有三种。一种是生命刑，主要是对于严重危害社会的行为或者对于那种惯偷惯犯屡教不改者。包括活埋、水淹、火烧等等，同时对于其有牵连关系的亲属适用开除寨籍。第二中是财产刑，主要针对不是很严重的违法行为，一般以小偷小摸居多，或者破坏家庭婚姻稳定的行为，有时也和生命刑附带在一起。包括抄家、进驻吃喝、罚款。第三种情况为赔礼道歉，主要对于有悔改之意的人要求做出的行为，以此表示向对方或者村寨之人请求原谅。主要包括敲锣喊寨、

---

① 邓敏文、吴浩著：《没有国王的王国：侗款研究》，中国社会科学出版社 1995 年版，第 15 页。

② 同上，第 14 页。

送串串肉、洗面等。

（三）亲属惩刑制

对于犯罪的惩处，大体上采用的是亲属惩刑制，也就是所谓的“家治”或者“族制”。一个人犯罪了，首先由该人所在的房族负责处理。如果该房族不进行处理，就由更大的家族来处理，最后才有村寨出面处理。如果亲属、房族、家族之人不对本族成员进行处理，整个村寨的人就会对该族成员有意见，轻者不理不睬，重者进驻吃喝就行处罚。为了维护房租家族的声誉，大多数情况下都会秉公处理，自觉的清除本族的害群之马。笔者在三江独峒乡调查的时候有个老人曾这样讲：“对于执行死刑，款首就会命令由犯罪人自己的家族的人来执行死刑，到时候还有别的家族的人在一边监督的。要家族自己动手主要是每个家族都有义务管好自己家族的成员，自己家族的成员做不好的，整个家族都有责任的，所以也要求自己动手处理活埋。还有由本家族自己动手可以避免家族间的积怨，对村寨这个熟人社会的稳定也是有好处的。如果本家族的人私自把罪犯给偷偷放走了，整个村寨都会组织起来对该家族的人给予惩罚，以罚款为主”。[①]

六、款约研究对国家法制建设的启示

侗族款约时至今日还在影响着侗族人民的生活，规范着他们的行为。而当前国家正大力推行法治建设，国家法的大量“侵入”，两种机制的并存且同时发挥作用，必然带来两者的冲突与碰撞。国家法律永远也无法穷尽一切现实的或者可能发生的社会现象。[②] 在处理国家法与民族地区习惯法的冲突过程中，我们要以当地的实际情况出发，努力做到法律效益和社会效益的协调和统一。

（一）法律多元

法律多元是指在一个社会中存在很多不同的法，不仅仅是国家制定的

---

① “吴德光讲述”，吴德光，三江侗族自治县独峒乡邕团村人，退休乡干部。

② 周相卿著：《法人类学理论问题研究》，民族出版社2009年版，第125页。

法律，在民间尤其是少数民族地区存在的习惯法也应该受到国家法的重视，而不是把国家法视为法的唯一渊源。法国思想家孟德斯鸠在《论法的精神》中指出：“法应该与国家的自然状态有关系；和寒、热、温的气候有关系；和土地的质量、形势和面积有关系；和农、猎、牧各种人民的生活方式有关系。法律应该和政治所能容忍的自由程度有关系；和居民的宗教、性癖、财富、人口、贸易、风俗、习惯相适应。最后，法律和法律之间也有关系，法律和他们的渊源，和立法者的目的，以及和作为法律建立的基础的事物的秩序也有关系。”[①] 我们应该从这些观点去考察法律，而不是一味地强调国家法至上，忽视甚至排斥民间习惯法的存在。在我国西南很多少数民族聚居区，平时和外界的交往很少，国家的一些法律很难在这里施行，他们采用当地传统习惯法来解决遇到的问题，而很少诉诸国家法律。由于我国各地的经济政治发展很不平衡，民族众多，各地方各有自己的特点，国家法不可能考虑的面面俱到。地方习惯法则根植于地方，适应当地特殊情况的需要。正如梁治平所讲的：“传统习惯法本身所具有的灵活性有助于它适应不尽相同的社会环境”[②]。

（二）一般民间纠纷，注重地方习惯法的解纷作用

“2005 年某侗族村寨的一起离婚纠纷案件，男女双方都没有达到法定的结婚年龄，而是根据当地的习惯法结婚的，没有结婚证。几年后提出离婚，男方不同意离婚，故产生纠纷，由当地的老人协会受理。最后在老人协会调解下，男女双方离婚，女方退还彩礼”。[③] 按照我国现在的法律规定，离婚是不能由老人协会来调解的，男女双方其实也不存在婚姻关系，因为没到法定结婚年龄，也没有领取结婚证，但是依据当地的习惯法，他们的婚姻关系已经在当地得到确认了，如果此事上诉到法院，最后法院也不能判处他们离婚，事情会得不到有效的解决，容易产生其他社会矛盾。而当老人协会利用当地的习惯法来解决此事刚好恰到好处，即解决了问题，又节省了当事人的时间和金钱，取得了很好的社会效益。从本案我们可以看出，在少数民族地区，对于一般民间纠纷更应该注重根植于地方的

① 孟德斯鸠著：《论法的精神（上）》，张雁泽译，商务印书馆 1961 年版，第 7 页。

② 梁治平著：《清代习惯法：社会与国家》，中国政法大学出版社 1996 年版，第 183 页。

③ “杨乔伟讲述”，杨乔伟，三江侗族自治县独峒乡岜团村人，农民。

习惯法的解纷作用，而不是一味地推行国家法。只有符合当地的特点，为当地老百姓的心里所接受，才能更好地解决问题。

（三）严重犯罪行为，坚决适用国家法律进行制裁

在侗族地区，20 世纪一些广西三江经常会发生打死小偷的行为。当地群众普遍认为，如果不打死小偷，今后他还会继续偷别人的东西。这种观念根源是受侗族传统款约法的影响的。如在“六面阴规”二层二部就有这样一段记载“如若哪家孩子，胆大如葫芦，气大如雷吼。恶如虎，狡如龙。能拱天上粮仓，能挖地下金银。掘田埂，掀鱼窝，挖墙拱壁……让他家门板破，让他家门槛断。抄家抄产，抄钱抄财”。在侗族传统社会确实也处死过一些有偷盗行为的人，我们站在国家法律的角度来看这种行为，其实是以一种更为严重的犯罪行为去处置违法者的行为，这种行为与国家正在倡导的法治建设是相违背的。这时国家法律就要积极的介入，对于那些严重的犯罪行为，由国家的法律来进行坚决的制裁，以维护国家法制的统一和尊严。类似的情况还有藏族地区的“赔命价”，国家可以允许少数民族运用本民族的传统习惯法来解决一般社会纠纷，作为国家法在当地的一种补充，这样有利于当地社会的稳定。但是绝不能允许放纵严重违法犯罪行为的发生，要树立国家法的权威。

本文综合了款约的历史文献，辅之以民族学田野调查材料，采用法人类学法律多元的理论进行对广西三江侗族款约习惯法进行了解剖麻雀式的研究，分别从款约溯源、款约的表现形式、款约的主要内容、款约的功能及款约的执行等进行了详细论证。认为：其表现形式为无字石碑、书写款约及碑刻规约；主要内容表现为“六面阴规”、“六面阳规”及“六面威规”；其功能主要是制裁偷盗行为、维护公共财物、稳定社会治安、构建和谐家庭；其执行特点是适用上人人平等、处罚手段多样及亲属惩刑制。

苗族习惯法研究探源

文新宇[①]

从1981年苗族学者李廷贵等提出苗族习惯法概念、开展苗族习惯法研究至今，苗族习惯法的研究已走过了30年的历程。30年来，苗族习惯法研究从发端到兴起，到出现高峰期，专家、学者们都进行了积极的探索，形成了丰硕的研究成果。从论文、专著、课题研究报告各方面看，关于苗族习惯法研究的成果较多，影响比较突出，引起了学术界的极大关注。限于篇幅，本文主要对30年前关于苗族习惯法的研究进行探源与回顾，认为当前的苗族习惯法研究不能忽视苗族习惯法研究发端、源头的探讨，苗族习惯法研究对丰富学术研究成果、促进各学科建设、发展、繁荣学术研究事业具有重要意义和积极作用。

20世纪80年代，我国刚刚迎来了改革开放的春天，各项建设出现了新气象。同样在学术界，改革开放的春天也给这个较受禁锢的领域带来了清新的学术气氛。在苗学研究方面，苗族的学者最先提出了“苗族习惯法”的研究命题。而持不同观点的学者却对“苗族习惯法”的研究命题提出质疑。由此在贵州学术界出现了关于“苗族习惯法”的学术争鸣。为论证苗族社会的法律秩序和习惯法的存在与否，学者们还对苗族社会组织、制度、古歌、习俗、契约文书、案例等进行了探讨。因此，苗族习惯法研究由此发端。

① 作者简介：文新宇，男，苗族，贵州省社会科学院法律研究所副研究员，中国人类学民族学研究会法律人类学专业委员会常务副秘书长，贵州省苗学会常务副秘书长，贵州省法学会宪法法理学研究会副秘书长，主要研究方向为民族法学、法人类学、民族文化。

一、"苗族习惯法"之争

我国学术界，最早提出"苗族习惯法"概念并对苗族习惯法进行研究的是李廷贵教授。李廷贵教授是苗族学者，他和其他苗族学者一样，有感于苗学研究、苗族发展的重任和必要。在20世纪80年代初甚至早些时候，对苗族社会组织、社会制度、社会状况进行了研究，以《贵州民族研究》、《贵州社会科学》为学术平台，发表了相关的论文。1980年、1981年，李廷贵教授先后发表了《苗族"鼓社"调查报告》（载《贵州民族研究》1980年第3期）、《略论苗族古代社会结构的三根支柱——鼓社、议榔、理老》（载《贵州民族研究》1981年第4期。）两篇论文，对苗族社会结构进行阐述，为苗族习惯法的研究奠定了基础。

1981年下半年，李廷贵教授发表论文《苗族"习惯法"概论》（（载《贵州社会科学》1981年第5期），第一个提出了"苗族习惯法"的概念。他认为：历史上的"千里苗疆"，并不像反动统治者和某些文人所说的那样，是"无伦纪"和"不相统率"的无秩序的社会。① 本文从苗族的鼓社组织"理歌理词"和现实生活的一些真迹中探讨苗族的法理秩序，试图向研究苗族历史文化的专家们提供一点参考资料，希冀这些资料对苗族自治地方的政权机关在制定"单行法规"时有所裨益。据清代文献记载：乾隆元年（公元1736年）8月15日，皇帝对苗疆经略总督张广泗奏"苗疆善后事宜"一折的批示中，曾明确地说："苗民风俗，与内地百姓迥别，嗣后一切自相争诉之事，俱照'苗例'完结，不必绳以官法。"② 这"苗例"是什么呢？就是规章制度，也就是不成文的"习惯法"。封建统治者在苗族地区办事，不用"官法"而用"苗例"，说明"俱照苗例"比"绳以官法"有效，所以在"白党、包利、红银起义"之后，作为对"苗疆"的"善后事宜"，才郑重地定下这条"圣旨"。可惜的是，张广泗没有（也不可能）一一记述这些"苗例"，给我们现在的研究带来了困难。不过，解放三十年来，我们从苗族的理歌、理词、鼓社祭祀词和各种习俗禁忌中，

① 清·康熙《古今图书集成·边裔典》。

② 清·乾隆《清实录》。

还是“抢救”了不少资料，这些资料已经足以勾画出“苗族习惯法”的面貌了。

虽然李廷贵教授只从民族学、历史学的角度来论述苗族习惯法，缺乏法学方面对“苗族习惯法”的概念界定、论述，但在当时的学术环境下第一个提出“苗族习惯法”，确是难能可贵的了。李教授这篇论文发表后影响巨大。但在那样的时代，引起学术争议也是很正常的。其中，持不同观点的比较有代表性的是韦启光研究员，他认为：李廷贵、酒素同志的《苗族“习惯法”概论》（载《贵州社会科学》1981 年第 5 期，以下称《概论》)、《略论苗族古代社会结构的“三根支柱”》（载《贵州民族研究》1981 年第 4 期，以下称《略论》）等文，对苗族古代社会的议榔规约、伦理道德、禁忌、习俗等进行了有意义的探讨，提出不少有价值的见解，读后受益不浅。但是，对于作者把议榔规约等当作苗族的习惯法、法律和“系统的‘法典’”的观点，我们认为是值得商榷的。《概论》作者关于议榔规约是苗族的习惯法，法律和法典的观点是同他们对于议榔产生时代问题的看法联系着的。因此，在讨论榔约是苗族的法律问题之前，有必要首先就议榔产生的时代问题取得比较符合实际的认识。《略论》说：“议榔这种立法形式，看来源于原始公社末期开始有了私有财产的时候。”我们认为，这种看法不是没有疑问的。①

韦启光研究员质疑的“把议榔规约等当作苗族的习惯法、法律和系统的‘法典’”以及“议榔产生的时代”——原始社会有习惯法，在 20 世纪 80 年代，受当时学术视野的局限是可以理解的。针对韦启光的质疑，李廷贵及另外一位作者酒素撰写《答〈关于苗族的“习惯法”问题〉》（载《贵州社会科学》1984 年第 1 期）一文回应，认为韦启光文中观点“苗族鼓社、议榔的创立时代，以为是母权制时代”“苗族氏族社会的榔约没有法律意义，不能视为习惯法”“苗族古代社会的伦理道德、宗教禁忌、氏族鼓社成员的权利义务以及氏族婚姻习俗等惯例规则，不能当作法律规范来加以论述”是“不够恰当的”并就这三个问题进行讨论、回应。

1984 年，韦启光以《再论苗族鼓社、议榔的起源和性质——答李廷贵、酒素同志》（载《贵州社会科学》1984 年第 3 期）一文，再次对苗族

① 韦启光著：《关于苗族的“习惯法”问题——与李廷贵、酒素同志商榷》，载《贵州社会科学》1983 年第 2 期。

鼓社、议榔的起源和性质进行论述，对李廷贵的《答〈关于苗族的“习惯法”问题〉》进行回应。关于鼓社的起源，韦启光重复《关于苗族的“习惯法”问题——与李廷贵、酒素同志商榷》文中的说法，认为“父系个体家庭和私有制是氏族制度的对立物，因而主张氏族组织——鼓社是苗族进入父系个体家庭（产生私有制）以后时代的产物，这同氏族制度的历史过程是相矛盾的”，同时认为《答〈关于苗族的“习惯法”问题〉》一文的观点“氏族鼓社组织源于父系个体家庭和产生了私有制以后的时代，这同氏族制度的历史过程是不矛盾的”，“是对于恩格斯原话的误解所致”。

对法律尤其是法律的起源的认识，是一个很漫长的过程，古往今来的很多研究者都进行了探索。从19世纪60年代至今的《母权制》、《古代法》、《古代社会》、《家庭、私有制和国家的起源》、《论法的精神》、《原始社会的犯罪与习俗》、《原始人的法》等等论著进行了很好的论述。其中，《古代法》认为法律的研究不能从法典开始，应该探究社会和法律的原始历史；《原始人的法》明确提出了原始社会有法律的观点，并看到了初民法律与现代法律之间的差异。西方学者马克斯·韦伯倡导的类型学理论和研究进路；英国学者吉尔兹的“地方性知识”的“深描”阐释进路；日本学者穗积陈重的法律进化论；千叶正士的法律多元理论；埃里希对“活法”的理论阐述等社会法学的研究成果，则从社会学层面关注民族法律制度的发展与变迁。我国梁治平研究员的“法律文化论”、朱苏力教授的“本土资源”理论、谢晖教授、陈金钊教授倡导的“民间法”研究等主张采用整体的、跨文化比较研究和田野调查的方法，来研究人群的法文化问题，重视“非国家的法律观”和“法律多元”问题，注重对法律的功能分析等。

在对法律定义不断清晰的学术环境、背景下，我国的学者提出了习惯法的概念。比如，高其才教授认为：习惯法是独立于国家制定法之外，依据某种社会权威和社会组织，具有一定的强制性的行为规范的总和。① 此定义与长期以来中国法理学界对习惯法的主流界定是不同的。主流界定认为“习惯法反映国家认可和由国家强制力保证实施的习惯……在国家产生

① 高其才著：《中国习惯法论》（修订版），中国法制出版社2008年版，第3页。

以前的原始习惯并不具有法的性质。"① 两者最大的区别在于习惯法到底是独立于国家制定法还是由国家认可的习惯。如果从法律的研究角度出发，这样的辩论是无法展开的。习惯法植根于特定的文化背景之中，因此回到具体的社会文化场域中，这样的问题才有得到解答的可能。

20 世纪 80 年代出版的《中国大百科全书》、《现代汉语词典》、《法学词典》关于法律、习惯法的定义反映了当时对法律的局限性的学术理解。很明显，具有权威性的词典、辞书对法律、习惯法的定义反映了当时学术界代表性的见解。受这种理解的影响，关于苗族习惯法是否为习惯法的学术争论也就在所难免了。

二、苗族社会组织、制度、古歌、习俗、契约文书、案例研究的有力佐证

自李廷贵、酒素的文章《苗族"习惯法"概论》、《略论苗族古代社会的"三根支柱"——鼓社、议榔、理老》发表以后，贵州省几个刊物陆续发表了相关的几篇论文。这些文章除了所叙鼓社、议榔的组织活动概况基本相同外，其起源和是否是"习惯法"问题仍存在很大分歧。一些文章认为，鼓社、议榔起源于母系氏族社会时期，另一些文章则认为，起源于原始公社末期开始有了私有财产的时候。至于榔规榔约，有的认为，它就是苗族的"习惯法"；有的人则认为，它不能叫作"习惯法"，更不能当作法律规范加以论证。苗族鼓社、议榔究竟起源于何时比较符合史实？榔规榔约是否可以归属"习惯法"、能否当作法律规范来加以论述？

随着"苗族习惯法"学术争鸣的影响，更多的学者尤其是苗族的学者积极地进行了苗族社会组织、社会制度、苗族古史歌、民间故事传说、民间习俗、契约文书、案例等的调研，产生了不少的成果，有力地证实了苗族习惯法的存在。

吴通才在《关于苗族鼓社、议榔的起源与榔规的性质的几个问题》（载《贵州社会科学》1984 年第 6 期）一文中认为："我们只要熟悉并认

① 《中国大百科全书》总编委员会编：《中国大百科全书·法学》，中国大百科全书出版社 1984 年版，第 87 页。

真细致地研究苗族古史歌、故事传说及现存习俗，讨论的结果就不会离题太远的。现在，笔者根据苗族古史歌、民间故事传说以及民间习俗等，就有关的几个问题提出自己的看法，愿与上述作者共同商讨，以期求得一致的意见。”

杨昌文、雨田在《苗族古代社会的氏族制和“议榔”制》（载《贵州民族研究》1983 年第 2 期）一文中认为：我们今天来研究苗族社会组织或复原古代社会，较为普遍的依据是：苗族史诗、传说、现存的民族资料，苗族的语言、服饰、互相称呼和带有氏族、部落特征的各种残迹，包括婚姻、丧葬、祭祀、宗教、节日等习俗。

值得注意的是，在苗族社会组织、制度、古歌、习俗、契约文书等研究中，黔东南苗族侗族自治州的苗族人口较为集中、苗族文化传统浓厚、特色鲜明，引起专家学者的关注，研究成果较为突出。比如，喜农的《黔东南苗族“议榔”考》（载《贵州民族研究》1983 年第 2 期）对黔东南苗族的“议榔”进行了历史追溯和现状调研，杨有赓首次对保存于清代清水江文斗苗寨的四百多张清代山林的买卖契约和租佃契约进行研究；在《清代清水江下游苗族林契研究》（载《苗学研究会成立大会暨第一届学术讨论会论文集》1989 年）一文中集中地反映了乾隆、嘉庆、道光年间山林的占有、买卖、租佃以及林业生产的历史面貌，反映了清代清水江苗族乡村习惯法秩序状况，引起了学术界的关注。

随着苗族社会组织、制度、古歌、习俗、契约文书等研究兴起，逐渐形成了苗族习惯法存在的有力佐证，许多学者又撰写、发表了关于苗族习惯法的文章。比如周光大的《苗族社会组织和习惯法述论》（载《思想战线》1988 年第 6 期）。值得注意的是，贵州省人民检察院研究室 1988 年 9 月编的《少数民族特殊案例分析》，其中对黔东南苗族侗族自治州苗族乡村以习惯法方式处理纠纷与国家法发生冲突而形成的案件进行分析，以鲜活的案例分析让人们感受真实的苗族习惯法的存在，这些案例还成为许多学者研究中引用的案例。

可以看出，20 世纪 80 年代，苗族习惯法研究成果较少，主要有李廷贵论文《苗族“鼓社”调查报告》、《略论苗族古代社会结构的三根支柱——鼓社、议榔、理老》、《苗族“习惯法”概论》、《答〈关于苗族的“习惯法”问题〉》、韦启光论文《关于苗族的“习惯法”问题——与李廷贵、酒素同志商榷》、《再论苗族鼓社、议榔的起源和性质——答李廷贵、酒素同志》、吴通才论文《关于苗族鼓社、议榔的起源与榔规的性质的几个问题》、杨昌文、雨田论文《苗族古代社会的氏族制和“议榔”制》、喜农论文《黔东南苗族“议榔”考》、杨有赓论文《清代清水江下游苗族林契研究》、周光大论文《苗族社会组织和习惯法述论》，等等。

在“苗族习惯法”的争辩中，李廷贵教授的观点基本反映了苗族社会的实际状况，其论文意旨在于披露苗族古代社会的结构，揭示苗族社会组织及其习惯法的存在，以期更好地促进苗学研究、苗族发展。他的《苗族“鼓社”调查报告》、《苗族“习惯法”概论》、《略论苗族古代社会结构的“三根支柱”——鼓社、议榔、理老》是苗族社会、历史、文化研究的开拓性、突破性论文，之后也得到了学术界的充分肯定。

苗族习惯法研究发端于“苗族习惯法”之争，给我们这样的启示：

一是勇于提出新观点。李廷贵教授提出“苗族习惯法”的研究命题，具有较强的学术使命感，勇于提出新观点。

二是学术争鸣是学术研究的推动力。以李廷贵教授、韦启光研究员为代表的关于“苗族习惯法”的学术争鸣，有力地推动了苗族习惯法的研究。

三是学术研究贵在坚持。在关于“苗族习惯法”的学术争鸣中，李廷贵教授坚持自己的观点，并持续展开了积极的论述探讨。30 年来苗族习惯法研究持续至今并取得丰硕成果主要得益于研究队伍的坚持与持续。

但是，由于受学术分科及学术视野的限制，学者之间就苗族习惯法的研究，没能在民族法学、法律人类学、法社会学等学术领域来展开争鸣探讨，而最终局限于关于马克思、恩格斯经典的引用和思辨方面。

纠纷解决机制研究

西北民族地区多元化纠纷解决机制探析

——基于张家川回族自治县的调查

虎有泽①

日本法人类学者千叶正士在其经典著作《法律多元——从日本法律文化迈向一般理论》中提出了著名的"多元法律的三重二分法"，即官方法与非官方法、法律规则与法律原理、固有法与移植法。其观点冲击了正统的法的分类理论，并被我国法人类学者和法社会学者所推崇。当代中国最主要的法律多元问题是官方法（国家法）与非官方法（民间法）之间的冲突问题，而所谓的非官方法中，少数民族习惯法是中国习惯法体系的主要组成部分，是中国习惯法体系中内容最丰富、影响最大的一种习惯法，它对当今的少数民族地区仍有重大影响。②

西北地区自古就是个多民族地区，是历史上回鹘、吐蕃等少数民族生活的地区，现在还生活着藏族、回族、维吾尔族、蒙古族等45个少数民族。西北地区无论从历史还是从现实来看，一直是一个多民族多文化共存的社会。多元文化并存的社会，社会的规范、秩序也是多元的。西北很多少数民族都有自己传统的纠纷解决机制。本文选择张家川回族自治县为调查对象，希冀从个案调查中分析如何运用多元纠纷解决机制解决各类纠纷

---

① 作者简介：虎有泽，西北民族大学法学院院长。

本文系西北民族大学中央高校基本科研业务费专项资金项目《西北民族地区法制建设研究》（ZYZ2011034）、国家民委民族问题2012年一般项目《西部民族地区民族法律法规执行中存在的问题研究》（2012－GM－035）的阶段性成果。

② 高其才著：《探寻秩序维持中的中国因素》，载《云南大学学报》（法学版），2007年第5期。

提供借鉴。

一、田野调查的背景与主要数据分析

（一）田野调查地——张家川回族自治县历史概况

张家川早在明清时期就已形成回族聚居区，此后一直分属于甘肃省清水县、秦安县、庄浪县、华亭县和陕西省陇县管辖。1952 年 8 月，中华人民共和国政务院正式颁布了《民族区域自治实施纲要》。同年 9 月，在西北军政委员会召开的民族事务委员会扩大会议上，张家川的回族代表郑重提出了在当地实行民族区域自治的《提案》。1953 年 1 月，中共中央西北局、西北军政委员会分别向陕西省宝鸡地委、专署，甘肃省天水地委、专署发出电报，要求协调组织成立张家川回族自治区。同年 2 月，根据省委指示，中共天水地委和专署主持召开清水、秦安、庄浪三县三角地区各族各界代表座谈会，会上成立张家川回族自治区筹备委员会，协调组织成立张家川回族自治区（县级）。在各方共同的努力下，到 1953 年 7 月成立张家川回族自治区。1955 年经甘肃省人民委员会批准，张家川回族自治区更名为张家川回族自治县，县人民政府驻张家川镇。张家川回族自治县隶属甘肃省天水市，位于甘肃省东南部、天水东北部，东邻陕西省陇县，南倚甘肃省清水县，西邻秦安县，并与华亭、庄浪两县接壤。据 2010 年统计数字：张家川回族自治县全县总面积 1311.8 平方公里，占全市总面积的 9.14%，下辖 3 镇 12 乡，258 个村委会，总人口 31.97 万人，其中回族 20.69 万人，占 69%。①

（二）田野调查的主要数据

此次田野调查主要通过调查问卷的形式在县城、农村分别进行抽样调查，回收调查问卷之后，借助 Statistical Program for Social Sciences（SPSS）软件，对调查问卷进行统计分析而得出相关数据。

① 资料来源：张家川回族自治县人民政府网站 http：//www.zjc.gov.cn/html/zcgk/2010－3/8/10_01_05_951.html

1. **田野调查问卷的发放回收数据：**

发放调查问卷……………………………………………………300 份

回收调查问卷……………………………………………………244 份

调查问卷回收率 ………………………………………………97.6%

有效调查问卷……………………………………………………238 份

作废调查问卷……………………………………………………6 份

问卷有效率 ………………………………………………………97.5%

2. **田野调查对象的数据及分析**

我们选择民族、年龄、职业三个方面的数据来统计和简要分析：

表一：民族

		Frequency	Percent	Valid Percent	Cumulative Percent
Valid	回族	199	50.0	74.8	74.8
	汉族	37	15.5	23.3	98.1
	其他	2	0.8	1.3	99.4
	4	1	0.4	0.6	100.0
	Total	159	66.8	100.0	
Missing	System	79	33.2		
Total		238	100.0		

表二：年龄

		Frequency	Percent	Valid Percent	Cumulative Percent
Valid	20-30 岁	69	29.0	31.4	31.4
	31-40 岁	48	20.2	21.8	53.2
	41-50 岁	51	21.4	23.2	76.4
	50 岁以上	51	21.4	23.2	99.5
	5	1	0.4	0.5	100.0
	Total	220	92.4	100.0	
Missing	System	18	7.6		
Total		238	100.0		

表三：职业

		Frequency	Percent	Valid Percent	Cumulative Percent
Valid	工人	16	6.7	7.4	7.4
	农民	88	37.0	40.9	48.4
	教师	8	3.4	3.7	52.1
	私营业主	9	3.8	4.2	56.3
	公务员	17	7.1	7.9	64.2
	其他	77	32.4	35.8	100.0
	Total	215	90.3	100.0	
Missing	System	23	9.7		
Total		238	100.0		

从以上数据分析，首先调查对象的民族主要是回族和汉族，其中又以回族为主，占本次调查对象的74.8%，与当地实际情况基本吻合；从调查对象年龄分布来看，对调查问卷所设计的各个年龄阶段的分布相对比较平均，相差不大，除了20—30岁这一年龄阶段相对比较高（29%）之外，四个年龄阶段都占据其20%左右。从调查对象的职业分布来看，农民占了调查对象的最多部分。张家川回族自治县地处我国西部地区，并且又是山区，经济发展水平相对比较落后，这一点在调查对象的职业中可以明显地反映出来。

3. 调查内容的重要数据及分析

调查内容的重要数据是在对调查问卷中调查问题的相关统计数据，具体分析也仅仅限于某一问题及涉及调查主题的内容。

其重要数据结论如下：

表四：您认为国家实行法治的关键在于

		Frequency	Percent	Valid Percent	Cumulative Percent
Valid	有法可依、有法必依、执法必严、违法必究	161	67.6	68.8	68.8

续表

		Frequency	Percent	Valid Percent	Cumulative Percent
	必须保证法律是良好的	14	5.9	6.0	74.8
	官员守法，尤其是一把手要守法，且受到法律的有效监督	26	10.9	11.1	85.9
	大家都信仰法律，自愿遵守法律的规定	33	13.9	14.1	100.0
	Total	234	98.3	100.0	
Missing	System	4	1.7		
	Total	238	100.0		

在对国家实行法治的工作调查中，我们可看出，高达67.6%的人认为实行法治的关键在于“有法可依、有法必依、执法必严、违法必究”。

二、民族地区国家法与习惯法的关系

（一）国内学界对习惯法的定义

要研究民族地区习惯法与国家法的关系，我们首先必须搞清楚习惯法究竟是什么样的一个“法”。我国法学界开展习惯法研究已近三十年，对于习惯法的定义一直众说纷纭。我国法学理论研究对习惯法的主流界定认为，“习惯法反映国家认可和由国家强制力保证实施的习惯……在国家产生以前的原始习惯并不具有法的性质。”① 与此定义相对应的，近年由一些学者倡导提出的习惯法的定义则是“习惯法是独立于国家制定法之外，依据某种社会权威和社会组织，具有一定的强制性的行为规范的总和”。②

① 《中国大百科全书·法学》，中国大百科全书出版社1984年版，第87页。

② 高其才著：《中国习惯法论（修订版）》，中国法制出版社2008年版，第3页。

法学研究的对象有三个不同的层面，即规则、事实与价值。根据法学研究的这三个对象，法学形成了三个“向度”：（1）规范法学；（2）社会法学；（3）哲理法学。不难看出，我国法学在研究对象、方法方面也已在20世纪90年代初期开始出现这三种向度的雏形。这一迹象显现于关于“法的本位是什么”的问题讨论。[①] 如果返回法学研究的“形而下”，站在规范法学研究的角度，习惯法在一些学者看来根本就算不上是法，至多算是一种民间规则，那么探讨国家法与习惯法的关系也就没有任何学理和现实上的意义。但是从法律多元的角度出发，在法社会学、法人类学的研究视野中，习惯法这一具有特定文化背景的研究，在特定的文化场域中自然会彰显它独特的研究价值与魅力。

结合我国多年来的法治建设经验和当今西方各国法治社会发展的历程来看，我们认为，一个法治发达的民主社会必然是一个趋向多元化价值的社会，但如果只是遵循依靠国家法律调控一切社会关系领域，解决一切矛盾纠纷和冲突的这一社会治理理念显然并不现实。作为“地方性知识”的习惯法在所谓的“熟人社会”中所起到的作用在一定情况下远比国家正式制度行之有效，这种情况在国家控制权力较弱的边缘及半封闭的民族地区表现尤甚。当然，这也并不是说在司法实践中要将习惯法置于国家法之上，而是寻求国家法与习惯法的一种良性互动。

正如朱苏力先生所说：“当国家制定法和民间法发生冲突时，不能公式化地强调以国家制定法来同化民间法，而应当寻求国家法与民间法的妥协与合作。”[②] 因此，我们认为，进一步研究习惯法以及习惯法的司法适用不仅为我国法学研究的多元化提供了丰富的内容，而且在少数民族文化浓郁的民族地区更有着保护民族传统，建立多元化纠纷解决机制，维护民族团结，保持社会稳定，实现公平正义的现实意义。

（二）民族地区国家法与习惯法的冲突

结合近年来学界相关国家法与习惯法冲突研究的实证案例，我们发现这些绝大部分发生在民族地区的国家法与习惯法的冲突主要集中在以下两

① 孙笑侠著：《作为职业知识体系的法学——迈向规范科学意义上的法学》，载《现代法学》2007年第4页。

② 朱苏力著：《法治及其本土资源》，中国政法大学出版社1996年版，第162页。

个方面：

一是国家刑事司法与少数民族刑事习惯法的冲突，其中最具代表性的是关于藏族赔命价习惯法与国家刑事司法的冲突。从事该领域研究的学者们大多认为，在藏族地区，要合理利用藏族赔命价习惯法中的合理因素，只要不违背国家利益、社会利益和公共利益，允许习惯法与国家刑事法律进行“规范交易”，当事人自治选择规范和分配权利义务，以达到刑事和解的目的。在刑事和解中，当事人选择民间规范分配权利和义务，或者借助民间规范加大加害人民事责任成本的支出，以换取其刑事责任成本的降低，对自治的刑事和解而言，完全可以理解。只要依此达成协议，那么，就对双方主体都具有一定的约束力（特别在自诉案件中）；而在刑事公诉案件中，对作为刑事和解主持人的司法者也有一定的约束力。①

二是有关财产继承、债权债务、婚姻家庭等涉及民事内容的冲突。目前，有关这一领域的冲突研究与司法实践更加注重灵活性与实效性。在回族社区，乡规民约对维护社会秩序、保障主体权利也起着重要的作用。现在在西部一些民族地区的司法实践中，通过在基层设立少数民族群众纠纷调解室，特别邀请清真寺阿訇及少数民族群众中德高望重且热心公益事业的人员，在法律许可范围内，充分尊重少数民族的宗教信仰和善良风俗，进行诉前和诉讼中的调解，取得了很好的社会效果。在民族地区，单纯依靠国家法律来处理民间纠纷手段单一，社会效果未必良好；而注重依靠当地民族习惯法、乡规民约这些来自于民间的“本土资源”来灵活处理解决纠纷，既易于让当事人欣然接受，又具有良好的社会效果。

三、民族地区多元化纠纷解决机制的建构

（一）有关研究现状

国内学界探讨有关民间传统规则与纠纷解决问题的相关文献著述，从瞿同祖先生的《中国法律与中国社会》到朱苏力教授的《法治及其本土资源》，到高其才教授的《中国习惯法论》、《中国少数民族习惯法研究》中

① 谢晖著：《论刑事和解与民间规范》，载《现代法学》2011 年第 2 期。

都有涉及。中国人民大学范愉教授的《多元化纠纷解决机制》、《非诉讼纠纷解决机制研究》等著述则是近年来国内有关多元化纠纷解决机制问题研究的较具代表性的著作。此外，西南政法大学龙大轩教授的《乡土秩序与民间法律》、《略论西南少数民族地区的民事纠纷及其解决机制》以及其他学者的一些著述对西南民族地区多元化纠纷解决机制都提出了自己独到的见解。甘肃省社会科学院法学研究所张谦元研究员的《民族地区社会稳定与建立多元化纠纷解决机制》则以西北民族地区为例探讨了建立多元化纠纷解决机制的可能性。

西北民族地区的稳定发展和长治久安对于促进不同民族、不同宗教信仰群众和谐相处，对加强民族团结、维护祖国统一、保障国家安全，具有极为重要的意义。当代世界各国司法改革的一个趋势，就是在改革诉讼程序的同时积极推行非诉讼纠纷解决方式。在诉讼解决机制具有局限性、诉讼与非诉讼的功能严重失衡的现实情况下，建立与完善多元化纠纷解决机制，实现诉讼内外各种纠纷解决机制的功能相济、有机衔接与整合，将成为稳定社会发展、建立和谐社会秩序的必然。这将从机制上赋予当事人在纠纷解决方面更广泛的程序选择权，从法律上保护当事人对程序或实体权益的处分，不仅是妥善解决纠纷、节约社会资源的需要，同时也意味着国家对公民基本自由的尊重，以及对公民权利的多途径、多层次保障。它能够全方位、多角度地实现社会整体的宏观正义，达到纠纷解决事半功倍的效果。西北民族地区由于存在许多与汉族地区不同的文化、传统、风俗，经济发展水平也存在较大的差异，因此建立和完善以多元化纠纷调处机制为核心的民族地区的社会纠纷解决机制就显得意义尤为重大。

（二）社会转型期民族地区社会纠纷类型的转变

现在民族地区构建多元化纠纷解决机制面临的最重要的问题是：（1）如何对待各民族固有纠纷解决机制和传统习俗和习惯问题；（2）国家正式纠纷解决机制与民间传统纠纷解决机制如何协调的问题。我国学术界和实践部门大体有两种观点：一种是不认可民间的传统习惯和纠纷解决机制，认为应以国家确认的方式进行；另一种就是对民间传统纠纷解决机制和习惯规则进行适当的认可。

（三）西北民族地区构建多元化纠纷解决机制的探索

通过对张家川回族自治县的调查分析，运用民族习惯法（或民间习惯法）来解决民族纠纷（或民间纠纷）是可行有效的方法。

1. 民族地区多元纠纷调解的法律依据

《中华人民共和国人民调解法》（以下简称《人民调解法》）已于2011年1月1日起正式施行，该法中关于人民调解的一些新理念、原则和制度的实现有利于人民调解向现代进行转型，乘着这阵东风，民族地区的民间纠纷调解制度在结合传统资源的基础上也应积极向现代调解转型。

《人民调解法》在调解的合法性原则和调解依据上相较过去的“严格适用法律”调整为“不违背法律、法规和国家政策”即“不违法”的指导原则。这样，避免了过去“严格依法调解”的刚性原则，拓展了“依法调解”的外延，鼓励在调解中广泛适用各种民间规范。例如，在回族聚居的民族地区，可以充分利用该法的规定，在不违反国家法律法规和国家政策的情况下，充分发挥伊斯兰教教义和回族习惯法在回族群众中的影响力，鼓励阿訇等教职人员以灵活变通的方式将宗教教义、民族习惯法、村规民约运用在纠纷调解之中，这对于民族地区的稳定和发展具有重要的社会作用和法治价值。

该法还通过开放性的制度设计，允许社会团体或者其他组织根据需要“参照本法有关规定设立人民调解委员会，调解民间纠纷”，为今后人民调解的多元化发展提供了空间。人民调解的重点和基础是基层自治组织的民调组织，在今后的实践中，既不能以专业化、职业化调解机构取而代之，也不能用过高的标准限制基层群众的广泛参与。然而，法律并不限制其他类型调解组织的建立，一些高端性的调解组织也将有良好的发展机会。[①] 例如，通过这部开放性和授权性的法律，可以在回族社区内依法建立专业的阿訇调解组织，这将为我国人民调解这一“东方经验”注入新的活力，对于民族地区人民调解制度的现代转型具有现实意义。

该法还明确规定了人民调解协议具有法律约束力，当事人应当按照约定履行调解协议。双方当事人认为有必要的，可以向法院申请司法确认。

① 范愉著：《中华人民共和国人民调解法》评析，载《法学家》2011年第2期。

经法院确认合法有效的调解协议，一方当事人拒绝履行或未全部履行的，对方当事人可以向法院申请强制执行。这解决了长期困扰人民调解工作的一个难题。同时，这样的法律规定，无疑加强了民族地区人民纠纷解决制度的权威性与执行力。那么一方面通过习惯法调解的结果被少数民族群众所承认，另一方面也可以得到国家的正式认可和接受，具有“双重合法性”，在民族地区基层法律实践中，必然会有良好的社会效果。

2. 民族地区多元纠纷调解制度的实践

在此次田野调查地，我们通过在司法机关调研和走访，了解到当地多元纠纷解决制度的一项重要实践就是阿訇调解纠纷制度。近年来，阿訇调解作为西北民族地区民间纠纷调解的一项重要内容，对于发生在回族社区的民事纠纷和轻微刑事案件中发挥着十分重要的作用。在宁夏回族自治区的银川、贺兰、西吉、固原、海原等地的人民调解委员会、行政机关、人民法院，在人民调解、行政调解、法院调解回族民事纠纷过程中，专门成立阿訇调解组进行调解的方式来解决民族矛盾。阿訇在调解过程中积极宣讲党的民族政策、国家法律、宗教教义、民族习惯法，有效化解了大量纠纷，增进了民族团结、家庭和睦、极大地促进了民族自治地方的社会和谐与稳定。如宁夏海原县结合民族地区的特点，大胆探索多元化的调解方式，在全县特聘了 11 名知名阿訇为“人民调解员”，一年参与调解的 14 件案件，调解成功率 100%。其中 2005 年发生的“8·27”死亡 9 人的特大交通肇事一案的诉讼过程中，受害人家属提出赔偿 150 万元的诉讼要求，与当地经济发展实际和法定赔偿数额差距过大，几百名群众上访，法院多次调解未果，通过邀请阿訇调解员参与调解工作，调解达成肇事者一次性赔偿 9 名受害者家属经济损失 47.4 万元的协议。[①]

四、结　语

民族地区的稳定发展和长治久安对于促进不同民族、不同宗教信仰群众和谐相处，对加强民族团结、维护祖国统一、保障国家安全，具有极为

① 据宁夏回族自治区高级人民法院 2007 年 7 月 12 日第 23 期工作简报。

重要的意义。坚持在依法治国背景下消融民族地区国家法与习惯法的冲突，发挥习惯法直接或间接的结构性力量，不仅有益于民族地区多元化纠纷解决机制的构建，也有益于国家秩序的构造和维系。

民族地区人民法庭建设对纠纷解决文化的影响

张永和　张祺好[①]

一、法庭建设的意义定位

基层基础建设是社会建设的重要组成部分，是整个社会管理的根基。人民法院基层基础建设，是人民法院服务大局、保障民生、维护社会公平正义的重要保证。随着我国经济社会的不断发展，深层次问题与表象问题、法律问题与社会问题相互交织，社会矛盾特别是涉及民生各类矛盾高发、多发态势更加严峻。处在以司法手段化解社会矛盾纠纷、维护和谐稳定社会秩序和实现社会公平正义最前沿的基层人民法院及其派出人民法庭，面临的考验更加严峻，遇到的问题更加复杂，承担的任务更加艰巨。

人民法院作为国家审判机关，职能作用的充分发挥归根到底还是要通过做好审判工作来实现。基于此，最高人民法院《关于新形势下进一步加强人民法院基层基础建设的若干意见》提出要“以审判工作为中心、队伍建设为根本、物质装备为保障”作为基本思路，来进一步加强新形势下人民法院基层基础建设。

---

① 本文为张永和主持的最高人民法院课题《少数民族地区司法文化与法制建设》部分内容。

作者简介：张永和，男，西南政法大学教授，博士生导师，法社会学与法人类学研究中心主任；张祺好，女，西南政法大学法社会学与法人类学研究中心研究人员。西南政法大学法社会学与法人类学研究中心研究人员朱林方对该文提出过修改意见，在此表示感谢。

"以审判工作为中心"，就是基层基础建设成效怎样，关键看审判职能作用是否得到充分发挥，基层基础建设的其他工作应当围绕审判工作开展；"以队伍建设为根本"，是因为审判工作开展得如何最终取决于"人"的因素，要把队伍建设作为实现基层基础建设目标任务的重要基础和前提；"以物质装备为保障"，是由基层基础建设实际情况决定的，离开物质装备的有力保障，基层基础建设的目标任务就很难实现，要充分发挥物质装备服务保障审判的职能作用。

总体来看，审判工作、队伍建设和物质装备是一个整体，不能机械片面理解。离开审判工作这个中心，基层基础建设就会发生方向性偏误；没有队伍建设这个根本，基层基础建设就会成为无源之水；缺失物质装备这个保障，基层基础建设就会变得困难重重。明确了"以审判工作为中心、队伍建设为根本、物质装备为保障"的基本思路加强基层基础建设，就可以适应新形势、抓住关键点，并确保措施要求的针对性和实效性。

二、法庭建设的时代变迁

随着国家社会经济的发展，法院的硬件建设有了越来越充分的物质保障，包括少数民族地区在内的全国大部分地区法庭硬件建设水平都发生了质的飞跃，法庭工作重点已经由简单的推进硬件建设向规范化管理迈进，积极建设一座座"规模化、规范化、现代化"的人民法庭。从以下几个侧面不难窥见在现代化的浪潮之下法庭硬件建设水平的时代变迁。

（一）法庭建设的制度变迁

1986 年 6 月 11 日，最高人民法院发布《关于各级人民法院审判法庭建设问题的意见》，其中，关于基层法院审判法庭的规模和配套设施的规定是：基层人民法院审判法庭的总建筑面积一般不少于 1000 平方米，其中包括：一个大法庭，设旁听座位 300 个左右；六至十个小法庭，各设旁听座位不少于 20 个；配套用房：合议庭合议室、公诉人室、辩护人室、证人室、物证保管室、法警室、当事人候审室（两间）、羁押室（不少于 4 间）等；附属设施：灯光和扩音控制室、门厅、厕所等。

2010年11月1日，最高人民法院新的《人民法院法庭建设标准》开始实施，《关于各级人民法院审判法庭建设问题的意见》同时废止。新标准中，将基层人民法院分为三类，建筑面积标准分别为，一类12040～12980平方米，二类9540～10270平方米，三类7140～7690平方米，是1986年基层法院建筑面积标准的7—12倍。此外，新标准中还规定了人民法院审判法庭的房屋建筑建设内容一般包括以下九类功能用房：一、立案用房，包括立案登记室、当事人等候大厅、立案听证室、证据交换室、立案调解室、诉讼收费室、当事人诉讼服务室、法警值班室等。二、审判用房，包括大法庭、中法庭、小法庭、独任法庭、庭审合议室、法官更衣室、审委会评案室、诉讼调解室、听证室、远程庭审观摩及案件讨论室、远程提讯及质证室等。三、执行用房，包括执行材料接转室、执行听证及和解室、对外委托工作室、执行指挥中心、执行物保管室等。海事法院设执行拍卖室。四、信访接待用房，包括来访登记大厅（室）、候谈厅（室）、接谈室、来访听证室、来访调解室、来信阅处室、院（庭）长接待室、法警值班室、公安民警值班室、特殊情况处置室、安全监控室等。五、审判配套用房，包括当事人候审室、旁听群众休息大厅、陪审员室、公诉人室、律师室、证人室、鉴定人室、翻译室、刑事被告人候审室、法警值庭室、羁押室、法庭设备控制室等。六、审判信息管理用房，包括审判信息中心机房、涉密信息机房、密码设备及机要信息管理室、审判信息综合管理控制室、通信信息设备及管理室、灾备室、UPS电源室、线路接入及管理室、数字电视信息设备及管理室、中控信息管理控制室、设备维护及备件室等。七、诉讼档案用房，包括纸质档案库、数字档案库、实物档案库、特殊档案珍藏库、查阅登记室、目录室、纸质档案阅览室、电子档案阅览室、涉密档案阅览室、档案复印室、接收档案用房、整理编目用房、保护技术用房、档案数字化处理用房等。八、司法警察警务用房，包括司法警察备勤值班室、枪械库、警用装具室、司法警察备勤宿舍等。九、辅助用房，包括新闻发布室、新闻记者工作室、外宾会见室、法律文书文印室、审判业务资料室、证物存放室、赃物库房、法庭抢救室、业务用车车库、公共服务及设备用房等。种类之多、功能划分之细比1986年的基层法院法庭建设标准丰富数十倍不止。

（二）法官交通工具的变迁

位于川滇边界泸沽湖畔的云南省宁蒗彝族自治县，是国家级贫困县，这里生活着彝族、纳西族、普米族等 12 个少数民族，全县 23 万人中有 19 万人尚未脱贫，这里山高坡陡，交通不便。法官们说，与其让当地老百姓打着松明火把、背着干粮到城里来打官司，还不如自己苦点到村寨去接案审案。于是，驮着十几公斤重的国徽走村串寨，为老百姓的柴米油盐等日常琐事开庭审案的流动法庭就在宁蒗组建起来了，当然，云南其他不少地区也都有这样的流动法庭。2003 年 9 月 23 日 20 时左右，宁蒗县法院法官魏余发、干警马永志等四人到永宁坪、战河沿途一线下乡巡回办案，在返回县法院途中，因路况差、能见度低、车况不好，车辆从大桥上翻入汹涌的洪水中。立案庭庭长魏余发，执行局干警马永志不幸因公殉职。① 2006 年，导演刘杰将这一故事改编成电影搬上银幕，并且荣获 63 届威尼斯国际电影节地平线最佳影片，这就是《马背上的法庭》。

现在，随着对法院系统投入的加大，法院各项设施逐步齐备，长年累月骑马或者徒步翻山越岭地调查取证开庭审案的现象已经少了很多，越来越多的是采用巡回审判车的方式深入乡村社区开展便民诉讼服务。以西藏自治区日喀则地区的江孜县法院为例，江孜县法院共有 6 辆交通用车，其中一辆是 2006 年购买的桑塔纳 3000，一辆是 2008 年西藏自治区高院配发的猎豹，一辆是 2009 年自治区高院配发的流动法庭专用车，一辆是 2009 年援藏建设配发的桑塔纳普通型，一辆是 2010 年自治区高院配发的霸道 2700，一辆是 2011 年自治区高院配发的福田囚车，目前车况都比较好，不但能够满足法院日常司法工作需要，也大大提高了法院的工作效率，延展了法院的实际管辖半径。

（三）法庭信息化建设

信息化建设是人民法院实现公正与效率工作主题，建立科学化管理体系，促进各项工作制度化、规范化的重要举措，是适应办公、办案现代化发展趋势和潮流的必然选择。近年来，很多法院都开始逐步建立以审判流

① 茶莹著：《司法为民洒热血，泸沽湖畔悼英魂——宁蒗法院两干部因公殉职》，载《人民法院报》2003 年 10 月 9 日 B1 版。

程管理系统和法院综合信息管理系统为中心，以局域网为依托，以计算机等现代办公设备为平台的较为先进的信息化管理体系，极大地促进了法院各项工作的全面发展。

以电子签章系统为例。大理市人民法院位于大理白族自治州州府所在地，下辖五个派出法庭，各派出法庭每天都有大量的法律文书需要盖章，长期以来“盖章难”成为困扰派出法庭工作的重点和难点问题。由于往返于院机关与法庭之间签章周期长、耗时长，既制约了法官工作效率的提高，也影响法律效果，消耗大量人力、物力、财力。2010 年 6 月 10 日，电子签章系统在大理市法院派出法庭开通，安全、便捷的远程异地电子签章的实现，既方便了当事人诉讼，减轻了群众诉累，深受当事人的欢迎；也降低了诉讼成本，大大提高了办案效率，规范了司法文书的用印，提高了法院工作的科技含量。

课题组所到的喜洲法庭是大理市法院最北边的一个基层派出法庭，距市区近 50 公里，辖区人口 15 万多，受理着喜洲、湾桥、上关、双廊四个乡镇的民、商事案件，年收接、结案 200 多件。平日，为一份法律文书的盖章，法庭干警要来回百公里，耗时 2 小时，当事人要等待 1—2 天。基层法庭实现了电子签章后，法庭工作人员可以直接实现网上报批、签章，做到“当场办案，稍后结案”。

二、民族地区司法人员对现代化的应用现状

少数民族地区法庭硬件建设无疑是发生了巨大的变化的。比如，云南省大理白族自治州的喜洲法庭。白族有着悠久的建筑文化，形成了独特的建筑风格，这不但体现在白族普通民居上，甚至连法院、政府等机关建筑也采用这一民族风格。白族民居几乎都在两层以上，不论正房、对厅、厢房都是三间两层，底层带有较深的厦廊，白族人把这种三开间的房屋称为“坊”。“三坊一照壁”即三幢三开间的房屋加上一面照壁。照壁正对厢房，相邻两“坊”山墙之间设耳房及“漏角天井”。“四合五天井”则是不设照壁，由四“坊”组成的封闭式四合院落。房屋四角设有“漏角天井”，加上院中的大天井，一共有五个天井。喜洲法庭的建筑就很好地融合了白

族传统建筑风格和现代化的功能设计，与自然环境、历史文化背景、民族审美情趣相得益彰。

而在法庭内部，我们看到，办公室内均配有电脑、打印机，窗明几净，设备非常齐全。走廊、审判庭、院落内都安置摄像头，大厅里安装有电子显示屏，滚动通知法庭相关事宜。喜洲法庭是大理市法院最北边的一个基层派出法庭，下辖四个镇，辖区人口近15万人。少数民族白族、回族为主。白族80%以上，回族4个自然村。受理喜洲、湾桥、上关、双廊四个乡镇的民商事案件，年收接、结案200多件。从经济发展上来看，喜洲并不是一个特别发达的地区，而法院的现代化程度已然很高。课题组调研的其他一些基层派出法庭与喜洲法庭类似，法庭硬件建设也都取得了长足的发展。

然而，司法人员对这些现代化的硬件的应用情况却是不甚乐观。在许多民族地区，存在着这样的一个问题，即法院硬件建设跟上了时代步伐，可是会熟练使用现代化设备的法官却不多。我国电子办公的历史不过十多年，比较广泛的运用在贸易、银行、交通等部门。日常使用这些现代化设备较频繁的年龄段通常分布在40岁以前，而经验丰富的老法官却往往在这个年龄段之外。民族地区一般处于我国西部、西南部，从国家发展战略上来讲是欠发达地区，这样的地区普遍存在着一个留不住年轻人的问题，因此基层法院的年轻人并不多，对现代化设备的操作也就相对生疏。每年法庭都要划拨一笔资金进行设备维护，以保证其正常工作。但法庭在设备维护上支出的费用与其因现代化硬件投入所带来的收效不成正比。①

① 根据最高人民法院制定的《人民法院法庭建设标准》（2010年11月1日起施行）中第十七条规定：基层人民法院：年审理案件在3000件以上的，执行一类标准；年审理案件1100～3000件的，执行二类标准；年审理案件在1100件以下的，执行三类标准。省会、自治区首府、计划单列市的基层人民法院，执行一类标准。直辖市市区基层人民法院，可执行中级人民法院标准。基层人民法院审判法庭建筑面积指标不应超过表3规定的控制指标。

表3　基层人民法院审判法庭各类用房建筑面积控制指标表（m^2）

建设规模	用房名称	一类	二类	三类
立案用房		710	550	370
审判用房		5920～6800	4530～5220	3350～3870
执行用房		250	220	170

三、现代化物质装备及审判方式对民族传统观念的改变

（一）少数民族的诉讼观念的转变

在传统的小农经济结构下，自给自足的经济模式固定了单一的人际关系。在这种“低头不见抬头见”的熟人社会里，“和为贵”、“让为贤”的思想根深蒂固，老百姓“以讼为耻”，认为“对簿公堂”是极不光彩的事。统治者也力行“德主刑辅”，强调道德伦理教化，不重视运用诉讼方式解决争议。这一观念的长期教化和实践酿造了“无讼是求”的社会风气。

这种“息讼”、“贱讼”的传统思想影响深远，少数民族地区也不例外。少数民族中大多是家庭式的居住模式，简而言之即是“一个民族，多个村落”，一般一个村寨多为同一民族的同宗后裔，在姓氏上大多只有一个，乡里邻居都是本民族的人，许多还是近亲属关系，这种居住模式也就使得村落中的家族成员之间产生一种“长者为上”的思想，在这种传统思想的驱动之下，本民族村落中年龄最高的人就必然成为整村的核心，村民们就寄以很深的信赖感，通常在纠纷发生的时候，人们会最先找到族人中公认的那位最有权威的老者，以本民族意志沿袭着的办法来通过协商等方式在家族内部解决问题。长期如此，就形成了纠纷不出村寨的传统，请“官家”介入会被视为一种给家族抹黑的行为。

然而，商品经济时代的到来打破了小农经济的熟人社会，经济的飞速发展使得利益冲突加剧，这就导致了矛盾和纠纷的与日俱增。而随着社会的发展和不断的“送法下乡”，少数民族民众的法律意识逐渐提高，人们对诉讼的观念也已经发生了根本的改变。法律意识提高的一个表征是诉至法院的案件量增多，很多边远少数民族地区的受案数量也逐年攀升，出现了“诉讼热”的现象。西藏日喀则地区江孜县人民法院提供的材料中我们看到这样的描述：“人民群众的法律意识得到明显提高，以我院受理案件为例，从1995年受理民事20件左右，刑事10件左右，到2011年1月至8月份民事案件83件，刑事6件，执行98件。从以前以婚姻纠纷为主，到

如今合同纠纷，侵权纠纷逐步上升……”①

在云南石林彝族自治县有这样一个案例②：1996 年，老赵饲养的黄母牛生下一头小公牛，老赵将母牛和小公牛都放养在山上，1998 年 8 月老赵发现小公牛不见了。一年后，本村老李在山上看到一头牛有点像老赵家丢失的那头，于是，请人告诉了老赵。得到消息后，老赵急忙前去辨认，发现这头牛就是自己家丢失的那头，于是把这头牛拉回到家中。没想到，这头牛却引发了老赵和邻村老毕的一场官司。1999 年 7 月，老毕将老赵告到了县法院，提出小牛是自己的，要求老赵赔还小牛。县法院审理后认为，老赵主张牛是自己家的缺乏证据，遂判决被告老赵将拉走的牛返还给原告老毕。一审宣判后，老赵不服，向昆明市中院提出上诉。在律师的建议下，老赵花了 7000 元钱对小牛做了 DNA 鉴定，根据鉴定报告，双方所争议的小公牛系老赵家的母牛所生。2000 年 2 月，法院二审做出老赵胜诉的判决。

老赵赢得了官司，也被当作了标杆。一个普通老百姓为了维护自己的合法权益，不仅依靠法律，还相信科学，就是为牛做亲子鉴定也在所不惜，这是社会的进步，也是社会文明的标志，他用实际行动证明了农民法律意识的增强。

但是，也有人觉得应借此之机反思“诉讼热”的现象，因为 DNA 鉴定的高昂成本已经可以重新买一头牛，这样做的诉讼成本显然与标的物不成正比，这种不计成本的诉讼情结未必是法治的应有之义。

在乌鲁木齐县板房沟法庭，一位法官也谈到，过去，哈萨克族人的思维很淳朴，一个人开车载一个朋友，途中发生车祸，被载者受伤，被载者家属一般不会认为这是驾驶者的过失，而认为是天命如此。但律师介入之后，当事人就会极力索要赔偿，若法院不能完全满足他们的要求，还会有上访等举动。③ 若国家法不介入这个案件，当事人之间按照传统处理方法一般会和解了事，一般是给予死者或者伤者一些补偿，均系自愿。如果驾驶者同样受伤的话，被载者家属也可能去探望。双方当事人不会成为尖锐对立的原告、被告两面。作为“他者”的国家法的介入，事实上对人与人

① “少数民族地区司法文化与法制建设”课题组资料库。

② “石林法院法官座谈记录”，2011 年 1 月 10 日。

③ “板房沟法庭法官座谈记录”，2011 年 7 月 25 日。

之间原有的依靠“社会连带”维系的和睦关系造成了冲击。

（二）社会规范和纠纷解决方式的选择

由于地理和经济原因，很多少数民族都居住在交通、信息十分不发达的地方，往往几十里甚至上百里山路方才有一个村落，而同属一个村落的各户人家的居住也往往是极为分散的。因此，国家法律在历史上的很长一段时期都很少介入这些少数民族聚居的村落，在这些地方，民间自发形成的习惯法就成了这些民族村落内部处理纠纷的基本手段。梁治平认为：“在中国古代社会，国家法不但不是全部社会秩序的基础，甚至也不包括当时和后来其他一些社会的法律中最重要的部分。当然这并不意味着某种‘秩序真空’的存在。社会不能够容忍无须或者至少不能容忍长期的无序，结果是，在国家法所不及和不足的地方，生长出另一种秩序，另一种法律。”①

少数民族习惯法是民族成员在长期的生产生活中逐渐形成的一种约定俗成的习惯规则，它对民族成员具有普适力。民族成员基于对自己民族传统和信仰的敬重和信奉从而产生对行为习惯的敬奉，对行为习惯的敬奉转而会产生对习惯法则的敬奉和信仰，这是一个良性循环的过程。少数民族习惯法通过大量的全面的规定和对违反者的制裁，告诫本民族成员什么行为可为，什么行为不可为；社会需要什么样的人，排斥什么样的人；理想的社会成员应具备什么条件，从而在所有成员中树立一个行为的标准模式。而民族成员通过对这些习惯法的尊奉会逐渐形成一种信仰的意识和心理，通过民族群体成员之间的不断渲染和传播形成一种具有普适力的行为习惯，这种习惯具有一定的强制性和约束力，对民族地区的社会秩序产生了深远的影响。因此，在很长一段历史时期，形塑少数民族地区社会秩序的主导性规则都是少数民族的习惯法，这种约定俗成的规则和纠纷解决方式也是少数民族地区群众面对纠纷时的首要的、自觉的选择。

改革开放以来，我国经历了一个庞大的社会转型，正在实现从传统社会向现代社会、从农业社会向工业社会、从封闭性社会向开放性社会的社会变迁和发展。在社会转型期，传统的社会规范和结构体系逐步解体，新

① 梁治平著：《清代习惯法：社会与国家》，中国政法大学出版社 1996 年版，第 31－32 页。

的规范和结构体系正在形成并逐渐获得社会成员的普遍认同。改革开放带来的经济的快速发展为少数民族地区群众提供了获得物质利益的更多机会和可能，在利益争执的刺激之下，人们的权利意识逐渐增强，法制观念逐步树立，诉讼和审判作为实现公民权利的最终和最重要的手段越来越多地受到人们的关注，制定法和国家司法逐渐成为少数民族地区解决纠纷的主导规则和首选方式。

同时，少数民族群众对国家法律和司法模式的认同也在逐渐增强。课题组在调研中感受到，少数民族群众对于当地法院的判决结果，一般情况都表示接受，认为这是“国家”给的判决，是可靠的，可信的。即使是在大多数调解的情况下，民众还总是希望得到一个“官方认证”——比如调解书、审判书等法院出具的正式文件。

但是，单靠国家司法的单一力量是不够的，有时候，民族地区部分当事人在面对一些不能完全理解的法律条文时，法官要借助其宗教习惯和宗教教义说服当事人，这种民间习惯之所以具有说服力根源于在社会形成初期，由于民族风俗的不同，尚未有一种具有高度统一性的理性秩序挟持至高无上的支配力，这就必然使得作为社会秩序构造手段的规则体系呈现多元化发展势态。民族风俗习惯是其社会演进过程中的内生物，民族习惯内在生成逻辑是其确立自身的根本依据。它不仅因为其内在生成性和当然有效性而获得自立性的确实根据，还在于它在秩序构造、营造和谐、降低成本、保障权利等多方面的良好效果而生发出强大生命力，使得其成为任何一个高品质的社会秩序类型所必须依赖的、具有构成性的秩序构造机制。①因此，在最大限度地发挥司法效能的同时，也应理性认识司法的限度，大力发掘作为国家法的辅助的习惯法的重要作用，通过构建与完善多元纠纷解决机制，实现从司法解纷方式的“单力困境”向多元化纠纷解决机制的“和力模式”迈进。

① 魏治勋著：《民间法思维》，中国政法大学出版社2010年版，第297页。

临夏回族自治州社会纠纷解决机制的调研与启示

郑天锋[①]

2010年5月，西北民族大学2008、2009级宪政专业研究生，在导师带领下，一行30余人，组成调研组，以民族地区基层法治建设现状调研为方向，深入甘肃省临夏回族自治州（下称临夏州），多方位、多视角对该民族地区基层法制建设现状进行了较为深入的调查。临夏州是一个少数民族贫困地区，具有人口多，特别是贫困人口多、民族成分和宗教教派多、自然灾害多和可利用资源少“三多一少”的基本州情特点。本报告作为本次社调的成果之一，重点对民族地区社会纠纷解决机制的现状和特点进行研究，试图对新的历史条件下以临夏州为代表的西北少数民族地区社会纠纷解决体制能达到较为清晰的认知。

一、临夏回族自治州社会纠纷现状及特点

临夏回族自治州位于黄河上游，甘肃省中部西南面，是全国两个回族自治州之一，辖临夏市、临夏县、永靖县、和政县、广河县、康乐县、东乡族自治县、积石山保安族东乡族撒拉族自治县（下称积石山县），境内有22个民族共196万人，以回族居多，回族在临夏回族自治州境内的总人

① 作者简介：郑天锋（1965—），男，甘肃宁县人，副教授，宪政硕士导师，主要从事民商法学、行政法学研究。

口约61万人，其中东乡族和保安族是其独有的两个民族。[①]

（一）调查区域和方法

由于临夏回族自治州各个县市经济发展水平、文化教育水平、民族人口分布等不完全相同，我们选择该州的临夏市、广河县、和政县、东乡族自治县、积石山县这五个区域进行调查。调查区域遍及临夏的东南西北和中部地区，其中除了临夏市，其余四个县都被列入国家扶贫开发工作重点县，调查资料来源于当地城镇、农村居民的口述访谈、调查笔录，同时调查对象的年龄层次、文化水平、民族等各有差异，以保证调查区域具有一定的普遍性和代表性。本次调查采取实地问卷，具体包括入户调查、问卷调查、访谈交流等，并对调查人员进行统一培训，使大家对调查的内容有详细的了解。在入户进行问卷时，实行专人入户逐一问答的形式，以保证被调查者对整个问卷能完整如实回答，使问卷信息具有可靠性。

（二）调查样本情况

关于临夏回族自治州社会纠纷现状的调查共发出调查问卷500份，收回有效调查问卷460份。其中临夏市90份，广河县88份，和政县92份，东乡族自治县94份，积石山县96份；接受调查的女性比例为23.6%，男性比例为76.4%。调查对象35岁以下的占13.5%，35—50岁（含35周岁，不含50周岁）之间的人占46.5%，50岁以上的占40%。其中文化程度为大专及以上的占4.8%，文化程度为高中的占30.2%，文化程度为初中的占39.6%，小学及以下程度的占25.4%。调查对象中回族占32.2%，东乡族占22.2%，保安族占21.2%，汉族占19.1%，撒拉族占15.3%。

通过对调研资料、数据等的分析，就临夏社会纠纷类型、解决方式、群众满意度等的结果如下：

1. 临夏回族自治州社会纠纷的类型

临夏回族自治州社会纠纷比例类型按从高到低顺序依次列举为：

第一，相邻关系纠纷。在发生过何种类型纠纷的选项中，相邻关系纠纷选项的比例高达29.2%，高于其他纠纷比例。其中在东乡族自治县、积

① 临夏回族自治州人民政府网 http：//www.lx.gansu.gov.cn/E_Type.asp？E_typeid=5。

石山县特有的东乡族、保安族人口较少，族内人群交往比较紧密，不像城市“老死不相往来”，日常生产生活中相互之间交往非常频繁，由此也就更容易产生摩擦、口角。具体表现在相邻居住、相邻村庄之间的引起的排水、通行以及树木栽植等利益冲突。

第二，土地纠纷。这一比例略低于相邻关系引起的纠纷量，达到18.3%。临夏州耕地面积达215万亩，人均1.25亩，农村户数占全州总户数的94.5%,[①] 可以说大部分调查对象都是依赖土地生活的。改革开放以来，由于经济活动日益频繁，土地调整、承包、经营、转租等引发的纠纷也就日益增多。加之各地工业建设和城镇化的推进以及房地产开发等带来的征地拆迁纠纷呈明显上升趋势。

第三，农村换届选举、婚姻、继承纠纷。由此引发的派系族群矛盾层出不穷，占15.6%。在少数民族地区由于不依法登记以夫妻关系同居、重婚、买卖婚姻、不足法定婚龄早婚、赡养、继承乃至日常生活琐事纠纷也极为常见。

第四，环境资源权属、山林水利买卖利益纠纷。随着工业化的推进，经济活动对生态环境的影响越来越明显，环境及生态问题不断受到群众关注，因生态环境的利用和保护，山林水利资源经营利益不和而引发的矛盾纠纷越来越多。这一类纠纷所占份额为12.5%。

第五，群体上访事件。如征地补偿金到位不及时导致部分基层干群关系紧张；工程建设中部分工头克扣民工工资，引发的民工聚众闹事，有的重点工程征地拆迁的法定程序和思想工作不到位，下岗职工、军转干部就业问题引发群体上访。由此引发的干群纠纷在纠纷中也占到11.5%。

第六，治安纠纷。由于青壮年普遍外出务工，农村以老弱病幼居多，这些人也就成为一些小偷小摸和行骗者作案的对象。此外回族宗教场所一些仪式或者宗教财产管理问题容易引发打架斗殴事件。而在开斋节、古尔邦节、春节期间，外出务工人员返乡也容易集中引发各种打架斗殴事件。这类治安纠纷占10.3%。

第七，民族之间由于生活习惯、语言风俗不同在生产生活中产生摩擦引发的纠纷，都归于“其他”类型，占2.6%。

---

① 临夏回族自治州人民政府网 http：//www. lx. gansu. gov. cn/E_ ReadNews. asp？NewsID = 582

我们的调查选项以及访谈内容虽然并不能完全概括该地区林林总总的纠纷类型，但上述几种还是在一定程度上大致反映了目前临夏的社会纠纷现状。可以这样总结，全州社会生活的总体形势是好的，社会稳定，人民安居乐业。但由于受到地域、历史、文化、宗教等诸多因素影响，全州经济发展、人民群众生活水平以及人的思想素质、法制观念同发达地区相比都存在很大差距。随着改革开放的深化和市场经济的不断发展，社会经济成分、利益关系和分配方式等日益多样化，各种利益冲突和社会纠纷不断出现，社会矛盾发生了新的变化，呈多样化、复杂化趋势。社会主要矛盾纠纷已经不再限于传统的婚姻家庭邻里纠纷，而以征地拆迁、资源权属、环境及生态、不同经济主体的利益、工程建设中群众利益维护等经济内容的新型矛盾纠纷日益突出，涉诉信访问题越来越突出，影响了正常的社会生产生活秩序。民事纠纷容易升级导致治安刑事案件上升，对社会稳定形成较大的压力。①

2. 公民对纠纷解决途径的选择

为了使调查对象更方便直观地选择解纷途径，我们对选项进行了列举，具体分为“法院诉讼”，“行政机关处理”，“仲裁机构仲裁”，“人民调解委员会、居委会、村委会调解”，“私人关系网络调解”，“族长、德高望重、辈分高者调解”，“宗教机构调解”，“其他”这八项。选择“法院诉讼”的占11.5%，选择“行政机关处理”的占13.7%，选择“仲裁机构仲裁”的占3.2%，选择“人民调解委员会、居委会、村委会调解”的占19.5%，选择“私人关系网络调解”的占17.3%，选择“族长、德高望重、辈分较高者调解”的占14.4%，选择“宗教机构调解”的则占18.5%，“其他”途径的占1.9%。同时发现，临夏市选择司法行政途径解决纠纷的比例分别为22.6%和18.9%，明显高于和政县10.9%、东乡族自治县的8.6%以及积石山县的6.9%。即城镇地区选择司法行政途径解决纠纷比例为39.4%，其比例明显高于农村地区的23.7%。东乡族自治县、积石山县选择居委会、村委会调解，宗教机构调解及族长、德高望重、辈分较高者调解的方式的比例，分别占到26.8%、37.5%、22.4%，明显高于其他三个县市，其中以家族、宗教机构调解方式最受当地少数民族居民

① 刘广安、李存捧著：《民间调解与权利保护》，载夏勇主编，《走向权利的时代》，中国政法大学出版社1995年版，第286－287页。

欢迎。同时，让我们印象深刻的是，在回族、东乡族、保安族、撒拉族农村居民中，存在很大一部分居民不知道仲裁为物。这些纠纷解决的方式、程序，我们在一些村规民约中也得到了印证，比如《安集乡三坪村村规民约》[①] 第41条这样规定："首先应由双方相互协商解决，若协商不了到组上进行调解，组长调解不了，再找村委调处，以此类推，不能横蛮粗暴或越级上交。"

和经济发达、法制化程度高的地区相比，临夏州通过法律途径解决纠纷的现状并不尽如人意，纠纷解决机制具有明显的地域特征、民族特征，多数公民对法院、行政机关的态度是"能不进尽量不进"，从当前送法下乡、乡村法治建设进程困境以及乡村治理现状，我们也可以看出纠纷解决方式的特点，但我们是否就可以简单地说，以临夏州为一定代表性的西部少数民族落后地区选择非法律的纠纷解决途径是非理性的呢?[②]

我们调研认为，理性是指人基于趋利避害本能，在分析处理事情时把握主要矛盾，通过成本效益的比较来实现自己认为的最佳结果。人的理性虽然受知识等因素的影响，但是趋利避害的特点却是相同的。因此可认为，少数民族地区的公民在纠纷处理中会根据自身所处情景的差异，遵从一种适当的规范，理性地选择一种适当的纠纷解决途径，以达到较为现实的目的，也是理性的。因此，我们认为，在西北少数民族地区中，且不论法治化进程发展缓慢、法制宣传不到位等客观因素，公民多选择调解机制这种非诉途径解决纠纷，是理性选择。而且，这种选择反映了少数民族传统习惯、宗教文化在他们解决纠纷中的惯性作用和较深影响。在仍具有"熟人社会"特征的少数民族村落，我们除了看到法律诉讼对于村民们来说是费时、费钱、陌生以外，更应该看到少数民族传统解纷方式的合理存在和实际作用。[③]

中国传统社会是乡土社会，乡土社会安土重迁。人们生于斯、死于斯的客观现实，决定了人们之间的关系是基于血缘或地缘关系而联结。熟人

---

① 安集乡地处积石山县城东18公里处的风林村，位于吹桥公路和永靖公路的交会处，东邻临夏县莲花镇，东北与炳灵寺隔河相望，是"彩陶王"的故乡。

② 苏力著：《送法下乡——中国基层司法制度研究》，中国政法大学出版社2001年版，第44-51页。

③ 徐晓光、文新宇著：《法律多元视角下的苗族习惯法与国家法——来自黔东南苗族地区的田野调查》，贵州民族出版社2006年版，第168页。

社会是很注重彼此关系的和谐与维护，其间纠纷通常不会通过破坏和谐的决裂式诉讼来解决，而会选择互谅互让、能维持彼此关系的调解方式来解决。[①] 虽然随着现代化推进，农村经济发展，人口流动与外面世界的联系逐渐增多，但少数民族地区“熟人社会”特征在一定程度上仍然普遍存在。因此，少数民族地区人们为兼顾人之间相互熟识、相互依赖的现实，避免人际关系的断裂、恶化，从而更重视非对抗性的调解解决纠纷方式。[②] 因此，笔者认为，在诉讼爆炸、法院积案如山的时代，少数民族地区的非诉纠纷解决机制是符合当前乡村治理需要的，其积极作用值得肯定。

3. **对各种纠纷解决途径的满意程度**

我们在上述纠纷解决途径后面设置了对该种途径解决纠纷的满意度选项，对于诉讼途径解决纠纷的满意程度，选择非常满意的占37.5%，选择基本满意的占44.8%，选择不满意的占17.7%；对于非诉行政途径解决纠纷的满意程度，选择非常满意的占39.2%，选择基本满意的占51.6%，选择不满意的占9.2%。可以看出，对于各种纠纷，公民是更倾向于选择非诉途径来解决，即使选择了诉讼途径，他们更愿意以法院调解、乡镇司法所调解方式来解决。

除了上述简单选项，我们还对满意度背后的问题与调查对象做了交流。对于诉讼这一途径，被调查对象均表示能不用尽量不用，原因主要有：

首先是隐性成本，或称为心理上障碍。在乡土社会，打官司是一件十分不光彩的事。而少数民族的乡土社会还须遵循宗教教义、传统习俗，主张息事宁人，引人向善。

第二是显性成本。司法机关在村中没有常设机构，即使找派出所也要到乡里，起诉一般到县里。来往花费的时间和费用很多，而请律师，还要花费更高费用。这样算下来，找司法机构解决就不仅是一件很麻烦的事，而且对很多村民来说，是消费不起的。

第三是知识上的障碍。司法机构的运作依靠的是严格法律程序，依据的是法律规则，表述使用法言法语，这些对于民族地区的一般人而言非常

① 邓红蕾、胡海洋著：《乡土社会调解的法律文化学思考》，载《贵州民族学院学报》2004年第6期。

② 范愉著：《非诉讼纠纷解决机制研究》，中国人民大学出版社2001年版，第272－303页。

陌生，一旦纠纷进入到司法机关，公民经常会完全失去对纠纷的个人控制。而有的民族，如东乡族，没有自己的文字，交流主要依靠语言，司法机构往往没有专人进行法律语言翻译，其诉讼权利很难得到表达或保障。

第四是非诉途径具有本土优势。国家法由国家制定或认可，并以国家强制力为后盾，从而呈现出强制性、外加性和实施的“自上而下”性。法律是不可能通过复制或照搬就可生效的，法律在没有经历本土化之前都是舶来品，少数民族地区的民众对它有强烈的异己感、排斥性，加之宣传不足，其未必能够成为民族地区民众所信奉的生活逻辑。而民族民间纠纷解决机制的程序却非常灵活多样。如在土族、保安族等村落，在发生盗窃案后，因缺乏人证和物证，便采用“喊村”的办法，即失主向全村高喊丢失了什么东西，命窃者在限定的时间内，放在某处。如果喊村无效，就告到头人处，用联保法解决，即互相保证没有偷窃东西，如某户没有联保，便是偷窃者。如全村各家各户都有联保，案子便不了了之，或待以后查出偷窃者，再加倍惩罚担保户。[①]

二、民族地区社会纠纷解决机制的完善建议和对策

从理论上归类，我们认为，目前以临夏为代表的西北少数民族地区的社会纠纷解决机制主要包括诉讼机制和非诉讼机制。但诉讼与非诉纠纷解决方式缺乏互动，还未形成一个较为完整的纠纷解决体系。

我国西北地区共有陕西、甘肃、宁夏、青海和新疆五个省区，居全国六大区之首。据2000年第五次全国人口普查统计，西北地区共有人口约9748万人，占全国总人口的7.3%。其中少数民族人口约1845万人，占全国少数民族人口总数的17.4%。少数民族人口占本地区人口比重比较大。西北少数民族地区经济条件比较落后，法治进程缓慢，诉讼程序设置单一，司法资源又极为有限，传统宗教、民族习惯仍有很深远的影响力，种种客观因素促使我们必须寻求合理的多元纠纷解决方式，在诉讼与非诉纠纷解决方式的价值冲突中寻求平衡，以开辟更符合西部少数民族地区特色

① 陈宜著：《论西部和谐社会语境下民族纠纷解决机制的完善》，载《西南民族大学学报》2009年06期。

的社会纠纷救济机制。

（一）完善和提升诉讼机制

1. 保证最大限度使社会纠纷纳入诉讼渠道来获得救济。无论非诉机制有多大优势，都须坚持司法为社会正义的最后维护神。所有社会纠纷都有进入诉讼的可能。这就要求在受理案件的范围上做必要的扩充，对于一些新型集体性的维权和集体性的冲突以及群众与行政机关所生争议等纠纷，可以让群众通过诉讼来维权，不能以各种借口将当事人挡在司法机关大门外。

2. 保证当事人参与诉讼并充分行使诉权。当事人能否平等的参与诉讼并是否依照自由意志行使自己的诉讼权利，对于纠纷的公正解决以及生效判决的履行至关重要，也关系到诉讼解决纠纷的效力和公信力。此外，在西北少数民族地区有些民族没有自己的文字只有语言的流传，例如临夏的东乡族，如果没有司法工作人员为其翻译，那么其诉讼答辩权会受到相当程度的阻碍。在《临夏回族自治州自治条例》第十五条中规定："自治州的中级人民法院和人民检察院应当用当地通用的语言检察和审理案件。保障各民族公民都有使用本民族语言文字进行诉讼的权利。对于不通晓当地通用的语言文字的诉讼参与人，应当为他们翻译。"这就需要司法人员在为当事人提供相应的法言法语的翻译服务，以保证当事人充分参与诉讼、行使诉讼权利。

3. 简化诉讼程序，减少诉讼成本。诉讼程序复杂和诉讼成本高昂是群众不选择诉讼的重要原因之一。将程序做必要的简化可以让群众更了解诉讼和运用诉讼；有条件地区在一定情况下可以减免、缓交或降低诉讼费用，保证经济收入低的少数民族地区和农村地区的居民可以获得诉讼救济，防范因贫困而无法得到司法帮助的情况出现。

4. 减少法律漏洞和法律相互间的矛盾。诉讼是建立在法律之上的活动，诉讼机制有效发挥直接受制于立法质量。中国现有立法中，经常出现的法律漏洞和法律法规间的冲突，使得群众不能理解和接受，进而通过诉讼解决社会纠纷缺少操作性和合理性。[①]

---

① 张善燚、石慧著：《农村社会纠纷解决机制的反思与完善》，载《湖南公安高等专科学校学报》2006年第6期，第23－24页。

5. 在少数民族聚居较为集中的城镇社区、街道创设少数民族社会法庭。汉族与少数民族居住生活在一个区域，常因生活方式、宗教信仰、风俗习惯的不同而时有纠纷，甚至会影响民族间团结。从维护民族团结出发，可以在少数民族聚居集中的街区建立专门的少数民族社会法庭，聘请少数民族中威望较高的法学专家担任庭长，由民族宗教事务负责人担任副庭长，同时聘请在少数民族居民中德高望众、公道正派、善于联系群众、热心为群众服务、熟悉党和国家民族政策、并有一定法律知识的当地成年公民担任社会法官。并设计少数民族社会法庭的实施方案，使法庭各项工作的开展有章可循，有法可依。例如，河南商丘市梁园区少数民族社会法庭的设立就为该种模式的实践开辟了新路，值得西北各少数民族地区借鉴。

6. 建立适合中国少数民族聚居地区的诉讼方式。人们怀念“马锡五”审判方式的原因在于“马锡五”审判方式体现了“审判为民，审判便民”的精神，在时代发展的今天，诉讼形式也应基于此进行制度创新，如包括恢复和扩大巡回法庭制度，建立基层警务机构等。在这方面，临夏中级人民法院做得相当好，该院一直坚持建设“巡回法庭”，把法庭设在田间路头，深入各县市的农村山区，让因为路途遥远，交通不便没法参加法院诉讼的群众在家门口就把纠纷解决，这一方式既满足了农村和少数民族聚居地区的诉讼要求，降低了社会纠纷率，也维护了少数民族农村地区的稳定和发展，该方式可以在西部少数民族地区广泛推行。

7. 加强民族法制的宣传教育力度。西北各少数民族法律意识的高低直接影响着法律的实施，关系着少数民族合法权益的实现。在此次调查中，我们印象很深的是在东乡族、保安族、撒拉族中有不少农民不知道仲裁方式，可以看出西北少数民族地区，特别是农村地区的很大一部分群众法律知识的匮乏，因而，当其正当权益受到损害时，不懂得运用法律武器维护自身的合法权益，也不了解具体的法律维权机构，而是惯于拉关系、找熟人，甚至采取过激方式处理。为此，要在公民中进行普法宣传，让公民自觉遵守法律，习惯以法律约束自己的行为、维护自己的权利。这方面东乡族自治县作出了一些探索，并形成了良好的机制，如在各乡镇集市上进行法律宣讲。由于东乡县山大沟深的地理环境，不大可能上门进行宣传，而每逢一、三、六的集日便成了最好的宣教时间。通常各乡镇政府和司法所在司法局统一布置下，通过设置展板，播放法制宣传片，赠送法制宣传资料的形式进行。[①] 又由于东乡群众多信奉伊斯兰教，县城附近的群众有在周五到清真大寺做主麻的习惯，因此司法局便在县城主干道上设置条幅和宣传栏，并派专人坐镇解答相关问题，同时发放相关宣传品，并通过宗教界人士进行法制宣传。伊斯兰教清真寺的阿訇、相老，寺管会的成员在信教群众中威信极高，因此，在法制宣传中，东乡族自治县通过信教群众礼拜后，由阿訇等人对相关的法律作一些通俗的讲解，并进行守法的劝诫。如前所述，东乡族没有文字只能靠言传身教，识字读书最多的地方仅为学校，因此东乡县重视学校在普法活动中的作用，全县各中小学也要求在中小学生之间经常举办相应的法制宣传活动。同时利用学生识字而很多家长不识字的特点，让学生携带相关的宣传资料回家向家长进行传达，效果良好。[②] 这些举措都收到了良好的宣传效果，值得在较为落后的少数民族地区推行。

（二）扩大和创新非诉纠纷解决机制

1. 恢复诚信的社会氛围。少数民族群众，历来淳朴、诚信。但我们还是要警惕商品经济对于纯朴社会风气的冲击，杜绝单纯的利益最大化和一切“向钱看”的思想。大多数少数民族都有自己的宗教信仰，其宗教教义都是渡人为善，以诚实互信为前提，所以能否恢复到过去熟人社会的诚信社会氛围，对于少数民族各类纠纷的解决至关重要。

2. 加强法律对于和解、调解的引导。法律是国家制定并保证实施的行为规范，而非诉机制是纠纷双方“私下的”“民间的”解纷方式，两者之间的不协调对于构建和谐社会是有害无益的。我们应当在立法中吸纳民间解决纠纷的合理成分，在法律上肯定“民间的”“私下的”“乡土的”解纷机制，以法律的形式固定下来，让非诉解纷机制发挥更大作用。虽然我国现行的法律法规对于调解机制有所规定，如《民事诉讼法》第 9 条原则性地规定了人民法院审理民事案件，应当根据自愿和合法的原则进行调解。最高人民法院《关于人民法院民事调解工作若干问题的规定》根据民事诉讼法的规定，创新和完善了引入社会力量协助人民法院调解的做法，

① 东乡族自治县各乡镇宣传计划安排。

② 东乡族自治县《关于加强法制宣传的教育的决议》的通知。

不仅细化了民事诉讼法规定的协助调解制度，而且最高院《关于审理涉及农村土地承包纠纷案件适用法律问题的解释》第26条又进一步确立了委托调解制度，规定人民法院在审理家庭承包纠纷案件时应当着重调解，必要时可以委托人民调解组织进行调解。《人民法院“二五”改革纲要》中强调要加强和完善调解制度，重视对人民调解的指导工作，依法支持和监督仲裁活动，并且将建立和健全多元化纠纷解决机制作为一项重要的改革任务。最高院还发布了《关于进一步发挥诉讼调解在构建社会主义和谐社会中积极作用的若干意见》，强调人民法院加强诉讼调解在化解矛盾、解决纠纷，保障经济发展，促进社会和谐中的职能作用。而在少数民族自治地区调解机制的探索方面，自治地方各级法院和自治地方人大、政府根据各自的实际情况，也都发布了一些适合自治地方操作的地方性法规、政府规章及其他规范性文件。这些法律、法规、司法解释及政策无疑成为民族地区非诉纠纷解决机制的法律依据，但就其对民族地区功能作用的发挥，仍需进一步研究，以期早日制度化、规范化。

3. 充分保障少数民族地区群众的利益表达。少数民族群众大都是以农、林、牧业为生，属于农牧民群体。他们的利益是客观的，但是与利益相比，利益表达更具实际意义。而现实是，他们走到城市易受歧视，很多市民看不起，认为他们受教育程度低，水平差，所以经常就被排除在利益表达的群体之外。因此对于纠纷的非诉解决方式，同样要有效地让农民、牧民来表达、认可。否则就难以体现他们的真实意志。给予农民、牧民们说的权利，不仅仅是诉讼中要解决的诟病，更是非诉解决纠纷体制要重点思考的问题。①

4. 加大少数民族地区解纷主体数量培育，最大化发挥社会解纷力量。在少数民族地区人才资源有限的情况下，必须充分利用现有资源，发挥少数民族地区法律人才的作用。除此之外，国家可以在全国建立统一的法官、仲裁员、人民调解员工资标准和福利待遇，该类人才的收支专款专用，鼓励发达地区的法律人才资源向西部少数民族地区流动。据统计，截至2000年，我国有人民调解组织10，001，579个，专职司法助理员56173人，调解人员10，354，176人，一年调解民间纠纷5，802，230件，防止

① 张善燚、石慧著：《农村社会纠纷解决机制的反思与完善》，载《湖南公安高等专科学校学报》2006年第6期，第23－24页。

矛盾激化10多万件。2004年，我国人民调解组织调解约600万件民间纠纷，防止民间纠纷激化为刑事案件平均5万多起，化解和疏导群体性上访平均4万多起。人民调解这个维护社会稳定的“第一道防线”，已经成为解决社会矛盾纠纷的重要途径和有效方法之一。我国共有乡镇街道法律服务所34，554个，法律服务人员113，612人，担任乡镇企业法律顾问477，527处，一年办理各种法律服务事务12，799，900件。[①] 但是在西北少数民族地区设立工作点的又有多少呢？就我们所曾经走访调查的康乐县为例，全县从事法律活动的工作人员，基本上都是非法律专业出身。其中县政府法制局的9名工作人员都是非法律专业人士，附城镇司法所的5名工作人员也一律非法学科班出身。所以说，西部少数民族地区的法制建设，首先是法律专业人才的建设和培养，同时，还需积极创造条件，将法律援助机构、专业律师、青年志愿者以及参加社会实践的大学生的能量发挥出来，以便于这些不同的解纷主体运用法律知识、社会科学知识解决民族地区各类社会纠纷，促进各类纠纷的非诉解决。

5. 继续加快新型非诉讼解纷机制的创新。这些年来，少数民族地区社会纠纷呈现出一些新的趋势，出现了一些新型的纠纷，那么我们就必须相应的创新我们的非诉解纷机制。如由村长、乡村教师、清真寺的阿訇、村里德高望重的老人以及妇女代表组成纠纷解决组织对族群地区的纠纷进行调解。创造适合中国少数民族地区现状的仲裁制度，简化仲裁程序，降低仲裁费用，扩大仲裁的适用范围等等，做到既利于最大化地将社会纠纷解决在少数民族聚居地，又利于整体法治环境的构建和全民族的团结稳定。

三、建立诉讼和非诉有效衔接的解纷机制

在当前西北少数民族地区特殊的环境下，上述两类解纷机制，只有有效地衔接起来才能发挥出社会纠纷解决目标的真正实现。

（一）建立诉讼和非诉解纷机制区别运用的三原则

1. 少数民族在运用本民族的纠纷解决机制时，不能与国家主权相违

---

① 李林著：《当代中国的法治改革与发展》，http：//www. tcylaw. com/yld/web/Article/ShowArticle. asp？ArticleID＝1486。

背，不能对国家统一产生不利影响。适用于民族地区的纠纷解决机制，不能损害宪法中公民基本权利，不得破坏当地社会秩序和经济发展。对于不违背宪法中公民基本权利和公认人权的解决方式和习惯法应给予认可。例如，对西部一些民族地区的事实婚姻及事实婚姻下的各种纠纷的解决，应适当考虑到本民族的习惯，而不是统一强制采用1994年以后的婚姻法律规定为准。因为，这种不考虑各民族传统情况的婚姻认定，导致的是婚姻纠纷更难以得到解决。①

2. 对侵犯宪法中公民基本权利和公认人权的固有解决方式给予审查和取缔。在一些民族中，存在的一些解纷实践与国家宪法中公民基本权利和公认人权标准是相违背的，对此应当进行审查和取缔。

3. 对同一行为，若国家法和民族习惯都认为是犯罪，仅是两者有不同的处罚方式，可以借鉴《1989年土著和部落民族公约》中第10条的原则，进行适当的变通。如采用按国家法进行处罚时，向当地民族宣读，同时在执行时兼顾各民族固有处罚方式。因为这样可以同时达到国家进行干预与社会关系有效恢复的双重目的。同时，国家参与可以消除各民族的固有解决机制中一些不符合现代公民基本权利和人权的处罚方式。如青海海南藏族自治州在1981年“闹日吾故意伤害案”中，被告闹日吾被国家判处3年有期徒刑，其妻则被按照本民族传统方式处罚，最后导致没有生活来源，只好带着2个孩子到处乞讨。对此，国家却无法进行干预。②

当然，上面的认识可能会产生三方面的影响：首先，对“国家神圣”观念的冲击，也就是对只有国家才能制定“法律”理念的冲击；其次，导致西北少数民族传统纠纷解决机制和习惯法得到恢复和加强，或者说不利于改革和废除西北少数民族的某些习俗或习惯。当然，这里隐含着更“有力”的理论支持，那就是认为这些习俗或习惯与“现代化”相违背，只有把所有群体的生活方式统一在一个体制中，才是“现代化”，但其实这是文化霸权的表现之一。最后，在法律上，这种认识与现代法治原则相违背，特别是与刑法中“罪刑法定”原则相冲突。因为各民族的传统处罚方式往往不是成文的，仅存在于大众的习惯中，容易出现处罚不公正和随意

① 胡兴东著：《西南少数民族地区多元化纠纷解决机制的构建》，载《云南社会科学》2007年4期。

② 张济民著：《青海藏区部落习惯法资料集》，青海人民出版社1993年版。

处罚的现象。

尽管如此，由于文化传统的巨大作用，西北少数民族地区社会秩序的形成还是应当部分依靠各民族固有的社会纠纷解决机制与传统风俗习惯，否则这些机制和习惯有可能会对其社会秩序的有序建立产生负面的效果。正如美国学者罗伯特·C·埃里克森在对加利福尼亚州北部夏斯塔县的牧民社会纠纷解决机制研究后提出的“法律制度者如果对那些促进非正式合作的社会条件缺乏眼力，他们就可能造就一个法律更多但秩序更少的世界”。[①] 也许我们在西北少数民族地区的法制建设中也应该以此为鉴。

（二）充分行使民族自治地方的自治权。我国《宪法》和《国民族区域自治法》等赋予民族自治地区以自治权。《民族区域自治法》第19条规定：“民族自治地方的人民代表大会有权依照当地民族的政治、经济和文化的特点，制定自治条例和单行条例。”《立法法》第66条规定：“自治条例和单行条例可以依照当地民族的特点，对法律和行政法规的规定作出变通规定。”“自治条例和单行条例可以依照当地民族的特点，对法律和行政法规的规定作出变通规定，但不得违背法律或者行政法规的基本原则，不得对宪法和民族区域自治法的规定以及其他有关法律、行政法规专门就民族自治地方所作的规定作出变通规定。”第81条规定：“自治条例和单行条例依法对法律、行政法规、地方性法规作变通规定的，在本自治地方适用自治条例和单行条例的规定。”

以上法律规定充分赋予民族自治地方自治权，自治权的行使，可将法律的基本原则与民族地方政治、经济、文化的特点充分结合，将一部分合理、有益的习惯法等民间规范融入国家法的制定中，制定出既不违背国家法律的基本精神，又能满足民族地区和民族群众的现实需要，民族群众乐于接受的法律规定。此外，民族自治地方变通补充法律的主要法律表现形式是自治条例和单行条例，自治条例和单行条例就其性质而言，属于国家法的正式渊源。因此，承载着对法律和法规变通和补充内容的自治条例、单行条例的推行，不但可以满足民族地区纠纷解决的需要，还能保障国家法律法规的统一施行，同时也是在当今民族区域自治制度下，化解法定纠纷解决依据与民族民间纠纷解决依据之间矛盾的首要环节。

① 罗伯特·C. 埃里克森：《无需法律的秩序——邻人如何解决纠纷》，苏力译，中国政法大学出版社2003年版。

（三）在法律的指导下完善村规民约。国家法作为上位法，通过对权利和义务的界定来调整、控制和引导人们的行为，是社会控制的一种手段。法律越系统、越完备，对社会的控制也就越有力。但由于地区之间和不同群体间社会经济、文化发展的不平衡，导致法律的控制功能始终有限，法律只能为社会生活提供一个模式和框架，不能对所有社会关系都面面俱到和一一触及。因此，为少数民族民间行为规范留下了生存的空间。

村规民约是民族习惯、宗教习惯在现代的一种转化表现形式，也是当今少数民族民间行为规范的重要规范渊源。“村规民约作为中国传统文化的重要组成部分，在我国历史上源远流长。历史上的村规民约，是存在于中国乡土社会的一种介于正式制度和非正式制度之间的具有一定权威性的民间行为规范。在不同历史时期，为维护传统的乡村秩序发挥着大体相同的教化作用。”伴随着改革开放和村民自治的推行，村规民约发生着明显的变迁，并呈现出新的特点：一是乡土性与现代性相融合；二是内容和形式上都呈现出理性和科学性。“现代村规民约多是参照国家法的立法技术制定的，与纯粹自然生成的传统村规民约规范体系相比，其具有较高的系统性、规范性，体现出一种形式理性化的倾向。”

现代村规民约借助其传统的力量和类似国家法的理性形式，以新的内容填补国家立法的空缺，将国家法的“有所不为”与民间法的“有所为”有机结合，丰富和弥补国家法纠纷解决机制的不足，成为国家法纠纷解决机制的自然延伸和有效补充。也成为化解法定纠纷解决依据与民间纠纷解决依据之间矛盾的重要补充。①

（四）协调好基层各民间解纷方式，筑牢解决纠纷的“第一道防线”。要建立健全基层调解指导网络，发挥基层人民调解网络亲民、近民、便民优势，密切警民、干群关系，减少涉讼上访案件，维护社会稳定。具体设计思路为：一是以基层法院建立指导人民调解工作领导小组，负责组织、指导辖区的人民调解工作，定期组织召开指导人民调解工作会议，总结、分析人民调解工作开展情况，研究对策，解决问题，不断推进人民法院指导人民调解工作的发展。二是以派出法庭为单位，在法庭辖区内广泛建立乡（镇）、村（社区）、组三级人民调解组织网络，形成以法庭为指导调解

① 陈宜著：《论西部和谐社会语境下民族纠纷解决机制的完善》，载《西南民族大学学报》2009年第6期。

工作中心，分级负责，覆盖整个辖区的三级人民调解互动网络，既可准确及时掌握辖区内民事纠纷发生情况，又可对重大疑难案件及时掌握、立案，快速审理，及时有效地化解矛盾，保护当事人的合法权益。在此基础上，积极稳妥地发展行业性、区域性人民调解组织，在不同行业和系统建立各类专门调解组织，不断发展和完善人民调解工作网络。三是建立司法联席会议制度、情况通报制度、庭审观摩和联合培训制度，使基层公安派出所、司法所、人民法庭和村级调解组织密切工作配合，形成合力。对于民间调解组织解决不了的矛盾纠纷，依次进入行政调解和司法程序，形成梯次防线，逐步化解矛盾纠纷。[①]

① 印达岗著：《试论少数民族地区矛盾纠纷发生的特点及法院调解工作发展思路》，湘西法院网。

社会变迁中的非正式惩罚

——云南怒江傈僳族自治州福贡县腊吐底村的驻村观察

曾代伟　许　娟[①]

非正式惩罚是非官方惩罚，具体而言是指私人之间的惩罚、社会团体的惩罚、其他社会规范中的惩罚以及自我惩罚。相对于正式惩罚而言，一般非正式惩罚的形式有四种，身体罚、财产罚、资格罚和申戒罚。现代社会的非正式惩罚，身体罚已经为现代法律所不容，例如对偷盗者不能动用私刑等。财产罚在现代乡规民约中是最为常见的一种惩罚形式，村委会对超生、不上学者常用财产罚，但是乡规民约中财产罚的合法性时常受到质疑[②]。资格罚和申戒罚属于精神罚（名誉罚）或者心理罚。精神罚则是通过孤立、侮辱、警告、驱逐等手段使之在精神上感到巨大的压力，但精神罚有时并非真心屈从，但会造成名誉上受损。心理罚是让人们从内心深处忏悔，心甘情愿地悔罪下次不再违反社会规范。精神罚和心理罚之间有一个过渡和转换，当发生某件意外事件导致某人精神上受到巨大压力，经过内心的压力，可能转化为内心深处的忏悔，构成心理强制。根据马布利原则：如果由我来施加惩罚的话，惩罚应该打击灵魂而非肉体。[③] 傈僳族的惩罚并不完全呈现单一的惩罚形式，往往以几种惩罚相互结合的形式，如神判惩罚、泼血诅咒主要是精神罚、心理罚和财产罚的结合，拒绝祷告实质上是剥夺祷告权利的资格罚，并构成对精神利益的申戒罚，达到精神罚

① 作者简介：曾代伟，男，1947 年，重庆人，西南政法大学教授，博士生导师；许娟，女，1972 年，湖北仙桃人，中南民族大学副教授，硕士生导师。

② 有些乡规民约中的财产罚过高过滥，不能体现国家法律的严肃性和统一性。

③ ［法］米歇尔·福珂：《惩罚与规训》，刘北成等译，三联书店 1999 年版，第 72 页。

乃至心理罚的目的。自从腊吐底基督教取代原始宗教以后，神判裁判、泼血诅咒已经退出了非正式惩罚的舞台，村委会调解家事纠纷中常用写保证书的惩罚形式，而拒绝祷告等剥夺资格，以及半行政化的剥夺资格罚成为腊吐底社会维持社会秩序的主要惩罚形式（腊吐底犯罪率近乎为零，村民近乎没有受到国家的正式惩罚）。

一、从神判惩罚到祷告诅咒

经常喜欢来被盗者家的人，就可能会被怀疑为偷盗者，如果这个被怀疑的人不承认偷盗行为，又没有其他证据证明确实是这个人偷的，傈僳族人就会用“捞油锅”的方式进行裁判。① 尽管村里的老人自己本人没有经历过，但他们听父辈们讲曾经发生在村庄中的裁判方法，村里老人讲述的程序是，找两个巫师做一些巫蛊的邪术，砍山上的树，山树不是一般的树，而是自然枯干了的树，如果是我指控你犯了偷窃，被指控偷盗的一方要背17筐柴火，指控别人偷东西的一方则要背9筐柴火，在油锅里面放磨好了的石头（磨得像斧头一样），烧一天，把油锅里的火烧得很旺很旺，待锅烧得通红了，两个巫师都做见证，如果被怀疑偷窃者一直说我没偷，怀疑者说，“那你敢不敢抓锅里面的东西？”被怀疑偷盗者表示敢抓，要是被怀疑偷盗者的手没有烂，就证明被怀疑偷盗者是无辜的。两个人在要抓锅里石头之前，要对天起誓，被怀疑偷盗者说请求上天帮助我：在这个锅里面放上一点血，或是冷水，不要让我烫伤。怀疑者也同样会对天起誓：把他夹在锅里面通红通红的火，不是真正的火，在我们面前的是泉水。抓了石头之后，把两个抓石头的人单独地关在房子里面，坐上三天。三天之后找两个证人，去看他的手有没有烫伤。如果被怀疑偷盗者的手没有被石头烫伤的话，怀疑者必须赔给被怀疑偷盗者三头牛，如果被怀疑偷盗者的手被烫伤的话，被怀疑偷盗者就赔给怀疑者三头牛。在没有足够证据之下，都是采取这种方式进行裁判，如果按照这种方式裁判和好了，会赔偿

---

① 巫师是为社区或个人主持祭祀仪式，熟悉这方面的程式和礼仪，常常作为前工业时代中宗教人员的泛称。《阿赞德人的巫术、神谕和摩法》一书中描述揭示了巫术、神谕和魔法的三角形习俗生活。

对方损失；如果双方对这个协调都不满，两个家族就会有争斗，用那个弩弓和刀子来做武器，把弩弓做成弩箭，不是光明正大的争斗，而是突然的袭击。[①]

传统社会中巫师的地位十分重要，傈僳族社会视以杀别人灵魂的方法祸害他人的做法最为不道德，也最不人道，一旦发现就会招致严重惩罚，也会用捞油锅的方式进行惩罚[②]。随着基督教信仰逐渐取代了傈僳族人对原始宗教蛊术的恐惧，十字架战胜了灵树，[③] 教会的执事或传道员逐渐取代了巫师的作用。基督教的教牧人员协调纠纷的方式很文明，偷盗者知道自己错了，偷盗者会找教牧人员忏悔自己的过错，教牧人员将偷盗者和被盗者聚在一起，进行调解，双方达成一个赔偿的协议。但是，信仰基督的信徒禁止喝酒，而腊吐底历史上好酒的习俗仍然没有随着信仰而彻底消失，酒也曾经是并在某些时候仍然是傈僳族人解决纠纷的一种载体，对于有证据的偷盗行为化解的方式类似于羌族的转转酒[④]，如果说偷盗者前来认错，并祈求原谅的话，村里的老人或者组长叫那个偷盗者和被偷盗者聚集在一起，偷盗者就会拿出坛里面酿的酒，就等于是向对方承认错误，并道歉道：我错了，请你谅解。做个礼节，所以喝了酒之后，我们会原谅，原物还在的，就返还原物，如果原物灭失了，就会还钱。谁也不介意就那样事情就这样过了，但是这种喝酒解决纠纷的方式现在在基督徒信众中间

---

① 王学辉教授的《一次法人类学的具体体验——云南省怒江大峡谷傈僳族习惯法文化简析》一文中记载了三种神判方式：一是捞油锅。即用手到开水锅里捞石头的神秘判决方法。这种方法，先在野外找一小块平地，然后找三根椭圆形的石柱插入土中，形成三脚，再架一口大铁锅，锅里放满水。用柴火将水烧开。若捞油锅者是男的则用九背柴；女的烧七背柴。先由头人举行仪式，双方对天发誓，喃喃咒语；中间人将石头投入煮沸的锅底，由被告者去捞水中的石头。捞出后用三碗谷子米搓手。如手未被烫伤，三天内不致起泡糜烂，则认为是清白无罪，即为胜。如若手被烫伤糜烂，就确认他是罪犯。即输方除输给胜方立定之赌物外，还要将土地或其他失物赔给对方。二是拨火桩。将一条约二尺长的石柱埋入土中一半，周围架起柴火来烧。由被者去拨烧红的石柱，拨者的手烫伤了就算输，否则，对方就要加倍赔偿。三是喝血酒。先由头人或巫师喃喃咒语，杀一只公鸡，将鸡血滴入酒中，由被告喝下。如果三年内喝血酒的人不害大病或不致死去，就认定是清白无罪。反之被视为罪人，死有余辜。傈僳族民间认为神判是非常严重的一桩事，仪式很隆重，一般不轻易举行。

② 余德芬著：《傈僳族传统信仰与禁忌探析》，载《中南民族大学学报（人文社会科学版）》2010 年第 3 期。

③ 曹月如著：《云南怒江傈僳族基督教文化研究——以福贡县架科乡里吾底村为例》，2008 年中央民族大学博士论文。

④ 俞荣根主编：《羌族习惯法》，重庆出版社 2000 年版，第 418 页。

是行不通的。一些不够虔诚的基督徒仍然会在内心祷告诅咒，说谁偷了我的钱，就会诅咒，比如说我比较穷，我唯独只剩下一头牛，偏偏这头牛被别人偷了，但也没有证据证明谁偷了我的牛，就在内心里祈祷："上帝啊，你赶快惩罚他，让我知道谁偷了我牛，以便于我去惩罚他。"说实话，腊吐底的老百姓都是血肉之躯，人的思维想法差不多是一致的。如果别人偷了你的牛，你难道就没有祷告上帝去惩罚偷窃者的念头吗？

二、从泼血诅咒到忏悔宽恕

腊吐底紧邻缅甸，缅甸盛行巫术，腊吐底人与缅甸人的交往较多，但是其巫蛊邪术似乎很少影响到腊吐底。传说缅甸有一种拥有巫术的人，当你在和他吵架或者争论的时候，他会在不知不觉中取下你的肉，让你慢慢死去。没有人敢和他们在一起居住，他们让人感觉害怕，只有相处久了才能分辨出来。有超能力的人会忍不住吃路边的羊。腊吐底人也有中蛊的现象，腊吐底人也不会用一种恰当的称谓去表达，比如，今天我遇到了你，我身上很多地方一直很痒，很多地方都是这样，或者是耳朵里面有虫，鼻孔里面有虫，实际上是没有，也没虫，仿佛受了巫蛊的影响，似乎中招了。文化大革命之后，小组长负责协调的案件中有一些被鬼附着的巫师，村民与这些行邪术的人接触后，人们就会莫名其妙的死去，小组长就把村里行邪术的人召集在一起，劝告他们不要再行邪术了，但是很难调解，小组长逼问道："如果不是你行邪术的话，那会是谁做的？"这样就逼问出另一个行邪术的巫师，但是仍然解决不了问题。于是小组长就从福贡县上帕镇镇上请来一个更厉害的巫师，巫师诅咒道："如果没有被鬼附着的话，请求保佑他们，如果被鬼附着了，请求消灭他们"，诅咒之前，男人吃 9 片肥肉，女人吃 7 片肥肉，诅咒之后，被怀疑被鬼附着了的全部死去了，他们的儿女也有同样的事情发生。村庄里偶尔也会出现假装的巫师，另外一个村子里的巫师来找假巫师交流，假巫师就给真巫师倒两碗大酒，让真巫师的邪术使不出来，自己就不会被真巫师发现。村里人讨厌假装的巫师，假装的巫师是为了让村民都怕他才伪装成巫师，村小组长就告诉假巫师说："因为你的巫术导致他人的死亡，他都会向你索命的，如果假装的行为被村民发现，后果就会很严重，”假装的巫师因为害怕严重后果的出现，就承认自己是假装的巫师，这样，在村小组长的劝说之下，成功地解决了这个假装的巫师。

在腊吐底的原始社会时期，通奸后被发现，把家族里面懂事的和有说话能力的人请上两三个、还要请上中保，所有人聚集在一起，在酋长的主持下协调，必须杀一头牛，一半分给大家吃，一半要赔偿给通奸者的丈夫，把通奸女人的衣服、裤子都给妻子，妻子要把通奸的女人给的衣服全部砍成脆片，还要念上咒语：我必须要把你的弩弓或者剑箱全部给通奸女子的丈夫，你的丈夫要当着大家的面，把弩弓和剑都要砍成脆片，还要念上咒语，对于中保的意见要保持满意，大家协调的赔偿达成满意后，杀牛是另外必需的，这就是惩罚。协调不满意的话，两个家族还会发生决斗，在弩弓和剑上投上毒，两个家族就会决斗，不是光明正大的决斗，而是突然袭击。妇女打死奸夫不必赔命金。强奸后就不再犯的，被强奸的女子不会受到歧视，其他村子会有些歧视被强奸的案子，但在腊吐底村是没有的。

一般的偷盗行为是不会被泼血诅咒的，对于偷牛、羊、猪或钱等类似的事情，如果被指控人不承认偷盗，被偷盗者就很生气，就会采用泼血[①]的方式，泼血的程序十分固定。拿两根竹竿，三个石头，将白纸挂在竹竿上（白色对于傈僳族是比较忌讳的颜色），杀一只鸡，把血和酒和在一起，泼在石头上面，另外一些就泼在上面一点，表示往上走，不要回来的意思，（有一种说法是把盛酒的杯子拿低一点，防止鸡血溅出石头，鸡血只能泼在石头上）把死鸡挂在竹竿上，念咒语道；“偷我牛的人不得好死，遭天打雷劈，”这种诅咒对于曾经信仰原始宗教的傈僳族人来说，是很严重的惩罚，比现实生活中的法律还要更严格、更严重。泼血仪式一旦举行，真正的偷盗者心理十分恐惧，因为他们相信血一泼出去就无法挽回了，还在泼血之前，赶快承认了，如果你不承认偷我的牛，你试试看，这

---

① 王学辉教授在《一次法人类学的具体体验——云南省怒江大峡谷傈僳族习惯法文化简析》一文中记载：如某人的东西被盗，怀疑是某某人偷了时，就采取“泼血酒”的方式来裁决。即由双方当事人请一巫师或中间人为证，杀一只鸡，将鸡血注人酒中，双方相互对天发誓，念咒语，誓毕，将鸡血泼置地上，以后不论任何人，谁先走过泼血酒的地方，谁就是偷窃者，谁就被恶鬼附身得病而死。如若偷窃者被当众拿获，则交头人处置，轻者赔偿失窃之物，重者要割去一只耳朵。

个血泼出去的后果。但是如果你还是要面子，硬着头皮说："我没偷"，那个泼血的人想，那你走着瞧，你试试看。血泼出去了以后，会很快的得到报应，比如我向你说诅咒的话，不可能叫你死，你现在就死，有的人报应来得快一点，有的人的报应来得慢一点，但是为什么快、为什么慢，傈僳族的百姓也不知道。

现在，基督教坚决反对类似泼血等原始宗教裁判的方式，即使心里面有一点这样的念头，都是不行的。因为现在傈僳族人信仰基督教，基督教教导村民，我们现在是一个新造的人，思想也不是原来的人了，不能再运用这种方法对待人了。基督教取代原始鬼神信仰是有多种方面的原因的。有人为替家人消除病灾而请巫师杀牲祭鬼，耗尽资财，出卖土地，日渐贫穷。也有人因长辈亡故而请亲戚邻居吃酒席，一次杀牛 2 头、猪 37 头、鸡 16 只，用于祭鬼，最后落得出卖居屋、靠亲友周济度日。基督教传入后，禁止信徒杀牲祭鬼，提倡用祷告和服药的"神药两解"方式治病，客观上限制了对生产力的破坏、有利于生活的安稳。[①] 腊吐底村信仰基督教后，对于信教的人而言，人家偷了你的一双鞋子、一口锅之类的东西，由于这些东西丢失了，还可以找回来，所以教徒也不会在意。对于那些不信教的人而言，被偷了很重要的东西，偶尔也会杀鸡泼血，也有些不信教的人，知道泼血的后果很严重，所以现在很少有人泼血。由于大环境都是信仰基督教的，泼血几乎退出了人们的日常生活实践，如果现在仍然有人提到泼血，都会成为村民的笑谈，觉得很滑稽。但为什么信仰基督教后，仍然有些偷牛的现象，这是因为有些基督徒是挂名的，并没有内心的真正的信念，他的所作所为能够看得出来他是不是一个真正的基督徒。如果是一个真正的信徒，在没有人的情况下也不去偷，因为真正的基督徒相信，要对众人说的每一句都跟上帝说的话是一样的。挂名的基督徒就不是这样，那些挂名的基督徒就对上帝虔诚的心是比较淡的，他只要眼前有好处，就不管上帝在不在我身边。挂名的基督徒认为，"只要上帝看不到，我们怎么做就无所谓了"。后来，也许是上帝为了挽救他，他得了一场重病，他就开始想：也许是上帝爱我，他要惩罚我，所以偷牛的人就跟被偷牛的人说："我偷了你家的牛，实在是对不起，我得罪了你，也得罪了上帝，我

---

① 沈坚著：《基督教与云南怒江傈僳族社会》，载《历史教学问题》2006 年第 1 期。

祈求你原谅，上帝要惩罚我吧。”如果我是虔诚的基督徒，就会说“没关系，没关系，人总会有犯错误的时候。”基督徒是不会吃亏的，《圣经》教导信徒：“你饶恕别人的过犯，别人就会饶恕你的过错。”人不是十全十美的人，总会犯错误，我不饶恕你的过错，上帝也不会饶恕你的过错。这个被偷牛的人根据《圣经》的指引，是不需要任何赔偿的，饶恕了偷牛的人，就这样惩罚以宽恕结束，在这里惩罚并不是物质的（不需要陪牛和钱），而是一种内心的忏悔，这种忏悔或者请求他人原谅的真诚的道歉，就达到了改造越轨者的效果。

三、从声誉受损到拒绝祷告

偷窃的人会遭到舆论的谴责，但并不是所有的人都记得住这个小偷，但是被偷的人家会记忆深刻，尽管时间越久越会忘记，如果过了几十年，主人家还会很警惕，认为他曾经来过我们家偷过东西。人类对于干坏事的人的记忆成为一种社会评价，阿布是一个得了小儿麻痹症的青年，今年36岁，他曾经砍伤了母亲的手指，砍伤了自己的表弟，这两件事情至今仍然被村民议论，已经退休的小组长老伯叫我们不要理阿布，村老中医张老伯也表示阿布对自己的亲人都下毒手，良心大大的坏掉了。基督耶稣徒相信，我们现在这个世上所做的一切的好与坏来审判我们，他们会把我们所做的一切都一一二二的记上，这个世上的会计会写错一个字，记错一个字，但是耶稣基督会最最完美的记录一些事情，他记录点点滴滴都清清楚楚，不会搞错的，做坏事被记忆的直接后果就是声誉受损，尽管人们会祈求上帝宽恕他的罪过，但是，他干的坏事上帝还是会记得的。过去腊吐底村干部的声誉和威望是很高的，但是随着政府征地拆迁进程的白热化，村干部的声誉日趋衰落，尽管村干部的声誉弱化，但并不影响村干部在村庄的权威，现在村干部的权威很多不是来自于声誉，而是来自于权力，声誉尽管对于村民很重要，但是比起权力而言，声誉并非仍然占据最为重要的地位了，这样，声誉罚在腊吐底的惩罚效果也就越来越弱化了。

尽管基督的信徒不会不理人，也不会排斥人，反而会对于那些不幸的人予以祷告，求神医治那些不好的人，每天中午，教牧人员都会祷告。但与此同时，基督教会也会对那些屡教不改的人予以拒绝祷告，拒绝祷告的惩戒功能发挥了较声誉罚更为多的作用。基督教惩戒期间，十字架不给你，通过拒绝祷告的方式惩罚违背教规的基督徒，令基督徒在精神上受到谴责，达到精神强制的作用。具体而言，这种精神强制包括：病了拒绝祷告，死了拒绝祷告等。神的饶恕是可以的，但是神对于屡教不改的人，也会采取类似监外执行、取保候审的处罚措施，神对于那种有实际行动的改过的人是可以宽恕的，但是，对于那些没有实际行动，而只是嘴巴上说要改过，但是在行动上仍然不改的人，上帝是不会饶恕他的。在基督教的信仰中，信徒相信报应，对于那些屡教不改的人，更多的现实惩罚都无用，只有耶稣对他的惩罚是最严厉的。尽管人们不歧视那些酗酒者、虐待父母妻儿者、不孝敬父母者、挥霍钱财者，但是，很多具有恶习或者暴力倾向的人都是因为酗酒导致的，对于不参加基督教教堂活动、不遵守教规戒律的人面对疾病或者死亡时，将被教会剥夺受到基督教牧人员祷告的权利。害怕被剥夺祷告资格的强制在信仰不够虔诚的时候，只能算作是一种精神强制，但是，对于虔诚的信徒而言（在腊吐底村，虔诚的信众比例较高），十字架不给你是一种最为严重的心理强制。

四、从人身罚到财产罚和资格罚

过去对偷窃常常还运用私刑，即使不运用私刑，也会容忍私刑的发生。在缅甸直到今天，哪怕是偷一根针，都会被砍掉手指一根，偷一次逮住了砍手指一根，偷二次砍两根。在腊吐底老人的印象中，过去，你打伤、打残小偷是可以的，没有打死过的小偷，不是政府提倡的，但是政府也会睁一只眼闭一只眼。过去偷牛当场被抓，打残、打死也不承担责任。直到现在，偷牛当场被抓住了的话，打人也是可以的，这是百姓的观点。

现代有文字规定的乡规民约不是傈僳族原有的习俗，是经过进化来的。现代乡规民约类似于法律，几乎都是由政府制定的，村委会制定的乡规民约不可能再将人身罚写进去，毕竟公开施行人身罚会被打上野蛮时代的印记，况且腊吐底村犯罪率几乎为零，人们大多以烧毁自家房屋相威胁，或者仅仅只是因为气愤扬言要烧毁掉自家的房屋，我的报告人几乎没有给我讲述一起对越轨者进行集体公开施暴的事件，事实上也没有集体公开施暴事件发生过。偷牛财产罚的乡规民约并不是腊吐底人最原始的习惯法，而是经过慢慢地进化形成的，偷一头牛，赔两头牛，偷窃的赔偿比例1∶2，翻倍赔偿后，还要行陪酒礼，如果没能力偿还，即使是卖地也要还偷牛给别人带来的损失。如果亲戚的自愿，亲戚也可以代偿，但是亲戚并不承担连带责任。

现在村委会制定的财产罚的威慑力远不如变相财产罚和资格罚，这些变相的财产罚和资格罚包括剥夺国家的惠农政策、剥夺农户耕种权利，扣地、扣公粮、拖延办理证明（如低保、残疾证明）等。腊吐底的乡规民约内容简单，除了计划生育和教育罚款的规定外，并没变相的财产罚和资格罚的明文规定。在征地拆迁已经结束的泸水县老窝乡中元村（云南省人大的示范村），其《村规民约》中的第三十四条规定，村民在新宅基地上建房须本人提出申请，交村委会上级乡土管所方可按规划建盖。审批建房地按每一平方米交费0.5元，其中交村民小组、村委会各百分之五十，和不批就建，如有违反，责令其自行拆除并恢复土地原状。第三十五条：村民因发展种植业、养殖业而租用集体土地，经村委会及土地管理部门审批后按合同规定的地点和用途使用，不准将合同用地进行非法出租或转手倒卖，违者村小组有权报请村委会终止合同，收回土地使用权，不作任何补偿。第三十六条规定（一）农户未经村民小组和村委会批准同意，不得私自乱开集体土地，已经开发开荒的，应无偿归还给村民小组（如属特殊情况，由双方协调处理）。（二）未经村民小组及村委会同意，私自开荒、开发使用土地内的果树、作物、如国家、集体征用不作任何补偿。腊竹底村的村规民约则有这样的规定：对违反计划生育政策的农户三年内不得享受农村低保、扶贫项目扶持的优惠政策，其所在村民小组取消一年的各种扶持优惠政策及项目，并严格按《云南省计划生育条例》处理。尽管腊吐底村的村规民约还没有中元村村规民约这样的规定，但是村委会实际上也施行着剥夺惠农政策得做法。腊吐底村民土地被征用后，在国门中学那边的农户可以拿到非农户口，可以享受城镇低保，享受边地补助，但是至今已经三年了，仍然没有到位，资格和待遇拖着不办，村民的非农户口一天不到位，村民的财产权就一天受损，受损的财产权对于村民而言就是一直变相的剥夺和惩罚。百姓也会担心因为征地与村委会乃至政府对抗的结果，会丧失掉更多的惠农利益，这些惠农利益实现的决定权在乡镇府，如果得罪了政府，政府会用拖延或者剥夺惠农政策来惩罚闹事的村民，对于有些村里聘用的小组长、天保员闹事的，政府也会剥夺他们的职位，实施变相的资格罚，这种资格罚的直接后果就是财产损失（一个月 300－400 元的收入）。

五、从公开训诫到写保证书，再到公开训诫

村里的老人回忆，1958 年，说一些对不起国家的话、不好好劳动、偷了生产队的贵重东西都会被送进监狱，偷了生产队的小东西，只会受到思想的批判，如果偷了贵重的东西，就会被送到有关部门。小问题的话，就会在村里烤火的时候，大家边聊天，边批判，如果是大问题的话，就会由来访队进行处理。犯错的话就会被抓，“文化大革命”时期的腊吐底村放错误的村民也不写悔过书，但是要在全村开大会认错，或者公开批斗，程序是戴个竹子编的很高的帽子，帽子上写着过错的原因。改革开放以后，这种公开训诫的方式并不以这种公开的形式出现，但是村委会也会采取少量的公开训诫和写保证书的方式。写保证书是现在很常见的解决家庭纠纷的一种惩戒结果，笔者参加了村委会干部（包括村支书、副书记、武装干事、村副主任、村小组长等）、当事人的近亲属以及少量周围的邻居组成的调解委员会，应当事人的请求，村干部开着摩托车上了山头上的这个贫穷家庭的家里，去调解这个案件。驼背老汉的儿子是个家暴的施加者，老汉的儿子一共打了他父亲四次，第一次打他父亲时，把父亲脚打得很痛，跑到木古甲村里；第二次，把老汉的眼睛打伤了。每次儿子打父亲的时候并不是醉得很厉害，而是半醒半醉的，儿子埋怨父母分地不公，埋怨父母是导致自己生活不好的原因。儿子经常拿着瓶子砸烂，并扬言要烧掉自己的房子，儿子讨厌父母过来劝架，儿子执拗地认为当他打骂自己的妻子时，父母不应该插手管他的家事。老汉曾经多次叫村委会的人过来调解，调解过程中，村委会干部每次都要求儿子写保证书，儿子哭了，但最终还是写了保证书，不过儿子醉酒时继续上演着打骂父母的暴力事件。

阿肯是村天保员，他向我讲述了村委会对他公开训诫并撤去其天保员一职的全部经过。这条路原来不是这样计划的，后来他们因为有些问题改

变了路线，79 年的时候，村委会这一片包括腊吐底教堂，有一次最大的泥石流，山体滑坡全部冲到了江里，现在路线又弯到了以前有泥石流的地方，腊吐底的村民不希望冒幸福生活被泥石流破坏的风险，村民认为，“自然灾害我们没有办法，但是人为的灾难只要能够避免，我们还是尽量避免”。于是腊吐底的村民联名写了申诉信，并推选了阿肯为领头人，一起找到了村委会、镇委会、实施挖公路的单位、国土局等，结果是政府允许了百姓的联名申请，政府原来往那边挖的路线重新绕了回来，虽然没有完全按照村民的意见，但是也注意到了避免泥石流的问题。

这件事情结束后，村委会列举了带头闹事的天保员阿肯的两条罪状，第一，你阻止这条路不让挖，第二，你组织百姓去骚动、骚乱，去政府里面去反映，这是两大错误。现在我们村委会给你两大机会，其一，就是写一份保证书。保证以后要好好做天保员，履行带头的职责。原来阿肯做天保员的时候，镇林业部门的人对阿肯十分满意，所以他们现在也不愿再聘用别的天保员，不愿意把阿肯拿下了，拿下阿肯于镇林业部门的管理也不是什么好事。于是，镇政府以及村委会的人一致认为，阿肯做天保员也做得很好的，工作情况都比较熟悉了，所以只要阿肯你选择，写下保证书，就可以不被拿下。阿肯想，既然我干天保员拿补助就应该履行职责，这是理所应当的事情，所以，阿肯认为，写保证书是没有什么问题的；其二，阿肯必须保证要遵守村委会两会的决策决议，阿肯想，这个保证书都是在天保员的职责范围之内应该履行的职责，答应这两个条件是天保员分内的事情，也未尝不可以。但是，阿肯还是提出了一个写保证书的条件，那就是只要是对村民有不利的村委会两会的决策决议，我还是要反映的，如果你们不让我们村民反映意见的话，我就不写保证书。村委会的人说你可以反映意见，但是你反映意见的方式、方法要改。阿肯说只要允许我们反映意见，至于反映意见的方式方法是可以改的，这样，阿肯就写了两份保证书。

后来有一天，他们忽然召集了我们村的教会里的长老等兄弟相处得很好的人。我们村里有 7 个教堂，每个教堂有 3 个长老，一共有 21 个长老，还有八大员（包括团支书、兽医员）等在村委会的球场集合。当着那么多人的面，他们就说阿肯需要当着众人的面，承认他的错误。村委会的人说了很长的时间，阿肯觉得自己的面子那天全部都没有了，丢光了。阿肯想，当着六七十个人的面，我又不是个小娃娃，要我当着那么多人的面去把保证书念一下，我只是保证了以后不会联合村民一起去反映，而是我单独去反映，这个是我需要改的，但是我根本没有承认我错了，他们的意思是我没有按照他们的意愿去做，他们给我的报复就是让我在群众面前丢脸。那天阿肯很生气，当着群众面前，阿肯就说了，你们不要批判我，我的过错没有这么大，我不必要向你们低头，我可以不做，说完就跑掉了。第二天，阿肯的同事，天保员兄弟，向阿肯做工作说："你在，我们去填意见只需要一天，你不在了之后，我们需要做两天，所以，你还是尽量把保证书读一下，"阿肯答应这位天保员兄弟说过几天就答复，政府工作组也劝说："阿肯，昨天你为什么不念保证书，你那么生气干什么？你现在不要为了这条公路，而不去做天保员，不要在心里埋下话，我们不会记仇的，我答应你去做村委会的工作。"但是，阿肯认为，既然村委会原来说好了，只是工作方法的问题，可突然当众宣读，像"文化大革命"一样，面对那天突然的处罚，阿肯的父亲（村教堂长老）对他们这样的做法也很生气，事后，阿肯的父亲去质问了村支书、工作组的领导，要他们给一个答复。我的孩子犯了哪一条罪、哪一条法，要他在这么多人面前批评，在这么多人面前念保证书，他到底犯了什么罪过，你们给我解释，不然我要去告的。阿肯的父亲到底是村里的精神领袖，他并没有真的去告村委会，生气之后冷静下来想想，这个事情是越说越大，现在，我们不要为了这样的事情伤了和村委会同志十多年的感情。阿肯在家里面过生活，以前光吃一点苞谷面就过了，现在已经比以前的生活要好了，去告好像是为了天保员这400元的收入一样。原来阿肯做小组长，有很多事情都是和村支书共同商量共同解决的，差不多相处了十多年，现在在村委会选举，阿肯又选上了副主任的候选人。但阿肯写了一份申请书，表示不参加竞选。不竞选的理由就是要好好信仰，因为现在大多数村里面的干部都是喝酒抽烟，阿肯不去选的理由并不是对他们有意见，而是为了更好地去信仰。

那件申戒罚出现后，阿肯的父亲、亲戚、朋友都是很同情，都表示不要将这惩戒的情况向上面领导去汇报，天保员和修路是两回事，村委会把这个事情掺和到一块，是不对的，但大家的这种好意被阿肯拒绝了。阿肯想：人没有不死的一天，也总有死的一天，不希望人死的时候，有人这样讲坏话，那样讲坏话，所以，就不上告了。那么，阿肯反映修路的事情是没错的，那么村委会为什么要在大会里公开训诫呢？阿肯想不通有两点：一是，对于向上级反映的天保员还有，不是我一个，但是为什么面对他人的过错，他们就不问，而对于我则要公开批评，严重处理我。其二，我尊重村委会的领导的权威，我也无话可说。人，尤其是当官的人，都是在群众面前的威望，都是为了面子，觉得自己说一就是一，说二就是二，村委会主任的权威做不到的话，就会丢面子，但是，为什么采取这种突然的方式进行。申戒罚的公开羞辱都很令当事人丢面子，当事人就会采取拒绝公开宣读悔过书，一走了之的方式表示对抗，尽管当事人事后也会觉得，自己拂袖而去的做法十分幼稚，或许当着众人的面澄清事实更为理智些，但是，面对突如其来的公开忏悔，屈辱之下拂袖而去也是难免的。事后，阿肯在送笔者回武干家的路上，遇到了两名村民，这两名村民说："阿肯我们支持你，你是好样的。"看来阿肯是十分需要其他村民对他行为的认同，不仅这样，其他的天保员当着阿肯的面也表示支持阿肯，尽管阿肯遭到了村委会的惩罚，但是却赢得了村民们的支持。这种民众与官方的对抗仍然随着政府行为的升级而升级，农民对国家的抵抗行为是否代表了环境保护的原动力。①

在行政法学理论上，一般将行政处罚分为四类，分别为人身罚、资格罚、财产罚及申戒罚等。"申戒罚"则是指精神罚或影响声誉罚，通过对其名誉、荣誉、信誉等施加影响，引起其精神上的警惕，使其不再违法的处罚形式，比如警告、训诫都属于这类型的处罚。从国外的一些法律实践看，强调申戒罚，的确会起到其他惩罚手段所无法达到的效果。② 所谓"行为罚"，亦称资格罚，是指执法部门剥夺违法当事人某些特定行为能力和资格的处罚。村委会对阿肯的处罚分为两类，一类是资格罚，村委会虽然不是最低一级的行政机关，但是是行政机关所委托的基层政权组织，天保员也不是一个行政职位，但是也是村委会聘用的一个委托代理职务，村委会剥夺了阿肯的天保员一职，可以类比行政法上的行为罚或者资格罚。

笔者在基督徒中调查问卷，100% 的基督徒都认为公开忏悔较私下忏悔更好；在普通百姓中问卷，13.6% 的百姓认为公开忏悔较私下忏悔要

① 朱晓阳著：《小村故事：地志与家园（2003—2009）》，北京大学出版社 2011 年版，第 109 页。

② 小彪著：《申戒罚是把"软刀子"》，新浪博客 http://blog.sina.com.cn/s/blog_46fedf1501009ral.html

好，无论是忏悔还是道歉，公开较秘密的效力更为强大，其心理强制更大。笔者也做了个假想的选择，让村民进行选择，如果在申戒罚和财产罚之间的灵活选择，你们愿意选择申戒罚还是财产罚，村民的回答几乎都是一致的，道歉和花钱，看花多少钱，如果是100、200元这样的罚款，那村民愿意选择罚款。但是对于超生的罚钱，罚得很重，通常罚2万，几乎所有被我问到的村民都选择如果超生可以选择道歉或罚款，他们都会选择道歉，毕竟2万元太贵了，为了多一个孩子，选择放下一次面子，道这种歉，村民也不会真正鄙视这个因超生而道歉的人，但是对于其他他们认为严重损坏面子、损坏名义的事情，村民如果有能力支付财产罚，他们还是更看重声誉，宁愿罚款也不道歉。

非正式惩罚是一门在生活实践中形成的民间智慧和民间艺术形式。正当的非正式惩罚能够唤起社会舆论对被惩罚者的谴责，而惩罚者也会通过惩罚加深自我的权威，但非正式惩罚的正当性和有效性是相对的，惩罚恰恰也会在惩恶扬善的法器和十字架的殉难之间游走，社会治理者应该择机而动、顺势而为，适当运用惩罚来匡扶社会正义。

其他研究

民族间相互认同的文化之维

田钒平[①]

从文化人类学的角度讲，文化作为一个民族的重要特征和外在表现，构成了一个民族得以存在和发展的重要基础和动力。我国是一个多民族国家，每一个民族都拥有着经过历史演变而积淀下来的各具特色的民族文化。在经济市场化程度逐步加深的背景下，如何妥善处理多元文化之间的关系，是落实民族平等的宪法原则，促进民族间相互认同和民族关系和谐发展的治理实践必须解决的根本问题。为此，有必要在对制约民族间相互认同的文化根源有一个全面认识的基础上，从文化与经济、政治和社会因素的关联性的角度准确把握维系民族间相互认同的文化因素以及塑造这种文化因素需要解决的根本问题。

一、制约民族间相互认同的文化根源

从我国当下协调与处理民族关系的治理实践来看，由于采取特别措施促进少数民族和民族自治地方发展的政策实践，以及在民族文化保护与传承理论和多元文化主义理论影响下的政策实践和民族文化产业化的兴起等

① 本文系作者主持的国家社科基金项目“民族自治地方构建平等、团结、互助、和谐的民族关系若干重大法律问题研究（10CFX012）”和国家民委重点项目“我国民族和谐和社会和谐的关系研究（2011－GM－002）”的阶段成果。

作者简介：田钒平（1974－），男，土家族，湖北巴东人，西南民族大学法学院副教授，法学博士，硕士研究生导师，主要研究法理学、民族法学和宪法经济学。

诸多因素的影响，“文化”越来越成为一个民族维系其存在、发展的重要基础和支撑力量。相应的，如何保护一个民族赖以延续的民族文化就成为协调与处理民族关系、维护民族平等的核心和关键。这种以民族之间的文化差异为核心的政策实践，对民族间的相互认同和民族关系的和谐发展究竟会产生怎样的影响，是理论和实务界需要重视的问题。

为系统把握此类政策可能存在的积极或消极影响，并对制约民族间的相互认同和民族关系的和谐发展的文化根源有一个全面的了解，以期说明从文化的角度塑造民族间的相互认同和民族关系的和谐发展需要注意解决的根本问题，首先需要对“以民族之间的文化差异为核心的政策实践”得以形成的影响因素作以简要回顾和评析：

第一，采取特别措施促进少数民族和民族自治地方发展的政策实践。20世纪50年代以来，基于少数民族和民族地区政治、经济、社会和文化普遍处于较低发展水平的客观事实，为妥善处理主体民族和少数民族的关系，落实民族平等的原则要求，中央政府先后通过《共同纲领》（1949年）、《民族区域自治实施纲要》（1952年）和《宪法》（1954年）明确规定，各级政府既要帮助符合条件的少数民族聚居区实施民族区域自治，也要采取特别措施帮助少数民族和民族自治地方发展经济、社会和文化。由此，如何解决少数民族和民族自治地方的文化发展就成为政策实践的重要任务之一。从一些具体政策的制定和实施情况来看，这一时期的文化建设主要集中在语言文字、科学技术、教育、文学、艺术、卫生、体育、广播等领域的知识传播和设施建设方面，解决区域文化的落后性是这一时期政策实施的根本目的。

第二，民族文化保护与传承理论和多元文化主义理论影响下的政策实践。在20世纪70年代末80年代初，伴随着对“文化大革命”时期形成的“民族问题的本质是阶级问题”的否定与批判，在理论界形成了民族问题的实质究竟是“民族间事实上的不平等”还是“各民族的共同发展繁荣”的论争。[①] 有学者指出，民族间事实上的不平等虽然是当前最突出的

① 王本敏著：《试论社会主义民族问题的实质》，载《青海社会科学》1981年第1期，第77—80页；杨荆楚著：《试论社会主义时期民族问题的实质》，载《云南社会科学》1982年第4期，第19—23页；刘绍川、何润著：《也谈社会主义时期民族问题的实质》，载《云南社会科学》1983年第3期，第66—72页。

民族问题，但“各民族在语言文字、风俗习惯、生产生活方式、宗教信仰、民族心理素质等方面的差异与事实上的不平等没有必然联系，”在事实上的不平等被消灭之后，差异还会存在。因此，“事实上的不平等”并不能概括社会主义时期各种民族问题的基本内容及其内在的本质联系，不是社会主义民族问题的实质，也即是说，社会主义的民族平等不仅要求消除“民族间事实上的不平等”，还有更丰富的内涵。这个丰富的内涵就是包括民族文化保护与传承在内的“各民族共同发展繁荣”，这既是社会主义民族发展的必然趋势，也是社会主义制度最本质的特征。[①] 这一以马克思主义思想渊源作支撑的理论观点对当时的政策实践产生了重大影响，[②]“整理、保护民族的文化遗产，发展和繁荣具有民族形式和民族特点的文学、艺术、新闻、出版、广播、电影、电视等民族文化事业”不仅成为少数民族和民族自治地方文化建设的重要内容，也成为民族自治地方自治机关享有的法定自治权的组成部分。[③]

而且，在多元文化主义理论的影响下，“文化”在一个民族的存在和发展中的地位和作用得到了进一步增强。在不同民族文化的关系上，多元文化论者坚持文化相对主义立场，坚信“没有任何一种文化比其他文化更为优秀，也不存在一种超然的标准可以证明这样一种正当性，可以把自己的标准强加于其他文化。”[④] 因此，在政策主张方面，多元文化论者突出文

① 杨荆楚著：《试论社会主义时期民族问题的实质》，载《云南社会科学》1982 年第 4 期，第 19 – 23 页。

② 列宁认为：“只要各个民族之间、各个国家之间的民族差别和国家差别还存在（这些差别就是在无产阶级专政在全世界范围内实现以后，也还要保持很久很久），各国共产主义工人运动国际策略的统一，就不是要求消除多样性，消灭民族差别（这在目前是荒唐的幻想），而是要求运用共产主义的基本原则（实行苏维埃政权和无产阶级专政）时，把这些原则在细节上正确地加以改变，使之正确地适应于民族的和民族国家的差别，针对这些差别正确地加以利用。”参见列宁：《共产主义运动中的左派“幼稚病”》，中国社会科学院民族研究所编，《列宁论民族问题》下册，民族出版社 1987 年版，第 806 页。斯大林认为：“党认为必须帮助我国各个已经复兴的民族完全站立起来，振兴和发展自己的民族文化……党支持而且将来也要支持我国各族人民的民族文化的发展和繁荣……”斯大林著：《民族问题和列宁主义》（1929 年），中国社会科学院民族研究所编，《斯大林论民族问题》，民族出版社 1990 年版，第 404 页。

③ 《中华人民共和国宪法》（1982 年）第 119 条；《中华人民共和国民族区域自治法》（1984 年）第 38 条。

④ ［英］C. W. 沃特森：《多元文化主义》，叶兴艺译，吉林人民出版社 2005 年版，第 16 页。

化的差异性，反对普遍主义对异质文化及其价值的否定，[①] 强调应尊重不同民族文化的差异，保护它们之间平等地位。同时，由于全球化时代的"'民族认同'实际上已经被理解为'民族认异'，即一个民族确定自己不同于别人的差异或他性，"[②] 加之经济一体化等因素的影响，在民族与民族之间的差异不断缩小的背景下，"文化"不再仅仅是民族权利体系中的一种权利，而是逐渐被视为维系民族认同的主要纽带。正如罗伯森所言，"民族认同首先从其触及范围和意义来说可以确定为全球性过程的文化方面及对这些过程的反应；其次，贝尔纳德·麦克格兰所谓'用于解释和说明他者不同之处的权威范式'已经发生了根本的变化，因此越来越由'文化'解释他者的不同之处。"[③] 在这一理论思潮的推动下，通过制定和实施相关政策促进不同于他民族的本民族文化的挖掘、搜集、整理、传承和发展，成为这一时期少数民族和民族自治地方文化建设的重要活动，而凸现不同民族传统文化的差异性之所在，则构成了民族文化保护与传承活动的中心任务。

第三，民族文化产业化的兴起。民族文化的产业化主要源于以人文景观为主要构成元素的旅游产业的兴起与发展，挖掘、搜集、整理、传承和发展与其他民族有着明显差异的民族文化，成为少数民族和民族自治地方政府推动旅游产业发展的重要措施。如果说在民族文化保护与传承及文化多元主义理论的影响下，通过保护少数民族的文化权利，培育各民族之间的相互尊重和认同感，以促进民族平等的实现，是少数民族文化得到重视的根本动因和目的，那么民族文化产业化兴起的价值取向与此相比则存在明显差异。此时，保护与传承民族文化成了一种手段，而支撑经济的快速发展和物质财富的迅速增加构成了文化产业化的根本目的。当然，这种作为手段而存在民族文化的保护与传承活动，在实现经济目的的同时，客观上也唤醒了不同民族的部分成员对其传统文化的记忆，要求保护其不同于其他民族的特色文化的诉求和意愿也得以逐步增强，由此又强化和扩大了

① ［英］埃里·凯杜里：《民族主义》，张明明译，中央编译出版社2002年版，第51、第56页。

② 张汝伦著：《经济全球化和文化认同》，载《哲学研究》2001年第2期，第17－24页。

③ 罗伯森·罗兰著：《全球化：社会理论和全球文化》，梁光严译，上海人民出版社2000年，第141页。

在同一地域范围内生活的不同民族在文化上的差异性。

由此可见，如果以20世纪70年代末作为分界线，在此前后的少数民族和民族自治地方文化建设的重心和目的有着明显差异。在20世纪70年代末以前，少数民族和民族自治地方文化建设的重心在于解决区域文化发展的落后性，提升整体的文化发展水平。从公民权利实现的角度讲，营造有利于具有不同民族身份的公民的文化权利实现的共同环境，是这一时期文化建设的根本目的。而自20世纪70年代末以来，少数民族和民族自治地方文化建设的重心在于保护和传承具有民族特点和民族形式的民族文化。从公民权利实现的角度讲，这一时期文化建设的目的也存在差异。以民族文化保护与传承理论和多元文化主义理论为指导的文化建设，其目的在于保护少数群体的文化权利，并以此营造有利于具有不同民族身份的公民的文化权利实现的特殊环境；而在民族文化产业化影响下的文化建设，其根本目的在于促进地方经济发展和财富的快速增长，并以此营造有利于公民经济权利实现的共同环境。然而，二者追求的目的虽然存在差异，但关注的焦点却具有高度的一致性，即都将发现、挖掘、整理具有差异性的民族传统文化作为文化建设的核心和关键。在这种背景下，当我们在认可文化没有优劣之分的前提下，不认真甄别这两种具有不同目的的文化建设的细微差别时，二者在实践中就构成了一种相互促进、互助共生的关系。民族传统文化的传承与保护可以为文化的产业化提供坚实基础，而文化产业化又促进了民族传统文化的传承与保护。也正是在这一认识的影响下，不论是理论界还是实务界，对民族与民族之间的文化差异都给予了高度重视，研究不同民族之间的历史与现实差异或者特征，以及如何保存、延续和发展具有民族特色的文化的理论文献大量涌现，以此为基础而制定和实施的政策措施也得到了全面化和系统化，并取得了一些现实的成就。

但是，文化作为一种社会现象并不是孤立的存在，其影响不可能只限于文化自身，或者仅仅扩展地影响到旅游经济的发展。当我们强调不同民族之间的文化差异并要求政府制定相关政策予以保护时，在多民族背景下这些政策能否得到同意，取决于政府公共决策机制的设计和运行，由此就有可能对基本的政治制度和政治机制的改革与发展以及一些具体的经济、教育等政策的选择、制定和实施产生重大影响，进而影响到政治、经济、教育等领域的实践活动。当我们将民族传统文化作为一种历史上形成的与生产生活具有紧密联系的知识系统时，它将作为不同民族身份的个体参与社会生活的基本准则和行为规则而存在，进而对经济、政治和社会活动产生更为广泛的影响。而且，从表现形式上看，不论是对政治、经济和社会方面的政策制定的影响，还是对不同民族成员的行为规则的影响，都以差异性为其本质特征。

然而，不论差别对待如何重要，在多民族背景下的民族自治地方和非民族自治地方，不同民族之间的平等、团结、互助与和谐的民族关系能否形成与发展，虽然离不开不同民族之间的相互认可和尊重，但更重要的则在于民族与民族间是否存在正当和有效的交往活动，这才是民族间相互认同的实质所在。而且，不同民族间的交往活动也离不开一些共性因素的维持和保障。但在不同民族之间的文化差异得以不断强化的背景下，从民族关系的角度讲，又要依靠怎样的行为规则来调整和规范不同民族之间的交往关系呢？从政府治理的角度讲，当个别的特殊利益是否得到有效保护和实现不仅成为不同民族评价民族间的交往行为以及与此相关的政策的合理性的根本准则，而且成为政府在制定相关政策时必须考虑的根本问题时，又通过怎样的纽带和渠道来促进民族间的交往活动呢？这是我们需要进一步思考和解决的现实问题。

在此，我们不能忽视的一个根本事实是，不管特殊性的利益如何重要，在多民族杂居这一客观因素的约束下，每一个民族的特殊利益的实现，不仅需要得到其他民族的尊重和认可，更需要各个民族通过协调性的共同行为创造特殊利益得以实现的社会条件，并通过不同民族之间的交易行为实现各自的特殊利益。相应的，要促进平等、团结、互助与和谐的民族关系的形成与发展，依赖于两个问题的解决：一是促进各民族相互认可和尊重各自的特殊利益；二是促进各民族协调性的共同行为和各民族之间的交易活动。从文化的角度讲，特殊性利益以文化的差异性为基础，强调的是文化的多元性；各民族协调性的共同行为和各民族之间的交易活动则以文化的共同性为基础，强调的是文化的一元性。而且，对以文化的差异性为基础的特殊性利益的认可与尊重，也离不开共同接受的文化传统的支持和推动。因此，在多民族背景下，不论如何强调文化差异的重要性，共性文化才是维系不同民族之间的相互认同和相互交往的根基和纽带。进而言之，在重视不同民族之间的文化差异的基础上，妥善处理一元与多元的关系，增强对共性文化的认知，推进共性文化的发展，应当成为少数民族和民族自治地方文化建设的战略任务。

二、维系民族间相互认同之文化根基的实质涵义

当我们强调共性文化的重要性时，可能遇到的最大的理论挑战和需要回答的第一问题就是文化是否存在优劣之分。“文化没有优劣之分”，不仅是多元文化论者的一个基本观点，而且在我国也有广泛影响。而依据马克思主义的基本观点来看，不同文化之间的优劣是客观存在的。因此，在尊重和提倡“多元化”的同时，也应尊重和提倡“一元化”。那么，在多民族背景下，不同文化之间究竟是否存在优劣之分？如果存在优劣之分，又应当依据什么标准来区分文化的优劣？在区分优劣的前提下，又如何认识并推进共性文化的建设？要对这些问题作出合理解释，首先需要明确“文化是什么”这一根本问题。而要解决这一问题，孤立而抽象地探讨文化是不可能的，需要将文化置于整体的社会背景下，从文化与政治、经济和其他社会现象的关系入手，从文化的产生与发展过程的角度来认识文化现象。

作为人文社会科学领域的一个重要概念，“文化”一词被众多学科使用，并从内涵与外延等角度对其进行了多样化的解释。[①] 然而，迄今为止，在已经形成的200多个“文化”定义中，并没有一个定义得到理论与实务界的公认。由此可见，要给“文化”下一个大家都接受的定义是一件非常艰难的事情，正如西方学者罗威勒所言：“要给文化下定义如同把空气抓在手中一样困难，它除了不在我们手里之外，无处不在。”[②] 但在理论研究中，如果对研究对象没有明确的界定，就无法进行相应的理论思考。因此，虽然定义“文化”存在困难，但仍然需要对“文化”概念进行必要分

① 有学者对不同学科对文化的定义进行了系统梳理，闵家胤著：《西方文化概念面面观》，载《国外社会科学》1995年第2期，第64—69页；也有学者讨论了多学科背景下定义文化的困难，指出应从跨学科的角度并从其语境和渊源解读文化概念，萧俊明著：《文化的语境与渊源——文化概念解读之一》，载《国外社会科学》1999年第3期，第16—23页。

② 吴小如主编：《中国文化史纲要》，北京大学出版社2001年版，第2页。

析。有鉴于文化定义的多维性、歧义性和模糊性，本文无意对既有的200多个文化定义进行系统梳理，也并非要对“文化”给出一个公认的定义，而是要通过对文化定义的分析，明确本文研究的对象和范围。考虑到马克思主义的民族理论一直是我国研究和推进、协调和处理民族关系问题的法律政策实践的理论依据，本文将以马克思主义的文化理论为依托，探讨“文化”概念的内涵和外延问题。

由于马克思和恩格斯并未赋予“文化”以明确的定义，[①] 在当下有影响的马克思主义理论的文化定义都是后人依据对马克思和恩格斯思想的理解作出的解释，所以也未形成共识。本文采用毛泽东在《新民主主义论》中提出的定义“文化”概念的基本观点，来阐释文化的内涵和外延问题。在“中国的历史特点”一节中，毛泽东指出：“一定的文化（当作观念形态的文化）是一定社会的政治和经济的反映，又给予伟大影响和作用于一定的政治和经济；而经济是基础，政治则是经济的集中表现。这是我们对于文化和政治、经济的关系及政治和经济的关系的基本观点”。[②] 在“新民主主义文化”一节中，毛泽东又进一步阐释了这一观点：“一定的文化是一定社会的政治和经济在观念形态上的反映。”[③] 与当下理论界存在的较为流行的“文化”定义比较而言，从观念形态的角度解释“文化”，不仅符合马克思和恩格斯的原意，而且也能够更好从文化的产生与发展的角度理解文化的优劣与一元与多元的关系，进而对民族间相互认同的文化根基作出合理的阐释。

主流观点认为，文化是指“人类在社会实践活动中所获得的能力和创造的成果。广义的文化总括人类物质生产和精神生产的能力、物质的和精神的全部产品。狭义的文化指精神生产能力和精神产品，包括一切社会意识形式，有时又专指教育、科学、文学、艺术、卫生、体育等方面的知识

① 有学者对马克思的经典文献中对“文化”的使用进行了梳理，认为在不同的场合，马克思至少在以下几个含义上使用“文化”概念：文明；知识观念；人化亦即人的本质力量的对象化；人类的精神生产；观念意识形态；时代精神的表征。韩美群著：《马克思文化概念的多维透视》，载《江汉论坛》2007年第3期，第124—126页。

② 《毛泽东选集》第2卷，人民出版社1991年版，第663—664页。

③ 《毛泽东选集》第2卷，人民出版社1991年版，第694页。

和设施，以与世界观、政治思想、道德等意识形态相区别。”[①] 而这一文化定义以及从广义和狭义两个方面对文化概念的界定，与马克思对“文化”的理解与使用并不一致。虽然马克思和恩格斯都没有对文化进行明确的解释，但从马克思在确立历史唯物主义的基本立场之后对“文化”一词的使用来看，“文化”应当是指称“观念形态”的一个范畴。在使用“文化”一词最多和最集中的《哥达纲经批判》中，马克思在讨论“劳动”与“文化”和“财富”的关系时，是将二者作为并列的两个不同范畴使用的。马克思在《哥达纲经批判》中对“劳动”与“文化”和“财富”的关系的完整表述是：“（1）劳动只有作为社会的劳动，或者换个说法，只有在社会里和通过社会，才能成为财富和文化的源泉。（2）随着劳动的社会性的发展，以及由此而来的劳动成为财富和文化的源泉，劳动者方面的贫穷和愚昧、非劳动者方面的财富和文化也发展起来。”[②] 因此，虽然马克思没有给“文化”一个明确的定义，但是对“财富”的概念却有比较全面的分析和明确的定义，那么，通过马克思的“财富”概念的内涵与外延，就可以推导出“文化”概念的内涵与外延。

马克思在《资本论》中指出，“资本主义生产方式占统治地位的社会的财富，表现为‘庞大的商品堆积’，单个的商品表现为这种财富的元素形式。”[③] 作为财富的元素形式的单个商品是“一个靠自己的属性来满足人的某种需要的物”，[④] 具有“使用价值和交换价值”的二重性。而且，不论财富的社会形式如何，使用价值总是构成财富的物质内容；在财富的社会形式中，使用价值又是交换价值的物质承担者，而在商品的交换关系或交换价值中表现出来的共同的东西，就是商品的价值。[⑤] 商品的这种二重性是由劳动的二重性决定的，“一切劳动，从一方面看，是人类劳动力在生理学意义上的耗费；作为相同的或者抽象的人类劳动，它形成商品的价值。从另一方面看，是人类劳动力在特殊的有一定目的的形式上的耗费；

① 《中国大百科全书（第二版）》第23卷，中国大百科全书出版社2009年版，第281－282页。

② 《马克思恩格斯选集》第3卷，人民出版社1995年版，第7页。

③ 马克思：《资本论》，人民出版社1975年版，第47页。

④ 马克思：《资本论》，人民出版社1975年版，第47页。

⑤ 马克思：《资本论》，人民出版社1975年版，第54、第48、第51页。

作为具体的有用劳动，它生产商品的使用价值。”[①] 也就是说，作为社会财富的源泉的劳动既是具体劳动又是抽象劳动。[②] 从社会财富的使用价值方面来说，财富来源于生产领域的各种特殊形态的不同质的具体的有用劳动；从社会财富的价值方面来说，则来源于撇开劳动的有用性质的无差别的一般人类劳动。由此可知，财富是由劳动创造的具有使用价值和价值的二重性的物或劳动产品。

在明确“财富”的定义后，还需要对劳动的含义作以简要说明之后，才能对主流的文化概念的合理性作出判断。马克思在《资本论》中指出，“劳动作为使用价值的创造者，作为有用劳动，是不以一切社会形式为转移的人类生存条件，是人和自然之间的物质变换即人类生活得以实现的永恒的自然必然性。”[③] 在《哥达纲领批判》中进一步指出：“劳动只有作为社会的劳动……只有在社会里和通过社会，才能成为财富和文化的源泉。”[④] 综合这两个方面的论述可以给劳动下一个简洁的定义，即劳动就是人类有目的地改造自然并改造自身的基本的社会实践活动。

依据以上对劳动和财富概念进行分析后得出的结论来检视流行的文化定义可知，不论是广义的文化定义，还是狭义的文化定义，当其将文化定义为人类在社会实践活动中所获得的物质产品或者精神产品时，事实上就在“文化”与“财富”概念之间画上了等号，混淆了同样作为劳动创造的成果的“文化”与“财富”的界限。因此，这两个文化定义都是不科学的。

也许有人认为，马克思在《资本论》中论述的社会财富只限于物质财富，不包括精神财富，因此，将文化限定在精神产品范围内的狭义的文化定义则是合理的。然而，这种理解也违背了马克思的原意。将社会财富区分为物质财富或精神财富，将产品区分为物质产品和精神产品，并不是依据财富或产品的存在形式，而是基于财富或产品与人的需要的关系进行的

① 马克思：《资本论》，人民出版社 1975 年版，第 60 页。

② 需要注意的是，使用价值或者说商品体，是自然物质和劳动这两种要素的结合。人在生产中只能像自然本身那样发挥作用，也就是说，只能改变物质的形态。不仅如此，他在这种改变形态的劳动中还经常依靠自然力的帮助。因此，劳动并不是它所生产的使用价值即物质财富的唯一源泉。马克思：《资本论》，人民出版社 1975 年版，第 56－57 页。

③ 马克思：《资本论》，人民出版社 1975 年版，第 56 页。

④ 《马克思恩格斯选集》第 3 卷，人民出版社 1995 年版，第 7 页。

划分。由此，凡是以满足人的物质生活需要为目的而创造的劳动产品就是物质财富；凡是以满足人的精神生活需要为目的而创造的产品就是精神财富。而从财富的存在形式来看，不论是物质财富还是精神财富都表现为具有客观实在性的物。对此，在马克思的《剩余价值理论》中有比较明确的分析和说明。

马克思在讨论斯密关于生产劳动和非生产劳动的理论时指出，依据斯密关于生产劳动的第二个定义，[①]“生产劳动就是生产商品的劳动，非生产劳动就是生产个人服务的劳动。前一种劳动表现为某种可以出卖的物品，后一种劳动在它进行时就要被消费掉。前一种劳动（创造劳动能力本身的劳动除外）包括一切以物的形式存在的物质财富和精神财富，既包括肉，也包括书籍；后一种劳动包括一切满足个人某种想象的或实际的需要的劳动，甚至违背个人意志而强加给个人的劳动。”[②] 由此可见，依据马克思的解释，作为财富的基本元素的商品既包括以物的形式存在的物质财富，也包括以物的形式存在的精神财富。

进一步的问题是，通过劳动创造的劳动能力和提供的个人服务是否属于商品范畴？马克思对此的回答也是肯定的。马克思认为，从劳动者的角度讲，不论是生产劳动者还是非生产劳动者的劳动能力，“对他本人来说都是商品。”[③] 相应的，生产劳动既包括生产商品的劳动，也包括把劳动能力本身生产、训练、发展、维持、再生产出来的劳动。因而，生产劳动创造的商品要么表现为物的形式，要么表现为劳动能力本身的形式。[④] 如果撇开劳动能力不谈，生产劳动可以归结为生产商品、生产物质产品的劳

---

① 依据马克思的分析，斯密对生产劳动的二重性的见解是：第一解释是把生产劳动看成同资本交换的劳动，相应的，非生产劳动就是直接同收入即工资或利润交换的劳动；第二种解释是生产劳动是物化在商品中的劳动，相应的，非生产劳动就是不固定或不物化在任何耐久的对象或可以出卖的商品中的劳动。马克思认为第一种解释尚有其合理成分，而第二种解释则已超出用劳动者对资本主义生产的关系来给生产劳动者和非生产劳动者下定义的范围，是一种误人歧途的解释。《剩余价值理论》，《马克思恩格斯全集》第26卷第1册，人民出版社1972年版，第146~153页。

② 《剩余价值理论》，《马克思恩格斯全集》第26卷第1册，人民出版社1972年版，第149页。

③ 《剩余价值理论》，《马克思恩格斯全集》第26卷第1册，人民出版社1972年版，第151页。

④ 《剩余价值理论》，《马克思恩格斯全集》第26卷第1册，人民出版社1972年版，第164页。

动，“一切艺术和科学的产品，书籍、绘画、雕塑等等，只要它们表现为物，就都包括在这些物质产品中。”[①] 而且，马克思认为，在“只有资本家才是商品（只有一种商品——劳动能力除外）的生产者”的情况下，“收入必须同完全由资本来生产和出卖的商品交换，或者同这样一种劳动交换，购买它和购买那些商品一样，是为了消费，换句话说，仅仅是由于这种劳动的物质规定性，由于这种劳动的使用价值，由于这种劳动以自己的物质规定性给自己的买者和消费者提供服务。对于这些服务的生产者来说，服务就是商品。”[②] 基于上述理由，马克思总结指出，商品世界分为两大类：“一方面是劳动能力，另一方面是商品本身。”[③] 由此可见，在狭义的文化定义中，不论是将文化解释为劳动创造的精神产品，还是为了与世界观、政治思想、道德等意识形态相区别，将“文化”解释为教育、科学、文学、艺术、卫生、体育等方面的知识和设施，都不符合马克思的原意。而且，不论是广义的还是狭义的定义，将人类在社会实践活动中所获得的能力解释为文化，也与马克思的原意相悖。

那么，同样作为人类社会实践活动创造的成果的与“财富”相对应的“文化”的内涵和外延究竟是什么呢？在哲学意义上讲，作为劳动创造的成果的劳动产品中具有客观实在性的部分属于财富范畴，那么，与具有客观实在性的物质相对应的范畴则是意识、观念之类的东西，因此，作为与“财富”相对应的人类劳动所创造的成果，“文化”应当是指在人类的社会实践活动中，在创造物质财富和精神财富、促进人的劳动能力的再生产的过程中，所形成的观念层次的心理、意识、思想、概念或理论的总称。这种将“文化”解释为观念形态的主张，不仅符合社会存在决定社会意识的基本观点，而且也与马克思主义的社会结构理论相一致。

社会存在与社会意识是马克思主义唯物史观的两个基本范畴，而二者之间的关系则是社会历史观的基本问题。将不同的社会现象分别归入到社会存在或社会意识范畴，是认识各种社会现象及其相互联系，阐释人类社

① 《剩余价值理论》，《马克思恩格斯全集》第 26 卷第 1 册，人民出版社 1972 年版，第 164—165 页。

② 《剩余价值理论》，《马克思恩格斯全集》第 26 卷第 1 册，人民出版社 1972 年版，第 165 页。

③ 《剩余价值理论》，《马克思恩格斯全集》第 26 卷第 1 册，人民出版社 1972 年版，第 163 页。

会发展规律的根本前提。由于理论界对“社会存在和社会意识”也存在认识分歧，因此，要依据唯物史观回答“文化”的内涵与外延，首先需要甄别社会存在和社会意识的基本含义。主流观点认为，社会存在是“人类物质生活要素和条件的总和。包括人类赖以生存的自然地理环境，物质生活的主体——人口，及其最本质的方面——物质生活资料的生产方式”；[①] 而社会意识则是“人们对社会存在即社会物质生活及其过程的反映，包括各种社会意识形式和社会心理，从本质上讲，人的一切意识都是社会的意识”。[②] 由此可见，既然社会意识是社会存在的反映，那么要全面把握二者的含义及其相互关系，关键在于准确解释“何谓社会存在”。而主流观点对社会存在的理解是否合理，这种理解又是否符合马克思的原意，则是以下讨论需要解决的关键问题。

主流观点将社会存在解释为包括自然地理环境、人口和物质资料的生产方式在内的人类物质生活要素和条件的总和，主要基于以下几个方面的理由：

一是马克思、恩格斯在《德意志意识形态》中对唯物主义历史观的总结性陈述，即“从直接生活的物质生产出发阐述现实的生产过程，并把与该生产方式相联系的、它所产生的交往形式，即各个不同阶段上的市民社会，理解为整个历史的基础；然后必须在国家生活的范围内描述市民社会的活动，同时从市民社会出发来阐明各种不同的理论产物和意识形式，如宗教、哲学、道德等等，并在这个基础上追溯它们产生的过程。”[③] 一些学者认为，依据马克思、恩格斯对唯物史观的这一总结，可以得出“社会存在”包括人们的“现实的生产过程”，“直接生活”的“生产方式”等，而“社会意识”则包括宗教、哲学、道德等。[④]

二是马克思在《〈政治经济学批判〉序言》中对经济基础与上层建筑的关系的总体性陈述，即“人们在自己生活的社会生产中发生一定的、必然的、不以他们的意志为转移的关系，即同他们的物质生产力的一定发展

① 《中国大百科全书（第二版）》第19卷，中国大百科全书出版社2009年版，第379页。

② 《中国大百科全书（第二版）》第19卷，中国大百科全书出版社2009年版，第422页。

③ 《德意志意识形态》，《马克思恩格斯全集》第3卷，人民出版社2002年版，第42—43页。

④ 赵家祥著：《简论社会存在与社会意识的划分》，载《思想理论教育导刊》2002年第5期，第17—20页。

阶段相适合的生产关系。这些生产关系的总和构成社会的经济结构，即有法律的和政治的上层建筑竖立其上，并有一定的社会意识形式与之相适应的现实基础。"[①] 一些学者据此认为，马克思事实上是将包括生产力和生产关系的"生产方式"归入"社会存在"范畴，将"法律的和政治的上层建筑"和各种"社会意识形式"归入"社会意识"范畴。[②]

三是恩格斯在《卡尔·马克思〈政治经济学批判·第一分册〉》中对物质生活条件的决定性作用的阐释，即"在历史上出现的一切社会关系和国家关系，一切宗教制度和法律制度，一切理论观点，只有理解了每一个与之相适应的时代的物质生活条件，并且从这些物质生活条件中被引申出来的时候，才能理解。"[③] 一些学者据此认为，恩格斯在此是把"社会物质生活条件"归入"社会存在"，而把"国家关系"、"宗教制度"、"法律制度"、"一切理论观点"等则归入了"社会意识"。[④]

四是恩格斯在《反杜林论》对社会经济结构的基础性作用的分析，即"每一时代的社会经济结构形成现实基础，每一历史时期的由法的设施和政治设施以及宗教的、哲学的和其他的观念形式所构成的全部上层建筑，归根到底都应由这个基础来说明。这样一来，唯心主义从它的最后的避难所即历史观中被驱逐出去了，一种唯物主义的历史观被提出来了，用人们的存在说明他们的意识，而不是像以往那样用人们的意识说明他们的存在这样一条道路已经找到了。"[⑤] 一些学者认为，恩格斯在此是将"社会经济结构"划归为"社会存在"，将"法的设施、政治设施以及宗教的、哲学的和其他的观念形式"划归为"社会意识"。[⑥]

根据马克思、恩格斯的上述论述以及学者的阐发，最后不仅形成了对"社会存在"的主流认识，而且形成了对"社会意识"所包括的"社会意

---

① 《马克思恩格斯选集》第2卷，人民出版社1995年版，第32页。

② 赵家祥著：《简论社会存在与社会意识的划分》，载《思想理论教育导刊》2002年第5期，第17—20页。

③ 《马克思恩格斯选集》第2卷，人民出版社1995年版，第38页。

④ 赵家祥著：《简论社会存在与社会意识的划分》，载《思想理论教育导刊》2002年第5期，第17—20页。

⑤ 《马克思恩格斯选集》第3卷，人民出版社1995年版，第365页。

⑥ 赵家祥著：《简论社会存在与社会意识的划分》，载《思想理论教育导刊》2002年第5期，第17—20页。

识形式”的主流认识，认为社会意识形式包括政治、法律思想、宗教、哲学、艺术、道德、科学等意识形态，以及作为意识形态的物质附属物的由政治设施和法律设施所构成的实体性上层建筑。[①] 但这种理解事实上都是主观上任意划分的结果，既不符合马克思和恩格斯给社会存在和社会意识所赋予的内涵与外延，也不符合现实的个人在其存在和发展中所从事的社会实践活动的真实状况。

在《德意志意识形态》中，马克思和恩格斯在讨论社会意识和社会存在及其关系问题时明确指出：“意识在任何时候都只能是被意识到了的存在，而人们的存在就是他们的现实生活过程。”[②] 由此可见，作为唯物史观的“社会存在”指的是人们的“现实生活过程”。因此，进一步的问题就转换成了对“现实生活过程”的准确认识。对此，可以从两个方面进行分析：一是从作为社会存在之反映的社会意识的角度来确定社会存在的内涵与外延，也就是通过马克思和恩格斯在使用“社会意识”概念时对其赋予的内涵和外延，澄清当下的一些模糊认识，进而明确社会意识和社会存在之所指；二是从“现实生活过程”的角度确定“社会存在”的外延。

作为与“物质”相对应的哲学范畴，“意识”是人脑对外部客观存在的主观反映，然而这种反映不是客观对象直接进入人脑，而是客观对象在人脑中的观念映像，因此意识的内容虽然是客观的，但从形式上讲，将“意识”理解为主观的和观念的东西，应当不存在任何争论。相应的，将社会意识理解为对人们现实生活过程的主观心理看法、思想观点或者观念，也不应当存在争论。而且，这种理解与马克思和恩格斯在《德意志意识形态》中对社会意识这一概念的使用也是一致的：

首先，马克思和恩格斯所批判的德意志意识形态据说就是在“在纯粹的思想领域发生的”，“从施特劳斯开始的黑格尔体系的解体过程”，即“绝对精神的瓦解过程”中形成的意识形态。[③]

其次，马克思和恩格斯在回顾德国哲学对黑格尔体系的批判时，指出

① 《中国大百科全书》第19卷，中国大百科全书出版社2002年版，第422页；赵家祥著：《简论社会存在与社会意识的划分》，载《思想理论教育导刊》2002年第5期，第17—20页；等等。

② 《德意志意识形态》，《马克思恩格斯全集》第3卷，人民出版社2002年版，第29页。

③ 《德意志意识形态》，《马克思恩格斯全集》第3卷，人民出版社2002年版，第19页。

从施特劳斯到施蒂纳的整个德国哲学批判都是以“现实的宗教和真正的神学”为出发点，局限于对宗教观念的批判，“整个的进步在于：想象的占统治地位的形而上学的、政治的、法律的、道德的以及其他的观念也被归入宗教观念或神学观念的领域；……政治的意识、法律的意识、道德意识被宣布为宗教的意识或神学的意识，而政治的、法律的、道德的人，总而言之‘一般人’，则被宣布为宗教的人。”但这些批判都没有研究过自己的一般哲学前提，而这恰恰是马克思和恩格斯要批判的根本问题。①

再次，马克思和恩格斯在讨论唯物主义历史观和唯心主义历史观的区别时，强调唯物主义历史观“不是在每个时代中寻找某种范畴，而是始终站在现实历史的基础上，不是从观念出发来解释实践，而是从物质实践出发来解释观念的形成。”②

由此可见，马克思和恩格斯是在观念形态的意义上使用“社会意识”概念的，而其要解决的问题则是社会意识和社会存在的关系和地位问题。因此，将“政治设施和法律设施所构成的实体性上层建筑”归入“社会意识”，是不合理的。而且，如果国家政权、政治法律制度等理解为“社会意识”，那么，其对应的社会存在就不存在了。

从马克思和恩格斯在《德意志意识形态》中对“现实生活过程”的分析来看，将社会存在仅仅归纳为自然地理环境、人口和物质资料的生产方式三个方面的观点，没有真正理解从实践的角度分析和理解社会历史发展过程的真谛：

首先，从生产类型的角度讲，人们的“现实生活过程”既包括作为“第一个历史活动”的物质资料的生产，也包括与物质生活资料生产相伴而生的人的再生产，思想、观念、意识的生产和精神生产。③ 在最初的人类社会，这四种生产并没有明确的界限，或者说，这四种生产是在同一个特定的生产过程中完成的。正如马克思和恩格斯所言，“思想、观念、意识的生产和精神生产最初是直接与人们的物质活动，与人们的物质交往，与现实生活的语言交织在一起的。人们的想象、思维、精神交往在这里还

① 《德意志意识形态》，《马克思恩格斯全集》第3卷，人民出版社2002年版，第21页。

② 《德意志意识形态》，《马克思恩格斯全集》第3卷，人民出版社2002年版，第43页。

③ 《德意志意识形态》，《马克思恩格斯全集》第3卷，人民出版社2002年版，第24、29、32、42页。

是人们物质行动的直接产物。表现在某一民族的政治、法律、道德、宗教、形而上学等的语言中的精神生产也是这样。”① 只是在“已经得到满足的第一个需要本身、满足需要的活动和已经获得的为满足需要而用的工具又引起新的需要”② 的不断增加，并推动物质劳动和精神劳动分离的时候，思想、观念、意识的生产才从物质生产中分离出来。也正是“从这时候起意识才能现实地这样想象：它是同对现存实践的意识不同的某种东西；它不用想象某种真实的东西就能真实地想象某种东西。从这时候起，意识才能摆脱世界而去构造‘纯粹的’理论、神学、哲学、道德等等。但是，如果这种理论、神学、哲学、道德等等和现存的关系发生矛盾，那么，这仅仅是因为现存的社会关系和现存的生产力发生了矛盾。”③ 由此可见，从现实的生产活动或过程的角度讲，思想、观念、意识的生产活动本身仍然属于社会存在；从生产的目的的角度讲，既有可能是为了满足人们从事物质生产进而满足物质生活需求的需要，也有可能是为了满足人的精神生活的需要；而从生产的成果的角度讲，则属于社会意识。而作为满足人们的精神生活需要的精神生产，由于其是从目的的角度进行的类型划分，因此从生产活动的性质的角度讲，既有可能是物质生产和人的生产，也有可是思想、观念、意识的生产，而从生产的成果的角度讲，也应当包括具有客观性的存在物和具有主观性的思想、观念或意识。

其次，从生产过程的角度讲，“无论是通过劳动而达到的自己生命的生产，或是通过生育而达到的他人生命的生产”，现实的生产活动必须以一定的“物质条件”和“个人之间的交往”为前提，由此就形成了双重关系：“一方面是自然关系，另一方面是社会关系”。④ 因此，在生产活动中，既要处理好人与自然之间形成的自然关系，又要处理好人与人之间形成的社会关系，而关键则在于在人与人的交往活动中所形成的社会关系。在不同的历史时期，要将分散的个人组织起来从事共同活动，必须采取一定的联合形式。对特定群体而言，这种联合形式或者说人与人之间的相互关系

① 《德意志意识形态》，《马克思恩格斯全集》第3卷，人民出版社2002年版，第29页。

② 《德意志意识形态》，《马克思恩格斯全集》第3卷，人民出版社2002年版，第32页。

③ 《德意志意识形态》，《马克思恩格斯全集》第3卷，人民出版社2002年版，第35—36页。

④ 《德意志意识形态》，《马克思恩格斯全集》第3卷，人民出版社2002年版，第24、第32页。

是“由生产力、分工和内部交往的发展程度决定的”。[①] 与生产力的发展水平和分工状况相适应，“以一定的方式进行生产活动的一定的个人，发生一定的社会关系和政治关系，”[②] 由此在特定的共同体中就形成了不同的所有制、社会结构和政治结构以及相应社会组织和政治组织。这些内容都应当属于社会存在而不是社会意识。

综上可知，将社会存在仅仅理解为自然地理环境、人口和物质资料的生产方式等物质要素和条件的总和，不是唯物史观的真正含义。首先，社会存在应当是一个以物质实体和物质关系为基础的动态的历史过程，而不是静态的物质实体和物质关系。其次，将自然地理环境和人口等自然基础之外的人们的现实生活过程仅仅局限在物质资料的生产方式或者说是生产力和生产关系，就在社会存在决定社会意识和经济基础决定上层建筑这两个不同的历史唯物主义的基本原理之间画上了等号，是一种非常牵强的解释。事实上，依据经济基础决定上层建筑的基本原理，合乎逻辑的结论只能是：政治生活或者政治活动及其相关的政治和法律制度建设等政治上层建筑源于经济生活的需要，但并不能因此说，人们为了有效地组织经济生活，维护其经济权利、实现其经济利益而共同参与和实施的政治活动就不是一种“社会存在”。相应的，为了促进生产的发展、人的发展而开展的教育、科技、卫生、体育、文学艺术和休闲娱乐等社会活动，包括专门从事思想、理论和意识生产的人们开展的相关活动，也应当是一种真实的社会存在。也就是说，不论是经济基础还是上层建筑，既有其客观的、物质的一面，又有其主观的、观念的一面。正如马克思、恩格斯所言，“观念的东西不外是移入人的头脑并在人的头脑中改造过的物质的东西而已，”[③] 现实中的个人“所产生的观念，或者是关于他们同自然界的关系，或者是关于他们之间的关系，或者是关于他们自己的肉体组织的观念……都是他们的现实关系和活动、他们的生产、他们的交往、他们的社会、政治组织有意识的表现（不管这种表现是现实的还是虚幻的）。”[④] 也正是在这个意义上，恩格斯强调“根据唯物史观，历史过程中的决定性因素归根到底是

① 《德意志意识形态》，《马克思恩格斯全集》第3卷，人民出版社2002年版，第24页。

② 《德意志意识形态》，《马克思恩格斯全集》第3卷，人民出版社2002年版，第29页。

③ 《马克思恩格斯选集》第2卷，人民出版社1995年版，第112页。

④ 《德意志意识形态》，《马克思恩格斯全集》第3卷，人民出版社2002年版，第29页。

现实生活的生产和再生产。无论马克思或我都从来没有肯定过比这更多的东西。如果有人在这里加以歪曲，说经济因素是唯一决定性的因素，那么他就是把这个命题变成毫无内容的、抽象的、荒诞无稽的空话。”① 当然，人们所从事的现实的“活动的基本形式当然是物质活动，一切其他的活动，如精神活动、政治活动、宗教活动等取决于它。”②

三、塑造民族间相互认同之文化根基的根本立场

将文化定义为“特定的物质条件下的政治、经济和社会生活在观念形态上的反映”，不仅有利于深刻认识各民族传统文化发展和变化的趋势，也有利于全面把握民族自治地方或非民族自治地方的文化结构的现状，揭示维系各民族之间相互认同的文化根基。

首先，任何民族的政治、经济和社会发展要求都要受到自然地理环境、人口分布状况等客观物质条件的制约，相应的，作为政治、经济和社会生活的主观反映的文化的存在与发展也要受到物质条件的制约，凡是与客观的物质生活条件相悖的文化，都是不好的文化。

其次，任何民族的文化的存在与发展都应充分考虑特定的物质生活条件制约下的政治、经济和社会发展的需要，凡是与政治、经济和社会发展的需求不相适应的文化都是不好的文化。

再次，从社会存在的角度讲，经济发展状况决定着社会发展状况，而二者又共同决定着政治发展状况，而政治又对经济和社会的发展有着重要影响。相应的，从文化结构的角度讲，经济文化与社会文化之间、经济文化、社会文化与政治文化之间也存在着同样的关系。

最后，从民族文化的产生和发展的角度讲，有特色的民族文化的形成，不仅需要相对独立的地域空间，而且需要有与其他民族存在差异的经济、政治和社会生活。当这些社会存在因素发生变化时，作为观念形态的文化也会产生相应的变化。虽然观念和意识具有相对独立性，但这种独立性并不是永续的、持久的，适应于政治、经济和社会发展的需要，在现实

---

① 《马克思恩格斯选集》第4卷，人民出版社1972年版，第477页。

② 《德意志意识形态》，《马克思恩格斯全集》第3卷，人民出版社2002年版，第80页。

的人的推动下，这种变化是必然的。由此可见，对特定的民族自治地方或非民族自治地方的不同民族而言，共同生活在同一地理空间既是历史发展的结果，也是不同民族在提出政治、经济和社会需求时必须接受的客观约束，从而也就决定了不同民族的文化从多元走向一元的必然性。而且，生活在共同地域的不同民族，在政治、经济和社会生活的差异不断缩小乃至统一之后，反映政治、经济和社会生活的民族文化的差异也会逐渐走向统一。也就是说，只要存在共同的政治、经济和社会生活，在不同民族之间就必然形成共同的文化。因此，维系生活在同一区域的不同民族之间相互认同的文化，就是正确反映了不同民族共同的政治、经济和社会生活的文化。

综上可知，在对群体性和区域性的民族文化进行理论研究并以此推进文化实践时，既要关注不同的民族文化之间的差异，更应关注不同的民族文化伴随着客观物质条件、经济、政治和社会状况的变化而发展的现状和趋势，尤其是不同的民族文化的趋同以及由此而形成的共同文化；既要关注保护和传承具有差异性的民族文化的权利配置与保障机制的建设，更应关注促进不同民族相互认同、相互交往的共同文化的形成与发展的权利配置与保障机制的建设。

这些共同的文化因素主要包括以下几个方面的内容：一是正确反映社会主义市场经济的思想和理论；二是正确反映与社会主义市场经济相适应的教育科技、文学艺术、广播影视、医疗卫生、社会保障等社会生活的思想和理论；三是正确反映与社会主义经济社会生活相适应的政治体制、法律制度和政治设施，尤其是公民权利义务意识和宪政民主制的思想和理论。

从文化自身的发展过程和发展阶段来看，可以将其划分为感性文化和理性文化两种类型。前者是指人们在日常生活中形成的关于经济、政治和社会生活的零星感觉和情绪等心理活动，又称之为文化心理；后者是指人们以感性文化为基础，对人们在日常生活中形成的关于经济、政治和社会生活的观点和看法进行高度的理论概括而形成的思想体系，又称之为文化思想或文化理论。

对一种文化而言，文化心理与文化思想是不可分割的两个组成部分，二者之间是一种相互影响与相互转化的关系。但是，由于作为观念而存在的文化有着相对独立的变迁特点，当一种文化思想或理论形成以后，对生活实践将产生更大的影响。是否存在一个合理的文化思想和理论体系，是制约民族自治地方或非民族自治地方促进民族间相互认同的文化基础的塑造，进而影响平等、团结、互助和和谐的民族关系形成的重要因素。因此，系统清理当下的民族文化理论和思想中存在的与现实的客观物质条件、政治、经济和社会发展需求相悖，不利于民族间相互认同的培育的思想和理论因素，是文化理论研究和实践建设必须重视的根本问题。

法人类学视野下中国刑事法治建设的本土道路

——以藏族“赔命价”习惯法对我国刑事司法的贡献和理论意义为视角

南杰·隆英强[①]

一、藏族“赔命价”习惯法概述

在人类历史上，类似赔命价习惯法由来已久，我国古代的各少数民族和西方日耳曼民族曾广泛使用赔命价、赔血价来解决杀人、伤人纠纷。我国赔命价的源头可以追溯到古代血亲复仇的习俗。“血亲复仇是原始公社时代要求人们遵守的一条原则，即认为本氏族或部落的某一成员受到伤害等于具有血缘关系的全体氏族或部落成员受到伤害，因而他们都有义务为之报仇；而加害者即使为一人，与加害者有血缘关系的氏族或部落成员均负有罪责而应受到集体报复。这是一种以血缘纽带为基础的氏族或部落一体化的观念。到了原始社会末期以及进入文明时代以后，血亲复仇逐渐为支付赔偿金所代替，但在许多民族的早期社会中仍然保持这种原始遗风。

---

① 作者简介：南杰·隆英强（1978－），男，藏族，青海同德人，西北民族大学法学院副教授，中国政法大学法学博士，主要研究方向为中国法制史、民族法学、法理学、少数民族习惯法与国家制定法。

本文是教育部人文社会科学研究一般项目《藏族法律文化的发展变迁研究：以藏族“赔命价”习惯法在法文化视域下的贡献为视角》（项目批准号：13YJC820056）阶段性重要成果。

我们看到，吐蕃社会一方面仍然存留着这种血亲复仇的习俗，另一方面支付赔偿金的命价制度也已出现。”① 藏族法律文化中从古到今表现最为突出、影响最为广泛的是藏族习惯法中的赔命价制度。所谓藏族赔命价，是指在藏族农牧区社会发生杀人案件后，受害人家属向侵害人或其家属索要一定数量的财物或是金钱的赔偿；侵害人或其家属则以给付相应的财物或金钱，并就此达成双方的和解。“命价”在此可以理解为是与被害人性命价值相当的等价钱财。

从现有的资料来看，历史上“赔命价”习惯法不但曾作为藏族的制定法存在过，至今还影响着广大藏区社会。藏族历代的地方法律，如元代帕竹政权绛曲坚赞统治藏族时期制定的《十五法典》中的第九条、明末清初噶玛丹迥旺布统治时期制定的《十六法典》中的第九条、清朝初期五世达赖喇嘛命令第巴索南饶丹制定的《十三法典》中的第七条都按照制定法的方式，明确规定了“赔命价”的内容。这些法律使“赔命价”由习惯法上升为成文的法律，并伴随着法律的权威而更加深入人心。千百年来，它在藏区扎下了深厚的根基，它是藏民族世代相传，根深蒂固的习惯法、传统法。它广为流传，并逐渐成为整个藏区包括西藏、甘肃、青海、四川、云南等藏族居住地的部落之间、个人之间处理杀人、伤害等纠纷的一种习惯法。② 以上论述为前提，藏族赔命价成文法正是定型于吐蕃赞普松赞干布执政后创立藏族文字颁布成文法律之时，完善于元明清，普及于民主改革前后期。尤其是藏族的《十三法典》一直沿用到新中国成立后的1959年西藏民主改革之前。③ 其实赔命价作为藏族最具典型的刑事习惯法在藏区很活跃，一直沿用到现在。所以，从赔命价的性质和藏区社会的实际作用看，这种典型的刑事习惯法在未来的藏区社会还会长期存在，并对藏区社会的稳定发展发挥更大的作用。

---

① 王尧、陈践译著：《敦煌本吐蕃历史文书（增订本）》（藏文），民族出版社1992年版，第177页。

② 邹敏著：《少数民族习惯法与国家制定法的调适——以藏族“赔命价”习惯法为例》，载《西北第二民族学院学报》2007年第4期。

③ 国务院办公室：《西藏自治区人权事业的新进展》，载《国务院公报》1998年第6期，第282页。

二、藏族“赔命价”习惯法的现实困境

（一）藏族“赔命价”习惯法的实践运行规律

藏区“赔命价”习惯法的存在，直接或间接地与国家法发生了冲突，这是一个客观事实。要承认它，才能逐步改变它。改革开放以来，尤其是近年来，青海等各藏区的赔命价制度有复兴的趋势。然而，在多元文化与各种纠纷解决机制，快速发展不断变革的时代背景下，现代藏区社会形成了国家政治和国家法律，与藏族社会的习惯禁忌、藏传佛教戒律、伦理道德、行为规范、国家宗教政策、国家民族政策等混合在一起，并与民族地区的成文法规相辅而行，综合治理社会各种矛盾纠纷的局面。就青海藏区来说，处理“赔命价”案件，往往采用藏族习惯法与国家刑事制定法两种机制，这两种机制中又必须体现，党的民族宗教政策、藏民族心理、藏民族风俗习惯，以及宗教信仰等诸多文化理念，从而我们不难发现，有时藏族“赔命价”习惯法不仅具有很强的操作性，还与国家制定法与少数民族习惯法并行不悖，能综合解决民族地区的各种法律纠纷。

（二）藏族“赔命价”习惯法的现实困境

当然，藏族“赔命价”习惯法并非都是优点，也存在着消极作用，如可能会削弱刑罚的积极功能，导致涉案人企图花钱逃避国家法律的约束而主动实施杀人等暴力犯罪，也可能导致行为人，因为能预计可以通过赔命价来逃避刑罚而主动实施强奸杀人、打击报复进行仇杀等各种犯罪，为具有金钱权势之赔偿能力的犯罪人，通过赔命价肆意践踏法律尊严和逃避刑事惩罚提供机会；也可能形成家族或部落组织强大的势力欺压弱势一方，破坏赔命价原有的积极作用而阻碍藏区法治建设的健康发展；甚至犯罪人与公安司法机关的某些干部串通制造司法腐败等。随着刑事和解与藏族地区比较盛行的赔命价刑事习惯法的推进，藏族“赔命价”习惯法在实际操作中，也难免出现一些失范案例和负面影响：如被害人亲属漫天要价威胁被告人及其亲属；一些加害人犯罪后毫无悔意却以钱买刑破坏国家法律的尊严，甚至践踏和利用藏族赔命价本身具有的不杀生之佛教哲学原理。以

上类似问题警醒我们，至少在中国刑事法治建设领域以国家制定法为主导，采取刑事法治的变通性和监督性原则的紧密结合下，才能广泛提倡藏族“赔命价”习惯法这种中国本土性法治资源。

1. 藏族“赔命价”习惯法的消极影响

藏族“赔命价”刑事习惯法对少数民族地区的影响，既有积极的方面，同时也有消极的地方，利弊同在。从消极影响来说：首先，藏族“赔命价”刑事习惯法有对国家司法机关的正常活动和法定程序起到干扰的不利影响，同时也严重损害了国家法制的尊严和统一。虽然，无论按国家制定法，还是按照少数民族习惯法，杀人、伤人都是要受到严厉惩罚的禁止行为，尤其是国家刑法要加以惩处其犯罪行为。这说明，国家法律与藏族赔命价等少数民族习惯法之间，既有其一致性，也不可避免地存在着矛盾和冲突。其矛盾和冲突的存在，客观上既不利于国家法制的尊严和统一，又有损于国家法制有效实施的公信力与执行力。

其次，藏族地区过高的命价赔偿，或拘泥于某些传统礼教束缚下的无休止地索赔，往往造成受害方无可奈何，加害方倾家荡产而又无救济保障，如有的因偿付命金而一贫如洗，或无赔偿能力而逐出原居住地，不得不携子串帐房乞讨度日，或偷盗，由此造成新的社会问题。

最后，在藏族偏远的牧区，发生命案或伤害案件时，往往不报司法机关，自行按传统方式赔偿，待司法机关依法追究时，当事人双方都持抵触态度。交通、信息等几乎中断的“无人区”，无法及时联系国家司法机关。或者虽经长时间的等待后，司法机关开始查案，并将相关犯罪人依法追究法律责任，但被害一方仍坚持赔偿，否则不能解怨息讼，这种状况还常常得到当地舆论的支持。

总的来讲，分析研究藏族“赔命价”习惯法的现代法学理论价值时，我们始终要克服少数研究者那样断章取义的弊端，也不能盲目信任不懂法学与藏学基本知识的一些外行，绝不能接受不深入研究少数民族习惯法之价值内涵的弊端下形成的偏激的观点。法学与其他多种学科相互交叉的研究风气，因为，我们只能接受对人类文明的进步事业具有积极影响的学术思想。无论如何，从法学研究和整个社会秩序的稳定发展，以及中国刑事法治建设的客观规律讲，藏族“赔命价”习惯法具有值得借鉴的很多法的正义价值。

2. 藏族“赔命价”习惯法受到的尴尬遭遇

自20世纪90年代开始，我国学者们大多以国家刑事制定法定为立场，对“赔命价”习惯法进行了极为严厉的批判与否定。有学者认为，“赔命价”作为一种部落习惯，“有悖于国家现行的法律，损害了我国法制的尊严和统一，干扰了司法机关的正常执法活动，带来了社会的不安定因素”，与我国现行法律在处罚指导思想、处罚方式、诉讼程序、刑事管辖以及刑事法制原则上相冲突。① 有学者指出：“随着社会的发展和藏族历史的演变，‘赔命价’广为流传，并逐渐成为整个藏区包括西藏、甘肃、青海、四川、云南等藏族居住地的一种习俗性法律。这种不以生命相抵、而以财产相赔是人类迈向文明攀登的阶梯上刑事法律的一个进步，但它是人类奴隶、封建制度剥削阶级刑法的典型表现。它为有财产、有地位的统治阶级擅杀他人、伤害他人提供了方便和保障，其阶级性和不平等性、违反人类理性是极其明显的。”

可见，虽然“赔命价”习惯法在现实生活中比较活跃，但由于其被认为与国家刑事制定法不合拍，因而遭到了严厉的批判。批判的结果就是“赔命价”习惯法连同其赖以存活的文化传统都被认为是落后的东西而被完全否定了。②

三、藏族“赔命价”习惯法对我国刑事司法的积极作用

（一）藏族“赔命价”习惯法与国家刑事制定法发生冲突的原因

多年来，藏族“赔命价”习惯法等少数民族刑事习惯法，在维护少数民族地区的生命财产安全和稳定当地社会秩序方面发挥着国家任何一个部门法不可代替的作用。然而，不可否认，在我国很多刑事案件中，大面积强调行使刑罚权的浪潮下，藏族“赔命价”习惯法等少数民族习惯法往往

① 张济民主编：《诸说求真—藏族部落习惯法专论》，青海人民出版社 2002 年版，第 164－166 页。

② 苏永生著：《“赔命价”习惯法：从差异到契合——一个文化社会学的考察》，载《中国刑事法杂志》2010 年第 7 期。

被认为是落后的传统而不被重视，被认为是与国家制定法格格不入的东西。其结果在于，很多地方出现了通过强行适用国家刑事制定法，而革除赔命价等少数民族刑事习惯法的做法，导致了国家司法机关与当地少数民族之间的矛盾，干群关系紧张、民族间的矛盾激化、基层百姓不信任国家政府机关与国家法律制度等一系列负面影响。

在广大藏区民主改革前，盛行适用赔命价习俗。1957 年在藏区民主改革后一段时间内因民族政策的缘故没能明目张胆地流行，但是在藏族农牧区近 54 年来的实践表明，藏族赔命价这种典型的刑事习惯法，不但没有因为国家刑事制定法的涤荡而很快消失，反而以顽强的方式表现着自身的法治精神，实现着其应有的基本功能，而且在很多情况下，使国家刑事制定法的适用陷入了僵局。因而，现行我国刑事法律制度，寻求一些本土化刑事习惯法资源来填补自身的漏洞，已经是我国刑法和刑事司法势在必行的重要举措，这也是一种刑罚从重到轻逐渐演变的过程，更是人类刑法史难以回避的重大历史抉择。

“然而历史早已证明：当国家法与民族习惯法发生冲突时，战败的往往是国家法。”[①] 诸如“赔命价”等少数民族刑事习惯法，没有因为学者和法律工作者的严厉批判和否定而退出历史舞台，它依然保持着活力。而且，在强制推行国家刑事制定法的过程中，往往出现的结果是犯罪人不仅受到了国家刑事制定法的处罚，同时也受到了刑事习惯法的处罚，显然违反“任何人因同一犯罪再度受罚”的现代刑事法理念，使国家刑事制定法的实施陷入了僵局。青海省人大法制委于 20 世纪 90 年代后期，在青海省黄南、海南、果洛、玉树等藏族自治州及其所属的一些县，对实施刑法和刑事诉讼法中遇到“赔命价”的问题作过一次调查，调查中发现，“赔命价”习惯法依然是藏区处理杀人案件的主要依据。结果显示：藏族、蒙古族聚居区的一些群众提出：“现在办一件杀人案，要经过两道手续，一要经政法机关依法办理的手续；二要经民间协调处理赔命价的手续。”不这样办，一是群众中的纠纷问题得不到彻底地解决，留下不安定的隐患，二是硬性以刑罚处理，社会效果不好，被告人及其亲属会受到种种责难、威

① 尹伊君著：《社会变迁的法律解释》，商务印书馆 2003 年版，第 116 页。

胁，甚至生命受到危害，影响社会安定。”① 孟德斯鸠认为，“一项规则，要成为好的法，不仅要适应于抽象的理性，而且还要适合于它所适用的社会精神。这种社会精神，是从多种因素中升华而来的。”② “西塞罗尝言：真正的法律是与自然相一致的正确理性；它适用于所有人且不变而永恒；它以其命令召唤人们履行义务，以其禁令使人们避免恶行。它的命令或禁令虽然于恶人全无影响，但对于善良的人们却从不失效。想要改变这一法律是种罪孽，试图取消它的任何一部分也不能允许，而想要全部将它废除则是不可能的。”③ 藏族等少数民族刑事习惯法，在法的效力和整个社会范围内普及的力度等，似乎其作用比不上国家制定法那么“显眼”，但它们随着本民族的本土文化和伦理道德之价值功能，有时比“准司法”和国家法更有效，能够及时惩罚犯罪、保护人民，促使保障国家安全和社会公共安全，维护社会主义市场秩序等方面具有它们强有力的贡献。所以，藏族等少数民族刑事习惯法，虽然在我国的立法和刑事司法的基本原则规定中没有引起足够的重视，甚至否定它们的存在，但它们确实是建构现代中国法治大厦的重要资源，这些借助藏族“赔命价”习惯法的积极有效的经验，必将成为中国刑事法治建设不断取得成功的力量源泉。

（二）藏族“赔命价”习惯法的积极作用

罗马法学家罗道夫·冯·耶林说：“当现行法由利益支配之时，新法要强行出台，经常非经过跨世纪的斗争不可，这种斗争达到顶峰，利益便采取既得权的形式。”④ “也就是说，在历史上，法是人们自觉活动的结果，是在充满血腥气息的社会各阶级和阶层的斗争中发展的。每个阶级和阶层都极力使自己的利益或目的在法中得到确认。”⑤ 综上所述，为了弘扬公平正义的中国法治精神，为了推动中国刑事司法的发展，为了公正评价藏族

① 张济民主编：《诸说求真—藏族部落习惯法专论》，青海人民出版社 2002 年版，第 151 页。

② ［英］彼得·斯坦，约翰·香的德：《西方社会的法律价值》，中国人民公安大学出版社 1990 年版，第 20 页。

③ 梁治平著：《寻求自然秩序中的和谐》，中国政法大学出版社 1997 年版，第 350 页。

④ ［德国］耶林：《为权利而斗争》，载《民商法论丛》第 2 卷，法律出版社 1994 年版，第 16 页。

⑤ 孙文恺著：《社会学法学》，法律出版社 2004 年版，第 31 页。

“赔命价”习惯法等少数民族刑事习惯法的价值功能，藏族“赔命价”习惯法在国家刑事司法领域中的积极作用，可以概括为以下几个方面：

第一，藏族“赔命价”习惯法有利于推动出台完善的中国刑事被害人国家补偿制度。

更可怕的在于，刑事案件中往往被害人或判处死刑的犯罪人是家庭的主要劳动力时，这种结局是非常残酷的，后果就不堪设想。相比之下，藏族“赔命价”习惯法根据现实生活的具体情况，及时惩罚犯罪人的同时还在于对被害人及其家属进行财物或金钱的补偿，既能节省高昂的司法成本，又能及时安抚原被告双方及其亲属；既是重在强调恢复原被告双方的社会本位价值，又是重建被害人及其亲属与加害人共同维护藏区安全的生产生活秩序。由此可见，延续一千多年的藏族“赔命价”习惯法，不但启发我们尽快制定中国刑事被害人及时能够获得补偿救济的国家补偿制度。无论怎样，我国刑事被害人补偿的对象、补偿的条件、补偿的效率、补偿的限制、补偿金的来源和运作管理、补偿金的形式和数额、补偿的机构和程序、以家庭为单位一次性货币补偿、补充性原则不能绝对化、主要依据被害后果和被害方生活困难的情况而定等一系列问题方面，藏族“赔命价”习惯法按照自身的优势在此作出了应有的贡献，我们应当对比参考。

第二，藏族“赔命价”习惯法有利于丰富和发展中国本土化刑事和解不起诉制度。

通过对藏族法制史的深入研究和藏族现实生活的实地考察，不难发现藏族社会的财产责任十分发达，人身伤害案件的赔偿如“赔命价”、“血价”，各种盗窃罪的罚赔，家庭婚姻纠纷赔偿如发生私奔、抢婚和离婚，没收财产和引起草山失火等其他过失行为，均以财产为内容进行赔偿制裁，适用范围相当广泛，其分量和适用率几乎超过刑事责任。无论是刑事、民事等的大小案件和包括行政案件，最终都要通过经济赔偿加以解决，起诉或检举到司法机关或政府机关的很少，[①] 这也是藏族习惯法的一大特点。尤其是藏族“赔命价”习惯法，促进被害人与加害人在平等对话的平台上搭建而成的沟通协商机制，重在弥补犯罪行为本身给原被告双方生活上带来的影响，以及双方精神与心理上造成的痛苦，通过平等诉讼的

① 梁治平著：《寻求自然秩序中的和谐》，中国政法大学出版社1997年版，第252页。

方式进行倾诉或发泄，旨在解决犯罪本身给双方带来的损害均以钱财赔偿。这样，被害人在精神和物质上可以获得双重补偿，而加害人也可以赢得被害人亲友的谅解和改过自新的双重机会。因此，藏族“赔命价”习惯法等少数民族刑事习惯法，遵循着平等协商性与和解性来规范刑事案件不起诉的制度理念，这种理念对我国尽快建立刑事和解不起诉制度具有极大的贡献。

第三，藏族“赔命价”习惯法有利于寻求被害人和加害人合法权益的双向保护、及时恢复原被告双方的正义和经济伦理价值。

寻求被害人、加害人合法权益的双向保护，及时恢复原被告双方的司法正义和经济伦理价值是当代刑事法治建设发展的必然趋势，也是建设社会主义和谐社会的法治目的所在。我们充分利用藏族“赔命价”习惯法等少数民族刑事习惯法的积极作用，推动并创建我国刑事和解不起诉制度所兼顾的，被害人与加害人合法权益的双重保护制度，不但有助于加害人的矫正与回归社会，而且也有助于平复被害人的心理创伤，尤其最大限度地能够恢复被犯罪所破坏的社会关系的和谐性。

第四，藏族“赔命价”习惯法有利于保障人的生命权，促进了减少死刑和限制死刑、慎用死刑和废除死刑制度的健康发展。

藏族“赔命价”习惯法正是遵循着这种民族精神，在广大藏区顽强地表现着法的正义，而且在党和国家正确的民族政策下，它伴随着藏族文化的蓬勃发展充分验证了法律是土生土长和由内部的力量推动的事实。还证明了保护自然人享有一切权利的前提是生命权，在生命质量论上进一步强调了珍爱生命的必要性，人不仅要活着，更重要的是要活得有幸福、有尊严、有意义。当前我国刑法中首先强调的基本法治理念是，人权保障的刑法理念。我国刑法学家陈兴良教授认为，“刑法中的保障人权，并不是指保障一般人的权利，也不是指保障人民的权利，而是保障犯罪嫌疑人、被告人的权利。因此，当惩治犯罪和人权保障这两种刑法的功能发生矛盾冲突的时候，我们把哪个放在第一位？这是我们所面临的一个根本选择。我认为，在法治社会中应当把刑法的保障人权功能放在第一位，这是必然选择。只有在有效地保障人权这一前提下，我们才能充分发挥刑法的打击犯罪的功能。只有在法治社会中，刑法把人权放在首要位置，公民才有可能利用刑法约束国家权力，以保障个人的权利和自由。"[①] 这一点上，藏族"赔命价"习惯法不但保护了民族地区普通百姓的生命权，更是维护了当代刑法所提倡的保障人权与惩罚犯罪相统一的基本原则，并对少数民族人权的法律保护和保证国家以及社会的安定有序方面同样作出了贡献。由此可见，藏族"赔命价"习惯法不仅仅具有法律性，更具有伦理道德的习俗性，这种习俗性"是深受藏传佛教不杀生观念的影响产生的，认为将杀人者杀死是犯罪孽，这虽然很难从现代刑法理念出发找出人道主义的充分根据，但其结果却在一定程度上比现代刑法更加人道，在实践中确实起到了限制乃至废除死刑的作用，符合现代刑事法治的基本要求。"[②] 这正是当代我国刑事司法必须借鉴的，也是跟西方国家在刑事司法领域有可能挑战的最大优势。以之为前提，藏族"赔命价"习惯法在尊重人的生命、保障人权、减少死刑和限制死刑、慎用死刑和废除死刑、节约国家司法成本、反对所有酷刑和避免发生冤假错案以及现代中国刑事司法的诸多领域发挥着国家刑事制定法难以发挥的积极作用。在当今中国，"生刑过轻，死刑过重"、"缺少中间环节"的情况已经形成了一个刑罚复仇的漏洞。如果正要解决这些问题，我国现存的藏族"赔命价"习惯法与国家刑事制定法必须要衔接和互动，这样才能对我国刑法的发展方向、宽严相济的刑事政策、刑法谦抑性、中国本土的轻缓性等刑事法治建设领域发挥重要的作用。

四、藏族"赔命价"习惯法的理论意义

作为一种千百年来世世代代传承总结、积累发扬、坚持延续的重要社会规范，藏族赔命价等少数民族习惯法必定有其合理合法的成分，有其符合社会历史发展和人类进步文明的规则价值。藏族等少数民族刑事习惯法的历史特点和现实表现表明，这种刑事习惯法除了在民族地区有较大影响力和较高认可度外，其所体现出的珍爱生命注重人权的人本精神，以及重视家族、部落、村寨等成员间和睦相处的和谐理念，可以在处理藏区刑事

① 陈兴良著：《当代中国刑法应该具有的三个理念》，载《检察日报》2008 年 3 月 17 日。

② 苏永生著：《国家刑事制定法对少数民族刑事习惯法的渗透与整合——以藏族"赔命价"习惯法为视角》，载《法学研究》2007 年第 6 期。

案件时，实现制定法不一定能达得到的社会效果和司法效果。这正是藏族赔命价刑事习惯法对现代刑事法治要补充的理论价值和意义所在。

藏族赔命价刑事习惯法，在防止中国冤假错案、节约国家的司法成本、慎用死刑和废除死刑等重大刑法理论问题方面具有指引和启示意义。藏族“赔命价”习惯法对我们这个统一的多民族国家，在建立和维护阶级统治秩序、社会生活秩序、经济发展秩序、法律制度运作秩序、政治权力运行秩序等方面有着积极的作用，尤其是在藏区民族团结、社会稳定、民主自由、公平公正以及及时提高民族地区解决纠纷的法律效率等，奠定和发展了人与人、人与社会、人与自然之间的和谐关系，为加快创建中华民族伟大复兴之和谐社会具有不可替代的重大理论意义。

因此，藏族“赔命价”习惯法等少数民族刑事习惯法是国家刑事制定法的有益补充，是国家刑事制定法发展完善不可或缺的法治资源。另外，藏族“赔命价”习惯法如同善法而治可以变通的“国家法的内容”，在社会秩序建构、基本人权保障、少数民族社会自治等方面确实有其他规则制度不能替代的特殊功能，尤其是它在广大藏族地区纠纷解决机制中的实际效能，及其藏族地方性知识在司法中的运用和对于我国司法方法作出实实在在的贡献上，有时超出了国家刑事制定法的功能和作用。所以，笔者坚信藏族“赔命价”习惯法等少数民族刑事习惯法，在我国民族地区的刑事司法领域有着广阔的发展前景，如从理论和实践中深入研究并不断创新赔命价之优秀要素，最终有可能对中国刑事法治建设产生积极意义。

积极拥护法治天下的今天，我国刑事法治的要求是多方面的，其中强调限制死刑的适用、刑事和解在刑事冲突解决中的积极作用、对刑事被害人的赔偿与补偿制度的建构、对轻微犯罪案件依法从宽处理、对严重犯罪中的从宽情节和轻微犯罪中的从严情节依法分别予以宽严体现、对犯罪的实体处理和适用诉讼程序都要体现宽严相济的刑事政策精神等方面，已经成为当下中国刑事法治发展的重要内容。这些内容正是藏族“赔命价”习惯法所坚持遵循的实质，这不仅使藏族“赔命价”习惯法在一定程度上契合了我国现行刑事法治的根本目的，还积极推动了中国刑事法治建设的本土化路径。但我们也不能有意识地夸大藏族“赔命价”习惯法因其处理地方性问题的有效性而产生对整个中国刑事法治建设的积极意义。关键在于从法学理论和司法实践中要寻找藏族“赔命价”习惯法与中国刑事法治的共性与契合后的重大理论贡献，比如中国特色社会主义法学的理论体系问题、法律体系问题以及法治的中国特色问题和中国的司法漏洞、司法腐败、司法理念、司法模式、司法改革等问题，这些都是中国法治建设和法学研究中有全局作用的重大问题，值得我们深入思考和研究。

我们旨在建立健全适合中国特色社会主义的刑事司法制度时，应当转变观念加以批判和审视僵死的法条主义和盲目性大面积立法的功利主义思想的局限性，在司法实践中总结藏族“赔命价”等各少数民族刑事习惯法代表的回应型刑事司法，就能够启发中国刑事法治建设中遭遇到的现实难题，进而推动和完善我国立法上的缺陷与不足，这样的法治工程必将是未来中国刑事司法制度发展的一个新的重要的方向。

五、结　语

就藏族“赔命价”习惯法与我国刑事司法所要完成的终极目标和根本任务方面讲，具有共同的良法善治的法治目的和伸张正义的伦理道德法的价值。在我国法治建设过程中对藏区习惯法应该“取其精华弃其糟粕”，理性地加以利用和借鉴，使其与我国本土化法治建设协调发展。我国法治建设的完善需要“百花齐放”的兼容理念：一方面藏区习惯法等民族地区的习惯法，应该积极适应国家法，以国家法为主要依据，在尊重国家法的前提下做适当变通；另一方面积极倡导国家法治建设的完整性，我们必须“因时、因事、因地、因俗、因族”制宜，适当利用和借鉴藏族习惯法的地域性、民族性、本土性的功能和作用，尤其是赔命价那样不但能够及时解决复杂的刑事案件，在司法资源相对薄弱地区的社会稳定与发展起到维护作用的同时，节约了大量的国家司法成本。二者的协调发展既有利于尊重少数民族的本土文化和传统习惯，又有利于维护国家法的尊严和权威。

在废除不人道的酷刑这一问题上，人们应该重视习得良好的伦理道德观来发掘藏族赔命价等少数民族刑事习惯法中的优点，从而创立中国文明的刑事法治环境。一个社会的宗教信仰、伦理道德、风俗习惯、本土文化背景等综合治理因素也很重要，如广大藏族社会除了藏族历史文化的特性外，尊重爱惜世上所有生命物而不杀生的藏传佛教信仰观、伦理道德观、风俗习惯以及生活禁忌等因素，造就了“赔命价”刑事习惯法在藏族地区长期发展的生命力。所以良好的法治社会必定是一个有坚定信仰的良好的道德社会，良好的道德伦理观的确立，促使良好的法治社会的建立就更容易了，更重要的是离严厉不人道的酷刑制度的废除和杜绝一切司法腐败的阳光法治时代也就不远了。

文化适应考察：研究少数民族服刑人员监禁矫正的新视角

王　飞[①]

一、文化人类学中的文化适应理论

1. 人类学视野下文化适应概念

在文化人类学中，正式提出文化适应（acculturation）概念是在20世纪30年代中期，是由美国人类学家罗伯特·雷德菲尔德（Robert Redfield）、拉尔夫·林顿（Ralph Linton）和梅尔维尔·赫斯科维茨（Melville J. Herskovits）三人共同起草并在《American Anthropologist》上发表的《文化适应研究备忘录》中提出。他们在该备忘录中认为，“文化适应意指由个体组成且具有不同文化的群体，进行持续的直接接触，随之在一方或双方的原有文化模式中发生变迁的现象。”这个概念初步明确了文化适应的含义，但也引起了一些争议。后来，到了20世纪50年代中期，巴尼特（H. G. Barnett），西格尔（Bernard J. Siegel），沃格特（Evon Z. Vogt）和华琛（James B. Watson）等学者以社会科学研究委员会文化适应研究会的名义于1954年发表了《文化适应：一种探索性的简洁表述》一文，提出文化适应“是由两个或多个自治文化系统相连接而引发的文化变迁。”同

① 作者简介：王飞，男，贵州省社会科学院法律所副所长、副研究员、法学博士。

时还对“自治文化系统”作了解释：“一个自治文化系统就是人类学文献上一般所说的‘一个文化’，自治文化系统指的是完全的、在结构上独立的系统，不是其他某个大系统的一部分或须有赖于另一个大系统而生存；它不需要其他系统就能延续自己的功能。”① 这样，比较1936年和1954年两个备忘录对文化适应所下的定义，后者的限制条件要少了些，也就显得更加简洁而较为宽泛。

2. 人类学中文化适应的影响因素

文化适应的前提条件之一就是必须有文化的接触。一般而言，文化接触中有如下因素会影响文化适应的过程和结果：一是，从事文化接触的个体、阶层的不同，以及他们之间接触的程度如何，都可能影响到文化适应的过程、结果和速度。二是，交往中的文化本身在互相联系中的特征，尤其是他们的互相限制和内部结构的灵活性与开放性的程度如何，以及文化的差异程度和文化的复杂程度如何，也都会影响到文化适应的过程和结果。② 三是，文化接触过程中是否存在强制性因素也对文化适应的过程和结果有较大的影响。从文化适应一词的英文构词法看，“acculturation”由前缀“acc－”和词根“culture”构成，“acc－”有“使加速、使发展、使进步”的含义，这或许意味着借用该词的最初本意更多的是描述人类文化因种种外在因素（特别是强制因素）而导致的文化改变（变迁）现象。这可以从最早采用“acculturation”一词的鲍威尔（J. W. Powell）对该词的使用中得到证明。他在1880年的著作《印第安语言研究导论》中谈到，“acculturation”的力量，“可使土著文化在百万文明人的压倒之势的情况下发生变迁。”③ 再如，作为提倡文化适应的一种率先尝试研究，雷德菲尔德研究墨西哥尤卡坦地区的目的之一，也是希望找到西班牙文化入侵后，印第安人传统文化的变迁情况。④ 这两则事例说明，在有些文化适应过程中往往存在着很浓厚的强制色彩。此外，还有不少学者也论述到文化适应的

---

① The Social Science Research Council Summer Seminar on Acculturation. *Acculturation: an Exploratory Formulation*, in American Anthropologist, Vol. 56, 1954, p974.

② 石奕龙著：《应用人类学》，厦门大学出版社1996年版，第146－148页。

③ 芮逸夫主编：《人类学》（云五社会科学大辞典第十册），台湾商务印书馆1971年版，第214页。

④ 夏建中著：《文化人类学理论学派——文化研究的历史》，中国人民大学出版社1997年版，第155－156页。

强制性问题。Robert H. Winthrop 在 1991 年的《文化人类学概念词典》中认为，“文化适应是在两个族群的个体之间直接接触的情况下发生的，是某一特定族群被另一外来的、占优势的族群带来的系统的文化变迁过程。”① 在美国文化人类学家哈维兰（William A. Haviland）看来，“文化适应是指两个社会之间发生密集而直接接触，人们被迫作出重大文化改变，文化适应总包含强迫的因素。”② 这样，文化接触的双方在政治、经济等力量对比下，其关系是对等、友好的，还是统治与被统治或敌对的，都可能会影响到文化适应的过程和结果。就本文研究的狱内少数民族服刑人员文化适应而言，文化适应可能具有的这种强制性因素不可忽视。

3. 人类学中文化适应的过程与结果

虽然从雷德菲尔德、林顿和赫斯科维茨三位学者对文化适应的定义来看，文化适应的过程对发生相互接触的这两种文化都会产生影响，然而事实上影响程度非常不一致，特别是在强大力量的压制下更是如此。有学者指出，“文化适应”一词的恰当含义应当是指当前的一种世界性现象，即区域性文化或社区感受到某些更大的民族文化的各种难以抗拒的压力而进行迅速的文化改变。当然，区域性或传统文化也会对吞食它们的较大文化给予反影响，然而这种反影响同较大文化对它们的影响相比的确相形见绌。③ 这说明，在文化适应过程中，从理论上讲，这种文化模式的变化是双向的，即相互接触的两个文化模式都要发生变化。但是就实际情况而言，群体接触的过程中更多的变化往往发生在弱势群体一边。这样，由于少数民族往往是弱势民族，其文化往往也是主流文化背景下的一种弱势文化，因此，在文化适应的过程和结果上，少数民族文化发生变迁的内容相对要大得多。

4. 人类学中的文化模式与文化适应

文化模式理论最初是由美国人类学家克鲁伯（A. L. Kroebet）和克拉克洪（C. Kluckhohn）在对文化进行广泛而深入的研究后提出的。他们认

---

① Gail King, Meghan Wright: *Diffusionism and Acculturation*, http: //www. as. ua. edu/ant/Faculty/murphy/436/diffusion. htm（2013 年 7 月 31 日最后访问）

② ［美］威廉·W·哈维兰著：《文化人类学》（第十版），瞿铁鹏，张珏译，上海社会科学出版社 2006 年版，第 464 页。

③ ［美］拉尔斐·比尔斯等著：《文化人类学》，骆继光等译，周庆基校，河北教育出版社 1993 年版，第 561－562 页。

为，“文化乃包括各种外显或内隐之行为模式，籍符号之使用而习得或传授，且为构成人类群体之显著成就；文化之基本核心包括传统（由历史衍生即选择而生）观念，其中观念尤为重要。文化体系虽可被认为系人类活动之产物，又可视为限制人类作进一步活动之因素。”[①] 在克鲁伯和克拉克洪的推动下，文化模式在美国盛极一时。当然，对文化模式理论贡献最大的是美国人类学家本尼迪克特（Ruth Benedict，又译本尼迪克），她在1934年写的《文化模式》一书中正式提出了“文化模式”一词。本尼迪克特认为，个体生活历史首先是适应他的社区代代相传下来的生活模式和标准。从他出生之时起，他生于其中的风俗就在塑造着他的经验与行为。到他能说话时，他就成了自己文化的大小的创造物，而当他长大成人并能参与这种文化的活动时，其文化的习惯就是他的习惯，其文化的信仰就是他的信仰，其文化的不可能性亦就是他的不可能性。因此，一种文化，就像一个人，或多或少有一种思想与行为的一致模式。每一文化之内，总有一些特别的，没必要为其他类型的社会分享的目的。在对这些目的的服从过程中，每一民族越来越深入地强化着它的经验，并且与这些内驱力的紧迫性相适应，行为的异质项就会采取愈来愈一致的形式。当那些最不协调的行为被完全整合的文化接受后，它们常常通过最不可能的变化而使它们自己代表了该文化的具体目标。[②] 这样，在本尼迪克特看来，不同民族和社会有不同的文化模式，每一种文化模式都有自己的特色和价值取向即潜在的价值意识。

从本尼迪克特等的文化模式理论可见，作为文化的载体，人类及其全部行为（包括犯罪在内）都是文化的产物，文化模式决定了人的行为模式及其特点。犯罪者之所以选择了犯罪行为，体现的正是他在一定文化模式支配下所具有的行为规范和价值观念。因此，犯罪现象也是一种社会文化现象，犯罪现象及其特点总是受制于特定文化模式，并反映着其蕴涵。这样，研究少数民族服刑人员犯罪的特征和规律，也就能够透过现象发现其背后深层次的文化适应本质。

---

① 芮逸夫主编：《人类学》（云五社会科学大辞典第十册），台湾商务印书馆1971版，第17页。

② ［美］R. 本尼迪克著：《文化模式》，何锡章，黄欢译，华夏出版社1987年版，第2、第36页。

二、跨文化心理学中的文化适应理论

1. 文化适应研究领域拓展

从人类学的视角来看，文化人类学家大都将文化适应看作文化变迁的过程及结果，并且他们一般注重探讨一个群体的过程及结果，因而几乎都是在集体层次上的研究。① 他们有时甚至反对将文化适应用在个人身上。人类学家比尔斯曾对此作过描述：在对文化变迁的研究发展过程中，“文化适应”一词也逐渐引申指个人。于是，抛弃传统文化行为，转而支持现代文化行为的人会被看成是“文化适应”的；一个既能在传统文化又能在现代文化中扮演角色的人也可能被认为是“文化适应”的；更易于适应自己文化中变化的人，或从一个社会移居另一个社会并适应了新社会的人，有时也被说成“文化适应”的。这种用法混淆了个人变化与文化系统的变化，但它已被人们所习用，难以再更改了。②

然而，在跨文化心理学家看来，文化适应可以在群体的层面上或个人的层面上进行研究，并且通常更加注重个体层次这个领域，强调文化适应对各种心理过程的影响。③ 他们一般倾向于将文化适应分成两种，即个体水平的文化适应和群体水平的文化适应，并认为个体水平的文化适应则往往导致价值观和态度的变化以及行为的变迁；而群体水平的文化适应引发的主要是社会结构、经济基础和政治组织方面的变化。④ 此外，在文化适应层次的拓展研究上，美国学者 Ward 及其同事做了大量的工作。他们认为文化适应包括两个紧密相连的不同方面：社会适应与心理适应，因此把

---

① Ward C. *The A, B, Cs of acculturation.* In: D Matsumoto (Ed.). The handbook of culture&psychology. Oxford University Press, 2001. pp411 ~ 445.

② ［美］拉尔斐·比尔斯等著：《文化人类学》，骆继光等译，周庆基校，河北教育出版社 1993 年版，第 561 – 562 页。

③ Lee S, Sobal J, Frongillo E A. *Comparison of models of acculturation: the case of Korean Americans.* Journal of cross – cultural psychology, Vol. 34, 2003, pp282 ~ 296.

④ John W. Berry, Ype H. Poortinga, Marshall H. Segall & Pierre R. Dasen. *Cross – cultural psychology.* Cambridge University press, 1992, pp 17 – 20.

文化适应分成心理层次上的文化适应和社会层次上的文化适应。[①] 其中社会适应是指在新的文化背景下成功地建立与主流文化社会群体的相互关系；而心理适应则是指以情感反应为基础的有关幸福感、满意度和积极自尊的良好状况。[②] 这样看来，跨文化心理学相对借助了人类学的文化适应概念，但同时又拓宽了其研究的内容和范围，在不反对群体文化适应研究的同时，又积极倡行个人文化适应的研究。这种理解文化适应的视角，对研究少数民族服刑人员个体在监禁矫正中的适应状况具有较大的指导意义。

在本文看来，监狱环境中的文化适应与常见的处于相对平等情形下的文化适应是不一样的，狱内少数民族服刑人员的行为模式几乎是没有什么选择的，在这种情况下坚持多元思考的模式研究文化适应问题是非常必要的。[③] 换言之，也就需要突破一些理论框架、观念模式和研究方法。这样，本文在运用文化适应一词时，也就并非完全站在文化人类学的立场，而是采用了一种综合使用的方案，在人类学的文化适应概念基础上，综合考虑跨文化心理学中的文化适应概念，并以此努力去拓展一种交叉学科的研究。

2. 文化适应的心理学问题

从心理学角度分析文化适应的首创者是特恩沃尔德（Richard Thurnwald），他在《文化适应的心理学》一文中第一次提出文化适应的心理学问题并对其概念和过程作了系统的分析。他认为，“文化适应是一个过程，不是一个孤立事件，是一个文化从另一个文化获得文化元素，对新的生活条件的适应过程。这个适应新生活环境的过程就是我们所说的文化适应。”[④] 在跨文化心理学研究领域，一般而言，文化适应是指个体从一种文化转移到另一种与其当初生活的文化不同的异质文化中后，个体基于对两

---

① Ward C. *The A，B，Cs of Acculturation.* In：D Matsumoto（Ed.）. The handbook of culture&psychology. Oxford University Press，2001，pp 411 ~445.

② Colleen Warda，Antony Kennedya. *Acculturation strategies，psychological adjustment，and socio - cultural competence during cross - cultural transitions.* International Journal of Intercultural Relations. vol. 19，1999，pp 329 -343.

③ 高显扬著：《布迪厄的社会理论》，同济大学出版社2004年版，第34页。

④ Richard Thurnwald. *the Psychology of Acculturation*，in American Anthropologist，Vol. 34，1932，p557.

种文化的认知和感情依附而做出的一种有意识、有倾向的行为选择和行为调整。[①] 因此，文化适应意味着因文化变迁和转移而导致的个体行为模式的变化。

在心理学研究领域，文化适应是适应的一种特例。因此，著名的瑞士心理学家皮亚杰的发生认识论对理解文化适应的心理变化有重要的借鉴意义。皮亚杰认为，从生物学上来说，智慧的本质是一种适应，而适应的本质则在于取得机体与环境的平衡。适应是内部图式（又译格局）与外部环境进行斗争的结果。它体现了环境的威力，也体现了图式的功能作用。[②] 适应既可以是一种过程，也可以是一种状态，有机体是在不断地运动变化中通过适应与环境取得平衡的。同时，适应又包括同化（assimilation）和顺应（accommodation，又译调节）两种作用和机能。所谓同化就是个体把刺激纳入原有的格局之内，它不能使格局改变或创新；所谓顺应是指个体受到刺激或环境的作用而引起和促进原有格局的变化和创新以适应外界环境的过程。[③] 皮亚杰强调，“由于存在着个体对多种多样的环境的适应，这些适应趋向于顺应环境或者说顺应经验。并且一旦从固定的内容中解放出来时，个体适应就会通过反身抽象而引起多种多样的新建构。”[④] 因此，也就必然会存在不同的适应个体有不同的适应模式现象。皮亚杰的发生认识论告诉我们，人类是适应性动物，人会根据环境的要求而从其所有的行为技能中选择一种最适应该环境的行为。据此，狱内少数民族服刑人员也就可能存在多种多样的文化适应模式。

3. 文化休克的原因和适应

“文化休克”（cultural shock）一词最早是由美国人类学家奥伯格在1960年首先提出的。他在《文化休克：新文化环境中的调整》一文中把这一概念界定为，由于失去了自己熟悉的社会交往信号或符号，对于对方的社会符号不熟悉，而在心理上产生深度焦虑的症状。[⑤] 因此，文化休克反

---

① 王亚鹏，李慧著：《少数民族的文化适应及其研究》，《集美大学学报》2004 年第 1 期。

② 雷永生等著：《皮亚杰发生认识论述评》，人民出版社 1987 年版，第 52 页。

③ ［瑞士］皮亚杰著：《发生认识论原理》，王宪钿等译，商务印书馆 1981 年版，“中译者序”第 3－4 页。

④ ［瑞士］皮亚杰著：《发生认识论原理》，王宪钿等译，商务印书馆 1981 年版，第 66 页。

⑤ Kalervo Oberg. Cultural Shock：*Adjustment to New Cultural Environments.* Practical Anthropology，Vol. 7，1960，p178.

映了一个人进入到不熟悉的文化环境时，因失去自己熟悉的所有社会交流的符号与手段而产生的一种迷失、疑惑、排斥甚至恐惧的感觉。这种源于社会性隔离所产生的焦虑、抑郁等心理状态，常常发生在突然处于异文化生活环境或者在长期脱离原有的文化生活环境，后来又回到自己原有文化生活环境情况下；有时也发生在适应主体同时忠诚于两种或多种相互有差异甚至是冲突的文化情况下。在主体上，文化休克多见于各类移民或者是那些生活一个社会内但其文化生活环境发生根本性改变而需要适应不同文化背景的民族或群体及其人员当中。

比较而言，文化休克理论对研究少数民族服刑人员监禁矫正中的文化适应具有相当的启发意义。由于大部分少数民族人员往往生活在信息相对闭塞的民族地区，当他们脱离自己的母体文化群体而与主流文化群体交往时，也就常常面临着文化适应的考验。如果他们能够相对顺利地适应异文化的文化模式和生活规范，他们就会顺利地摆脱文化休克的影响；相反，如果他们不能很好地适应异文化的文化模式和生活规范，他们除了会引发文化休克症状外，还会引发一些心理疾患。① 因此，少数民族成员在适应新的环境时，常常伴随着异文化的压力，这种异文化压力也常常增强了他们对本民族成员情感上的依赖。

4. 个体层面的文化适应模式

从一定意义上讲，文化适应摧毁了个人在旧有文化脉络中形成的体系，重建了一个新的安定的体系。异文化与母文化的差异指数、与异文化接触的形态、个体的适应能力、个人生活背景等都会影响文化适应的过程，因而文化适应情况是因人因时而异的。这样，在假定弱势文化群体及其成员有自由选择自己的文化互动模式前提下，美国学者 Berry 认为，个体一般有下述四种文化适应模式：② 其一，同化（assimilation）。如果弱势文化群体中的个体不想维持母体文化的认同，但是却寻求同主流文化的日常互动，那么其就使用同化的文化适应策略。其二，分离（separation）。

① Helen A. Neville, Roderick L. Lilly. *The Relationship Between Racial Identity Cluster Profiles and Psychological Distress among African American College Students.* Journal of Multicultural Counseling and Development. Vol. 28, 2000, pp194 – 202.

② John. W. Berry. Immigration, acculturation, and adaptation. Applied Psychology: An InternationalReview, 46 (1), 1997, pp9 – 12.

如果个体非常看重自己的母体文化，但却力求避免同主流文化的互动，那么其就使用分离的文化适应策略。其三，整合（integration）。个体在维持母体文化的同时，又寻求同主流文化的互动，那么其就使用整合的文化适应策略。其四，边缘化（marginalization）。如果个体对维持母体文化没有太大的兴趣，同时又不想同主流文化互动，那么其就使用边缘化的文化适应策略。这样，一个由个体组成的文化群体的文化适应固然可能会因其成员的适应一致而在不自觉当中形成了上述四种模式中的一种，但更多的可能是，因群体内的个体差异而这四种模式都同时存在。

同时，Berry 还指出，就实际情况而言，弱势文化群体及其成员有时并没有选择自己文化互动模式的自由，而是主流文化群体强制推行一定的文化互动模式，或者他们限制弱势文化群体及其成员选择文化互动模式的自由，那么就要用其他术语来描述文化适应的模式。[①] 在本文看来，Berry 的提示对分析少数民族服刑人员的文化适应很有启发意义，毕竟因犯罪而接受矫正在多数情况下都是强制而非受刑人自由选择的。加上一般而言，文化适应根据时间长短，划分为短期适应和长期适应的两种情形：短期适应以个体为主，针对的是短期暂居者对陌生环境的适应过程；而长期适应则以移民和族群为主，针对的是特定文化群体及个体对新文化环境中长期生活的适应过程。在少数民族服刑人员中，有的可能是短期适应，如刑期较短的；有的可能是长期适应，如死缓、无期等，不能一概而论，因此，其文化适应状况也就需要根据具体情况而论。

三、少数民族服刑人员面临的监狱文化背景[②]

1. 监狱是一个体现特殊环境的独特“小社会”

监狱是一个相对独特的小社会，与日常生活中的公共社会相比，监狱社会是比较封闭的，同时对监狱外的社会公众而言，高墙电网内的监狱社

① John. W. Berry. *Socio – psychological Costs and Benefits of Multiculturalism: A view from Canada.* Stockholm University, 2002. p13, 50.

② 王飞著：《矫正少数民族服刑人员的理念、制度与文化》，《贵州社会科学》2011 年第 2 期。

会又是比较神秘的。这种封闭环境下的社会是怎样的，服刑人员在这种独特环境中是怎么生活的，有着什么样的体验，又是怎样适应心理、行动等方面所受的监禁限制的，如此等等一些疑问往往引发人们对监狱形象的联想。从社会学理论角度看，监狱是以对服刑人员实施强制再社会化为活动宗旨的一种暴力性色彩强烈的一种正式社会组织。[①] 进而从监狱体现出来的知识权力和社会功能看，法国社会学家福柯敏锐地指出，在若干方面，监狱必须是一种“彻底的规训机构”，“它必须对每个人的所有方面——身体训练、劳动能力、日常行为、道德态度、精神状况——负起全面责任。学校、工厂和军队都只涉及某些方面的专业化，而监狱远远超过它们，是一种‘全面规训’的机构……它实行的是一种不停顿的纪律……它对犯人施展一种几乎绝对的权力。它具有压迫和惩罚的内在机制，实行一种专制纪律。它最大限度地强化了在其他规训机制中也能看到的各种做法。”[②] 由此可见，在所有的正式社会组织中，监狱的社会控制力量非常强大且功能全面。监狱的确称得上是一个名副其实的体现特殊社会环境的独特社会。

2. 监狱文化主要体现的是整体社会的主流文化

监狱文化是一个多元素、多层次、多内容和多形式的复合性文化构成。本文认为，作为一种满足矫正服刑人员之需而应运而生的文化现象，监狱文化是社会主流文化在监狱这个独特场域里的折射和反映。这可以引众多学者的论述为证：有学者认为，监狱文化是监狱在长期的发展过程中，根据统治者的意志并接受社会传统文化的影响所形成的组织、纪律、制度、法规、价值观念、道德规范、行为方式和精神风貌。[③] 也有学者主张，监狱文化是社会文化的一个重要组成部分，改造服刑人员本质上也就是一种文化现象，对服刑人员所代表和体现的生活方式与文化价值观念的改造正是社会主义精神文明建设、社会主义文化置换亚文化的一个内容；改造服刑人员必然是一种文化建设，整个文化环境的核心集中在服刑人员的生活方式的培养上；劳动改造实践在文化本质上是改造犯人的文化过

---

① 金鉴主编：《监狱学总论》，法律出版社 1997 年版，第 40 – 41 页。

② ［法］米歇尔·福柯著：《规训与惩罚》，刘北成，杨远婴译，三联书店 2003 年第 2 版，第 264 页。

③ 金鉴主编：《监狱学总论》，法律出版社 1997 年版，第 530 页。

程。[①] 还有学者坚持，监狱作为国家法律实现的重要场所，在监狱法律规范、刑事执行政策的内容及其实施过程中，也反映着一个社会主文化的基本价值观。从文化发展的角度看，监狱这个“小社会”文化程度的高低，不仅反映出社会制度和法律制度的优劣，而且还反映出社会文化所倡导的基本价值观念的兴衰。监狱作为一个特殊的社会文化场所和法律文化的“聚焦点”，可以说是一个社会制度和社会文化发展的缩影，它通过暴力性的物化形态昭示着国家与社会对服刑人员的价值评判，并且在更深层次上展示了国家对社会文化图腾的完美追求。[②] 此外，有学者还认为，监狱文化是监狱在执行刑罚、改造服刑人员的实践中，通过长期积淀而形成的，为服刑人员所熟知的思想观念、行为模式、传统习惯、行为规范、物质环境与精神文化环境等的总和。监狱文化并不是单一文化形态，它主要包括两方面：一是监狱机关倡导的主流文化；二是在服刑人员中自发形成的居次要地位的亚文化。[③]

因此，在本文看来，监狱文化主要体现的是整体社会的主流文化。它在监狱这个特殊社区中包括三块内容：监狱主流文化、服刑人员文化和工作人员文化。其中主流文化是国家倡导的，是一种显性存在（显规则），它的力量最强大，对其他两种文化都形成绝对的压制态势。服刑人员文化是服刑人员当中形成的，隐性存在（潜规则）是它最常见的表现形式，它主要是和监狱主文化相抗衡或牵制，力量相对较小，但是生命力比较顽强，与监狱主文化形成此消彼长的关系。工作人员文化是监狱工作人员当中形成的，隐性存在（潜规则）也是它最常见的表现形式，它和监狱主流文化不形成明确对抗，若即若离，既合作又分离，力量相对较小，不过生命力也顽强。服刑人员在监狱要适应的主要是监狱主流文化和服刑人员文化，基本不涉及工作人员文化，因为他们不可能也没必要融入工作人员圈子。此外，服刑人员文化还可以按照其分布范围、存在价值和规则效力的不同，进一步细分为囚犯亚文化（也称犯人亚文化、罪犯亚文化）和机构化人格，前者在服刑人员中分布相对要广泛一些，主要是抗制监狱主文化的强迫，并且凡亚文化团体内成员违反该文化规则将遭到团体而非来自监

① 孙晓雳著：《劳动改造刑论》，中国人民公安大学出版社 1992 年版，第 131 – 132 页。

② 夏宗素主编：《监狱学基础理论》，法律出版社 2001 年版，第 196 页。

③ 何为民主编：《服刑人员心理矫治》，法律出版社 2001 年版，第 108 页。

狱的惩罚；后者一般仅存在那些过度监狱化的服刑人员行为模式中，主要是消解监狱主文化的效果，服刑人员不仿行该模式不会遭到任何惩罚。由此，本文认为，监狱主流文化通过物质文化（如监狱的生活起居、劳动矫正等）、制度文化（如服刑人员行为规范、军事化组织结构等）和精神文化（也称观念文化，如思想教育、文化教育等）形式在服刑人员的再社会化矫正过程中体现出来，而服刑人员文化则主要体现为监狱化过程中的囚犯亚文化和机构化人格等非主流文化。

3. 服刑人员的狱内再社会化是个体原有文化模式的一些强制改变

社会化是在社会学里的一个重要概念，一般是指社会个体通过与社会的交互作用，适应并吸收社会的文化，成为一名合格社会成员的过程。正如学者所言，在行刑领域，我们所面临的是已经发生了犯罪的社会现实，我们在用一种文化功能去矫正服刑人员的反社会性，同化他的思维方式和行为习惯。[①] 所以，服刑人员改恶从善的过程就是服刑人员再社会化的过程。这里的再社会化，是指服刑人员经过一定方式的改造，逐渐克服社会化过程中发生的病态，重新适应社会规范和社会生活的过程。[②] 换言之，再社会化，就是指服刑人员个体由旧的价值标准和生活方式向新的价值标准和生活方式的转变过程。对服刑人员的关押改造就是服刑人员的政治再社会化、法律再社会化、角色再社会化。[③]

这样，既然服刑人员再社会化是要重点矫正其扭曲的价值观念和不良行为方式，重点培养服刑人员的社会意识和守法意识，并向他们灌输符合绝大多数人利益的社会规范、价值规范和行为方式。在中国语境下，同时还意味着用科学的理论和先进的思想改造服刑人员的世界观、人生观和价值观。[④] 那么改变服刑人员的观念结构和行为模式，这种强制性的转变也就是在改变服刑人员原有文化模式的一些内容。

4. 少数民族服刑人员的监禁矫正是一种特殊场域中的文化适应过程

监狱必须发挥“收得下，管得住，跑不了，改造好”的功能。因此，

---

① 刘强著：《美国社区矫正演变史研究——以犯罪刑罚控制为视角》，法律出版社 2009 年版，第 111 页。

② 金鉴主编：《监狱学总论》，法律出版社 1997 年版，第 830 页。

③ 何为民主编：《服刑人员心理矫治》，法律出版社 2001 年版，第 103 页。

④ 金鉴主编：《监狱学总论》，法律出版社 1997 年版，第 830 页。

监狱文化不同于一般的社会文化，它所要求的“言有戒律，行有准则”远非社会一般组织的要求可比。同时监狱里的矫正也不是一般社会文化的接触，它是以国家强制力为保障的主流文化传播。这种特殊形式的文化传播具有强烈而接收方几乎难以改变定向作用，它总是在明文宣示或者在潜移默化中使服刑人员接受监狱所提倡的价值标准和思维方式。这样，一旦服刑人员来到这里，就会在监狱所特有的传统和舆论的无形压力中重新审视自我，改变以往的认知结构，逐渐适应和接受这里的改造方式。[①]

同时，一般而言少数民族往往是弱势民族，因而其文化也就成了主流文化背景下的一种弱势文化。在这种弱势文化背景下，加之少数民族人员大多生活在信息比较闭塞的民族地区，当其离开自己的文化群体而与主流文化群体交往时，也就常常会遭遇文化适应的考验。因此，当少数民族服刑人员在狱内接受矫正时，其就会面临着监狱主流文化（相对而言，也就是一种异文化）的文化模式和生活规范的适应问题。既然狱内再社会化是服刑人员原有文化模式的一些特质发生变化，那么我们就可以说，少数民族服刑人员的监禁矫正也就是一种特殊场域中的文化适应过程。从这个角度讲，文化适应考察可以成为研究少数民族服刑人员监禁矫正的新进路。

① 何为民主编：《服刑人员心理矫治》，法律出版社2001年版，第109、110页。

乡村秩序与国家法律

——通过对时寨村的案例透视看豫北乡村法秩序重建问题

时　亮[①]

引　言

近年来，随着文化自醒的深入，去西方中心化研究视角逐渐得到重视，加上对社会学、人类学研究方法的引入，不少法学研究者开始把研究重点转移到对“地方性知识”的发掘上面，希望通过对尚有传统保留的农村生活研究，发现对“现代中国法秩序”之重建具有积极意义的地方性传统性因素，为西来“法治”与本土生活的对接与融合，提供更多实在而具体的知性支援，从而尽可能在努力实现中国乡村秩序法治化的同时，也实现对地方性传统因素的现代转化。

笔者对此学术进路深表赞同，乃在生活了近30年的豫北小乡村时寨村，对几个问题进行了较为学术化的追踪，希望从这些感性的生活资源中，提取对此研究进路可能具有积极意义的知识信息。该村无论是在户口

---

① 作者简介：时亮（1982-），男，法学博士，中国海洋大学法政学院讲师。主要领域为：中西法文化比较研究，当代中国民间法研究等。本文为山东省社会科学规划研究项目（青年项目）“中国梦与中国法：现代中国法秩序重建问题研究（13CGMJ15）”的阶段性成果。

本文并非旨在探讨“乡村秩序”是否具有“合国家法条性”问题；而是要说明，“乡村秩序”与国家法条的不合，在多大程度上可以为乡村秩序的重建提供可能性，以及在该种可能性之下，“国家法律”应该作出哪些合理反应。

规模（二百余户人家，一千左右人口），还是在生活和生产方式方面，都是豫北地区极常见极普通因而也是极具代表性的一个自然村落，五分之四以上的村民都姓“时”。地处历史上的中原地区，使它曾深受传统文化影响①，而改革开放以后迅速发展起来的一座新型工业、旅游城市，又给它带来现代的诱惑和冲击②，因而，对该村落的分析就可能具有某种典型意义。以此为背景，在笔者对下述案例展开分析时，会尽可能丰富地展现出这种业已形成的地方性知识及其发展过程③。

一、案例一的简述与解读

案例简述：自1998年起，时寨村村民时某甲（户主）与本村村民时某乙（户主），在一块宅基地使用权的归属问题上发生了纠纷。产生纠纷的公开原因在于两家分属于两个不同的生产小队④，这两个生产小队在该块宅基地所在的地块上的权属分配并不明确，大队对此也给不出令人满意的解答。此后两小队多次协商未果，时某甲所在小队遂以此事诉诸法院。2001底，县法院判决该宅基地使用权归时某甲所在的小队享有。但是，争议问题并未就此解决，因为法院判决无法得到实际执行。后经中人协调，此事方得以最后解决（详见下文）。

在展开进一步分析前，首先要交代一下两位户主的年龄与家庭状况：

2001年，时某甲30多岁，有两个女儿两个儿子，长女15岁左右，长

① 该村西北不足15公里就是二帝陵（颛顼帝喾）所在地；正北约100公里就是殷商旧都的遗址所在地安阳；距黄帝故里河南新郑也在200公里以内；庄子故乡在该村东不足15公里处（此是当地传闻，存疑待考）；村东不足二十公里，即是春秋时期卫国旧址，有许多古迹存留，至今仍有那时遗存的土质古城墙一段，子路坟则在该村东部十几公里左右；往西约60公里左右即是《禹贡》所记载的丕山，为本地宗教名山，每年皆有为期数月的大型庙会；其西北约40公里即是汤阴岳飞庙；另外，与该村连为一体、隔墙为界的另一村落陈寨村，流传曾有人在明朝时入朝为官，陈氏祠堂中至今仍有他们的画像悬挂，且供奉有黄绫圣旨一道，等等。

② 距该村东北不足20公里即是濮阳市市区，且有106国道从该村村口经过。

③ 可借用分析的案例不止于此，因篇幅所限不能纳入，故选其中最有典型意义的两个予以展开。

④ 为与“生产小队”相对应，本文以“生产大队”或“大队”等村民自己的说法指称村委会，而并不特意考虑它们在时间上的先后性。

子小长女一岁，次女小长子一岁，次子年幼。时某甲种地和管理桃树都很在行，加上其长女、长子和次女都已不再读书[①]。一年间，三人有四分之一的时间在家帮父母种地、卖桃，另有部分时间在外打工，——虽然报酬不高，但“总算比在家闲着强（‘强’即‘好’，豫北方言）”。冬闲期间，时某甲还往往和他人一起做收卖小麦或花生的“生意”，赚多赔少。总之，时某甲是比较有“现代”意识的一个，生活水准在村中虽然不是一流，却也是上层。用贺雪峰教授在《新乡土中国》中所做的类型分析来说，时某甲是对未来期望较高的那种，因而也很为儿女打算。

此时的时某乙大约50岁，两个儿子和一个女儿都已经自成家业，且生活状况都不错，老两口的主要时间除了管理两亩桃树园（这是农活中较轻也较省时间的活）以外，大部分都化在了两个孙子身上。

这里我们先提出两家的一个共同点：生活质量较好，对未来的期望较高，为将来的打算也较多。接下来我们来看与案例相关的内容，主要分述如下：

（一）该块宅基地所在地块权属的历史问题。早在新中国成立前，在该村居住区和耕地之间临近村子的土地上，就有许多梨树。后来，生产大队又组织村民新栽了一部分，一同作为集体财产使用；再后来大队把这些梨树分给了生产小队，各小队又把它们分给了本队村民[②]，因此与这些梨树相对应的土地，自然也就成了“自家的园子地”。时某乙即自认为是这样一位“地主”。但是，在大队在给时某甲之子分划宅基地时，却划到了时某乙“自家园子地”的范围内。于是，从“官方”效果而言，该宅基地使用权归时某甲，但在大部分村民（当然不是全部）看来，使用权却应归时某乙。毕竟，双方既生活在“官方”的管理之下，又生活在村民们的视线、观念和口耳之中，冲突产生了，一定要尽快解决。否则村民的日常生

① 时某甲的几个孩子，都是以“对学习有兴趣，学不好”为理由，自愿不再上学的。但是，这种理由的真实性必须予以较为谨慎对待，因为有许多有心智又明事理的孩子，往往以此为借口弃学回家劳动或外出打工，以减轻父母肩上的负担。在多儿女家庭中，年纪较长的儿女更是往往如此，以支持弟弟或妹妹上学（笔者当年就不止一次兴起过这种想法）。而造成以上情况的最重要原因，乃是教育费用的逐年加码和农民实际收入的相对下降，使得农民家庭，尤其是多子女家庭，想要实现对子女更好的教育，往往会面临巨大困难。

② 根据村中老人的讲述，这次的分派并非无偿，各小队首先向大队支付了一定的资金，而村民在从小队手中取得梨树时，再向小队支付一定的资金。这相当于由下而上的两次购买。由于两级购买都是自愿进行，所以并不是所有小队和所有村民都获得了梨园。

活就会陷于不稳定状态。而这种不稳定所影响到的，绝非只是冲突的双方，还有发生纠纷之村落共同体的大部分成员，因为他们往往有着与此相类似的预期内容。

（二）双方冲突的表现形式。这一点最值得注意。本来是两家在土地使用权上的冲突，几乎不牵涉任何第三方。但是冲突表现的方式却完全不是如此：公开的冲突居然是以小队之间权属之争的形式表现出来的。实际情况是，时某甲为儿子将来的筹算与时某乙为孙子将来的筹算，在有限的资源上产生了只有其中之一能够得到满足的竞争和纠纷，而具体表现出来的，却是两个生产小队关于这块宅基地所在土地的权属之争。在此，如果该权属被认为归时某甲所在小队享有，所隐含的是由时某甲享有该宅基地的使用权，反之，则由时某乙享有。这种表现方式可以告诉我们的信息，远超出案件本身所包含的信息。首先，也是最重要的，冲突主体的转移，实现了对冲突可能获得的解决后该由谁承担责任的问题的初步化解，由冲突的双方之一转移到了双方分别所在的生产小队之一。至少表面看来如此。这样做的“好处”在哪里呢？最直接、最明显的就是，时某甲和时某乙两家之间，就因此可以避免任何直接正面的冲突，从而尽可能地消除了两家因此而结怨的任何公开理由，并将其他结怨的可能性也降到了较低的水平。但是我们更应该注意的，却是使这种情形得以实现的深层理据，以便对它进行更充分的解读。更深层次的原因，在笔者看来仍然主要是费孝通先生所说的“熟人社会”及其背后的“熟人逻辑”。毕竟，时某甲和时某乙的余生，还得在这个1000多人的小村子度过，而他们各自的两个儿子，似乎也还得一辈子生活在这个小村子里。在这样的情况下，结怨将是极其不划算的事，因为在这样的小村子，一旦结下深怨，一般都会严重影响下一两代人的生活。于是，“熟人社会”的基本环境和为子孙打算的观念，就成为这种转移冲突主体之努力的真正动力源。而这在很大程度上，又是传统观念和智慧之延续的结果，并且又反回来成为传统因素得以继续延续的推动力量。除此以外，主体转换之所以能够得到实现，还因为有一种现实机制的存在，这就是生产小队的划分在形式上看依然如故。正是因为两家分属于不同的生产小队，而生产小队又对该土地使用权拥有部分主体合法性，才使这种转换获得了完成的机会。在这里，还可以作出另一种假设：如果这种冲突主体没有转换为生产小队这种集体人格承担者，而是转换成了传统意义上的宗族，可能会有怎样的结果？笔者以为有两种可能：（1）通过宗族代表人之间的协调解决问题；（2）由此引发更大的冲突，在宗族间结下世仇世怨①。这一点当然是更坏、因而也是更不可接受的结果。于是在这里，对乡民的生活秩序而言。我们看到一个在正式体制中根本就不显眼的机制，却发挥了重要（在该案的情况中它几乎是不可代替的）且主要是正向的建设性作用。

这种情况透露出这样的信息：传统中许多对现实生活富有意义的内容，与当下存在的种种机制之间，并不乏产生亲和关系的可能性。之所以没有发生二者的普遍亲和，可能主要因为使这种亲和得以发生的契机尚未出现，或者已经出现但还没有被我们意识到。这样的理论“拔高”似乎有一点“过火”，但笔者却相信这里面存在相当程度的真实性。而这个案例所显示的情况，似乎又一次验证了功能学派的著名宣言：从来不存在这样一种制度，它在现实中存在，却又不对现实发挥任何作用。

（三）责任问题的解决。就笔者的观察闻见，责任问题在这里的解决经过了两个阶段：（1）公开的集体责任；（2）实质上的个体承担。首先，之所以说这是公开的集体责任，是就直接展现的责任主体而言。诉讼双方是两个生产小队（队长为代表），那么由判决而来的法律责任，当然由诉讼中败诉的那个小队承担，即由时某乙所在的生产小队负担该项的利益。看上去这是再明白不过的事了。但是我们必须注意，为使责任能够得到实现，责任本身的各个要素就必须是明确的、具体的。然而，集体责任所缺乏的，正是这种要素的明确性和具体性。如此一来，所谓“集体责任”最终往往意味着谁也负不了的责任，进而往往是谁也不负责任，最后，“集体责任”往往就等于没有责任。这里，时某乙所在生产小队的责任承担就经历了这样的情况。最后的结果当然是判决无法实际执行。而判决不能有效执行的另一个原因，乃是这判决没有在乡民中获得明确多数的观念支持。退一步讲，假设真要该生产小队承担责任，就会出现这种情况，该小队内的其他村民不答应，他们会通过指出这次冲突的真正内容和真实主

① 这种转换并非没有可能。在当下的中国乡村，具有一定传统意义的宗族，正在经历一个普遍的恢复和重建过程。在一个相对狭小且资源有限的生存空间中，人们的冲突往往是多方面的，但大部分都处于隐性状态没有公开。极少数的较高层级的显性冲突，往往会成为一连串其他冲突被逼显化的导火线，此时如果加上宗族力量的介入，就很有可能结下世怨。

体，来表明自己有充分的理由不分担该“集体责任”。进而，现有的秩序就会遭到更严重的破坏。于是，责任在进入其实质层面的时候遇到了阻力。该如何解决？这就需要进入第二个阶段，即由个体实际承担。但是，这里的“个体”已不再是生产小队之下那些分散的、模糊的个体，而是作为冲突双方实际主体的集中的、明确的个体：时某甲和时某乙。现在我们来看责任在他们之间是如何分配并获得实现的。在进行考察之前，有一点需要说明的是，虽然从形式上看，司法判决（国家法）肯定了生产小队在某些土地的使用权上的权利归属，但是无论是大队还是小队还是乡民，都明白这没有什么实际意义。如果有的话，主要是这样两点：第一，进一步肯定了大队在批划宅基地方面的权力；第二，它在肯定这种权力的同时，再次以国家法律的形式冲击了为乡民们所持的“自家园子地”观念。

现在我们转入对责任实现过程的考察。在时某甲，他可以根据大队的批划，积极主张对该宅基地的使用权，而且该主张还可以得到司法判决的间接支持，似乎完全行得通。但在时某乙一方，首先是集体责任变成了没有责任，再者，他还可以从乡民的主流观念（也是该生活共同体的主流观念）中获得相当数量的支持，从而依旧坚持其原来的主张。但在此时，这种主张比先前已经弱化，此弱化来源于该主流观念遭受的来自国家法律的冲击。但是，这种弱化实际上也正是冲突得以解决的契机所在。因为这时，在冲突最初产生时即已经介入的另一种力量，又重新出现并发挥它的作用了，协调者①。在协调者的协调下，时某乙同意放弃对该“自家园子地”观念权利②的主张，由时某甲切实享有该宅基地的使用权，而时某甲

① 协调者第二次介入一定是被请求的，在人员组成上也一定会尽可能地与第一次相同。这有三方面意义：第一是解决冲突。在经过这番波折之后，这几乎不会再有疑问。第二是双方向协调者致歉，表示“不听老人言，吃亏在眼前”的意思。第三是让协调者挽回第一次失落的威严与面子。

② 夏勇教授在其主编的《走向权利的时代》中说，“权利是一种观念（idea），也是一种制度（institution）……一项权利的存在，意味着一种让别人承担和履行相应义务的观念和制度的存在，意味着一种文明秩序的存在。”另外在其独著《人权概念及其起源》一书中他也讨论了关于“观念权利”的问题。但是在此书中，由于受考察目的要求，夏勇教授主要把它作为前法律权利意义上的“观念权利”加以考察，并把它作为法律权利得以产生和发展的部分基础来看待的。笔者在此处所用“观念权利”一词所表达的意思与夏勇教授有所不同：意在指明一种与法律权利同时并存，并且由于得到其生活共同体本身的承认而具有一定合法性基础，但是却为国家法律所否定的观念认同和实事状态。

则向时某乙支付数额不大的一笔金钱，而在诉讼过程中双方花费的其他钱物各由自己负担。至此，冲突算是圆满解决了。

（四）以上说明略显琐细，现在看一下事件的整体过程和综合结果。首先是时某甲和时某乙发生了冲突，并且初次的协调没有使问题得到解决；接下来，双方以一种并不明显的方式参与到了诉讼之中，而且较快地得到了法院的一纸判决，但是，由于受主要来自两方面的影响，法院判决并没有解决问题，而只是把它向前推进了一步，从而大大增加了第二次通过协调解决冲突的可能性；最后，双方还是通过村民自己的方式从“根本上”解决了冲突。这一过程主要带来了以下综合性结果：第一，双方都认识到在当下的条件下（“熟人社会”下并不富裕的乡村生活）求诸国家法律来解决问题并不经济，代价会比由他们自己协商解决或通过第三方协调解决高出很多。第二，双方也都体验到了这种情况，即的确有一种来源于“国家”的、并非他们自己制定、但是的确要他们予以遵守，至少是形式上予以尊重的规则，可以切实对他们的生活发生影响，而且这种规则与乡民的生活规则并不完全一致；而在两者冲突时，这种规则所带来的具体结果，可能给乡民生活中某些理所当然的观念带来冲击。第三点较为具体，就是在时某甲得到该宅基地的使用权的时候，时某乙也形成了这样一种有效预期：我的孙子将来也可以单单通过大队批划的方式得到他们的宅基地使用权。更重要的是，这三个结果中所蕴含的有效信息，也同时为该村其他村民、甚至与该村相邻近的其他村子所共享。这样一来，小范围的有效知识就得到了扩散和传播，在这一信息传播的过程中，相关生活秩序也在更大的范围内得到重建。在这一重建后的秩序下，乡民在面对类似的情况时，就会形成一种更加明确的，且具有极大实现可能性的预期，并且采取与此一预期相协调的行动。

二、案例二的简述与解读

案例简述：2005 年底，时寨村村民时某丙向本村村民时某丁讨还冬季馒头账时[①]，双方发生纠纷。纠纷双方对馒头账目均无异议，纠纷原因竟在于时某丁宣称："没麦子，也没钱，这账，不还啦！"此后，时某丙多次试图让时某丁以麦子或钱直接还账，均未成功。后经中人协调，两方达成协议：时某丁将自家土地（联产承包责任制）中的两亩让时某丙耕种一年，以之抵充实际债务，时某丙以此方式获偿后亦不能以其他理由再次主张其馒头债权。至此，纠纷解决。

有了对案例一的解读作为基础，我们可以用较少笔墨把该案例所包含的主要信息展现出来。在正式分析之前，有两点要予以提醒和交代：(1)请注意该案例与案例一在时间上的相距不远。(2)此时，时某丙和时某丁的年龄都在40岁左右。我们来看案例：

（一）在此案例中，时某丙是一家馒头店的"老板"。虽然经营着馒头店，他家也照样耕田种地并种植桃树，经济来源较广。该馒头店在和邻近另外两个村子的两家馒头店的竞争中生存了下来，至今已经有近20余年的历史，馒头质量和买卖信誉也相当不错。由于顾客主要是本村村民，没有生人，就一直奉行"平时记账，年关收粮"的经营方针，买卖双方都比较方便。这样的纠纷，也是开张多年来第一次。该纠纷的直接后果是，时某丙在几次讨债无功后宣布"关门，不做了"。在冲突解决后，馒头店于2006年7月前后再次开张，只是经营方针改为"换馍拿粮，不再记账"。他自然知道，如果自己不做，其他人一定会开店来做，所谓"关门不做了"的宣告，除了因为后怕以外，气话所占的成分并不少。

（二）时某丁之所以敢宣称"这账，不还啦"，除了他的个体因素[②]外，似乎还在于他有这样一种猜测：时某丙不会告到法院，那样他的花费（综合性支出，包括金钱、时间、精力等）肯定会超过我欠他的馒头账。而当这样的猜测可以直接从几年前发生的事件（案例一）中得到基本确认时，他就有理由相信时某丙会寻求其他途径解决此事，而这往往在于协调。最后协调的结果是时某丙在时某丁的土地上自己种植他所要讨的债务。时某丁之所以提出这种还债的办法，是因为有一个前提：当时，种庄

① 在时寨村及其周围数个村子的馒头铺，平时盛行赊账。而到麦收之后和过年之前这两个时间节点，馒头铺主就会开着自家的三马车，走街串户地按照账本的记账收取麦子，至今依然。

② 时某以及其大哥在村中声誉素来不佳，以"懒"和"横"著称。"横"在方言中称"强梁"，此音甚古，《老子》中有"强梁者不得其死"之说。

稼的收益很低；而时某丙之所以会接受这种提议，也是因为若不如此，他将可能得不到任何偿付。结果却并不像双方预想的那样，由于小麦的价格上涨了，时某丙从土地耕作中得到了实际上远多于他所预期的回报。由于协调结果已经说明双方“不再计较”，又由于参加协调的都是双方较为尊重的长辈，时某丁此时只能认命。还有一点，由于时某丙耕种的不是自家的土地，耕种期限又只有一年，于是在对土地的利用方面就不免“杀鸡取卵”，而受更多不利影响的，还是时某丁接下来的农业耕种。

（三）该案例所隐含的第三层面与乡村秩序有关的信息，表现在村民对时某丁的态度方面。虽然在此以前，时某丁就因为其个体素质问题在村中声誉不佳，但村民对他还不算太冷淡。毕竟在“熟人社会”中，照村民自己的说法是，“他不在乎，我还在乎呢”。但自从这事发生后，村民的态度有明显变化，而这种变化在一次偶然事件中得到了极为充分的体现：2006 年的春天，时某丁驾驶农机三轮车去做农活，经过一个拐弯时，车走偏了，后面车轮侧陷在了刚下过雨的路边沟里。没有翻车的危险，但想一个人把它弄出来，也几乎没有可能。这时恰好是村民往田间做农活的时间，自然会有许多人经过。可是，村民有骑着自行车的，也有开着农用车的，但大家好像没有看见他似的，该怎么过去就怎么过去了，没人理他（此说获数位村民证实）。直到跟他自己同宗的一位大哥及其已经成年的儿子看到了，才不大情愿地帮他把车搞了出来①。这里表明乡民有自己的一套惩罚机制。这种机制看上去似乎有点不合情理，也不一定会为官方所支持，但是在乡村秩序中，这种机制却有着更深理据的合情合理性，而且一直以来，它就或明显或潜在地在乡民日常生活中发挥作用。这种机制就是以言语和行为表现出来的乡村舆论，它通过影响生活于其中之人的主观环境，来使人们调整自己的行为方式，以促使他符合为乡民共同持有的基本价值，进而维持基本的生活秩序。虽然在基层行政的不作为或不当作为，以及经济观念的冲击下，乡村舆论的作用已经大不如前，但是，它的惩戒性和规制作用，在该案例中的体现却依然十分明了。

（四）总起来看，我们会发现：虽然从当时来看，时某丁获得了利益，但是一旦把时间拉长（甚至仅仅需要半年）来衡量，他就不再是单纯的获

① 他的这种“很不情愿”，在后来的许多聊天场合都表达过。

益者。他会被乡民排斥在许多群体生活之外，从而使他失去更多原本可以享有的利益（广义，不限单纯物质利益），而对乡村生活而言，这部分非物质的利益恰恰是极重要、甚至不可或缺的。时某丁之所以会受到乡村舆论机制的惩罚，就在于他把眼光完全放在了纯物质利益上，触犯了乡村生活中最基本的意义、价值和观念认同，突破了乡民们可以允许的某种底线。

三、国家法律在豫北乡村秩序中的作用

国家法律在这样一个豫北小村落的乡村生活中起到了什么作用吗？

答案无疑应该是肯定的。但是，国家法律在豫北乡民的乡村生活中，在多大程度上起到了立法者所预期的作用呢？或者说，豫北乡民的乡村生活，在多大程度上是受国家法律而非其他力量的主导性影响呢？虽然近年来各种宣传给人的感觉是整个国家（当然包括河南省在内）都已经处在了国家法律的积极影响之下，各地都已经“走在了社会主义法治的大道上”。但是，就笔者所观察到的情形而言，这并不完全符合实际，对于豫北乡村，就作者所了解的范围而言，则几乎完全不符合实际。作者的看法是：当下的豫北乡村主要处于两种力量影响之下，它们的未来走向也将会决定豫北乡村所可能的秩序类型。它们分别是：已经破碎的传统，以及极不规范的行政。至于“国家法律”影响的程度，则是微乎其微。

为什么“国家法律”在乡村生活中所发挥的作用会微乎其微？因为在这种乡村生活中，除非在极特殊的情况下，乡民不会求助于法律来解决生活中出现的所谓民事纠纷，甚至对于一些已经涉入刑事范围的纠纷[①]，乡民也多会求助于自己的机制，而往往并不期望法律的介入。大多时候觉得自己“吃了亏”的一方，往往更倾向于如此行事，案例二中的时某丙便是明显的代表。对这种实事，我们如果以“这些人不了解相关法律知识，所以不能用法律武器来保护自己的权益”来总结，当然可以，干净利落，外加十二分爽快，但是，结果却可能是除了再增加几次“普法宣传”外，不

① 在一般乡民眼中，并没有所谓“民事”“刑事”的区别。

会有任何正面效果。在笔者看来，乡民在正当权益受到侵犯时，普遍地不寻求法律作为解决纠纷的途径，主要有以下理由：第一，受传统文化中“无讼”观念影响。但对“无讼”观念的现实作用不可过高估计，即使在传统中国基层社会中，也并没有一般想象的那么大①。第二，寻求法律途径解决纠纷所要付出的代价太高。这里的“代价”必须放到“熟人社会”的背景下来理解，它不仅包含经济支出，还必须包含乡民所必须面对的生活环境，尤其是生活环境中的主观方面②。这一点在案例一中已经为冲突双方所深刻认识，并因此而决定了问题的解决方式；在案例二中双方对这方面的考虑也成为主导因素。第三，国家法律所供给的内容，多半并不为乡民所直接需求，乡民所需求的许多内容，国家法律却可能并没有供给，甚至国家法律根本就无法供给。现今法律体系所供给的法律产品所设定的消费对象，是一般性的陌生人社会，其解决问题的基本思路和导向是“陌生人逻辑”，而这样的设定所面对的必然是一种城市化至少是比较城市化的生活方式。但我们发现，当这样的设定面对乡村生活时，它所供给的产品中的大部分将会成为多余，剩下的部分则会因为代价过高，而往往不会被乡民们“购买”和“消费”。与此同时，为乡民所急需的某些公共产品（如安全③）却由于种种原因很难得到有效保证。当本来应当以维护社会正义为职责的人员屡次以法律的名义滥用职权横行霸道伤害了正义，却几乎不用面对任何来自法律的惩责时，人们对法律最初的那些信任几乎都已不复存在，又怎么能期望他们会积极主动地去寻求“法律武器的保护”呢？此外，还有许多内容为乡民所需，甚至是乡民生活所不可或缺的内容，却根本不可能由法律途径来提供，比如邻里之情，这些内容只能经由乡民自己生活中已经长期遵守的某些行为规则，才能实现基本供给，而“国家法律”的强行介入（多半是以行政的形式），往往只会使这些规则进一步萎缩甚至被根本破坏，从而进一步加剧乡村生活的无序和混乱。第四，司法系统（如果从由法院—检察院—公安局—监狱所组成的“大司法”系统来看，就更加明显）中工作人员的低素质，也大大损害了“国家法律”在乡

---

① 《名公书判清明集》中所收大量乡间邻里诉讼的宋代案例。

② 这“主观方面”所指的并非一般意义上的主观认为的东西，而是可以为人们感受到的、由他人的看法和行为组成的某种类似于物理学中“场”的一种状态或环境。

③ 这里的“安全”主要指面对行政滥权时乡民基本的人身和财产安全。

民中的可信度。这里可以用一个例子略加说明：2004 年时，豫北某县法院在对往年工作进行清理时，发现了一份早在 1992 年就已经宣判生效，但是由于相关人员“工作失误”并没有下达执行通知的判决书。该案犯罪嫌疑人因试图拐卖自己丈夫的小妹（姑嫂不合，拐卖未遂）而获罪，依判决应服刑 4 年，而此时距宣判已经过去整整 12 个年头。在此情况下，该法院作出的决定竟然是：“立即执行！”惘哉！这样的司法人员又怎么能够在乡民心目中树立起“法律的良好形象”？他们所树立起来的，除了乡民对法律的怀疑、惧怕和愤恨以外，还能有其他更多的什么吗①？

但是，相对于国家法律机制，乡村间曾经有一套较为完善的冲突解决机制，虽然它如今已经被外力打得破碎不堪，但却还没有完全失去效用，并不时展现出“国家法律”所不具有的某些风采。这一机制在当下乡村仍得以部分保留的，在笔者看来，主要是长者协调和乡村舆论两部分。其所以能得到保留并继续发挥作用，仍是以乡村生活的“熟人社会”为主要背景，并通过“熟人逻辑”而发挥作用②。在此背景下，比起“国家法律”的官方机制，它的长处主要体现在以下几个方面（在前文已有体现，此处从略）：首先，这种机制能够在乡民付出较小代价的情况下，就基本满足乡民对秩序（即对未来可以有较为确定的预期）的需求。在这里应该将适应于乡村生产生活秩序，与适应于城市经济生活秩序的性质作出一定区别与认识，不但要看到它们需要某些共同的框架性条件，例如对财产权的权威性界定和有效保护，又要看到由于在其中生活着的人的不同，而具有的实际内容差异，进而对乡村秩序重建形成较为正确的观念，并作出可能会

---

① 该案例来源于河南卫视“都市报道”节目以“宣判未执行，犯罪人 12 年逍遥法外”为题的一次报道。据称“在这 12 年间，犯罪人在村中过着正常人的生活”，由此似可推断，该妇女在这 12 年中并没有其他明显的“恶行”。

② 虽然贺雪峰教授提出了“半熟人社会”的概念，但此概念能否取代“熟人社会”用以对中国当代乡村秩序结构进行有效分析，还大有疑问。至少对豫北的情况而言，其适用性并不太高。首先，豫北乡村中，极大的村子往往也只有 4－5000 人左右，由于共同的生活方式和邻近的生产劳作空场所以及庙会、年会等公共活动时空，村民之间没有生人。其次，“半熟人社会”的情况一般只出现在同乡镇但不同村子，或不同乡镇而较为临近的村子的乡民之间。但这一点自始就会因为乡民主要活动范围所限而大大缩小该术语的分析限度，况且“半熟人社会”的情况，往往只需经过一层中介就完全转化为较大范围的另一个“熟人社会”。例如，甲村某某之女嫁在乙村为妻，而遇到两村村民之间的一般纠纷时，这两家人往往就会成为制造一个跨村“熟人社会”的中介关节。豫北乡村存在大量此类转化中介，姻亲关系只是其中较为普遍的一种。

有助益而非阻碍的努力。过去种种努力之所以收效不大，甚至出现完全意想不到的反效果，就可能与没有对两种秩序作出实质性的区别认识有关，也可能更与这样一种情况有关：虽然对两种秩序有一定区别认识，但是对乡村秩序自身独立的地位和积极性作用的认识严重不足，进而甚至对其存在的合理性给予了否定性判断，并试图用外来的新秩序来强制性地代替它的存在。其次，这种机制在满足乡民对秩序的需求的同时，还实现了乡村生活中各种主要关系的人情化。这一点对于“熟人社会”背景下乡民们的日常生产生活，都具有重要的积极价值，因而为乡民们所重视。但是，这一点却无法由“国家法律”机制所供给的产品中得以实现（它甚至直接否定这种人情化）。再次，这种机制能够在不影响乡民生产活动的前提下，比较有效地解决一般的冲突和纠纷，而通过国家法律机制解决问题，就注定会影响到乡民的生产活动。在前者，协调的时间地点都由双方决定，也可以由协调者建议而定，十分方便；协调的具体场合和方式也灵活多样①，一般都能照顾到双方的情况。总之，三方，尤其是冲突的双方，都有充分的对协调时间和方式的选择自由。如此，也会使协调的结果在争议双方之间，具有更高的可接受性。

关于极其不规范的基层行政只简要述及如下几点：第一，这种“极其不规范”主要表现在两个方面：行政权力几乎无所不至和这种权力运作的几乎全无章法，这两点造成了一种极其专断的权力（专断的内容加上专断地行使）。在笔者看来，行政权在豫北乡村之所以被滥用无度，主要原因有三：（1）对基层行政权的行使范围界定不清。关于这一点，一位乡干部曾经与作者如此言：“可以什么都不做，当然，更可以什么都做”。（2）对基层行政权行使的方式没有较为细致的规定。现有规定多流于空泛，可操作性低，出现问题后的可究责性低。（3）对这些已有的规定，除了内部人员以外，乡民们几乎全不知悉，处于一种“干部说啥就是啥，还能有啥”的境地。第二，这种专断性权力已经对乡村秩序造成了很大破坏，也可以说在一定程度上已经危害到了国家政权在乡村统治的“民心”基础。而当

① 在冬天，甚至可以在几个人围着一堆炭火取暖聊天时解决问题，也可以在某家（往往是冲突中的一方）炒几个菜，再弄半瓶老酒，然后往往在敬酒添菜的过程中，就把问题解决了。后一种方式居多，四季通行。问题协调解决后，往往再由冲突的另一方在家里炒几个菜，弄瓶酒，请协调者再喝上一盅：致谢。

这些极不规范的行政是以“执法”的名义作出的时候，无疑会进一步加深乡民对“国家法律”的不信任，甚至是积累乡民们的怨怼和仇恨①。

由于以上几种情况的共同影响，一旦发生纠纷和冲突，乡民往往会通过诉诸传统遗留下来的部分机制来解决，而较少会诉诸国家法律机制。在这种情况下，我们所面对的，就远不再是笼统的“秩序重建”问题，而是如何从上述几方面进行努力，以使乡村生活的“秩序重建”成为具体的可能。

四、豫北乡村秩序重建的可能途径

豫北乡村原有的传统秩序已经败落。但是，其中仍不乏已经破碎却依然具有活力的传统因素。它们可能通过什么样的方式对乡村秩序的重建，发挥其积极性的建设作用呢？笔者认为，这种方式就是对某些传统因素的激活，进而在部分已经更新了的条件下再次生长，而这种重新生长的结果就不再是原来意义上的传统，而是一种包含了新因素的活的生活结构，或者说是一种新的乡村生活秩序。

那么，破碎的传统是否可能被激活并得以再生呢？笔者自信：能。因为从它们在乡民生活中的基础和作用来看，巨大需求的明显存在。虽然处处都有传统断裂和破碎的痕迹，但是，人们仍然共同生活在一个并不阔大的空间中，并由此而通过老人对更年轻的一代人及其孩子产生影响。在农村，主要由老人带孙子以及曾孙一辈的孩子，而老人们的价值观也就自然会对孩童时期的孩子们发生实质影响。这意味着农村生活中的传统意识，在一个相当长的时间段内，总会以隔代传递的方式，在新生的一代人中间得到一定程度的延续，而这本身就蕴涵着这些传统（价值观以及与此相连的思维模式、生活方式）在一定情况下，被重新发现和发掘以及获得再生的可能性。而且，这种可能性正是由于这种延续方式，而分散但具有较高同质性地积蓄在几代人中间，即一样的“种子”在时间跨度上分散存在（虽然密度并不相同），于是也就增加了它们接触到相关契机，进而实现

① 2005年前后，在豫北地区某县某乡，一位计划生育“干部”在某夜遭遇一些乡民的活埋，并最终因此而丧生。该案例来源于作者与该乡一位乡民的直接交谈。

“发芽－生长”的未来机会。而在案例二中，我们已经看到现实中并不缺乏使它们获得再生的某些触机。接下来要做的是什么呢？是为这种可能的新秩序的生长，预备基本的空间以及提供不那么坏的土壤。根据哈耶克一个大致可靠的基本观点，由于我们根本无法预见秩序会以什么样的具体方式成长起来，因而我们没有能力去主导秩序的生长。但是我们能，也应该做，只是除了为新秩序的生长预备一些基本条件，并提供可能性的弹性框架之外，我们似乎并没有能力在积极的方面做得更多。

J. Ortegay Gasset 曾经说过：秩序从来都不是从外部强加给社会的，而是一种从社会内部渐次生长起来的平衡①。以笔者所见，豫北乡村原有秩序在近年来的迅速破坏，并不是“国家法律”全面进入乡村社会的结果，而恰恰主要是没有得到“国家法律”有效规范的基层行政力量直接作用所带来的破坏性后果②。而乡村秩序的重建，虽然需要有“国家法律”的适当介入，而且通过“国家法律”有效规范行政力量的作用范围和方式，也是这一重建的重要内容之一，但是，由于“国家法律”本身的限制性，而使其根本无法承担起“乡村秩序”重建的整个重担。要重建合理的“乡村秩序”，不可能通过“国家法律”对乡村生活进行直接全面而彻底的渗透来实现。实际上，“国家法律”也根本无法完成这样的“渗透”任务。倘若强行为之，必然会带来新的灾难。我们真正需要的，无乃是这样一种情况：由国家法律提供一个由某些明确的原则组成的、进而有一定解释空间的弹性活动框架，保证其中最基本最核心的几项条件（比如安全等），而把余下的尽可能多的已知事项和未知事项都留给乡民们，让他们运用自己的知识和财富来寻求和建设自己将要生活在其中的可能性秩序的实质部分。在此转述哈耶克在《法律　立法与自由》中提到的一个例子，可能不无助益：我们可能已经掌握了很先进的技术，已经拥有了精良的设备和人员配置，也已经控制了完全充足的化学材料，但是我们几乎仍然无法用这些材料直接制造出哪怕一颗水晶，而即使将来某一天，我们把它造出来

① 哈耶克著：《自由秩序原理》，邓正来译，三联书店1997年版，第183页。

② 最明显的例子之一是，20世纪90年代后半期，豫北许多乡镇，在数种行政力量结合在一起执行计划生育“任务”时，抓人，拉走乡民的生产生活资料，拆毁乡民的房子，甚至摔死出生不久的婴儿等等事件，曾经普遍发生，——几乎是近十年来种种拆迁悲剧的预演。笔者当时10岁出头，不幸多有目睹此类事件，至今回想起来，都觉得身上泛凉心下发抖。

了，我们所付出的代价也必定十分过于高昂。但是，实际上，我们不需要掌握很先进的技术，也不需要拥有精良的设备和人员配置，甚至不需要掌握完全充足的化学材料，只要我们能够预备水晶得以形成的某些基本条件，并使它们得到一定时间的维持，我们就能从分子们的自动组合中，得到难以数计而且多种多样、多姿多彩的水晶。

笔者谨以先贤此例作为对本文的总结，且作为对未来之中国乡村秩序之积极重建的期望和祝福。

村规民约与国家法的冲突、互补

——以黔东南苗族村寨村规民约为例

孙　韡[①]

无论是国家法还是村规民约，最重要的功能无外乎都是维护社会秩序，区别在于一个是“大传统”，一个是“小传统”。但是两者毕竟来源于不同的法律文化和知识体系，具体到制度安排的时候，仍然会遭遇法理上和实践操作的矛盾冲突。

苗族是我国一支历史悠久、文化丰富的族群，黔东南是苗族最大的聚居区。黔东南苗族同胞在层峦叠嶂的苗岭群山中保存着较好的民族传统，也传承着独特的民族习惯法规则。笔者走访的村寨大多都在村规民约中吸收了民族习惯法的内容，村规民约与国家法之间的冲突与融合，某种程度上也在反映了苗族习惯法与国家法律两种规则的博弈。

一、冲　突

1. 冲突的实质

村规民约与国家法冲突的实质是民间法与国家法的冲突，在少数民族地区，我们可以进一步界定为民族习惯法与国家法之间的冲突。现代法律通过立法上的抽象化、典型化、身份化、角色化等技术确立了普遍性。然后，再通过普法、“送法下乡”等措施力图将国家法律自上而下灌输到基

---

① 作者简介：孙韡，贵州民族大学法学院副教授、法学博士。
（本文得到贵州省教育厅课题项目的资金资助，项目基金号 20100248。）

层，然而这些法律知识对村民来说是一种陌生的外来法，裹挟着他们不熟悉的术语，推行着一种异于其传统道德的正义观。国家法与民间法的冲突实质上意味着更多具有西化特质的法律制度与更多承载着传统因素的法律文化之间、法律的普适性与地方性之间、法律一元与法律多元之间的矛盾与冲突。① 对村民来说，国家法纷繁芜杂的规则令人眼花缭乱，“国家法中有关民事、刑事、治安管理的区分是令人费解的，按照村寨日常生活的逻辑，只要能够合理地解决问题就可以了，让人不能理解的还包括国家法对某些行为危害性和严重程度的判读，有的太重，例如强奸；有的又太轻，例如偷盗。”②

随着媒体的发展，交通条件的改善，信息资源的流通和大量的村民外出打工，传统的乡村文化也在悄然发生变化。总体来说，汉族地区比少数民族地区，交通便利的地区比交通闭塞的地区变化的速度更快，转型更彻底。但是，不论怎么变，成长的环境已经在每个人的身上打下深深的烙印，外来的种子在新的土壤上开出的是别样的花，它的基因是复合的。

2. 黔东南苗族村规民约与国家法冲突的类型

（1）破坏公共秩序的处罚

在实践中，村委会依据村规民约中的条款对村民进行处罚和国家法的相关内容或者精神有出入，这是对村规民约的研究中最需要关注的问题之一。受调整对象的自觉尊重是一种规则得以施行的主要方面，另一方面，规则需要一定的制裁措施以对违犯者进行处罚，无论是精神还是物质上的，否则，一旦出现了叛逆者，原有的社会和谐便容易被打破。村规民约作为一种规则需要制裁措施确保其被遵守。笔者在田野调查中收集的大量村规民约中，对违反村规民约者处以罚款是一种非常普遍的制裁措施，以罚款作为唯一处罚手段的情况比比皆是。按照国家法的精神和理念，黔东南苗族村寨的村规民约存在的问题有：村规民约的罚款金额大多偏重，例如：“放家禽吃他人庄稼的，按损失论价，处以 2 倍罚款外，还罚违约金 20 元。”“偷蔬菜一次，先罚违约金 50 元，再按所偷得物的价值（当时市

① 王勇著：《国家法和民间法的现实互动与历史变迁——中国西部司法个案的透视》，载《西北师范大学学报》（社会科学版）2002 年第 4 期。

② 田成有、欧剑非：《少数民族地区村规民约的变迁和调适》［J/OL］. http://www.tcylaw.com/yld/web/Article/ShowArticle.asp? ArticleID = 233.

场价）加10倍罚款。”一事多罚现象也较为普遍，主要表现在违犯者即便接受国家处罚也同样要接受村规民约的处罚，例如“偷耕牛、猪除退赃外，每头处罚700元，并报司法机关追究刑事责任。”“盗窃牛马，被追回非法所得后押送政法机关惩处，并按其价值处以50%的罚款。”

（2）民事权利

如果说罚款还只是一般性质的处罚，在合法与否上与国家有较大的商量空间，那么注销户口和回收土地承包经营权等处罚手段则跨越了合理或者合法的界限。在户口问题上，户口制度不仅仅是出于管制的需要把农民人丁划为区域，更重要的是，它建立了对农民作为社会成员应有的各项资格/权利的界定（承认）单位。[①] 一般情况下，对村民成员资格的确定主要是村一级的权利，因此依村规民约“开除村籍”具有相当的“合法性”。村民一旦失去了村籍，就意味着失去了实现权利义务的保护系统，所以，虽然国家法没有直接规定，按照国家法的精神和理念，开除村籍是不合适的，但是村寨又必须依靠这样的强制力来约束村民服从村庄的整体利益。在土地承包权方面，按照《农村土地承包法》和中央关于稳定完善农村土地承包关系的一系列政策，农民拥有法律赋予的长期而稳定的土地承包经营权。法定承包期内，任何组织和个人不得干预农民的生产经营自主权，不得违法调整和收回承包地，不得违背农民意愿强行流转承包地，不得非法侵占农民承包地。但是根据相关报道，以收回承包地作为处罚在全国范围内的村规民约中是较为常见的现象。黔东南苗族地区的村规民约也偶见该类型的处罚，例如，“严格执行国家计划生育政策，提倡晚婚晚育、少生优生，杜绝重男轻女恶习，计划生育男女有责。亲属邻里相互监督，切实控制人口增长，对抗拒不作计划生育的外进户，一要注销户口，二要收回承包土地另行转包，对窝藏计划生育对象的农户要给予从重处罚。”

（3）对违法犯罪的认定

乡村熟人社区里，每个人的行为对他人造成的影响更直接和迅速，所以，在行为的评价上，道德指标更严厉，这种道德要求反应在村规民约里面。例如在男女关系上，国家法保护婚姻，但是不对男女之间自由的性行为做太多限制，即便在婚姻法修改之后，也仅仅是在一方有外遇的情况

① 张静著：《乡规民约体现的村庄治权》，载《北大法律评论》1999年第1期。

下，婚姻中受伤害的一方配偶可以提起损害赔偿，国家并不依职权主动干预。然而，笔者在黔东南苗族村寨采集到的许多村规民约文本都对男女“通奸”或曰“乱搞男女关系”行为进行了处罚，例如“乱搞男女关系影响太坏，不符合我村传统规定的罚款男女两方各100元。”保护妇女、儿童的切身利益，凡对妇女进行强迫奸污者，坚决扭送政法部门处治。如系调戏并通奸（如果是彼此调戏并通奸），一经发现处以男女各为500元的罚款，并令其双方向大众赔礼道歉。存在即有其合理性，在村寨这样小范围的社区，一旦有通奸行为，双方或者一方的配偶在村里势必抬不起头来，如果通奸双方不被公共处罚，私人之间便会结下冤仇，而且往往裹带双方的亲戚朋友，使问题往严重化发展，对整个村寨的安全造成隐患。所以，按照国家法认为不属于侵犯公共利益的事情，到了村一级却有不同的认识。

除了男女关系问题上的严肃处理，在盗窃问题上，村规民约的认定标准严，处罚重，例如“踩他人田头捞蝌蚪、捡田螺、砍鱼鳅、钓鱼等视为偷盗行为，按所得折价给以3－5倍赔偿并罚100－200元。”按照国家法，这些行为认定为民事侵权的可能性较大，但是到了村一级，就成了“盗窃”行为。黔东南苗族地区，一向是以治安好而闻名的，几乎可以做到路不拾遗、夜不闭户，这样安定的局面，和他们对“盗窃”行为的“零容忍”密切相关吧。

（4）其他

黔东南苗族村寨制定的村规民约有一个较大的优点——没有看到任何两个村的村规民约一致相同，这说明村寨之间彼此抄袭的现象并不明显。说明村寨制定村规民约时，村民或者村委会的自主性较强。但是与之对应的也即是，出现的违反国家法或者国家法精神的情况不一定具有共性。这里摘取几个条款以反映其他的与国家法相冲突的情况。“民主原则。据研究，所谓民主就是人民的主人为人民做主。具体到我们村，就是村长及村领导集体为全体村民做主。”这个条款对民主原则的理解与民主原则的真意完全是背道而驰，却反映了村民把村官视为“统治者”或者村官把自己视为“主人”的真实想法。当然，这种内容是与国家法抵触冲突的。“进家偷东西按物品加10倍罚款，发现偷盗不抓者被第三人抓（连偷盗一起抓）罚50元。”按照国家法的规定，除非是负有职业上的责任或者先行行为导致后行义务的情况下，无关系的第三者是可以选择对犯罪行为“袖手旁观”的，但是在村寨里情况有所不同，邻里相望是维护社区治安的重要法宝，所以，“袖手旁观”是要受处罚的。“凡是被依法处罚或违反本《村规民约》的农户，在本年度不得参与、评获低保、危改等惠农待遇。”该条款以剥夺评定低保的权利作为处罚手段。低保是最低生活保障，是政府对家庭年人均纯收入低于当地最低生活保障标准的贫困人口，实行差额补助的一种新型社会救济制度，它是保障基本生存权的制度措施。不论村民犯了何错误，以剥夺基本生存权的相关权利作为处罚措施与国家法的精神是抵触的。

二、互　补

1. 国家法关注普遍性规则，村规民约表达地方性知识

国家法关注的是普遍性规则，对农村的“细事”缺乏必要的关心，当然，农村的细事也不需要国家法无所不至的关注，过度的“关心”有时候反而是一种对自由和选择的伤害。再精细的法律规章也不能做到对社会进行完全的涵盖，对市场化过程中的种种交易或者交换活动给以精确的规定，我们得承认社会结构存在弹性空间，法律规范存在着“真空”区域，因而民间法的存在能弥补现行国家法的不足。[①] 在民族地区，由于少数民族的独特文化，国家法对特定少数民族具有重要意义的一些价值更是疏于保护。在这种情况下，来源于本土的村规民约，恰好可以成为填补国家法的“真空”区域。例如：“集体的山林及村寨的风景树，风景树范围包括寨子上‘报好瓦’全村共山，以及介松柏、介松老、养衣的、养翁谁、寨相呆、松的担和两个寨子上下的风景树等，任何人都不能乱砍。不能乱砍草地、烧灰、砍柴、砍松油柴等，风景休息的几处地方四周路上下三丈以内任何人也不能乱砍。凡是上列规定，除集体使用外，个人乱砍一棵罚款100 元，并没收树木。除林业部门处罚外，并按《村规民约》每棵罚款100 元。”该条款中的风景树是布依、苗、水、侗等少数民族村寨的特点，

① 田成有著：《乡土中国中的国家法与民间法》，载《开放时代》2001 年第 5 期。

除了保护村寨美好的自然生态环境外，其中一些古树还承载着少数民族同胞对幸福安宁生活的寄托。如苗族寨子吊脚楼前往往有大枫树，这不是一般的风景树，苗族居民称此种树为保寨树、生命树、母亲树，祖祖辈辈都能得到古树的庇护，并且把古树看成是一种能通人性的“神树”。

2. 国家法宏观抽象，村规民约微观具体

以国家法对所有权的保护为例，从民法来说，保护财产所有权有确认产权、返还占有、排除妨碍、赔偿损失和返还不当得利等方法。但是这些看似清楚明了的规定在遭遇农村的实际时，却发现困难重重。村寨里存在大量标的物非常细小的纠纷，一根苗、一个瓜等等，对标的物的价值判断，对受害人的赔偿，由国家法调整无异于杀鸡用牛刀。同时，在国家法的民事赔偿中，赔偿金额是按照标的物的价值来核算，不会附加惩罚性的赔偿。农村的这些纠纷虽然标的物价值低，但是行为本身对生产生活的破坏性大，仅仅是返还占有或者赔偿损失无法起到约束和防治这类行为的作用，村规民约的惩罚性就可以在此发挥惩戒的作用，这些细腻之处尤其能彰显村规民约的价值。例如：“大人小孩凡有折断松树尖吃水的，每根罚款0.1元。”“偷瓜、果、菜、柴等的，每次罚款5元，并退回原货物。”“不准放牛吃庄稼，啃食庄稼每株罚1元；端午至重阳节放牛吃草罚款30元，割别人家责任区的草罚款30元。”“严禁偷砍集体山或自留山上的杉木，偷砍一根能做扁担大的，罚款50元，蔸脚在15－20厘米的，每根罚款100元，蔸脚截面20厘米以上的每超1厘米加罚100元；偷砍的木材归原主、罚款70%归原主、30%归村执约队。”

3. 国家法偏刚性，村规民约偏柔性

国家法是国家的衡器，法是国家的规矩，法是治理国家的客观尺度。中国强调“依法治国”，毫无疑问，所依据的“法”必须是具有刚性尺度的法律，称其“刚性”，就是必须遵守，且由国家强制力保证实施的属性，这是国家法的本质要求。村规民约虽然也理应严格执行，但是村寨的生活更讲求的是情和理，只要情理在了，对村规民约的变通性执行或者不执行都是可以为村民所接受的。以下面这份协议书为例。

协议书

关于本村二组杨甲于二〇〇六年四月二日烧田坎发生火灾烧山罚款决定

经双方协调，罚款总额现金如下，

被罚款人二组杨甲，

申请人：二组杨乙、张甲、杨丙、杨丁

总罚款金额陆千贰佰正（整）。

其中分为：杨丁　四百元正（整）　400，00元

张甲　贰千贰佰元正（整）　2200，00元

杨丙　壹千陆佰元　1600，00元

杨乙　贰千元正（整）　2000，00元

经村委协调分为两期还清，过后不追究责任。

被罚人：杨甲

（当事人）杨乙、张甲、杨丙、杨丁

证人（：）村委杨×　杨××

二〇〇六年四月二十三日

按照该村的村规民约，“如因不慎引发火警，造成损失的，除赔偿损失外，另处以责任方120斤米、120斤肉、120斤酒，情节严重的另交司法机关追究法律责任。”该案中，杨甲应赔偿的损失已经是一笔巨大的金额，如果再加以罚三个一百二十，对于杨甲的家庭来说是沉重的负担，也许很多年都会持续一种贫穷的日子。所以协议书仅仅要求杨甲赔偿损失，村委会也不会对杨甲的行为再追究责任。当然，按照国家法，执行判决的时候也会从人权角度出发考虑当事人以及需抚养人员的生存保障，不过，这种判决不强制执行与村规民约里面直接不“判决”的做法是不同的。这反映了村规民约柔性灵活的一面

4. 村规民约的强制力多元

国家法的强制力是由国家有组织的强制机关——军队、监狱、警察、法庭等保证实施的。因此，法律就一般情况而言是一种最具有外在强制性

的社会规范。这种外在性也就意味着，它不依赖精神的、内在的力量来辅助。而村规民约由于吸收了民族习惯法的一些内容，它既使用罚款、剥夺权利等物质的措施来强制，还辅以精神的、内在的约束力，这种精神的内在的约束力包括苗族同胞世世代代在其传统文化孕育下形成的价值观、正义观对事物的判断，也包括舆论谴责、宗教信仰等。随着封建迷信的破除，少数民族传统宗教的影响范围越来越小，至少，在村规民约的内容中已经很难找到其踪迹，不过现在有的村寨恢复传统的议榔①程序来制定村规民约，便是将略带习惯法中宗教性质的元素融入到了村规民约的形式中，借助宗教的精神力量约束村民的行为。

人类具有人性的弱点，自私、算计几乎是每个人与生俱来的，仅仅靠国家暴力威吓防止人类作恶，依然还会有侥幸的心理，衡量风险与收益，所以马克思才会总结“资本家如果有100%利润，就会铤而走险；如果有200%利润，会藐视法律；如果有300%利润，便会践踏世间一切!”。宗教信仰规劝人们向善，不做坏事，否则必遭报应。因此信神的人在作恶时，内心深处还有一种畏惧感，逃得掉法律的制裁，逃不掉良心的谴责，所以信神的人更能主动遵守法律，约束自己的行为。道德舆论发挥得当有仅次于信仰的力量，当事人身处熟人社区里，道德舆论才更容易发挥作用。村寨社会是一个典型的熟人社区，村民的负面评价和舆论谴责会使犯事者处于被孤立的状态，所以一般情况下，村民都会尽量避免违反公众的道德标准和村规民约。

三、结　语

尺有所短、寸有所长，国家法和村规民约各有其功能和优势，也各有其缺陷和不足。国家法以全国人民的意志作为支持，掌握了合法的庞大的暴力，但是这种强制力对资源的消耗很大，且随层级的下沉和地理上的遥远，实施成本越高，到了边缘、基层的地方，资源供给不足可能导致强制力的疲软。与此对应，村规民约的强制力依赖于村庄共同体大多数成员的

① 议榔是苗族传统的民主议事制度，议榔会议上制定出的习惯法称为榔规。

认可，这种强制力直接而简单，不会出现国家法强制力效力递减的问题，但是其合法性受限于国家法律的范围，权威性有限，必须依赖政府、法院的支持。国家法与村规民约之间应当实现一种功能上的互补，国家法通过村规民约输入自己的意愿，村规民约依赖国家法的支持平稳有序地维持基层秩序。只要正确地消解村规民约与国家法的冲突，充分发挥其互补优势，必然在乡村和谐社会的构建中体现其价值。

侗族的防火仪式与社会功能

——以贵州省黔东南侗族为例

郭　婧[①]

贵州是一座巨大的“地方知识”宝库，以众多的符号、仪式、习俗和信仰等共同编织成一张巨大的“文化之网”。这些符号和仪式是贵州山民——“文化持有者”的文化表征，是他们世界观的象征性显现。它们不仅从“本族人的角度向本族人展示本族人的心理”，同时，也决定着这些山地上的“本族人”的思维与行为方式。[②] 关于火的崇拜源于初民社会人们对自然的敬畏。我国很多少数民族的宗教禁忌中至今仍保留了对火神的崇拜。其崇拜的符号象征与汉族的祟火并不相同。[③] 这些关于火的符号与仪式既是表达性的和工具性的，也是社会认同与社会动员的方式，千百年来强化着山地秩序、决定着山民社会的特性，也整合并规约着山民社会。经由符号与仪式的代代传承，形成了山地特有的文化形态。由此，本文对贵州黔东南地区侗族防火仪式进行考察，并探讨其社会功能。

一、火塘中的防火仪式

侗族的先民定居在当今的湘、桂、黔毗连地带的密林山地，为防御

---

① 作者简介：郭婧（1983—），女，汉族，贵州贵阳人，贵州师范学院经济与政治学院副教授，法学博士，主要研究方向：法律人类学、民族法学。

② 张晓松著：《符号与仪式——贵州山地文明图典》，贵州人民出版社 2007 年版，第 22 页。

③ 王晓坤著：《萨满火神与华夏崇火——中国文化的区域差异》，载《长春大学学报》2005 年第 1 期。

蛇、兽袭击，也为防潮，以木架空作屋悬居，逐步演变成架空式的民居形式，称之为“干栏民居”。干栏一词，最早见于魏、晋时期的古籍。侗族在宋代史称“仡伶”。关于“仡伶”人的住宅，宋代朱辅《溪蛮丛笑》曰：“所居不著地。虽酋长之富屋宇之多，亦皆去地数尺，以巨木排此，如省民所居不著地。虽酋长之富屋宇之多，亦皆去地数尺，以巨木排此，如省民羊栅，杉叶覆屋。名羊楼。”内部使用则为席居。“睡不以床，冬不覆被，用三叉支阔板，旁燃火炙，背板焦则易，盖以板之易得也”[①]，居室中用火以取暖，可视为火塘的前身。“巨木排此，如省民羊栅”仍是“栅居”的干栏住宅形式。

从初民社会开始，火一直都是人类自然崇拜的对象。“你可以很容易地想象火第一次出现会在人的头脑中产生什么印象，不管它最开始以什么方式表现：从雷电而来，钻木取火也好或石头迸出的火星也好，这总是某种东西前进，在进展，应小心提防它，它具有破坏性，但它同时使人白天能够生活，夜晚得到保护，它既是进攻性，又是防御性武器。幸亏有了它，人们不再吞食生肉而变为熟食者。后来也用于加工金属，把它们制造成工具和武器。这样，它成为一种任何技术与工艺的进步所必不可少的因素。就是到现在，假如没有火我们会怎么样呢?”[②] 这种认为自然物具有个性和意志力，在心理学上被称为“泛灵论”。弗洛伊德认为，其也包括宗教具有的本质基础。[③] 火塘的产生源于人类对火的倚赖以及由此产生的“火敬畏”。一方面，保存火种促使了火塘的产生；另一方面，火能很好地满足烤火取暖、烹煮食物、添光增亮，驱虫避害等人类基本的生理需求和心理安全的需求。火塘不仅集炊事、取暖、照明三种功能于一体，同时，由于它不断地与侗族的社会文化发生联系，逐步地向精神领域里伸延，从而被人为地给予了多种的文化内容，其中一个重要的文化寓意，就是作为家庭的象征。在侗族聚居区内的大部分地区，一个火塘就代表社会的最基本的单位——一个家庭，一般指以父系血缘为中心而建立起来的最小的社

① ［宋］朱辅：《溪蛮丛笑》。

② ［法］E. 杜尔干：《宗教生活的初级形式》，林宗锦、彭守义译，林耀华校，中央民族大学出版社 1999 年版，第 77 页。

③ ［奥］弗洛伊德：《图腾与禁忌》，文良文化译，中央编译出版社 2005 年版，第 83—84 页。

会集团。当一个家庭扩大了，人口增多要进行分化之后，并不是说分为了几家，而是说分出了几个火塘。一个火塘标志着一个基于婚姻关系的核心家庭的产生。[①] 一个核心家庭构成亲属网的一个节点。按照人类学的观点，核心家庭的产生意味着两个核心家庭的联合，进而扩大亲属网，再晋升为更高级别的群体层次和社会单位。或者可以说，一个火塘的开始就是一个差异格局社会的原初形态。

由此，若要追溯血缘，自然也可以从火塘的分化清理上去的。迁新居之前“烧进屋火”的仪式，充分表明了火塘代表的是一种血缘上的传递和延续。新房建好了，首先设置的是火塘。搬进新居居住，也是以火塘开火为标志。主家在火塘里早准备好了炊具、柴火等“财帛星”来吹燃火种[②]。火种是从旧屋的火塘里出来的，存放在火钵里。“财帛星”将火钵里的火种引燃火塘中的干柴后，便唱道：

一个火塘四四方，三脚架架在中央，
火神被请进火塘，主家时刻都吉祥；
塘内不断千年火，鼎罐不断万年粮，
家业兴旺又发达，子子孙孙代代昌。[③]

本来只具备炊事、取暖、照明功能的火塘，经过礼仪完成了家庭叠合，升华为家庭之象征，从形到意与家庭完完全全地浑然一体。与此同时，火塘无形之中也被赋予了一定的神性，神化为与人们日常生活关系密切的诸多神灵的居所。尤其是受灵魂不灭原始宗教观念的影响，侗族人认为，不灭的灵魂和后辈子孙们共同生活在火塘周围，并给后代们以庇护。由此衍出以火塘有关，反映了祖先崇拜观念的种种祭祀仪式，其目的在于求得家庭兴旺发达，子孙兴盛不衰。火塘具有的文化象征意使得火塘对于侗民而言，不仅是生活的中心，也是文化活动的中心，是人们平时祭祀祖先和诸神灵的地方。火塘中的火，是侗族先民生存、繁衍的依靠，由此，必然会产生与火有关的生活、宗教禁忌与习惯。

堂屋不仅是家庭生活的起居空间，同时又是祭拜祖先、婚丧嫁娶、寿

① ［美］罗伯特·F. 墨菲：《文化与社会人类学引论》，王卓君译，商务印书馆 2009 年版，第 102—103 页。

② 财帛星由一位能说会道、有福气的中年男子扮演。

③ 余达忠著：《侗族民居》，华夏文化艺术出版社 2001 年版，第 137 页。

嬉庆典、教化子女的重地。从功能上说，干栏式建筑中出现的堂屋和传统的火塘间，有部分功能的重合。因此，除炊事、取暖等火塘独有的实际功能外，堂屋和火塘间一起成为两个起居中心。在火塘间里，祖先神位居于一角或以插上香烛的罐来表示。在社会变迁过程中，祖魂灵位从火塘角被转移到堂屋后壁正中神龛、祖宗神位上，这是受到汉族文化影响的结果。火塘间是取暖烹煮之实用功能与祭祀祖先之重要礼仪精神功能的统一。堂屋并非是全封闭的房屋，而是由廊道向内凹进一到两个进深，成与廊道相连的三面围合的空间，空间的使用仍然是半开放的。

现代很多侗族地区，如经济较为发达的广西三江侗族地区或是黎平的大多数侗寨都实施了农村消防“五改工程”（房改、电改、水改、灶改、路改）和农村“危房改造”的专项活动，现在这些地区侗族民居多以地面式住宅、土木搭建的方式为主。（因此，有的学者将侗族的民居分为干栏式和地面式两种，[①] 但不管是哪一种，侗族民居还是以木为建筑材料。）但在经济条件相对较差、发展较晚的从江，很多民族地区干栏式建筑还是随处可见。地面式住宅多有楼层，与干栏式住宅最大的区别在于它是以底层作为主要居住面，日常起居多在地面层进行。根据室内空间的不同用途及重要性，地面式住宅的平面构成要素同样可分为：礼仪空间——堂屋和火塘间；生活空间——卧室；交通空间——楼梯及辅助空间。除此之外，居住面——地面的整理方式，也作为平面的构成要素。“雍正十三年改土归流，官府明令禁止火铺，不许全家人睡在一个火铺上，所以火铺作用退化，平常只作炊煮、进餐之用。”[②] 尽管从“干栏式”演变为“地面式”，火塘在民族生活中的地位和作用却没有多大改变，关于火的禁忌仍在延续。地面式住宅中的火塘多为距底层地面500毫米左右高的“火铺”（又称火炉，故而火塘间又称为火炉房），火铺用坚硬耐磨的板栗树做架子，铺层厚实平整的木板。架中间偏外侧留出2—3尺见方的空洞，空处用黄泥筑成火塘，内放三脚铁撑，周围用薄薄的长条石或砖头围着防火。火铺上站着可以做饭、炒菜，坐着可以取暖。炊具、水缸等物摆于台下靠墙壁的地面，碗柜多嵌于后壁内。火铺上方悬挂用于烘烤食物的长方形木柱架。火铺具有烧水、煮饭的功能，在使用时有一定的禁忌。据老人说，火铺的

① 蔡凌著：《侗族聚居区的传统村落与建筑》，中国建筑工业出版社2007年版，第123页。
② 张良皋著：《匠学七说》，中国建筑工业出版社2002年版，第57页。

方位分上下左右四方，上方为正座，是长者和客人的位置。三脚撑在火塘里，不能随意挪动，也不能在上面烘烤杂物，更不可跨越火炉或将脚踩在三脚撑上。火塘不仅代表其与稻作文化息息相关的饮食习惯，更是与其交往、礼仪空间的形成密不可分，因此其建筑上如构造方式和位置的改变，也意味着人们生活方式的改变及其生活方式背后民族性的发展、变化。地面式住宅中火塘置于底层堂部，且高于地面，可以看成是从“干栏”转为地面生活这一过程中火塘发生的适应性变化。①

火塘除了设在民居中，在公共场域中也是常见的设施。侗族的风雨桥、鼓楼、戏台等是侗族族姓标志与民族瑰宝。靠山吃山、靠水吃水。这些建筑也都以木头为主要建筑材料。侗族鼓楼，造型优美，结构严密，空间丰富，形式多样。无论哪种款式，侗族的鼓楼中心地面常常都设有火塘，以便人们在鼓楼中从事各种活动时取暖之用。侗民爱看侗戏，村寨中，每寨必有戏台。戏台平面成方形或长方形，两侧有箱房或于后台一侧有偏房，内设火糖，既作为演出时戏台的辅助用房，又是人们平日休息谈天的场所。尽管近年来，随着村寨改革和外来文化的植入，火塘在很多地区已不做炊事之用，但在寒冷的冬季，其还是人们取暖、休息、娱乐时离不开的生活必需品。

火塘是侗族人民生产生活中使用、运用火的必备设施，但因为侗族建筑以木质为主，容易导致火灾发生，所以自侗族先民始，就有了与火、防火有关的习惯与禁忌。并且这些习惯与禁忌，只要火在侗族人民生活生产仍在使用，它们就会得以沿袭与传承。或者可以这样归纳，侗族习惯法形成于侗族人日常生活、劳作中，以及与自然的交感中，而与防火有关的很多禁忌与规范形成于侗族人民使用火、运用火的过程中。同时，笔者认为，火塘（火的使用）在侗族人民生活中的不可替代的地位与作用，奠定了侗族民间防火习惯法在侗族人民心中的不会消失的生命力。

① 蔡凌著：《侗族聚居区的传统村落与建筑》，中国建筑工业出版社2007年版，第125—143页。

二、宗教信仰中的防火制度

《侗族通览》这样记载。侗人认为火凶恶，常与人为祸，视之为恶神，称之为“向背”，意为穷凶极恶之火，或曰“火殃”。侗族人认为家中火塘里居有火神。架在火上的三脚架，不准敲打；非净之材，不可生火；不允许让小孩向火里撒尿，否则会激怒火神，引起火灾。

宗教本身能给人带来安全感。为了求得火神保佑，有些地区的侗族少数民族妇女把火神的形象——一个火球，火球周边是熊熊燃烧的火苗绣在帽子、背带和衣服上。这个火神的形象常被外来的人误认成太阳神的形象。①

年终辞旧迎新，侗族人须于火塘内燃起熊熊烈火，通宵达旦，寓意来年“红运”，万事称心，迁居新屋之，亦复如此，以为“火旺家昌，塘火不熄，子孙绵长”，视之为吉祥象征。②

侗族有句俗语为：“古树保村，老人管寨。”1949 年前，贵州黎平县九龙寨对于“风水林”中的一草一木和村边古树，任何人都不敢乱动，即便枯死，也无人敢拾到家中当柴烧，如冒犯此禁，轻则生病，重则眼瞎。当地传说村中有一位老人由于拾“风水林”中的枯木到家中烧火而造成双目失明的。“风水林”中枯死树木及村边枯死的古树，传统上只能拿到鼓楼下“烧鼓楼”，供大家取暖，而且多由老人先动手拿取，或象征性动手，年轻人方能扛到鼓楼下供大家“烧鼓楼火”。如此可避免伤害年轻人，要有什么不测，尤其是“树精”作怪，全由老人承担。③

三、“退火殃”仪式

在侗族社会，如若村寨接连发生火灾，或至岁终，侗族人便请算命先

① 傅安辉著：《黔东南侗族地区火患与防火传统研究》，载《原生态民族文化学刊》2011 年第 2 期。

② 冼光位主编：《侗族通览》，广西人民出版社 1995 年版，第 200 页。

③ 冼光位主编：《侗族通览》，广西人民出版社 1995 年版，第 289 页。

生（或称巫师，当地人称“道士”）算良辰吉日，集体买头小猪，从各家灶里，取一撮灰，盛入特制“小船”。众人于夜静更深，携带着其他祭品，一起前往河边，举行驱除“火殃”仪式。即将“船”投入水中，任其漂流，大家就地而餐。餐后洗净炊具碗筷，剩余饭菜，全部倒光，表示扫除干净，不留祸根。寨内灯火熄灭，不许有丝毫光亮和半点星火。这段时间，派人把守路口禁生人闯入，否则无效。罚违者承担用费，重新举行。[①]从江地区的驱“火殃”仪式，与其他侗族地区不同的是，仪式中没有制作小船这一过程，而是请法师或称道士与长老带领在一个特定场域，如鼓楼或火源处，做杀鸡、念经、烧香等一系列仪式。

贵州省从江县高增乡小黄侗寨每年2月初七寨子都要做扫寨仪式（即“退火殃”仪式）。扫寨仪式的过程为：全寨人在圣母坛集合，杀猪一头，鬼师以黑衣蒙脸，不可以看路，以香薰四周，念咒稍后鬼师弹起即走，村民跟随鬼师，鬼师看到何处“不干净”即画个圈，他光着脚走，村民跟着走。被圈之地不管有何物，即行改造，如果是田地就挖，是房子就改水池。当天外人不能出寨进寨，第二天仪式结束才可以进出。

高增乡占里侗寨位于贵州省从江县高增乡，距县城约25公里，全村8个村民小组，现有168户，791人。寨子虽不大，但这里的人们却创造了一项令世人惊讶的纪录：新中国成立以来人口增长为零，被誉为“中国人口文化第一村”。全寨中有鼓楼一座。2005年以前不通公路，寨里人很少外出。近年来，政府打算逐渐开发旅游。但恐怕由于进村之路实在艰辛，所以影响了外来游客的造访。寨里在正月初五或初七，鬼师和寨老聚集鼓楼，占卜一年运势，用鸡脚卜（掐死一只仔公鸡，看其脚爪形状以占卜）。如占卜当年不顺，则要举行相应扫寨仪式。仪式由两位鬼师共同完成，一位“过阴出魂”，来审查全寨“不干净”的地方，另一位负责“引魂”。当鬼师查出“不干净”之处后，村中要做相应弥补措施。如指出某处不宜建房，宜建水池，就照此执行。占里前些年做过一次较大扫寨仪式，当时邻村有人偷将其坟葬在寨里地面，使得村中不清净安宁，两位鬼师带领全寨扫寨审查，过阴鬼师在荒野山冈查出不干净之处，村民掘地三尺发现一堆白骨，以牛粪、泥土等混合尸骨，丢弃于河谷下游，村寨自此以后才

① 根据作者实地调研，不同侗族地区的驱“火殃”仪式略有不同。

安，村民皆称快。当地占卜仪式保留较好，风水、八字等汉族占卜术流行于此，侗族传统巫术也有较好保留，村民认为碰到小灾小难，皆可能为恶鬼作祟。鬼师介绍作祟恶鬼类型较多，主要有水、雷、火、树、虎、狼、蛇、吊死鬼、牢鬼等等几十种。全寨火灾，主要是火鬼作祟，如只是家户火灾，则可能是蛇鬼等小鬼作祟。但据老人回忆，占里一百年来都未发生过火灾。

在贵州黎平地区的"退火殃"仪式略有不同。如天柱陂头侗寨的"退火殃"，先由道人（巫师）根据年干月支选择黄道吉日，确定仪式日期和时辰。届时，全寨每家每户派出一个代表共同参与"扫寨"的相关工作。譬如采买香、纸、烛、鞭炮、豆腐等祭品，编制"扫寨"道具，把守进出村寨的各处路口，帮助道人布置祭祀环境以及操办参与人员伙食等服务事项。到了约定时辰，仪式正式开始。巫师在宗祠内焚香烧纸，叩拜祖师和护寨神灵，念诵祭词，恭请祖师和各方神灵到场护佑，确保仪式顺利举行。之后，道人手持法器（惊堂木），带上一支人马，其中有手提"龙船"（用竹篾和毛边纸编制供盛装物品的船型道具）的，有敲打铜锣、皮鼓、铙钹的，还有陪同道人念诵唱词和吆喝助兴的。道人带着人马挨家挨户全寨巡查。每到一户，主人开门迎接，道人在堂屋简单作法。完毕，主人敬上香纸和火塘灰，并把它放入"龙船"。全寨巡查结束，则复归于宗祠内进行祭奠。道人诵："饭摆桌上，酒摆凳上。舌头来舔，嘴唇来张。敬请诸神，光临品尝。行营土地，大门土地，寨门土地，半路土地，广坪大坝土地，高山深谷土地……我是后来崽，新来的人，喊不完人姓，叫不完鬼名。喊你们五个，你们就靠拢十个，喊你们十个，你们就靠拢百个。不是空吃，不是白喝，为我们家家平安，为我们户户康乐。吃好喝好后，火鬼、野鬼、过路鬼，该走的走。家仙、门神、护寨神灵，该留的留。"诵毕，在祠堂内宰杀一只雄鸡，在距离村寨较远的一十字路口宰杀一条公狗。之后，道人便带上祭祀的物品和先前"龙船"收集到的香纸、火塘灰到河边焚化。完毕，再回到宗祠安定五方神灵，俗称"安龙神"。再把撰写并滴过鸡血的神符发给每家每户，分别贴于大门、房门、水缸、厨房等地，以保平安。所有程序完后，参与的人员便在宗祠内或附近晚餐。

2012 年 2 月，笔者在黎平尚重镇调研，发现在发生火灾的主街道上，每家每户门上新帖的神符。询问村民得知，正是 2012 年 1 月火灾后镇里举行“退火殃”仪式的留下符号。并且“退火殃”的具体操作方式，就如同上文资料中提及的仪式形式。虽然，尚重镇的主要民族成分为汉族，但由于地处侗族地区，离镇不远，就有六个所辖的全为侗族人口的自然寨。当汉族文化群体为少数，侗族文化受众人口多。从人类学来看，汉族文化在当地属于从属地位，少数民族文化属于支配地位。向同一地域的汉族人口传播。当地汉族文化在文化变迁的过程中因长期接触此时占“主流”的少数民族文化而发生文化模式转变，即涵化。笔者在当地采访了专做“退火殃”仪式的“法师”。法师告诉笔者，当地火灾后仍保留有“退火殃”仪式。近年火灾后都还有举行。“退火殃”仪式是有经文记载的，只有发生火灾才会进行这个仪式。在仪式前一天要准备好经文、疏文、符、竹船等物品。仪式开始的地点是火灾的火秧头，先在火秧头的地基上进行上香、念咒等一系列的仪式活动，结束后让村民抬上准备好的竹船，一路上由道士念咒进入各家各户。进门先到家户的厨房，在灶台上准备好一碗水，道士边念咒边把水打泼在地。接着到家门口进行问卦，若卦象不好则到灶台重复一遍仪式，直到卦象好为止，仪式最后会在门头贴上一道符，然后进入下一家。这样的推火秧仪式会进行一整天，最后会到村子以外的河下游把竹船烧掉，送走火神。

此外，笔者于2011年和2012年两次在黎平县茅贡乡地扪村寨调研时，了解到当地有这样的习俗：若哪家失了火，失火者在火灾发生时不能到处跑，要顶着一个锅盖或遮掩物跑到河中或水中站着，如此火才不会四处蔓延，也有利于火灾的扑灭。这个禁忌在一些资料中也得到印证。黎平县的九龙村九龙寨就有这样一个真实的案例。1979年，该村曾失过一次大火，损失严重。当地人就认为，是因为失火者不守禁忌，到处乱跑，他跑到哪里火就跟到哪里，全寨才被烧光。地扪的寨老告诉笔者，新中国成立前地扪还发生过一次火灾，但具体日期和受灾情况已记不清。在鼓楼的修建以及新年的开始，寨里都要请道士进行占卜，已知凶吉。具体做法是用16根稻草捆在一起，周边用8根稻草围绕。16根稻草两头打结，若能顺利解开意味吉兆；若不能，意为不吉利，需再次卜卦。每年正月，村中都有这样的活动。

四、婚礼中的与火有关的仪式

侗族婚姻，系一夫一妻制。婚姻缔结，据文献记载，“男女婚姻，自相悦慕，或答歌意合而成。”但直至晚近数十年，父母包办者仍居多，经“行歌坐夜”、“玩山走寨”，情投意合，纯属自由恋爱。不经父母许可，双双约逃者亦有之，但为数寥寥。但事后男方须请人到女家赔礼道歉，择期杀猪、鸣炮至女家“洗脸”，否则不许往来。正常的婚姻缔结，受汉族文化影响，须经“说合”、“订婚”、“迎娶”等过程。[①]

在结婚仪式中，就有关于火的仪式。男女双方经过“行歌坐夜”建立感情私订终身后，双方各自告诉自己的父母，男方父母便请媒人去说，女方家若答应，就可举行“吃鸭”[②] 仪式，这是双方父母亲当面承认婚约的仪式。“吃鸭”仪式之后，等到婚礼吉日一到，接亲婆手提灯笼、背上一床铺盖，把接新娘到新郎家。新媳妇进门时，婆家全家都要回避，意即避日后互生口角。新娘进门后，坐在新板凳上，由一位德高望重的老人念婚礼词，祝颂夫妻和睦，子孙满堂，家庭兴旺等。接着，新娘在巫师的指导下，进行架锅、烧火等炊事仪式，表示她从今以后是这家的主妇。

在黔东南一些侗族地区还有一些婚礼中火的仪式。例如，跨火盆。新娘出嫁来到新郎家大门口时，都要举行进屋仪式。仪式的重头戏是在大门外放置一个炭火很旺的火盆，新娘要从火盆上跨过去。锦屏县平秋镇平秋村在嫁娶姑娘时，婚礼仪式中，新娘就需要从火盆上跨过去，意思有两层，一是让新娘驾驭得住火，把握得住火，使火在新娘手头服服帖帖，不发生火灾。二是避除新娘身上带来的邪气和晦气。[③]

侗族村寨的妇女在日常生活中用火往往比男人多，因为炊事是由她们来做的，对妇女的防火要求就显得格外重要。所以新娘入门前就通过一定

---

① 《侗族简史》修订本编写组：《侗族简史》，民族出版社 2008 年版，第 242 页。

② 《黔东南苗族侗族自治州概况》编写组：《黔东南苗族侗族自治州概况》，贵州民族出版社 2008 年版，第 32 页。

③ 傅安辉著：《黔东南侗族地区火患与防火传统研究》，载《原生态民族文化学刊》2011 年第 2 期。

的仪式对新娘进行间接的防火教育，同时也表达对家庭新成员日后安全用火的愿望。

五、侗族防火仪式的社会功能

在人类学中，仪式主要有以下几个方面的意义或是功能：(1) 作为动物进化过程中的组成部分；(2) 作为限定性的，有边界范围的社会关系组合形式的结构框架；(3) 作为象征符号和社会价值的话语系统；(4) 作为表演行为和过程的活动程式；(5) 作为人类社会社会实践的经历和经验表述。① 功能主义是通过个人的需要和社会的稳定来解释文化现象的。仪式的功能，无论是在个人层面上，还是在群体或社会层面上，都可以成为情感的渠道并表达情感，引导和强化行为模式，支持或推翻现状，导致变化或恢复和谐与平衡。侗族防火仪式的功能，是指它作为一种宗教禁忌符号对其内部成员、社区整体及文化传承所发挥的作用。

(一) 制约功能

禁忌作为人类社会最早的社会规范，自产生就与宗教、仪式分不开。这在其定义中就已经表明了。“严格地讲，禁忌仅仅包括：1. 属于人或物的神圣不可侵犯的（或邪恶的）性质。2. 由这种性质所产生的禁忌作用。3. 禁忌作用的破坏而产生的神圣性（或邪恶性）。”（［美］托马斯·库恩：《大英百科大全书》）② 弗洛伊德也这样认为：“禁忌的来源是因为附着在人或鬼身上的一种特殊的神奇力，它们能够利用无生命的物质作为媒介而加以传播。”③ 作为一项制度，禁忌也通过仪式的方式，使制度具有庄严的权威感，由此在人们心里形成约束力，进而控制人们行为。维克多·特纳将仪式不同阶段的转换历程称为“阈限”阶段，“阈限的实体在法律、习

---

① 彭兆荣著：《人类学仪式研究评述》，载《民族研究》2002 年第 2 期。

② ［奥］弗洛伊德：《图腾与禁忌》，文良文化译，中央编译出版社 2005 年版，第 20 页。

③ ［奥］弗洛伊德：《图腾与禁忌》，文良文化译，中央编译出版社 2005 年版，第 22 页。

俗、传统和典礼所指定和安排的哪些位置之间的地方。”① 梅因在研究初民社会的法时，就发现“在开始时，法律并不会干预强迫履行诺言。使法律握有制裁权，是一种有着庄严仪式的约定。”② 伯尔曼在辩论法律与宗教之间的关系时，曾说过这么一段话：“即使是最拘泥于律法的宗教中也有并且必定会有对于人类内心精神生活的关切一样，在即便最富神秘色彩的宗教里面，也存在并且必定存在着对于社会秩序和社会正义的关切。任何一种宗教都具有并且必定具有法律的要素——确切地说有两种法律要素：一种与共同信仰某一特定宗教之群体的社会活动有关，另一种则关系到宗教群体只是其中一部分的更大群体的社会活动。”③ 或许可以这么认为，因火的崇拜、信仰如同法律信条规制了侗族人的行为，从而在思想意识层面起到防火作用。而这些关于防火、用火的信条和其他关于火的禁忌、习惯一样，都是非正式防火制度的产生形态和组成部分。

（二）心理功能

“通过象征调动起来的感觉指向如果被一些鼓动性的、慷慨激昂的语言所鼓动，就很容易转化为高涨的情绪爆发出来，这种爆发可以衍生为具有破坏性的能量，也可以有强烈的克服艰险、生死与共的情感升华。因为仪式所具有的这种力量，所以早期的一些人类学家曾把一些在作战之前和面临灾害时所举行的仪式称为强化礼仪。”④ 火创造了人类文明，推动了社会的进化，但是火也给人们的生命财产、自然资源带来了极大的危害，火灾不仅造成严重的经济损失，而且会致人死亡或伤残，使人产生严重的心理创伤。在各类灾难中，火灾是一种不受时间、空间限制，发生频率最高的灾难。防火仪式与符号的象征意义，人们对火的畏惧和受灾后心理创伤得以修复，进而加强心理的和实践的防范。例如，“退火殃”究其心理根

---

① ［英］维克多·特纳：《仪式过程——结构与反结构》，黄剑波、柳博赟译，中国人民大学出版社2006年版，第95页。

② ［英］亨利·萨姆奈·梅因：《古代法》，瞿慧虹译，中国社会科学出版社2009年版，第239—240页。

③ ［美］伯尔曼：《法律与宗教》，梁治平译，中国政法大学出版社2003年版，第70页。

④ 范可：《灾难的仪式意义与历史记忆》，载《中国农业大学学报（社会科学版）》2011年第1期。

源，按照杜尔干对仪式形态的划分，应该属于“赎罪仪式”。[①] 赎罪一词意味着，那些具有凶兆、使人产生极度不安或惧怕感情的事件。这些事件都需要赎罪。火灾给人们带来心理上的惧怕于人身、财产的损失。将之视为凶兆，举行通过一定的方式，灾后情感上的需求和对社会秩序的恢复。

（三）认同功能

侗族的防火仪式是一种族群的、社区的、具有地方价值的功能性“表演”。因此，它也是一种“地方性知识”。这种只是知识系统所呈现出来的诸多宗教、巫术和作为文化现象的各种分支，通过共同的仪式活动，通过共同的希望与恐惧，通过对事件的共同关注，社会群体中的不同个体暂时地或永久地联系在一起。信徒为标示他属于这个群体，就得遵守象征其社会身份的各种规定，遵守与他的群体有关的各种礼仪，包括各种宗教禁忌，这样才能与群体的其他成员之间产生一种认同感。同时，也为本民族的传统文化的传承提供了载体。

① ［法］E. 杜尔干：《宗教生活的初级形式》，林宗锦、彭守义译，林耀华校，中央民族大学出版社 1999 年版，第 432 页。

域外法律人类学

从自然法到结构人类学：关于法国法律人类学的演进谱系

刘云飞[①]

一、概念和范式

学界通常的概念认为法律人类学是介于法学和人类学之间的交叉综合学科，它以法学为本体，运用人类学的认识论和方法论解释和阐述法律现象，论证和构建法律命题。

法国的法律人类学对法律现象的观察大致是在话语、实践、信仰和价值体系三个层面上进行的。话语可以是书面的或口头形式的，包括了法规、法典、习惯、训示、格言、神话等。实践就是个人和群体实施的行为，传统社会的法律大多具有实践性的特征，那里的法律现象通常是通过与观念密切联系的具体行为表现出来，而不是源于明确的法律规范。信念和价值体系体现了对于实践和话语的理解，而且这些信念通常是多元性的。

---

① 作者简介：刘云飞，男，贵州贵阳人，贵州财经大学法学院副教授，法学博士。

由于法国艾克斯·马赛第三大学（Université Paul Cézanne）邀请，作者作为该校2008年度访问学者，于2008年3月前往访问这所始建于1409年，位于地中海沿岸的艾克斯·普罗旺斯古城的大学。该校的法律人类学和欧盟法学的教学和研究声誉显赫。作者就法律人类学和民族法学的话题与Norbert Rouland、Guy Scofini、Blidine Chelini等学者进行了对话和探讨，本文系这一交流感悟过程的一个总结，并籍以向法国的学术同行致敬。

法国的法律人类学还体现出明显的外向性特征，这一方面是欧洲文化强调对外探索本性的一种表现；另一方面人类学本质上对他者（other）和他者性（otherness）的关注给法律人类学的探索领域开启了宽阔的视野。研究者们在异文化的广阔天空寻求对自我文化束缚的超脱，摆脱固有的思维模式，寻找对法律的跨文化解释。就像列维·斯特劳斯在《忧郁的热带》中感悟的：旅行可以带领我们同时穿越空间、时间和社会等级。

法国的法律人类学既有启蒙运动的进步理念，充满想象力和创新精神，也具有大陆法学注重理性、风格稳健的特点，比如伯汉南与格拉克曼之间关于法律的普适性和特殊性的论争曾引发了一场法律人类学上的重要论战，许多学者都加入其中一方阵地参与论争。而一些法国学者选择了并不激进的立场，其态度是比较辩证和折中的。

伯汉南（Bohannan）认为在分析传统的法律体系中应当摒弃西方词汇和术语。而格拉克曼（Gluckman）反对伯汉南的这种进路，认为这会使比较分析难以实现。格拉克曼曾经将罗德西亚的巴罗茨王国和中世纪英格兰进行比较，并认为将英格兰法律的一些概念和术语运用到巴罗茨物权法律中是合适的。格拉克曼据此认为发现了“理性人”行为模式的普遍标准。

这两种立场都各有利弊。伯汉南的诘难使得宏观比较难以实现；而格拉克曼的观点沾染有进化论的色彩，具有将民族中心主义引狼入室的危险。

以普瓦耶（Poirier）为代表一些法国学者的观点并没有完全倒向其中任何一方①。他们认为普适的思维范畴是存在的（允许／禁止、公正／不公正）。但是一些特定的法律范畴（如从罗马法继承来的属物法/属人法、公法/私法、动产/不动产）并不能随便置换套用。就方法论而言，不论选择普适性还是特定性都是先验的，重要的是我们必须重视收集本土法律术语和表达方式并吸收理解，然后才有条件探索不同文化下法律制度的对应关系。

---

① Poirier, J. ‘Les Catégories de la pensée juridique et l’ interpréation des droits coutumiers africains”, VI Congrès international des science anthropologiques et ethnologiques, Paris, 30 July – 6 August 1960, Vol. 2 (Paris, Musée de l’ Homme, 1964).

二、思想源流

（一）自然法的遗产

自然法的丰富遗产是法律人类学在法国产生发展的重要思想源流和脉络。因循这一思想脉络，可延伸到18世纪法国启蒙思想运动的代表人物孟德斯鸠那里。

我们都把孟德斯鸠尊为自然法学的代表人物，涂尔干和普理查德甚至认为孟德斯鸠是社会学和人类学的奠基者和创立者。他最突出的特点就是采用泛文化的视角考察各个民族和国家的文化和法律，充分考虑了人类文化的多样性。他认为“从最广泛的意义来说，法是由事物的性质产生出来的必然关系。在这个意义上，一切存在物都有它们的法。上帝也有他的法……人类有他们的法[①]。”这种广义的法在相当大的程度上等同于今天人们所说的“规律”。可以说，把法看作事物之间的内在联系是一种最典型的客观自然法思想。

18世纪的自然法学家们从“理性之法”、“自然之法”的基本理念申发出一系列的原则，给予自然法确定而具体的内容。但是孟德斯鸠反对将自然法的精神固定为若干具体的原则和详尽的阐述，他和其他很多法律人类学家一样强调文化的变异性，他们甚至怀疑对人的权利作出普适性宣言是否可行。孟德斯鸠是他那个时代的法学家中唯一否认法律的恒定性的，也是唯一关注异文化社会的人。在孟德斯鸠看来，法律是社会构成若干因素中的一种，具有明显的变异性。法律与社会之间的紧密联系会阻碍法律从一个社会移植到另外一个社会。西方法社会学派创始人埃利希（Eugen Ehrlich）认为“通过探索和描述关于法律起源的各种各样自然因素和文化因素，孟德斯鸠事实上成为此后社会学法学的先驱”。[②] 涂尔干将孟德斯鸠视为社会学的先驱，因为他“在《论法的精神》中为这门新科学设定了原

① ［法］孟德斯鸠，《论法的精神》，张雁深译，商务印书馆1995年版，第1页。

② Eugen Ehrlich，‘Montesquieu and Sociologial Jurisprudence.’［A］29 Harvard Law Review 582（1916）.

则……把社会现象作为一个整体来对待”。①

孟德斯鸠避开了进化论的陷阱，没有将法律的发展放进单一的历史维度进行观察，而是把法律的形成、发展及其特性和特定社会的自然和文化因素联系起来。他在《论法的精神》中详尽阐述了一个国家或地区的气候条件、人口、地理环境对当地法律体系的塑造作用，从不同的气候类型对不同地区人的身体条件造成不同的刺激入手，解释他们会形成特点迥异的秉性，从而指引他们选择或塑造不同“性格”的法律。

当然，由于当时科学知识的局限，他的一些论断在今天看来是有很大问题的。但是他突破了以往注释法学和经院哲学的思想禁锢，跳出了从概念到概念、从规则到规则的狭隘传统法学思维定式，把法律作为一个社会有机体的构成部分，放到更宽广的视野进行观察和研究，他的思路开启了后来众多法学工作者从整体关联的角度寻求法律与文化、社会、自然因素普遍联系的内在规律。

（二）涂尔干和社会学年鉴派的影响

涂尔干及其创建的社会学年鉴学派的理论和思想不仅仅限于社会学范畴，法国的法律人类学大多数学者都带有被杜尔干及其弟子影响的印记。

涂尔干从功能分析的视角，对犯罪、失范和越轨等法律问题进行了独特的探讨。社会首先是一个有机整体，不能化约为一个个单独的人，“个人生活是从集体生活里产生出来”②。基于集体主义实证取向，涂尔干把犯罪、越轨、失范和自杀等现象都视为社会事实，且是现代社会必不可少的成分。他把制裁分为两类：第一类是损害犯人的财产、名誉、生命和自由的压制型制裁；第二类制裁旨在把混乱失衡的关系恢复到正常状态。于是，法律则可分为压制型法（repressive law）和恢复型法（restitutive law）。

涂尔干还发展了梅因的“身份/契约”理论，认为不能简单地把契约性义务归结为现代社会的特征，而把身份地位认定是传统社会中义务、特权和责任的决定因素。所有社会既包含身份也包含契约，二者不是互相排斥的，可以在社会中不同程度地共存。

在《劳动分工》中体现了涂尔干对传统社会的兴趣。他试图将功能主

① ［法］涂尔干：《孟德斯鸠与卢梭》，李鲁宁等译，上海人民出版社2003版，第2页。

② ［法］涂尔干：《社会分工论》，渠东译，三联书店2000版，第236页。

义和进化论结合起来以展示社会是如何从原始状态过渡到现代的。原始社会的机制性一体化是和压制性法律制度相联系的。这些社会中的法律和道德互相纠缠，法律实质上就是刑法，因为任何对于法定权威的威胁都被视为对整个社会的威胁。相比之下，现代社会的有机性整合是和恢复性法律相联系的。分化的社会中成员们隶属于不同的群体，对法律规范的触犯不再被看作对整个社会秩序的侵犯，法律的惩戒特点退化了，法律在实质上成为“恢复性”法。

（三）结构主义的潜移默化

列维·斯特劳斯的理论和哲学思考对法国法律人类学的影响主要体现在几个方面：他对文明多样性的尊重和对西方文明及其殖民运动的反思的哲学立场，引起了法律人对非西方法律文化的重视，以及对殖民法典化运动的反省；以语言学抽象研究为基础的结构主义方法论，启发了法律人对法律制度和法律话语深层次结构的探索，特别是对非洲口头法律文化的研究借助了神话的语言分析；他对禁忌制度、社会结构、亲属制度的探索对法律人类学的相关研究奠定了基础，产生了很大的启发作用。

如果说英美式的法律人类学进路受经验主义哲学影响，秉承法律多元的观点，并致力于在社会中探索研究“活法”，那么法国式的进路则试图通过系统的跨文化比较去发现支配社会运行的法律，运用了系统性进路衍生出来的方法，于是列维·斯特劳斯的结构主义则是必不可少的。这种整体概括性的风格理念似乎和人类学的理想更为接近。

巴黎法律人类学研究所（Le Laboratoire d’ anthropologie juridique de Paris，LAJP）的许多成果借鉴了结构主义的进路。特别是勒鲁瓦（Le Roy）的研究工作，在探寻形式化和整体观方面和结构主义近似。在勒鲁瓦看来，法律更多的是一套交流体系而非解决纠纷的渠道，并可以和语言作比较；另一位学者维迪埃（Verdier）把复仇作为一种对立群体之间的交换形式进行了分析，其中就包含有这一思想元素。①

① 关于列维·斯特劳斯的结构主义和 LAJP 的关系，参阅 E. Le Roy，‘Pour une anthropologie du droit’，*Revue interdiscipllinaire d’ etudes juridique*，1（1978）：94 – 100；N. Rouland，‘Persistances et invariances：structure，histoire，droit’，RRJ，3（1985）：731 – 71；Negri，*Il Giurista dell’ area romanistica*，pp. 138 – 40.

语言问题的重要性在于研究者必须熟悉非书面法律形式。克劳德·列维·斯特劳斯把语言视为三种主要社会交流体系中的一种，根据语言规则进行的信息交流，基于亲属关系和婚姻制度的妇女交换、依据经济规则的货物和服务流通。[①] 而且言语起到的作用并不仅仅在于承载信息，它还蕴含了奥妙的或情感性的重要指令（如有学者发现非洲多贡人认为言语是神灵的体现）。在法律领域内，规范是通过吟诵方式来反复教诲的，纠纷是通过言辞交流得以解决的。

平表亲（parallel - cousin）和交表亲（cross - cousin）的区别在传统社会中体现在通婚范围上。平表亲是同性同胞的子女，被排除在通婚范围之外，他们之间的通婚被视为乱伦。而交表亲是异性同胞的子女，他们之间的婚姻不仅是允许的，还是被推崇的。因为这两种关系的性质在生物学上是同一的，其区分的基础只能是文化性的。列维·斯特劳斯相信它们因循的是交换的法则，[②] 于是法律人类学学者从配偶交换维持社会运转的角度提出了比较合理的解释：一个社会要想存续，它的组成群体就得通过婚姻交换各自的家庭成员。交表亲就源于这种婚姻形式。

在对乱伦禁忌的分析解释上很多人从生物性角度来切入，而列维·斯特劳斯更多的是通过社会因素来解释。某个家族允许其成员和他人成婚，然后从对方家族那里获得配偶作为回报。在这种婚姻交换形式中个人先要付出一定代价，即放弃一个可能的潜在性伴侣的亲属成员。这对于集体有一个的好处：如果没有这些交换，家族群体就会是内向性的（inward - looking），而这对该群体的生存发展是有很大不利影响的。另外如果拒绝妇女的交换，这只会增加群体之间敌意，暴力或战争可能会成为从其他群体获得妇女的手段。所以列维·斯特劳斯相信乱伦禁忌是文化性改造自然属性的最明显表现。乱伦禁忌在起源上既不是纯粹文化的，也不是纯粹自然的，它完成了从自然到文化的转变。[③] 禁止乱伦的规则创建了一个姻亲网

---

① Lévi - Strauss, C. Structural Anthropology, trans. C. Jacobson & G. Schoepf. Harmondsworth, Penguin. 1968.

② Lévi - Strauss, C. The Elementary Structure of Kinship, trans. J. H. Bell, J. R. von Sturmer & R. Needham. London, Eyre & Spottiswoode. 1969.

③ Lévi - Strauss, C. The Elementary Structure of Kinship, trans. J. H. Bell, J. R. von Sturmer & R. Needham. London, Eyre & Spottiswoode. 1969.

状构造，形成了一个社会系统，如果没有这个系统所有社会都会衰退。①

三、发展历程

19世下半叶的法国法律人类学除了莫斯或布留尔（Lévy - Bruhl）取得的成就以外，在这一段时间显得比较沉默，当时的突出问题是理论上的贫困。法国的法律人类学家继续固守进化论这个落伍观点。殖民主义法学的拥护者受到应用人类学的影响，在成文法典化的过程中收集和编纂习惯法，或者自以为是地用推行部落法庭的方式改造着传统法律。殖民主义导致了法律民族中心主义，对本土法律实践缺乏了解，一味推崇西方法律特别是拿破仑法典，推行法律同化的原则。

值得赞赏的是列维·布留尔走出了开拓性的第一步。作为一名罗马法学家，布留尔认为民族学可以澄清早期罗马法中的一些问题，也就是那些文献资料存在分歧的地方。他也相信对所谓“原始”社会的研究将会帮助我们更好地理解自身的社会，因为这些社会中仍然存在着那些起源于古代“前法律”时代的制度。在那个以注释性研究为范式的时代，他的开放性态度是相当独特的。他的成就在自己的学生当中激发了研究兴趣，推动了法律人类学教学研究在法国的发展。其中的穆里耶（Maunier）和拉伯莱（Labouret）在两次大战之间的时期奠定了它作为一个学科的基础。穆里耶教授在巴黎大学法学院创建了法律民族学研究室（Salle d' Ethnologie juridique），也是系列丛书《法律社会学和法律民族学研究》（Etudes de sociologie et d' ethnologie juridiques）的发起人。拉伯莱是一名法国殖民地总督，在殖民地学校开设了第一个法律民族学正规课程。普瓦耶在法国海外国立学校（Ecole Nationale de la France d' Outre - Mer）接过拉伯莱的工作，推进了对非洲法律的研究。在1955年，布留尔开设了一门研究传统和当代非洲法律的课程，主要由阿里奥和普瓦里耶二人来教授。1964年，在阿里奥的发起下，在同一所院系内成立了一个非洲经济和法律系。一年以后阿里奥创建了法律人类学研究所（Laboratoire d' anthropologie ju-

① Lévi - Strauss, C. The Elementary Structure of Kinship, trans. J. H. Bell, J. R. von Sturmer & R. Needham. London, Eyre & Spottiswoode. 1969.

ridique)。

第二次世界大战之后的二十年被证明是有决定性意义的。首先，正是在这一段时期，法律人类学的教学和研究机构在前人奠定的基础上创建了起来，使得法国的法律人类学能够一直发展到今天；其次，由于列维·布留尔的学生们的研究兴趣，非洲成为法国法律人类学的首要关注点；最后，自从20世纪60年代以来，法国法律人类学最终和进化论以及之前的民族中心主义偏见决裂了，并且取得了理论和认识论研究方面的显著进展。

今天，法国的法律人类学的教学和科研水平都发展到了比较稳定的平台。科研方面有两个研究机构作为主要代表：由阿里奥和勒鲁瓦所领导的巴黎法律人类学研究所（LAJP），以及由维迪埃所领导的法律和文化中心(Droit et Cultures centre)。[①] LAJP的几十名研究人员来自二十多个国家，是一支具有国际化和多元文化特色的研究队伍。法国目前有十多所大学开设了法律人类学的课程，包括巴黎第一大学、蒙彼利埃大学、马赛第三大学等，既有专业研究生学位课程，也有作为基础课程讲授的；不仅有法国本土学生，许多外国留学生也满怀兴趣进入了这一领域。

四、非洲——法兰西思想的次撒哈拉田野

撒哈拉以南非洲（sub - Saharan Africa）地区是法国重要的殖民地，它又称“黑非洲”，泛指撒哈拉中部以南的非洲。现在法国多元的人口结构和文化特色与其非洲殖民历史有着深远的联系。法国的法律人类学也打上了深沉的黑非洲烙印。非洲慷慨地惠泽了法律人类学，它丰富多样的法律

① 关于这两个机构的详细情况可参阅E. Le Roy，‘La Méthod anthropologieque et l’ histoire judiciaire’, in *Droit et Société*。J. N. Lambert，‘La Méthode du juriste ethnologue’, *Rapports généraux au Xe Congrés international de droit compare* (Budapest, 1981), J. Poirier. ‘L’ Ethnologie juridique’, *Revue de l’ enseignement supérieur*, 3 (1965): 25 -37, J. Poirier, ‘Situation actuelle et programme de travail de l’ ethnololgie juridique’, *Revue internationale des Sciences sociales*, 22, 3 (1970): 509 -27。关于列维·布留尔的贡献，见N. Rouland，‘H. Lévy - Bruhl and the future of law’, *RRJ*, 2 (1985): 510 -30。关于法国法律人类学发展的全面总结和归纳，见E. Le Roy，‘L’ état de l’ anthropologie juridique française’, *BLAJP*, 14 (1988): 45 -54; *Journal of Legal Pluralism* (1991).

体系为这门学科提供了多样性研究的主要领域，也成为研究“他者”和“他者性”的起点。

但是不得不承认，在欧洲学术界长期占统治地位的观点是：非洲黑人没有文明，只有黑暗和停滞。黑格尔认为“自有历史以来，非洲对于世界各部始终没有任何联系……非洲是一块处于幼年时代的土地，在自觉的历史阶段开始后，依然被笼罩在夜幕的黑暗之中”。[①] 他所代表的观点甚至在今天也不乏追随者。恰恰与黑格尔的看法相反，法国人类学发现非洲的法律文明自有其独特的智慧，它并非处于人类的孩提时代，它在很多方面的思考也许是比我们更像成年人，特别是表现在它对法律的价值和功能方面的理解。

法国学者对非洲法律的人类学研究体现了繁荣的人文科学和发达的工业社会条件下，法国学者返璞归真的取向、对文化多样性的珍视和对西方民族中心思想的反思，也是现代文明和传统文明互哺的表征。他们对法律的研究往往和对非洲人的哲学理念、社会生活制度、神话、习俗、亲属制度和纠纷解决等结合起来，从法律与文化的角度展现出一个色彩斑斓、古老神秘的非洲大陆，也产出了丰富的理论成果。

人类学者不谙熟法律，法律学者欠缺人类学基础，法律人类学的研究需要不断克服这方面的问题，这也是在中国和其他国家都存在的现象。而充分细致的田野调查既需要充分的资金也需要足够的耐心和敏锐的观察力。一些法国学者对非洲法律的人类学研究在这方面下的功夫比较深，获得了具有创新意义的发现。以勒鲁瓦为代表的一些研究者从非洲人独特的思维意识入手，将非洲传统社会分析为三个基本关系的结构：人、事物、上帝。在传统非洲社会，所有的法律主体都嵌入到三种关系中。第一个是人与人的关系，即基于人的社会地位身份和个人行为发生的关系。第二个是人和上帝的关系，即基于神话和哲学的人和无形世界的关系，它关系到亲属关系的范围，也可能牵涉到政治领域，使权力带有神圣的性质。第三个关系是人和事物的关系，即人和重要的物质资料如家产和土地的关系，这一关系能够确定人对空间和土地的分配利用。这三种关系各自对应一个理想法律秩序的目标。

① ［德］黑格尔：《历史哲学》，商务印书馆1963年版，第135页。

从社会文化角度探寻法律的内涵需要宏观的思维，而微观的观察则是发现线索的渠道。这两者结合好了才能对某个法律体系作出准确的归纳和把握。正是运用这种方式，勒鲁瓦归纳描述了非洲传统社会法律的实用主义精神和法律层级形式。

现实主义体现在人—事物的关系和法律中，并赋予法律以具体的内涵。在法律过程中使用的语言也常常就是日常生活中使用的语言。因此塞内加尔的沃洛夫人（Wolof）把一桩没有生育的婚姻描述成“沙土一样的婚姻”，因为它是很脆弱的，会像沙土从人的指缝漏出来一样消亡掉。这种对抽象化思维的摒弃态度使人明白了为什么某些西方法律的概念对于传统法律来说是格格不入的。

法律的层级和社会结构层级密切联系，法律的角色随着具体社会的结构而变化，以社会结构的差别为标准，非洲社会分为四个主要类型：基础社会结构、准基础社会结构、准复杂社会结构、复杂社会结构。

基础社会结构的政治体制完全地依靠亲属纽带，社会分群都是以亲属关系为基础的，其法律工具是建立在神话基础上的；准基础社会结构中出现群体联盟，例如婚姻联盟，其法律工具是神话和习惯法的两重层级；准复杂社会结构中出现政治权力和亲属关系结构的分化，政治权力走向集权化，其法律工具包含神话、习惯、法律的三重层级，出现了司法机关和纠纷的审判；复杂社会结构中的社会权力被授予了众多机构和部门，“公/私”二分法重新规定了社会关系，体现出四重层级法律渊源的特征：神话、习惯、法律、国家法律机器。①

五、现状和挑战

目前的研究呈现多学科交融，多种方法论结合的态势。理论追求层次越来越高，不再仅限于国家法/习惯法、西方法/土著法的思考范式。研究者的兴趣关注也随着时代的发展而变动，因全球化、多元文化交流碰撞、人口迁移等潮流带来的法律现象受到了格外的关注。

① Le Roy, E. ‘Méthodologie de l’ anthropologie juridique’, in Orientations et techniques de la recherché collective, document no. 1, ‘L’ Enquête de terrain’ (February 1977, 24 pp. ; October 1977.)

新的视野突破了次撒哈拉地区的传统领域而扩展到非洲以外地区。一些研究者对印度、拉美地区、阿拉伯社会甚至中国社会都投以关注，通过自己的观察得出了比较有特点的见解。比如阿多农（Adonon）对墨西哥国家法和土著法律相互涵化和表述的研究、艾伯哈德（Ebhard）对印度法律多元的持续关注及研究、比索特（Bissot）对吉尔吉斯斯坦难民、地方传统和国际法问题的研究。

对自身社会问题的关注也体现了一种学术责任的回归，目前法国的许多社会危机和文化冲突吸引了学者们的思考，这其中很多都和移民及文化有关。如金赛尔（Gincel）对法国的哥伦比亚移民的研究、汉弗里（Humphries）的法国青少年刑事制度中的和解研究、卡塞里尔（KA Cyrille）的法国国内西非移民纠纷调解模式研究。

对于具体现象的研究体现了学者们在尊重文化多样性的前提下，追求跨文化的、整体的法律诠释的努力，他们力图在变动不拘的文化情景中发现对法律新的理解和表达，这不仅仅限于法律定义的拓展，也涉及法律原则和法律精神的新发现。法律人类学的使命就在于改变人们对法律固有的先入之见。或者就如米歇尔·雷利所言，“人类学家是他所研究人群天生的维护者，人类学家注定就是以多元论的和复杂性的方式反思法律的发言人，他将形形色色的行为者的实践范式纳入考量范畴。”①

另外现实的社会变迁和文化情景转换也将更多新的跨文化命题推到法律人类学家面前寻求解释。欧洲许多国家，尤其是法国，人口结构的多元文化性越来越明显。“因为司法面临越来越多的跨文化问题，却显得准备不足。为了将民间对于法律观念和实践的认识纳入考量，就需要用多元论的思维来重新思考跨文化进路，特别是在非西方的语境下”。

因此法律人类学面临的一大挑战就是从法学的边缘转战到其核心（这一核心地带至今被正统法律文化垄断），并从其内部实现思想理论的开放。法国学者面临的这一挑战其实也体现了西方传统法学的困境以及新兴法律学科的价值和机遇。我们需要扭转对法律人类学的成见或误读，至少仍有一些人认为对异文化的关注是这一学科最大特点。虽然早期的法律人类学受殖民运动影响，表现出追逐异文化的猎奇特点，但是也应该看现代社会

① Leiris, M. Cinq études d' ethnologie, France, Deno? l / Gonthier, 1992.

条件下这种做法的局限性。对多元文化社会内部的纵深观察会给我们展现广阔的法律田野，否则就是对整体社会生活的回避，也回避了法律人类学应当面对的现实课题，这恰恰验证了正统法学对法律人类学“专研法律边缘现象”的诘难和不屑。即使对小规模的传统社会的考察，也应该是能够对反思现代社会法律生活提供答案和思路的。传统法学的重点是逻辑和实践，以对传统法律教义的诠释和静态的制度构建为重点。法律人类学的价值在于为其提供一个外在的视角，成为改进法律系统和更好理解法律的一个基本工具。这种可能性是存在的，因为法学理论的目的就是给予法律一个完整的理解，寻求一种具有普遍性的法律的科学。法律人类学发展历程也展现了这一趋势。事实上在西方，至少在法国的法律人类学界，阿里奥等学者的研究就是追求一种整体的非民族中心化。或者说法学的目的是寻求一种跨文化的法律的科学，它和列维·斯特劳斯所描绘的人类学旨趣是能够衔接起来的，即通过人类的多样性来理解其整体性和一般性。[①] 这两种进路的汇合点在于追求对法律的整体性和一般性理解，但是人类学的进路并不假设一个源于理性演绎的先验一般性，而是通过对多样性场景进行观察得来的逻辑重建这种一般性。

第二个挑战是跨学科的挑战。任何理论都有其短视和弱点，但最不可取的就是推崇一种理论而排斥所有其他理论和学科，或者赞同一种进路而排斥另外一种。法律人类学的研究尤其需要兼容并收的态度，因为法律人类学关注的现象非常广泛，并不限于某种具体制度或规则的静态观察，而更多的是关注法律在纷繁复杂的现实情景中是如何运作、变异、实现和失败的。多维度的现实场景展示出来法律和多种社会因素的联系，地理、生态、人口、种族、思维、习俗、政治……我们常常会感到理论短缺和知识贫乏，法律人类学学者对其他社会科学知识的渴求从来都没有减弱和被满足过。但需要警惕的一点是，对其他学科的话语援引并不就意味着多个学科的理论整合。我们不得不思考怎样才能从“多学科（multidisciplinarity），即简单的学科并列转变成为真正的跨学科（interdisciplinarity）。后者从多

① Lévy - Strauss, C. Anthropologie structurale, Angleterre, Plon, 1995.

个视角启迪我们发现了问题，以获得更为完整的认识。① 跨学科的进路要求我们打破传统的学科传统规范，实现不同学科的合作，从而取得具有启发性的成果。如果只是为了突出理论进路的丰富性，而想当然地将所谓的相关学科理论加入自己的研究，这种轻浮的技巧只会消解思考的整体性和相关性。跨学科并不是一个学科自我标榜的修饰，而应该是基于现实需要发展起来的特质。因此我们经常需要自问，自己是否清楚跨学科的真正含义？是否了解跨学科方法论的要求和限制？各学科的兼容性和排斥性有多大？只有当我们明白自己的出发点和背景，明确自身的主题和目的是什么，跨学科的研究才具备可能性。

这两种挑战对于其他国家的法律人类学也同样存在，从边缘发展起来的学科怎样才能摆脱被边缘化的命运？关注“小问题”的理论怎样才能解答法律的核心的“大问题”如价值、正义、程序和实体、应然与实然、法治和民生？对于他国法律人类学思想的梳理既让我们意识到这些问题，发现摆脱困境的出路。跨文化和跨学科的进路不仅仅是西方社会中法学的一种选择，在任何文化多样性日趋深化、法律生活日趋复杂的地方都是一种需要，包括我们自身所处的社会。

① Eberhard, C. ‘Challenges and Prospects for the Anthropology of Law: A French Perspective’, first draft of a Contribution to the Workshop “Anthropology of Law”, Max Planck Institute for Social Anthropology, Halle, September 20 – 22, 2001）. Newsletter of the Commission on Folk Law and Legal Pluralism 35, no. February (2002): 47 – 68.

1949－1999：热闹的法律人类学

（美）萨莉福克摩尔　严文强　译①

本文回顾二十世纪后半叶（1949－1999）法律人类学研究状况，考察当时政治环境之影响在英语学术界的反映。在世纪中叶殖民统治背景下，人们研究非西方民族法律观念和实践，尤其是纠纷处理模式。有两种学派的思想引人注目，其一视文化观念为法律阐释的关键，另一派更关注政治与经济语境及自利行为。对非西方社会法律的研究继续进行，但从1960和1970年开始，新学术流派兴起，强调西方法律体系的阶级性与统治性。当人们认识到国家并非义务性规范的唯一来源，有许多既创制规则又实施社会控制的实体存在时，新分析路径得以展现。上述多元现象后来被称为“法律多元主义”。二十世纪后半叶的法律人类学以范围广泛的政治参与性研究落幕，这些研究关注人权，民主必要条件及实现的障碍等。

在20世纪后半叶，人类学家考察哪些法律领域？其研究主题有何变化？这些变化在多大程度反映该时期的政治变迁？总的景象简洁明了，曾经是人类学分支，只关注非西方社会的学科，现已大大扩展研究视野。法人类学开始关注工业国家，由原来土著研究扩大到国家或跨国法律事务，其范围包括国际条约，跨国商务，人权领域，移民难民、囚犯及其他早期

① 本文是1999年作者接受英国皇家人类学研究机构邀请，作赫胥黎纪念讲演的演讲稿，后来收录由她主编的《法律与人类学》一书的最后一章，题目是“Certainties Undone：Fifty Turbulent Years of Legal Anthropology，1949－1999”。译者曾将部分内容译成汉语，并以“法人类学的最新发展”为题发表于《民族法学评论》第四卷（贵州民族学院2006年12月出版），在哈佛大学法学院做访问学者期间，译者请作者修改了题目和部分内容后，重新完整地翻译了本文。

以小型社区为基础的人类学所轻视的问题。当然，对土著民族的传统研究仍沿独立路径延续。

发生在法人类学的扩展和变化同时伴随研究方法和理论重心的变革。纠纷过程是本学科长期的中心课题，不过，本土规范和实践也从未被忽视。当前，法人类学仍然关注纠纷，但研究对象已调整为大量不易直接观察到的行为。国家的本质，及与之相关的跨国、跨地区经济政治活动都是学术兴趣所在。本文首先考察世纪中叶法人类学焦点，再追述其逐渐转向上述主题研究的历程。当然，这是选择性的记叙。

法人类学的各种变化往往伴随学术争论：特定社会的法律究竟怎样，什么因素导致该特定形式？简而言之，对上述问题有三种不同的阐释：

作为文化的法律。该观点认为，法律源自传统，尤其在非西方，而有时候即便在西方也是如此。文化就是全部。然而，文化仅仅是表征习惯、观念、价值和实践的标签。认为法律就是文化的人指出，法律是那个集合体（文化）的特定部分，该集合体各系统具有内在联系性。对“传统”强制权力的强调可以从殖民地时期所谓“习惯法”称呼中反映出来，它体现在涂尔干的、被我称为“社会统一的基本形式”的洞见中（1961），它也在韦伯的“传统权威”概念中表现出来（1978），该观点还在哈贝马斯有关法律与社会的进化论著作中得到重新阐释（1979）。而吉尔兹对法律的阐释是文化论中较为雄辩有力的（1983）。罗兰的法律人类学教程也突出了传统的作用（1988）。对文化的考察曾经为人类学家有关多种生活方式和价值的问题提供了略显单纯的描述性阐释（Hoebel 1954）。但是，文化已经失去了与政治无涉的纯洁性。今天，当文化差异被用来解释法律差异时，它通常是以政治斗争中被有意建构的集体认同面目出现，并与宪法、集体不平等、内部人和外部人，及其他国家或者伦理政治息息相关。

作为统治手段的法律。对法律的第二种普适性阐释是，无论在西方还是其他地方，法律的全部内容都是精英集团利益的反映。法律声称旨在增进普遍利益，但实际却加强了掌权者，主要是资本家和资本主义的总体利益。（更保守一派，即法律与经济学有关效率的主张，尚未进入人类学视野。）这种“精英集团利益代表”的说法属于马克思主义理论。布尔迪厄也持相似观点（1987）。同样，“批判法律运动”的著作中经常出现这类论点（Fitzpatrick 1987；Fitzpatrick & Hunt 1992；Kelman 1987）。比如，辛德尔（Snyder）在谈到塞内加尔法律时就如此评论："'习惯法'理论产生于特定历史背景，是殖民统治意识形态的反映"（1981）。

作为解决问题之手段的法律。很多人类学家（以及法学家）给出的答案是技术性或功能性的：法律是对社会问题的理性解答。这类阐释出现在许多上诉意见和社会学论著中。它认为，无论在西方还是非西方，法律就是理性思考的产物，被用来解决问题，减少纠纷。最近，哈佛法学院国际法教授安·玛丽·斯罗特（Ann Marie Slaughter）用简洁干脆的语言表达了在法学院流行的观点："我视法律为解决问题的工具。"（与笔者的私人交谈。）在法律职业界，这种理性主义架构相当受欢迎，它也是韦伯社会学现代性概念的关键元素之一。视法律本质上为解决问题之手段的理念也在著名的法律现实主义学者卡尔·卢埃林的文章中得到阐述。他对人类学很感兴趣，并写了一本有关夏安人的著作（Llewellyn & Hoebel 1941；有关本书的批判，参阅 Moore 1999）。然而，值得注意的是，卢埃林并未如韦伯那样，认为只有西方社会（一般而言，只在现代化阶段）才拥有如此复杂的法理思考。卢埃林认为，事实上夏安人也有此等智慧，并从事这类思考。

在我们检视的这五十年中，上述三条法律阐释路径，即文化论，统治论和工具论反复出现，且经常混杂一起，难以分辨。我的回顾将集中于法律人类学田野研究及其政治背景。尽管英语论著是论及的重点，但并非是唯一考察对象。由于篇幅原因，我不得不对讨论范围作些限制，因此不仅来自法国，荷兰及其他国家学者的作品，还有很多其他英语材料都不得不省略。我的行文按照年代进行，同时又依据主题展开。对主题的阐述根据出现时间先后进行，不过，如果该主题再次呈现，则会被重新论及，这虽不符合历史顺序，但有助于我们对本学科研究的理解。

格拉克曼及法官的理性：推理，合理与规则

格拉克曼（Gluckman）是世纪中叶以来法律人类学领军人物（对他的评论请查看 Gulliver 1978；Werbner 1984），其学术生涯跨越非洲的殖民和后殖民两个时代。他在殖民时期到非洲作田野调查，并在其独立后的数十年里就各种问题发表大量影响巨大的作品。他以典型的英国社会人类学视

角尝试去寻找殖民前，即“真实”非洲社会庐山真面目。不过，格拉克曼比谁都心知肚明，他面对的非洲是经历殖民统治、劳动力迁移、基督教影响、经济变革的社会。他竭尽全力要同时了解两个非洲，即历史上的过去和活生生的当下。他是第一位系统研究非洲殖民地法庭司法实践，认真聆听起诉人、答辩人论辩的人类学家。

迄今为止，非洲法律被认为是一套出自头人或其他权威，对习惯性规则进行陈述的集合体。同时，这些所谓的习惯性规则又被设想成指导殖民地法庭的原则（Gluckman 1969）。但实际上，习惯法已是以前纯粹土著法的改编，所以它只能被视为一种殖民性混合体。佛拉斯在有关索嘎（Soga）法律的讨论中就讲到这点（Fallers 1969），廓而森在考察土地权时也谈过（Colson 1971），同样辛德尔（Snyder 1981a；1981b），赞洛克（Chanock 1985 [1998]）和摩尔（Moore 1986b）也都持有相同看法。

在格拉克曼时代，习惯法仍被看作很大程度是土著传统的表达。他在旁听纠纷解决或者法庭审判时，特别关注规则和推理。格拉克曼竭力探讨法官采用的合理行为标准及判决时适用的规则。当然，由于最高洛兹（Lozi）法庭的法官们经常意见不统一，他很难达致上述目标。格拉克曼将洛兹的规范与法官们用来决定适用何种、何时及怎样适用法律的逻辑原则作了区分。他认为，尽管洛兹法庭适用的规范是该社会所特有，其司法推理却奠基于普遍存在于所有法律体系的逻辑原则。后来的批评家认为，该观点将洛兹法律西方化，因而是错误的。然而，论者们没有注意到，这种普遍性阐述其实表现了一种政治立场（Gluckman 1955）。格拉克曼试图证明，根据韦伯的理性标准，非洲土著法律体系和法律实践与西方是一样的。尽管社会背景的差异导致推理前提不同，但推理逻辑和过程并无二致。为阐明非洲人在智识上不落后于欧洲人，格拉克曼不厌其烦、长篇累牍地对非洲和欧洲法律思想进行比较（1955），其对洛兹法律思想的诠释充满了可贵的种族平等思想。十年后，格拉克曼在一系列演讲中谈论巴洛兹人（Barotse）（1965）的宪法概念及财产、侵权与责任、契约、义务和债务观念。不过，他在进行阐述时仍然带有明显的比较倾向。他提出，某些巴洛兹的概念体现了简单政治经济社会的特征：单一经济形态，低级技术水平，初级政治社会秩序。其惯于比较的思考倾向理应值得肯定，不过，直到最近，同类著作却未出现，其部分原因在于严重的方法论问题。在上述方法论问题出现之前，纳达尔（Nader）曾提出，比较研究不同社会的纠纷管理技术可以获得丰硕的成果和深刻的洞见。法人类学家们最终的结论是，他们不能解决此类比较所涉及的形式、功能、语境等问题。但是，此类问题还是反复被人们追问。

给当代人留下深刻印象的是格拉克曼在阐释非洲逻辑时所持的种族平等思想，以及他对非洲政治经济所作的进化论阐释（参看其著作 1955；1965）。这些思想及阐释反映的是在政治上站在非洲人立场的人类学家观念，即在诠释非洲社会体制和法律概念时，认为它们实质上含有早期或前资本主义经济的特质。同样重要的是，从格拉克曼出版第一本书到再次出版第二本书时，殖民统治在很多非洲国家已经结束。从观念上看，格拉克曼尽力靠近马克思或者梅恩。我个人认为，格拉克曼对法律研究的贡献在于，他因关注法庭案例而带来田野方法的革命。从此，对当地纠纷的直接观察就成了法律人类学调查的主要形式（有关这方面的例证，请看 Caplan 1995）。上述成就解释了格拉克曼之所以成为曼彻斯特学派创始人的原因，以及他担当多次学术论争会议发起人的理由，这些论争有助于本学科的发展。

法律表达基本且独特的文化前提

格拉克曼最激烈的批评者之一是博安南（1957），他强烈反对格氏的法律逻辑普适性观念。博安南提出，与其他方面一样，每个文化在法律上都是独一无二的，人类学目的就是发现文化独特性对于该文化自身的重要意义。博安南主张，甚至将另外一个社会的法律概念翻译成英语都是一种扭曲。他是非政治性“法律文化”论的极端者之一，他在 1960 年的一次学术会议上与格拉克曼产生了激烈论争（参阅 Nader 1969）。

多年后，吉尔兹也提出了同样看法（Geertz 1983）。吉尔兹声言，他与格拉克曼“保持远距离”。他认为，三种主要的文化传统，即伊斯兰，印度和马来西亚，都有独特的“法律感受”。他选择每种传统中的两个中心概念加以比较说明。他将这两个概念译成“事实和法律”。当然，三个传统中这两个概念的外延都不一样。不过，吉尔兹使用同样的“事实和法律”来翻译三种传统，并把“事实”定义为“什么是真实的”，而“法律”则是“什么是正确的”，这种区分异于英美法中事实和法律的那种划分。吉尔兹将这些术语置于哲学和道德背景下考察并非偶然，这表明他没有重拾传统的比较路径，而试图在更宏大的文化思考前提下论述。

吉尔兹用了一个今天广为传播的词语表达他的主张（1983），即法律是一种“社会想象”，所以比较应该在此背景下进行。他还说，“法律是有关意义而非制度的”。他视比较法为阐释文化差异的机会，并认为对文化差异的分析才是人类学工作的宗旨（1983），而格拉克曼的共性论调太过了。博安南和吉尔兹对文化差异的重视比当今流行的身份政治学还早。不过，他们的路径显然与现代多元文化主义以及泰勒（1992）关于身份政治的观念并无差异。今天，在世界许多地方，文化差异是政治区分的原因。文化乃法律源泉的主张并未过时（Greenhouse & Kheshti 1998），它有助于那些怀有各种政治目的的人强调集体界限，以便将他们自己和别人区分开来。

洛伦（Rosen）则提出了“作为文化的法律”的另一种解读。这位律师和人类学家曾经是吉尔兹的学生，其承继了乃师的衣钵。他研究的是位于摩洛哥的一个主要处理涉及家庭法的伊斯兰村庄法庭。该法庭在处理这类案件时受到制定法的限制和约束。洛伦注意到，尽管没有先例和案例记录，该法庭并未随意判决。即使法官有极大的自由裁量权，也没有实行韦伯所谓的“卡迪司法”（Rosen 1980 - 1）。洛伦指出，规则就存在于穆斯林法官的判决、社会的文化观念及这些观念所维系的社会关系之间的综合协调和均衡之中（1989）。

傅兰茜（French）对1940—1959年西藏法律的记述，是另一个“法律是文化产物”论的例子，也是对西藏法律的历史重构。作者声称本书是以重构方式对“二十世纪上半叶佛教西藏的法律宇宙论进行研究”。作者还宣称，自己以历史的角度和想象展开工作（1995）。傅兰茜的结论是，西藏法官在处理纠纷时并不依据既定的一套规则，而是经过复杂的裁量、权衡再作判决。法官们视每个案件为各种独特因子的综合。作者将这种观念归于佛教哲学，即一种“极端独特性”的思考方式（1995）。当我们探讨更多比较材料时就会发现，上述具体案件具体裁决之方式与佛教背景的联系并不可靠。在许多社会及制度建构中，听讼法官并非佛教徒，但他们仍依据各案件之特殊情况特殊处理，比如洛伦研究的伊斯兰法庭就是如此。非中央集权制的制度架构似乎是其核心原因。

如是，分散的制度安排似乎是问题的关键。不过，这是宗教哲学观念还是社会结构的历史产物？这需要我们讨论韦伯有关西方现代法律理性建构出现的问题。在多大程度上西方法官在判案时受到强制性规则约束？他们有多大自由裁量余地？波斯纳诚实地提供了美国的答案。波斯纳是法律与经济学的杰出的创建者，芝加哥大学教授，美国第七巡回上诉法庭法官。他还常常评论法律人类学作品。尽管并非所有美国法官都会像波斯纳那样坦诚（1998）（霍尔姆斯法官除外），那些决定适用自由裁量权还是既存规则的根根底底，但就美国法律实践而言，其承认与强调算不上创新也不具有革命性。然而，除洛伦外（1980－1），法人类学家几乎都没有留意西方和非西方法律体系中的司法裁量权。当然，由于它被掩盖在依据规则借口下，所以更难被观察到。同样，承认自由裁量权的重要性动摇了纯粹“法律文化论”观点的基础。那种视法律为解决问题的工具论与自由裁量权的主张更是相得益彰。不过，这又产生了一个问题：判决是为谁的利益作出？当法官们仅以自己的判断为标准，法治如何体现？在此，我们发现，在阐释司法思想时，本文开头涉及的三种法律解读模式之盘根错节，纷繁缠绕。

使用法律的方式：诉讼人的权益与策略

从二十世纪六七十年代开始，人类学家们逐渐抛弃视行为完全由先存文化类型和社会规则规定的观点。即使在布尔迪厄的马克思主义再生产观念中，其“惯习”理念也把即兴创作和创新发明纳入考虑（1977）。尽管很难证明人类学对选择和变迁的兴趣与二十世纪六七十年代的社会政治背景有关，但两者的联系还是不应被忽略。此时，对权威的挑战是公共生活主旋律，也反映在大学校园种种运动中。随着20世纪60年代殖民统治的结束，前殖民地人民至少在形式上或法律上取得自主权，对殖民统治的反省声音此起彼伏。在美国，越南战争遭遇反抗浪潮，抗议者们的态度在法律上也有反映。人们要求立法和社会变革，并为此展开持续斗争。由于新的堕胎技术改变性行为、道德意识及许多与性别有关的法律，妇女运动便开始了提升自我意识的工作。在欧洲也有同样的社会政治风暴。置身于当时的政治运动漩涡中，法人类学不可能过多关注和谐和平衡。代理的问题受到重视，人们依据诉讼人动机来审查和解读案件。虽然法律仍被看成是社会秩序的代表，但更被视为人们为谋取自身利益以多种方式加以利用的工具。强势者当然比弱势者能更有效地增进自己的利益。

格里佛（Gulliver）的著作就以分析的态度来近距离按触这些规范和司法变迁，它们是这类民族志的早期代表（1963；1969）。他在殖民地唐里亚卡（Tanganyika）的阿奴沙（Arusha）田野调查时发现，当出现纠纷时，人们不去殖民地法庭，而是通过一套非正式、非政府谈判机制解决。与争议双方有血缘关系的人集合起来，并代表各方互相讨价还价，以求解决冲突。作者认为，通过谈判解决的纠纷中，赢家是属于政治上强势的一方。尽管谈判中会涉及规范，但这些规范不能决定最后结果。作者在将这种谈判过程与司法判决进行对比后认为，后者由规范决定裁决结果。他的观点是，规范系统不仅存在，而且它们在正式法庭被系统地执行。

这种分析倾向一直持续深入下去。法律被视为人们追逐自身利益而使用的资源、观念、材料和制度。比如，科莉尔（collier）对操玛雅语的墨西哥人所作的田野调查就认为，智那肯特人（Zinacanteco）的法律分类和概念是“一套证明行为合理性的理性化产物（Collier 1973）”，而她的目标在于揭示智那肯特人在上述观念指导下认识世界、处理交易和纠纷的方式。然而，科莉尔也明确强调，智那肯特世界并非完全是自治的，不可能完全脱离墨西哥国家机器的干涉。因此，她认为，智那肯特的法律体系既非静止的，也没有同外界绝缘。

格利佛早期对格那克曼的挑战，即到底是权力还是规范决定纠纷解决的结果，在英国激起的反响长久不息。社会人类学家协会甚至还以此为主题召开一次研讨会（Hamnett 1977）。科曼诺夫和罗伯特以该研讨会讨论为基础，加上他们令人信服的实证材料，写作了一本著名的畅销书（1981）。该著作提出，即使在法庭上，规则也并非总占统治地位。他们通过研究在非洲南部茨瓦那（Tswana）人中收集的材料，得出结论，在同样体制下，仍存在多种类型的纠纷处理程序。同样的诉讼行为涵盖了不同的规则、社会关系和利益。案例表明，茨瓦那人利用诉讼来重新确定个人地位，修复受损的社会关系（1981）。这类对抗在形式上好像是有关规范的论辩，但论辩的语言同时具有“文化的印迹和规范的韵味”（1981）。同时，作者们认为，次瓦那人的世界观具有“双重性”。社会生活既受规则约束，又是可协商的；既由规范调节，又在实际上是个人主义的（1981）。既存在明显由规范指引的“法律”案件，又有利益趋向的“政治”冲突。问题并不在于这些不同的形式简单地共存于同一语境，而在于它们在单一逻辑基础下却自然而然地实现系统性转换（1981）。

上述相互对立的观念之间的均衡是茨瓦那人的特例，抑或更具有普遍性？我本人认为，它不仅不是个例，而且是司空见惯的现象。在1970年的多篇论文中（Moore 1970；1973；1975a；1975b；1978），我秉持一贯的看法是，那种视法律规则在社会的地位为“和谐——冲突”的思考模式只能给社会学因果关系带来麻烦。该模式认为，社会存在单独的一套确定、毫无冲突与歧义的规则。现实社会是由各种行为所构成的特定结合体。有些行为与规则一致（当然，也有许多互相冲突或竞争的规则），而另一些行为则是选择性的，自由裁量或者可操纵的（1978）。不应忽视的是，选择并非仅由争议当事人作出，权威当局也参与其中，他们不但决定诉讼结果，而且还在其他情景下决定参考何种规范或价值。权威当局处理纠纷或其他事件的一个特征就是求助于具有规范性质的规则或意识形态。就法律规则与行为的关系而言，权威者或领导人的道德性陈述与诉讼人对规则的操纵同样重要。权威组织及其对规范的陈述本身就是对法律的型构、阐释及执行（或不执行）。人类学家关注纠纷能了解部分公认的规范和规则，但是权威及其他人是否老老实实运用这些规则就另当别论。

质问权威：法律阐释中的阶级与统治

由于不熟悉法律原则和专业技术，研究工业社会的人类学家是观察“非正式”法律程序的最佳人选。这种“非正式”法律程序与在小型村庄共同体发现的程序极为相似，包括：谈判与调解、诸如小诉讼法庭之类的非正式机构、家庭法等等。相当一批法人类学家已经成功地在此领域进行田野工作和案例分析。他们的研究有助于我们了解那些不能在正式机构中显示的社会文化问题：公众对诉讼及法律制度的态度；作为文化一部分的法律观念；官员的实践行为及其与普通民众的互动等主题（Abel 1982；Conley & O'Barr 1990；Greenhouse 1986；Greenhouse，Yngvesson & Engel 1994；Merry 1990；Yngvesson 1993；Yngvesson & Hennessey 1974）。

在二十世纪七十年代，美国司法系统采用非正式诉讼体制（ADR）之后，人类学对非正式机制的兴趣才真正得到检验。当各级法庭引进非诉讼纠纷解决系统，使其成为诉讼参加人的选择时，人类学家却不乐意。这种机制据称是适应穷人要求，满足那些容易被忽略的小额诉讼人的需要而产生。然而，这实际上是因国家司法机构无力应付太多数量的案件而采取的无奈之举。同样滑稽的是，有一些法官还称，借助于此体制，他们想把“垃圾案件”清理出法庭（Nader 1992）。

纳德尔，这位极有公益心的法人类学家提出，实际上应改革法庭本身使其更接近穷人（Nader 1999）。在民主制度下，法律体制的合法性在于它能为全体人提供服务（1980：101）。这些看法与纳德尔早期对两个墨西哥扎普特（Zapotec）村庄的纠纷解决所作的研究结果一致，该研究始于1950年（Nader 1990）。在纳德尔第一次开始研究时，村庄里没有法律从业人员。“法官”的位置由长者轮流担任，任期固定。显然，这些“法官”自认为是在冲突方之间达成妥协方案的调解人。在对美国法学院作有关其研究成果的讲演中，纳德尔批判听众，认为他们没有努力提供更便宜，更容易达到妥协性方案，更适应解决美国社会普遍问题的法律服务。

从一开始，纳德尔就用自己的民族志来评析美国社会弊端。但当许多法院建立 ADR 机制后，她的反应却是消极的。她认为，这样调解似乎成了一种治疗手段，但问题不在于调解中人们能否被强迫达成妥协，关键是何为正义？何为非正义？纳德尔追问，在美国生活中广泛存在不平等的前提下，这种强制性的和谐意识形态有何意义（1993）？这里，我们又一次遭遇前述三个法律解读理论之一，即法律应该是为穷人或富人解决问题，但实际却沦为精英集团的工具。

纳德尔对当时的政治背景相当清醒：以牺牲正义获取和谐是逃脱60年代政治泥潭的手段。为了消灭各种权利运动，堵住越战反对者之口，和谐具有了比抱怨、纠纷和冲突更高的价值（1992）。其他 ADR 运动的批评者们也指出，这种机制消解了可以引起社会改革的各种社会冲突（例如 Abel

1982）。我个人认为这种解释似乎过了，但另一些论者却认为恰如其分。梅莉也提出，调解实际上是法律强加在那些在低级法庭提起诉讼的人们头上的文化统治（1990）。但是，她的田野工作显示，许多提交调解的争论似乎与社会阶级问题关联不大，它们产生于熟人间的恩恩怨怨。在任何阶级内，邻里、夫妻、父母子女间都会有纠纷。可以明显地归于社会阶级问题的事实是，梅莉所调查的人们适用的是公共调解机制，而非私人律师帮他们协商。在调解过程中，人们听到的是大量具有心理学意义的劝解。但这仍然存在一个问题，即如此取得的调解结果与控制社会冲突的“和谐意识形态”究竟有多大关系。纳德尔还把“和谐意识形态”概念应用于其对墨西哥扎普特（Zapotec）村庄的纠纷解决历史的研究中。她认为，作为一种政治策略，当地人们表现出和谐地解决了所有纠纷，以避免殖民当局对本地事务的干涉（1990）。她的看法是，和谐意识形态是村庄为“自治与自决”而付出的代价（1990）。纳德尔、梅丽和阿贝尔（Abel）的论述表明，大家在殖民地人民和工业国家穷人之间画了等号。其他研讨有关女性非对称性地位的作者也坚持同样论调。隐含在这些作者思想深处的观点是，法律应当赋予每个人平等权利。显然，由于资源短缺，司法偏见或其他障碍，法律在事实上未能做到这点（Griffiths 1997；Hirsch 1998）。

在某些人类学家的阐释中，法律的一个重要主题就是统治和反抗。他们提醒读者，潜在的社会反抗和暴动正蠢蠢欲动，一触即发。但那不过是一种夸张，且与家庭纠纷、邻里冲突、房东佃户争执及消费怨言毫无关系。尽管在上述纠纷中有许多愤恨与怒气，但这足以代表引起社会变革的潜在动荡吗？很明显，纯粹的统治—反抗模式是一种过分简单的概括和抽象，它没有反映统治的实质和社会运动的根本原因。关注性别问题的赫尔斯基和格利费斯（Hirsch 1994；1998 和 Griffiths1997），通过细致的研究，阐明了此问题的复杂性。他们展示了下述两者的巨大差异：采取反抗行为的观念与对统治的批判中引入反抗理念。在历史研究中分析法律、经济、社会政治变革如何互动的问题，其复杂性尤为明显。因此，一批人类学著作将详细的法历史学材料与民族志田野调查结合起来考察。

20 世纪 80 年代，辛代尔（Snyder）以马克思主义理论方式论述了塞内加尔的戴奥拉（Diola）地区之资本主义和法律变迁（Snyder 1981b）。格登和梅吉提（Gordon & Meggitt 1985）追溯了从殖民地时代以来新几内亚政府权威的变迁。在第一次历史民族学浪潮中，我写了一本有关从1880年到1980年乞力马扎罗人民的历史民族志（Moore 1986b）。该著作把活着的个人及其血缘祖先的生活、法律纠纷故事和大范围经济制度变迁的文献记录结合起来展开讨论。当然，生活故事和法律故事都由个人讲述。在纳德尔出版有关扎普特的历史性研究几年后，布莱克也同样以法庭为对象开展研究，她考察了与奴隶制度有关的安提瓜（Artigua）和巴布达（Barbnda）的法庭（Lazarus - Black 1994）。她不仅揭露了法律怎样被用作限制奴隶、保护奴隶主的工具，还阐明有时候奴隶也想法让法庭作出有利于自己的判决。科曼诺夫夫妇在有关南非洲和中非洲传教和殖民活动历史的研究中，也对法律的作用作出评论。他们的历史路径反映在如下观念中，即欧洲对非洲的殖民并非是武力的直接镇压，而是以努力说教来培养殖民意识，通过重新定义人们习以为常的方方面面来重塑了当地人民的观念（Comaroff & Comaroff 1991）。尽管英国法基础理念与当地土著人的生活不一致，但还是被用作殖民意识的工具。他们特别研讨了私人财产占有、个人主义、合法婚姻等法律观念如何被引入当地，从而改变非洲人世界观的方式和步骤（Comaroff & Comaroff 1997；再参看 Comaroff 1995）。上述作品所研究的殖民历史之细节可谓大相径庭，但总的说来，一方面，每一地区都以不同方式被席卷进入世界经济并被迫接受殖民统治；另一方面，每一地区又会保持独特的社会文化结构，并随历史变迁。

毫不奇怪，具有相同欧洲背景的殖民者向殖民地推销的法律观念肯定是一致的。但令人惊异的是，这些观念在被统治的人们接受和应用的过程中产生了变异。

法律多元主义：拆卸国家构件

在20世纪后半叶，国家作为统一体的观念已被修正。文化多元主义和政治区分已被公认为是许多政治共同体普遍而持久的特征（Furnivall 1948；Smith 1965），面对文化多元体的政府通常也以法律条款来承认这种差异（Hooker 1975）。在六十年代，即殖民地取得独立的早期，殖民地多元主义遗产引起了学术界的争论（比如 Kuper & Smith 1969；Moore 1989b）。争论焦点是，由于非洲内部被殖民政府统治和分割，且这种统治强化了族群界限，新成立的非洲国家能否成功地演变成统一民族。这种多元化带来深刻的政治、宪法和其他法律问题。显然，这些问题不仅在非洲而且在其他地方也可出现（Kuper & Smith 1969）。它们可能会带来麻烦。路易斯通过考察政府种族政策的政治后果来讨论此类问题（May - buryewis 1984）。

巴尔干半岛事件提供的答案令人沮丧。政治学文献反复使用“多元主义”指涉包含许多在制度上风格各异的集体组织的那些社会。例如，塔姆比亚在其有关亚洲种族暴力的专著中就采用上述阐释。（Tambiah 1996）。但在最近的法人类学界，“多元主义”或者“法律多元主义”有着与其不同的特殊含义。较为明显的是格利费斯的文章（Griffiths 1986），他批判“法律中心主义”观，即认为法律是产生于国家的“一套封闭系统的，单一规范层级的集合体”。尽管没有人相信今天会有任何社会科学家完全与其说辞保持一致，但他确实为自己的进一步论证打下坚实基础。他提出，在任何地方，现实中的法律都是由来自于政府和非政府的义务性规范和实践的结合。格利费斯谈到，全部的社会控制或多或少都是法律性的。不管其源于何处，全部规范的整体，就是“法律多元主义”（1986）。然而，为了多种目的，这种下大包围的定义应被分解拆开。为分析或政策的原因，应当制定区别规则和控制的标准（Moore 1973；1978；1998；1999；2000）。在 1988 年，格利费斯的文章出版后不久，一次名为“工业化社会的法律多元”研讨会得以召开。格利费斯的文章在会上被人们评判，而且，由于梅丽那篇引用极高的综评，该文章更为出名。（Greenhouse & Strijbosch 1993；Teubner 1992）

很多学者同意格利费斯的主张，视法律多元主义的意思为全部政府、非政府的社会控制规范，没有进一步追索各规范源头。否认由于实际需要，国家应与其他规则制定实体区别开来的做法显然是掩耳盗铃。如果有人想要启动变革或者追踪变革脚步，无论由于研究的原因还是实际的需要，将制定规范或强制性规则的机构识别出来就不仅有用处而且有必要。当然，作出上述划分并不必然采用“法律中心主义”视角。显然，围绕法律多元主义的争议大部分都不是有关语词的，而是关于国家地位的，即追问的是有关权力存在于何处的问题。本论题的讨论与另一种有关国家转型的论点交叉了，此论点认为，通过授权给国家的下级团体，以及跨国实体和“全球主义”的因素，等等，国家实现了转型。今天的“多元主义”意味着：①国家承认社会内部存在多个领域，并在思想上和组织上加以体现。②国家管理机制内部多元，且各组成部分能竞争取得法律权威。③国家本身与更大范围的组织（如欧盟）之竞争。④国家与能创制义务性规范并强制执行的非政府、半自治社会领域的互动。⑤法律依靠非国家社会领域之合作得以执行等等。威尔逊在研讨南非人权时，其民族志案例成功地说明了上述法律多元主义视角的适应性（Wilson2000）。他不但展现了不同正义观可以并存的事实，更揭示了上述观念从和解到公开对抗等不同表现形式，及这些形式是通过何种程序实现。观念来自不同起源且大相径庭。就法律多元主义而言，他所呈现的是一幅奠基于历史和民族志，且精细繁复的斗争图示。

追问民主的障碍：三本重要的著作

当前人类学家们正用他们对法律的兴趣探讨政治问题，研究比以前更直接，这点毫不奇怪，20世纪八九十年代经历的政治动荡丝毫不亚于此前20年。我们生活在一个后社会主义、后冷战和后种族隔离时代，许多政府被推翻和取代。有关新政权及他们是否变成“民主制”或“民主制”究竟是什么的问题层出不穷。世界许多地方都在建立新政权、改革旧政权，这些进程的法律面向吸引了人类学家的目光。然而，国家政府的建构过程不能完全脱离国家间或国际性事务。全球性问题又成了讨论话题。涉及这些论题的学术争论堪称激烈，但已开始采用新方式探讨宏观背景。这一点可从此阶段研究法律的三本人类学著作采用的研究路径得到诠释。这三本书都研究公民权利。我将简要介绍这些书的内容，希望借此提供一个梗概，显示法律人类学在直接的政治评论方面如何表达自身。从理论上讲，三本著作都与民主观念及其内容有关，它们分析的法律事件发生于全球性大众传播媒介兴起的背景下。

我首先从库蓓谈起，她关注的是商标法（Coombe，1998）。库蓓是一位法学家和人类学家。她认为，“商标、对名人标记以及政府权威标志的保护”成了一系列研究大众传媒和知识产权文化的论文主题（1998）。每个人都熟悉可口可乐标志，玛丽莲·梦露的肖像，以及政府形象，但就是不能自由使用。库蓓指出，我们的环境充斥着这些人造标志。它们通过商品广告和明星宣传，从而产生大量需求，弥漫我们的生存环境和意识之中。这些标记已深入到我们生活的方方面面，构成现代西方社会人们生活不可或缺的“文化”（1998）。她是对的，这些标记不仅被塞进我们的意识，而且还布满我们生活的自然界。它们通过大众传媒扩展到世界其他地方。如蜘蛛侠就生活在纽约，香港和达卡。显然，库蓓与那些通过非法使用而嘲讽这些标志的人站在一起（1998）。她说，标志无处不在，盗用或“编撰”文化形式变成大众文化的核心（1998）。实际上，她在提醒我们，要多关注因商业而建构的象征环境，特别是谁拥有这些象征符号，谁控制其内容和分布。库蓓指出，为了建构对话民主，表达活动不应当受到约束（1998）。我倒是怀疑，限制盗版唐老鸭是否会直接妨碍民主对话，但瑕不掩瑜，这并不贬低库蓓有关商标符号环境及其控制的真知灼见。显而易见，受这些条件的限制，象征词汇不可能为我们提供完全自由的交流。

第二部著作是由威尔逊编辑的涉及人权状况，包括极端迫害的论文集（Wilson 1997）。该论文集不仅关注发生什么，更关注相关言说，即这些事件被报告或讨论的情况。威尔逊提出，本论文集是为了阐述在各种情景下以权利为基础的规范言说如何被制造、翻译和形式化的（Wilson 1997）。该书每一章都在讨论“国际与地方人权陈述间的紧张关系”（Wilson 1997）。论文作者们感兴趣的是，地方层次的斗争如何在跨国言说中被建构（1997）。当然，如上所言，其方式可谓多种多样，不一而足。很明显，与人权有关的田野工作往往是在危机严重的时候，且出现各种相互冲突的报告或陈述的场合下作出。在其他学科已广为研究的领域，人类学家能做什么？威尔逊的编著坦率地承认了人类学家能做及不能做的事情，这是该书的一大亮点。作者们同意人类学学科的有限性。他们论及的题域已大为扩展，不仅超越了一种专业知识积累，一个地方的限制，而且经常在时间上超越了某一时刻。现在，人类学家开始研究国际法，国际政治关系，国家政治迫害的后果，以及这些领域中发生的各种事件被报告的方式。

第三本是波恩曼（Borneman）撰写的专著，所涉及的就是上述论题，他阐述柏林墙垮塌和德国统一后人们对审判的要求（Borneman 1997）。以前受到社会主义政府批判或其他方式遭受摧残的东德人要求纠正错误，或以某种方式恢复人格和名誉，赔偿损失。他们还要求起诉东德统治者，返还或重新分配财产。为满足这些要求，各种制度被设计出来，波恩曼就对其中一些进行田野研究。作者描述了对一位柏林墙时期充当东西德中间人的律师提起的诉讼。该案涉及刑事法律的溯及既往问题，即行为作出当时是合法的。作者还谈论了在广播电视行业内部进行的处理社会伤害的听证会。波恩曼指出，全部这些机制都是国家试图将自身建构为道德代言人的努力。新国家尽力使自己远离过去的罪恶。对国家而言，承认过去的不正义行为不仅是为了赔偿的实际需要，更是一种仪式上纯洁自身的象征行为。在同样的框架下，作者强调了对迫害的官方认可。他认为，对迫害的正式承认指向对公民本质的评价。迫害被整合进了国民身份当中（1997：134）。作者还在书的结尾分析了在中东欧政权更替四年后，从这些国家收集的资料。贯穿全书的论点是，由于缺少对报应正义的特别关注，导致以暴制暴恶性循环。最重要的是，如果没有通过法律而实现的政治与个人责任制，就不会有民主产生（1997：3，145，165）。

三本专著脱离了以往更狭窄的人类学窠臼，都论述了争议性政治原则，行为中的法及各种跨国问题，并就研究的问题都发表了明确意见，表明了明确态度。三部书所关注的不再是魅力四射的土著习俗，而是田野工作中所发现的可能会产生的种种悲剧。

总　结

显然，二十世纪后半叶的法人类学与政治结下不解之缘。在世纪中期；人类学的研究集中于阐释处于殖民统治下的非西方人们的本土法律实践及其理性。法律被视为处理纠纷的技术和解决本地问题的方式。其特征由文化与历史决定。由于显见的原因，当时几乎没有对殖民统治的直接批判。但在后殖民时代，殖民政府的统治受到前所未有的攻击。西方法律体制和政府受到关注。同时，无论在殖民地还是西方，法律都被视为由一些人强加给另一些人的统治（Abel 1982；Burman & Harrell - Bond 1979；Chanock 1985［1998］；Fallers 1969；Galanter 1989；Moore 1986a；1986b；Nader 1980）。对一些法人类学家而言，统治与反抗是分析研究的重点，但那些认为法律是文化的学者还在继续自己的分析，他们考察人们认识世界，自身及所处环境的种种不同方式。他们继续提出，这些文化观念之间互有因果联系。在美国，此时爆发越南战争及反越战运动，民权运动，妇女运动和最具有深刻影响的冷战。不足为奇的是伴随上述运动的是人类学对法律权威的批判。在理论界，由于人类学主题中引进代理的观念，对行为和选择的强调修正了以前以规范性法规为文化和法律分析之中心的模式。

一种更宽泛的规制统治的定义被制定出来。统治的行使被视为在多种社会领域内进行，并由这些领域完成。多种统治场域同时存在的观念又重新定义国家，使之成为强制性义务之多种来源之一。通过对半自治社会领域和法律多元主义的争论，法人类学重新确定研究目标和自身定位。二十世纪末期的法律人类学最关注什么？正如上述三种研究所示，法人类学关注更为广泛的、法嵌入其中的政治场景。他们检视全球政治动荡事件，分析其法律资料。显然，无论是与法相关的对知识产权的控制，人权的定义，还是对某政权之政策的责任承担等，每个问题的成形或者影响都不仅仅是地方性的。我个人认为，法人类学家有关实现民主的直接或间接的评论，既新颖又深刻，更具有重要意义。他们使用田野工作来展示他们所经历事件的负面政治意义。他们的结论是，如果这些展示出来的负面影响不加以制止，那么，公开的民主言说不能发生，人权将受践踏，暴力恶性循环不可避免。

这种路径的重要性就在于它选择运用田野资料来对大规模文化政治事件进行分析研究。国家既是一个繁复杂乱的统一体，又是世界景象的组成部分，这种研究路径专注于其带有法律面向的领域，比如上述三本书就探讨了上述有意建构之将来的可能情况。他们从事的是小范围的田野工作，但涉及的却是大论题。当追问到田野资料能否揭示自由民主社会的理想（自由和责任）之实现是否存在障碍时，小范围的田野工作和大范围的政治事件合而为一。这些作者关心的是，“那些特定事件发生其间的世界究竟如何？民主可能实现吗？”他们使用法律田野资料来探讨阻挡民主实现的法律与非法律实践。这使人类学研究的范围和方向发生转变。作者们讨论挖掘他们所描绘的事件背后存在的政治全景。库蓓，威尔逊和伯恩曼直接处理由于政治影响导致的法律现象，这是他们进行分析的方式。他们不仅谈论正在发生什么，更在阐述可能发生什么。他们憧憬民主理想的实现，但同时阐明人们距离此理想有多远。他们视自己的批判理论为社会行为的一种方式，他们既追索法律制度所带来的破坏性后果，同时又指出，在一些国家和国际机构里，法律正被用作重构社会的工具。法律既能带来社会灾难，又能阻止和修复灾难带来的影响。当人类学家被问到何种条件下法律制度有益于民主之实现时，他们却都对有意图的行为之成功性表示不乐观。不过，这种追问也表明，即使一贯以怀疑著称的专业同样能承认：情况应该更好，至少应该更好地得到理解。

为了达致上述目标，人类学已然扩展其自身学术分析范围，这通过将法律田野资料置于更广泛更深刻的背景而得以实现。众所周知，法律是主要的政治工具。关于法律如何被利用的问题更有许多值得探讨的地方。但在最近几十年，这点被拓展得更深刻，人们甚至希望改变对法律的看法。

法律人类学会议综述

首届法人类学高级论坛会议综述

胡长兵[①]

2011年10月22日，中国人类学民族学研究会法律人类学专业委员会成立大会暨首届法人类学高级论坛在贵州省贵阳市贵州民族文化宫召开。此次会议由贵州省社会科学院法律研究所、贵州民族大学法学院和贵州民族大学人文科技学院联合主办，来自全国各高等院校与科研机构的专家学者、政府实务界人士以及学生和媒体记者等70余人出席了会议。对于会议上的若干行政事项，本综述略而不论，集中关注于议程中的学术研讨部分。本次论坛收到21篇论文，围绕这些文章以及相关论题，与会者就人类学与法学的关系、法律人类学与民族法学的关系、法律的限度以及法人类学的理论与方法等主题进行了交流讨论。思想交锋、观点争鸣中氛围总体上理性平和但亦不失某些激烈之处。

一、人类学与法学的关系

历数国内，主要关涉人类学与法学这二个学科之间的对话的学术会议已举办多次，比方说，较早的1996年“乡土社会的秩序、公正与权威”研讨会，在当时尚无“法律人类学”这样一个明确的称谓。近晚些的，便如2006年北京大学中国社会与发展研究中心等筹办的“法律和社会科学第二届研讨会——法学与人类学对话”。[②] 在这些会议里，人类学和法学之

① 作者简介：胡长兵，法学博士，贵州省社会科学院法律所副研究员。

② 朱晓阳等编：《法律与人类学：中国读本》，北京大学出版社2008年版，第395页。

间的关系问题理所当然地乃是一个必备的且主要的论题之一。虽然就这一话题人们已然谈得很多,① 考虑到本次论坛的基本性质，亦即法律人类学专业委员会的体制性设立，首届法人类学高级论坛中，上列主题却毫无疑问地再次成为参会者交流探究的首要和基础的对象。

法律人类学，顾名思义，是法学和人类学的交叉学科，是二者对话以致合作的成熟结晶。为什么要对话？至少在国内，人们一般认为，一方面，其必要性可能在于，现在社会转型过程中出现了越来越多群体性事件纠纷需要解决，社会学家、人类学家只能告诉说事实的逻辑是什么，但他们不能采取劝说的方式来解决纠纷，而需要法学家的协助，分析法律到底怎么解决这个问题。另一方面，法学家却是做规范性研究的多了，对中国的实际、中国文化、人们的情感、思维和行为方式关注不够，因此会出问题，需要从经济学、社会学、人类学这些社会科学中汲取知识和方法，加强学科的交往。这些都是彼此间对话的基础。②

在本次会议上，上述这种一般性看法拥有着相当的共鸣。对于人类学与法学的关系，云南大学法学院王启梁教授认为，法律研究需要人类学，需要其他学科的参与。尽管不无稍显极端，他展示了他的有关国内目前法学研究现状的三个基本观感：头等舱化、神话法律和法律西化。所谓头等舱化，是指作为学者来讲，我们绝对在实际的社会生活当中处在一个比较高的位置，所以我们的视野，我们观察法律的视角，其实往往也是一种头等舱化的视角，我们不知道经济舱是什么样子，我们不知道被挤在拥挤的

---

① 例如，董建辉等从人类学视野对20世纪90年代以来的民间法研究概况作了综述和评价。董建辉等：“人类学视野下的民间法研究综述”，2007年“第三届全国民间法·民族习惯法学术研讨会”会议论文。再如，谢晖在分辨社会规范与民间法二者时对人类学与法学的学科视角差异作了解说，对于同一研究对象，他认为，“之所以我用民间法这个词，因为我是站在法学家的立场上说话，我不是站在人类学家、不是站在社会学家的立场说话。站在他们的立场上，我们完全可以用社会规范这个词。但是站在法学家立场，我们更要关注的是民间规则或者民间法，它在社会纠纷处理过程中可能的价值、可能的运用、可能的前景。所以法学家就需要站在司法的立场来说话、来理解、来研究这一问题，在这层意义讲，民间法这个词比社会规范这个词对法学家来讲，要更准确些。”谢晖：《在‘第三届全国民间法·民族习惯法学术研讨会’开幕式的致辞》，载《中国民族法学研究概览》，吴大华等编，贵州民族出版社，2009年版，第262页。至于民间规则和民间法两个概念间的进一步区分，可参见萨其荣桂的观点。张明新：《法治、善治理念、法律方法与民间规则——第二届全国民间法·民族习惯法学术研讨会综述》，载吴大华主编：《中国民族法学研究概览》，贵州民族出版社2009年版，第279页。

② 朱晓阳等编：《法律与人类学：中国读本》，北京大学出版社2008年版，第400页。

大巴中的人他们是怎么生活的。鉴此，他指出，人类学能够给予我们什么？它能够给我们另外一个不同的视角和进路，去看待我们法律它是怎么样实际作用于社会生活的，我们普通人是怎么生活的，怎么样运用和看待法律。国家的法律虽然是中国人自己立的法，但它可能完全远离我们的生活，对于普通老百姓来讲会成为一种外来的法律，所以我们希望进入到生活状态本身去看待我们自身存在的问题，也只有这样才能避免法律研究的头等舱化、过度的西化，还有神话。对王启梁教授的观点，西南政法大学法学院张永和教授表示附和，并强调说，法学真的需要人类学，如果没有人类学这样的新鲜血液，仅只一些人在那里自娱自乐，是非常危险的，它的确很可能整个就是一个头等舱，全部都是学者的别墅。有谁来买么？都买不了。我们对人的关注、对人的生活、经济文化的关注太少，就是几个精英在那儿自己闭门造车。

就此而言，作为法学和人类学之间交流协作的成果，当前法律人类学的这一出现有着其一定的合理性，及时迎合了现实的理论上、观念上以及实务层面的客观需要。更具体地，前面也已简要提及，中央民族大学法学院熊文钊教授则更多地解说了这一点。在他看来，人类学学者特别善于观察、发现问题，来反映出那些问题。但是问题反映出来以后，法律的研究方法当中有一些办法，它要去分析一些问题，要解决问题，要提出一些解决问题的办法，它就使得人类学的一些观察变得和现实之间能够进行一种结合。法学的研究最后是要通过制定法律、实施法律、争议纠纷解决来把这个问题解决掉。这样，法学与人类学之间确实存在着一个结合。关于熊文钊教授的人类学发现问题、法学则解决问题的论点，内蒙古民族大学政法与历史学院娜仁图雅教授表示赞同，藉此，法人类学便将法学、人类学这样的二门学科有机联结起来了，尽管在此意义上，例如社会学也可能扮演着与人类学相似的角色。一般性地，约翰·康利等就曾主张，“人类学尤其擅长于发现描述各种可能性，它能展现在一系列特定场景下人们做事的方式……简而言之，人类学能告诉我们应该思考什么。”①

可是，对于上述法学与人类学的这种结合，我们不宜过于乐观，事实上它显非完美，甚而可能内蕴含着某些重大的理论冲突。北京师范大学法

① 吴大华主编：《民族法学评论》（第4卷），香港华夏文化艺术出版社2006年版，第141页。

学院陈云生教授对此作了论辩。他指出，他曾经认为法律人类学是法律和人类学这二个学科的优势互补、天作之合，但经重新地审慎思考后，关于这一学科，他主张，我们第一步不是在法学、人类学这二个学科之间找到优势，例如方法论的优势、认识论的优势，不是怎么找到一个巧妙的结合，就像一个高级技工一样，把金、银、锡等这样一些普通的材质焊接成一个完美的艺术品。特别是，我们法律和人类学研究的一些观念在深层次上是相冲突的，包括像自由、平等、正义一系列的理念。人类学研究的是差别、差异，我之外的人，我之外的民族、种族及其他一些人群，那么我们立足于他者的立场上研究我、他这样的不同群体、分类群体之间的一些差异，那么你这些平等的观念肯定就不能成立，所以这一系列的问题都表现出来了。

即使上列的激进看法存而不论，在探讨法律人类学、法学与人类学的关系时，我们也不应忽略学科视角的常规差异所引致的若干关键影响。譬如，“许多法律学家和法律专家把法律视为是，控制社会和指导社会变迁的工具，但是大多数人类学家则把法律视为是社会秩序的反应”，这二种不同取向，曾引起过巨大的影响，现今人们则更为务实地折中之，“规则是反应，也是指导社会组织的策略。”① 再如，关于纠纷，中国政法大学民族法研究中心李鸣教授便谈到，法人类学家看纠纷和法学家看纠纷不是一个概念。法人类学家、人类学家看纠纷，它是人际关系发生了一种什么样的变化而产生的纠纷，这个纠纷是人际关系一个不正常的反映，怎么修复它，就是目的。而法学家看纠纷，就要维护正义等，概念取向是不一样的。

前注里，我们已就谢晖教授有关人类学与法学的学科特质的观点作了一些援引，在其参会论文《论民间法研究的两种学术视野及其区别》以及会议发言中，他对这一问题作了更加充分的阐发论证。民间法、民间规范，作为单一的研究对象，人类学、规范学或法学可以从各自的视角加以探究，它们的对象是统一的，亦即规范事实、制度事实，但是，它们二者的视角、直接目的、研究价值，及其研究的技术手段是完全不同的。首先，在功能和目的方面，人类学的研究更侧重于取真，研究的目的是为了

① 李亦园编：《文化人类学选读》（修订版），台湾食货出版社 1980 年版，第 220 页；朱晓阳等编：《法律与人类学：中国读本》，北京大学出版社 2008 年版，第 401 页。

证实人们日常生活或者人们日常交往的事实，它所进行的是一种事实的挖掘，而不判断这样的事实是好还是坏。而规范视角的研究，它们强调的是取效，在规范研究当中，法学研究更多地强调民间规范它的权利和义务的分配。如果一种规则，不能够把权利和义务关系分开，那么这样的规则，在规范视角研究下是没有价值的。其次，价值取向上，纯粹事实的或求真的人类学研究，它不专门地探求价值问题，但它必然涉及价值问题。人类学对不同文化、不同地域、不同族群，这样的生活方式的描述本身揭示了一个颠扑不破的真理，我们每个人都是生活在主体性当中的。那么，对东方传统里我们的个体主体性结构在群体主体性当中，我们今天的法人类学研究能不能说明这么一个问题。最后，在技术手段上，人类学研究更多地强调的是事实描述，它是一种白描手法，通过白描本身的叙事，让我们读者很自然得出一个结论。但是，法学视角、规范学视角的研究强调的是规范分析，归根结底就是权利、义务的分析方法。

虽然上面具体列示了法学与人类学间的一些基本差别，但我们仍旧可以找寻这二者间的某种统一。王启梁教授首先提问，法学的研究是研究规则还是研究人和人的行动？他认为，我们研究的是人如何在规则之下来进行行动。法律如何从书本成为现实，它依据的是人的行动，人的行动是最终的理由、媒介。简言之，他大体上赞同人类学研究视角中的法学研究应当是人学，不应当是规则之学。对此，谢晖教授予以回应，人类学、法人类学研究究竟是人学还是规则之学？这二个命题从法律的角度来说是一统的。因为，人是规范存在的动物，就像卡西尔所讲的那样："人是文化的动物。"文化是什么？文化就是对人的规范，归根结底文化就是一个规范的符号。从这个意义上讲，人就是符号的动物、规范的动物。为什么人要服从规则，这个逻辑前提就是建立在人是规则的动物上。所以，说法学研究，或者法人类学研究的是人，那么他同文学研究的人、哲学研究的人是不一样的，他本身是一个符号的动物、规范的动物，从这个角度来讲，法人类学既要研究人，而且进一步讲是要研究规则面向的人。这样的规则面向，既包括大传统意义上的国家法面对小传统世界时候的遭遇问题，也包括小传统世界自由的规则及其运转的体制问题。所以，从这个意义来讲，说法学或法人类学研究的是规范，或者法人类学研究的是人，是一体两说，完全是可以统一的。

二、法人类学与民族法学的关系

除了法学——人类学关系的讨论，法律人类学和民族法学的关系亦是会议的重点话题。在此，争议显得略为多些。单就民族法学来说，在国内的学术体制上，1991年6月中国法学会民族法学研究会成立。由此，民族法学同时第一次在古老的法学学科中获得了独立的地位，尤其是，“在世界法学史上，在各国的百科全书中，是找不到‘民族法学’这样的学科名称的”。[①] 据此，不难理解，在那前后以至现今，有关民族法学的性质、地位及其相关问题等的争论一直络绎不绝，比如，民族法学是部门法学还是综合性学科，民族法是不是独立的部门法，是否只是实体法等。[②] 此次会议上，熊文钊教授便是力主民族法学为综合性学科的观点。他谈到，有些认识上总是觉得传统部门法学和民族法学好像没有什么关系，其实，它是二个分类标准形成的这样的一个学科的类型。民族法学其实对传统部门法学的一些调整方法都需要用，都用得着。从宪法到刑法，到民法到诉讼法、行政法，都会用它们的严密的逻辑求证的这种方式来分析、解决问题，然后来解决民族关系的法律调整的问题，因此需要有很好的传统部门法的基础的理论知识、方法，所以说它是这么一个综合性的学问。

源于民族法学这一独特的短暂的学术史，相近的域外法律人类学的引入愈益使得人们对二者的异同关系给予了种种热议。考虑到民族法学在基本理论研究层面，如理论体系和研究范式中的系统性、理论性和指导性等的薄弱态势，这一点更为瞩目。目前，民族法学“以实证调查为基础的经验研究，以习惯法为主要内容的作具体描述和功能分析的研究占多数，而在规范分析和理论体系构建等方面的研究还不够，对习惯法中折射的深层次法理学问题，即使有所涉及也大多点到即止。”如若略夸张一些讲，“基

① 史筠：《在中国法学会民族法学研究会成立大会暨第一次民族法学理论研讨会闭幕会上的讲话》，载吴大华等编，《中国民族法学研究概览》，贵州民族出版社2009年版，第24页

② 李仁玉：《中国法学会民族法学研究会首届民族法学理论研讨会综述》，载吴大华等编，《中国民族法学研究概览》，贵州民族出版社2009年版，第74－75页。

本上还处于资料堆积、注释法条、沿革描述或综述整合等初级状态”。[1] 于此情形，贵州师范大学法学院文永辉博士也在会上感言，我们民族法研究是罗列式研究比较多，进而提出了法人类学怎么样在这中间有所区别、甚至是有所超越这样的问题。他主张，法人类学要搞田野调查，做调查最终的结果就是要写法律的民族志，写法律的民族志一个作用不是仅仅罗列一大堆的材料，我们要文化批评，就是要做现行法律研究的“敌人”，纠正法律研究中的一些偏差。同样，陈云生教授也表达了他有关现今法律人类学究竟怎么做的思考，特别是在民族法学的基础上，我们要不要转向，要不要转到法律人类学上来，或者是我们要不要结合，把我们的民族法学和法律人类学结合起来，它们的结合点应该在什么地方，如此等等。

与上论中隐含的法律人类学、民族法学二者分立有别乃至某种优位替代的看法不同，在这二者的直接比较上，贵州省社会科学院吴大华教授主张它们基本相似，虽然名称不同，国外是叫作法律人类学，开始于西方19世纪中叶，成熟于20世纪70、80年代，我国是在20世纪80年代形成对民族法学的研究。至少从研究群体的构成来看，实际上国内从事民族法学的专家学者同时也是从事法律人类学的专家学者。熊文钊教授的意见颇为相近，只是指出，在民族法的研究上，法人类学和民族法学各自有所侧重，法人类学，中心词在后边是人类学；而民族法学，中心词在后边是法学。贵州民族大学周相卿教授则作了更为细致的分辨，他认为，法人类学和民族法学有重合的，而且绝大部分是重合的。但是，我们民族法学里边有一块纯粹是属于宪法那一部分，这一个就不应该属于法人类学，它是应该属于宪法人类学。法人类学研究民族地区特色的那一部分肯定是法人类学，但法人类学把民族法学包含一部分，但也不能全部包含。为什么呢?人类学肯定是对他者的研究，它是一个相对的概念。比如说，我们现在国家经济发展了强大了，那么经济的交往下一步的话肯定要研究例如越南、缅甸，这些地方你研究它的法律问题这肯定是法人类学问题，但若越南人自己去研究它的东西，它的法律实施，就肯定是法社会学问题。同理，若美国人研究中国的汉族的主流社会的，这肯定是文化人类学，但你中国人研究汉族主流的文化的，这肯定是社会学，不是文化人类学。

① 吴大华等编：《中国民族法学研究概览》，贵州民族出版社2009年版，第3页。

周相卿教授有关人类学的界定引发了一些争执，广西民族大学法学院李远龙教授便不赞同这一提法，即汉族是社会学研究的对象，而不是法人类学研究的对象，他反驳说，汉族中有些族群是值得研究的，它本身给我们社会带来了一些启示。尽管前者对此并未完全否认，汉族中也有法律人类学，例外地，有些地方特别特殊，它和主流的汉人类学的地方不一样，也就是特别偏僻、特别偏远，这一个它应当是属于法律人类学研究的。但这不是要点。张永和教授也承认，就现在的研究对象和研究方法来看，法社会学与法人类学是有很多交叉的地方，一方面，少数民族值得研究，但另一方面，汉族也不宜忽视，应当纳入人类学、法人类学的研究范围。更一般地，文永辉博士强调指出，人类学研究以前注重于少数民族地区，现在应该说已经转向了，可以说无处不田野。按照王启梁教授，在理解人类学的时候，认为人类学是研究他者的学问，但其实他者是可以不断被定义的。对法学来讲，谁是他者，就是那些实践着法律、承受着法律、应用着法律的人。从这个角度来讲，任何人都可以成为法学家所研究的他者。及至田野是什么？田野是非常浪漫的一个词，但其实它无所不在。哪里是田野，是要看我们研究的是什么问题，并没有一个绝对不变或是固定的田野。

在此一致的氛围中，娜仁图雅教授却提出了一点疑义，以为法人类学应该更侧重研究少数民族，因为少数民族缺乏话语权，很容易处于弱势地位，并且在现实中少数民族容易“跟风”而失去民族自身的一些特色。

基于现实的缘由，娜仁图雅教授的顾虑不无道理，后现代主义就曾因相似的普泛立场而饱受诟病。至于周相卿教授，则相对保守了些，虽然他也强调人类学、他者这些概念的相对性，但显然固守于他者在种族、民族这些传统范畴上，不过，现今阶级、阶层、集团等均已渐渐被囊括于他者一词的含义中。法人类学“已然大大扩展了自己的视野……开始研究工业国家，而且还研究本土，关注国家或跨国的法律事务。其范围包括国际条约，移民、难民、关押犯及其他早期以小型社区为基础的人类学观念所不重视的问题。”① 这一新潮流的生发，一方面在于 Moore 所论的，这类法律的、人类学的、社会的研究工作，在高度工业化国家和新兴国家中，是一

① 萨利·福克摩尔：《法人类学的最新发展》，载吴大华主编：《民族法学评论》（第 4 卷），香港华夏文化艺术出版社 2006 年版，第 143 页。

样需要的。[①] 也即新的逻辑现实和背景的出现，“更重要的是它反映了当代人类学对传统的区分，即复杂的历史和传统的静态的非西方世界，所作的重新认识。与其他学科一样，法人类学家已然承认，他们曾经借以分析的高地其实是海市蜃楼。他们开始关注自身和自身周围的世界。”[②] 近来，以上的趋势也已延伸到国内，有如侯猛概括的，产权、人权、主权、全球化问题正在成为包括法律人类学在内的人类学研究的主题。[③]

三、法律的限度

前述法学——人类学关系时，已对法律的限度问题作了一些涉及，考虑到学者们在此论题上争议较为激烈，便以专节论之。

陈云生教授首先发言，法律这么多年来从它诞生到现在，它一直在一个自给自足这样一个起点上向前发展，一直到我们国家这样一个缺乏法治土壤的国家也要进行依法治国。而我们的法律在自给自足这条路上发展已经走入了相当的困境，我们国家的法治发展基本上是这种情况。我们的学者，我们的政治家们还在陶醉于依法治国，建设社会主义法治国家的兴奋状态中，真正放到我们法治实施的层面上我们会发现，我们有很多这样那样的问题，不是用一个简单的法律思维就能够解决的。很明显的，现有人在刑法修改中加上一个见死不救罪，但是很明显，我们法律不能调整所有的领域，特别是几年前那个叫王帅的案子，到现在广州一个 3 岁的女孩遭几次碾压，路过的十几个人都无人相助。这种情况，这是我们法律无法调整的，或者说在这种复杂的社会形势中单靠法律无法解决，我们必须另辟蹊径。对此，青海民族大学陈其斌教授予以附议，法律应该避免神话思维，法律全部管制社会是不可能实现的。譬如，应不应该对清真食品立法？立了法是好事还是坏事？是值得商榷的。

---

① Sally Falk Moore：《法律与人类学》，载李亦园著：《文化人类学选读》（修订版），台湾食货出版社 1980 年版，第 211 页。

② 约翰·康利等：《法人类学回家——法人类学简史》，载吴大华主编：《民族法学评论》（第 4 卷），香港华夏文化艺术出版社 2006 年版，第 136 – 137 页。

③ 侯猛：《“法学与人类学的对话”研讨会综述》，载朱晓阳等编：《法律与人类学：中国读本》，北京大学出版社 2008 年版，第 396 页。

王启梁教授在解说其关于法学现状的三个观感时指出，什么是神话法律呢？是我们每遇到问题，我们就希望通过法律的方式去解决它。法律是一个工具，这一点没有错误，我们要用实用主义的态度去对待它也没有错误，但是如果我们神话了法律的作用，我们可能犯很大的错误。现在网络上炒得很热的，说对于见死不救要进行立法，要进行惩罚。这些都是我们对法律非常高的期待，这种期待作为感情来讲没有错误，但问题在于，任何法律如果它真的要发挥作用，它真的能够减轻社会上存在的问题，前提是在于我们知道法律的特性是什么，它的局限是什么，它能够做什么，尤其重要的是它做不了什么。中国是一个真正意义上的大国，大包括很多方面，从空间上讲，足够广阔；从地理上讲，从自然上讲，多样性足够丰富；更为重要的是，我们社会生活、生活的方式、文化的多样性。这是一个真正的大国，所以我们面对的困境是什么呢？我们面对的困境就是要用同一套法制去面对着生活的多样性，去面对思维可能完全不一样的群体，这是非常困难的一件事情，却也是我们必须要去面对的现实。

对于上述观点，谢晖教授进行了辩驳，他指出，毫无疑问，法律不是万能的，这个结论我们是赞同的。但是，在解决社会公共交往领域当中，应当把法律当成万能的。缘由何在？因为，所谓法治就是使人们的行为服从规则正义的事业，就是管仲所讲的那样，君臣、上下、贵贱阶层法。如果说我们人类学研究最后导致的不是我们加强对法律的理解范围、理解深度，而反倒是我们质疑起、怀疑起法治来了，那就是一个很严重的问题。我们通过人类学的研究不应当是丧失对法治的信念，而应当是拓展、拓深对法律的理解。

对谢晖教授的批评，陈云生教授作了回应，他认为，我们不在于要否认法律这样一个文明发展的成果，在西方传统中从柏拉图的贤人之治到亚里士多德提出的法治优于人治，已有2000多年的发展，这个是不可否认的。而且迄今为止我们社会取得的一些重大成就，在很多方面都和法治文明联系起来。因为法治所倡导的这样一种强制性、可预测性、规则性，这些方面来讲是其他任何社会规范都不能比拟的。即使是在我们这样一个人治非常发达的国家，我们仍然不失于法治。我们在先秦时代从儒家思想一直到后来战国时期的法家，都一直都提出这样的思想，董仲舒的时候还引礼入法、以经释法，所以这方面来讲，我们不是否认这个一个法治的优越性，但是，我们谈到法治优越性的时候，是否想到它同时也可能是它的一种弊病？就是说，我们现在通过国家这样一个层面，动用一种社会组织、一种国家的力量来制定一套庞大的法律体系让全社会的人遵守，但这样一种社会控制、社会工具，就和我们从人类学的角度来理解的法律有差距。我们人类学理解的法律不是一种国家的、统一的、强制性的、外在的、强加的这样一种法治。如果我们说那个也是法治的话，它是在漫长的历史中从它的生产、生活，从它的社群关系、家庭关系中慢慢成长出来的。这种规范，它不是外在的，不是一种强制，但是它实际上很多是服从权威的，它服从权威、服从族长、服从自己的良心的驱使，甚至服从于愚昧这样一个神灵的一种约束，还有一些道德的约束。就是说，这样的一些东西完全可以解决我们法律上很多的问题，像我们不能解决的，法律上需要强制来解决的。而法律人类学就是在研究这样一个机制，就是在强大的国家通过公权力来制定法律让人们遵守，这种权利义务这样一个体系，来作为社会调节工具的同时，我们能不能要关注一下我们千百年来我们人类社会在自身形成的一些自我调节和控制机制。

上面的论争如何看待？我以为，双方各自略有一些偏颇。首先，法律之有限人所公认，“我们相信在某些情况下（朋友之间或家庭内部的关系、非正式婚姻、乱伦、安乐死、对抗艾滋病的保护、代理母亲……），法律的作用是很微弱的，或者甚至是毫无作用，而非法律的社会控制方法则可以用于这些方面。”① 如庞德指出的，西欧世界里，法律也只在16世纪后方才接替道德、宗教等而成为首要的社会控制形式，② 所以这绝非批评法治的适恰理由。其次，说我们总是戴着法律的眼镜看问题，这也无可厚非，正像以前人们指责所谓的经济学帝国主义，或者社会学帝国主义一样，专业的视角与习惯使然而已。再者，法律、国家法也不宜和法治概念完全等同起来，法治作为基本的社会治理形式以法律为主导，但决不排斥宗教、伦理、意识形态等诸类社会控制方式，此处的法律也非单指国家

---

① 罗伯特·罗兰：《法律涵化》，载吴大华主编：《民族法学评论》（第4卷），香港华夏文化艺术出版社2006年版，第157页；伯纳德·巴伯：《信任——信任的逻辑和局限》，牟斌等译，福建人民出版社1989年版，第28页。

② 罗斯科·庞德：《通过法律的社会控制·法律的任务》，沈宗灵等译，商务印书馆1984年版，第12页。

法，自治章程、习惯法都可算作充分可行的渊源。

既然说到习惯法，我不得不强调一点，在词面意义上，习惯法乃是传统的积淀，为此必须纳入现代法治理念的规制和改造之下。或许出于会议主题的缘故，学者们谈及习惯法时总是不免带着些许乡愁的情绪。比如，娜仁图雅教授主张，我们都比较认同习惯法或者民间法在社会生活中的作用是不可替代的，而且与国家立法相比成本很低、社会效果也比较好。西北民族大学法学院虎有泽教授认为，东乡族习惯法已经融入东乡族村子的管理过程中，也就是我们所说的乡约制度当中，这些习惯法有利于经济的发展、社会的稳定等。陈云生教授直接谈到，在一些民族地区，村民们常为一些自然资源的权属纠纷打得不亦乐乎，打死人了，抓到公检法，你就得判处或者说就得偿命，但是这样会造成村民中的“世仇”，而民间法对于这样的问题可以用自己的方式解决，而不会产生“世仇”这样的后续的问题。贵州省社会科学院文新宇副研究员也论及，在国家法视野中，很多习惯法的做法属于违法或犯罪，对乡民自身来说却是惯常的风俗，也能够较好地解决问题。

最后，法律不是万能的，但应当将法治当成万能的，视为终极目标向其靠拢、努力。我们可以采信多元法律观，但不能无保留地赞美诸如民间法这样历史的遗留。民间法当然能够解决问题，像陈云生教授例示的，有时仅凭族长的一句话就行。可是，存在的、有效的并非就是合理的、正当的，[①]“法律从来只是将在某种文明中居优势的伦理、社会和经济观念赋予法律形式”，[②] 无形的族长的权威后面隐约地很可能是某些类似于马克思曾经典揭示的警察、法庭和监狱等有形的暴力机构。这样，即便从单纯的成本效益出发，或者更精确一点，“如果我们把效率概念从成本——效率的狭窄含义扩展到更宽泛的政策效果（effectiveness）的含义”，[③] 我也同意这一说法——“人类文明的历史一再证明解决矛盾纠纷最经济的方法就是法治的方法，法治的方法是一种相对低成本的方法”。另一方面，我们也不能奢望传统的族长们那里满怀人权、自由这些现代法治要求的观念。要知道，现今西方对人权的刻意重视乃是源于二战这一深重灾难的刻骨铭心的

① 查尔斯·蒂利：《信任与统治》，胡位钧译，上海人民出版社2010年版，第57页。

② 让·里韦罗等：《法国行政法》，鲁仁译，商务印书馆2008年版，第13页。

③ 戴维·毕瑟姆：《官僚制》，韩志明等译，吉林人民出版社2005年版，第107－108页。

反思，这一点若翻看对照于战前50年里有关种族优劣、人口优生等喧嚣的言辞即可一目了然。因此，有些学者说得不错，“今天，我们发展中碰到了问题，发现目前的法治不能解决所有的问题，于是丢掉法治寻求别的方式来解决，这种选择是极端危险和错误的……法治发展当中面临的问题不能通过抛弃法治用别的方式来解决问题，相反，只能通过不断完善法治来解决问题。”① 由此，“法学家和社会学家、人类学家都需要关注法治社会的建立、关注法律的实施如何、关注社会秩序的有机形成”。②

四、法人类学的理论与方法等

在论坛上，学者们还就法人类学的理论和方法、东乡族习惯法的当代意义、西部民族地区新农村法制建设等主题进行了交流讨论，这里一并概述。

李鸣教授阐述了人类学的理论和方法在少数民族习惯法研究中所引致的一些变化：第一个是研究态度和立场的变化。我们要建立一个正确的前提，我们要研究相同的人所处的不同的环境，人群的不一样，地理的、气候的不一样，产生的文化就不一样，那么在文化与文化之间，用今天的人类学的观点，它没有优劣之分，我们不能先入为主，不能自以为是。第二个是研究习惯法的视野问题。它将法律作为一种社会现象，作为它的一个重要组成部分来探讨法律。就是法律与社会层面要进行整体关照，反映一种整体的文化状态。第三个是研究方法的问题。人类学的田野调查的方法、反观的方法、个案分析的方法，这都是非常重要的方法。比如个案，在法人类学研究当中，在习惯法研究当中不是拿法条来说话的，而是拿具体的案件来说话的，因为这是产生规范的一种基本形式。面对民族的习惯法，你没有该民族的案例，是没有力度的。

通过理论观察视角和整个方法的转变，李鸣教授提出了少数民族习惯法研究中应当完成的主要任务。第一个任务，是在少数民族习惯法研究

① 游劝荣：“第五期中国法学青年论坛第三单元：纠纷的多元解决”，中国法学创新网：http：//www. lawinnovation. com/html/xjdt/5230. shtml，2012 -1 -10 最后访问。

② 朱晓阳等编：《法律与人类学：中国读本》，北京大学出版社 2008 年版，第400 页。

中，能否找到它的习惯法的代表性标识，比如羌族习惯法中的碉楼、议话坪。第二个任务，就是找到少数民族习惯法背后的价值取向，比如羌族、彝族、藏族中的赔命价的规定。第三个任务，要注意民族习惯法功能的分析。第四个任务，在研究习惯法的时候，要注意文化的传承。最后一个任务是习惯法与国家法的关系，还有是要研究习惯法在解决本民族或本群体纠纷中所有的作用。

虎有泽教授对东乡族习惯法作了简明而系统的概述。一方面东乡族的族源与蒙元时代的成吉思汗西征有着关联，如今生活在甘肃省的东乡族自治县里边有51万多人。东乡族习惯法在历史形成当中，伊斯兰教法和汉族的法律这两类法律对其影响最大，因为东乡族是全民信伊斯兰教。另一方面，适应本土化的需要和谋求生存的发展，伊斯兰教又经历了一个被“再解释”的过程。关于东乡族习惯法的内容，虎有泽教授列示了三个典型表现：一是日常生活的规范中，伊斯兰教的行善、戒恶、守正自洁、宽恕、施舍、诚实公正、互相合作等伦理准则。还有，汉文化的过节时晚辈早起问候长辈的习俗；二是婚姻家庭方面的教内婚制度；第三，丧葬习俗里，伊斯兰教人死后速葬的惯例。西北的穆斯林里边有一句俗话叫作：亡人奔土如奔金。就是去世的人，早早地丧葬是最好的。

和其他少数民族相同，东乡族习惯法大多是认可的、口耳相传的、遗留下的一些东西。它的特点可以简单地概括为：宗教性、民族性、地域性，因为它有一个特殊的地理环境，就是山大沟深。此外，还有内控性、稳定性和传承性等。对于东乡族习惯法的当代意义，虎有泽教授表述了四个方面：第一个，是为维护社会的正常秩序而有的意义；第二个是它对满足个人或者个体的需要也是有意义的；第三个是对东乡族适应社会的角色也是有意义的，它可以称为培养社会的角色；第四个是东乡族习惯法对民族文化的传承也是有意义的。

文新宇副研究员对他的课题“西部民族地区新农村法制建设研究”作了介绍，指出当时的调研中有些为难，找不到入口，后来从法人类学的角度切入，发现确实存在很多法律问题。通过对这些问题的归纳总结，他认为，主要表现在三个方面：其一，新农村建设的法治化缺失，国家从立法到执法给予的关注太少。其二，除了国家法以外在民族地区还存在习惯法，在西南地区是特别多，民族地区的居民很多时候是在用习惯法来解决问题，而很少对簿公堂。其三，在国家看来，有很多习惯法的做法是违反法律或者是犯罪，但是从村民们自己看来却是自己的风俗，也能很好的解决问题。针对上述种种问题，文新宇副研究员提出了三个对策：一是，完善与新农村建设相适应的法治建设；二是，吸收利用有利的习惯法资源；三是，找到国家法与习惯法相互协调的融合点。

会议的最后，李远龙教授谈到了学术研究中概念方面存在的一些问题：第一，我们在使用一些概念的时候过于泛化，比如习俗、习惯法、法等等。习惯法、法，究竟哪个是法，哪个不是法？在学者的论文中也存在这样的问题。第二，就是法和法律的关系。在学者的论文中，包括我们的法学教材，有的有时用“法”，有时候又用“法律”，显得很随意，因此，我们要分清法和法律的异同。原始社会有没有法，没有阶级没有国家？法是什么？应该这样理解，法律是国家制定或认可的，法却不是。最后，有一个概念要明确，“民族”这个概念怎么来理解，就是单指少数民族吗？在学术上我们使用得也太宽泛，没有指涉性，或许我们使用族群这个概念有更好的学术指涉性，这个问题需要认真反思。

五、民族立法状况

除了学术上的交流和争鸣外，政府实务界人士就当前有关政府部门的民族立法状况也作了一些介绍。

国务院法制办公室彭高建副司长谈到了城市方面管理机制改革问题，比如说流动人口的管理问题，不限于少数民族，也包括汉族。少数民族融入东部区域的过程中往往会产生一些涉及民族习惯、饮食、受教育等特殊性问题。他还介绍了有关清真食品的立法动态，如清真食品的标识规范问题、质量监控问题。这些都是未来清真食品管理条例中的重要内容，目前条例尚没有具体的时间表。全国人大民委法案室梁庆副主任则对《民族地区经济发展促进法》的议案审查情况以及《民族区域自治法》的执法检查状况作了简介，并对现阶段民族立法活动的总体态势表示了谨慎的乐观，换言之，我们在民族立法工作中应该付出十分的努力，当然也需要有足够的耐心。

对于以上的最新立法讯息，学者们给予了一些评论。熊文钊教授指出，对于我国的整个国家法律体系而言，我们政府有一个初步的共识，那就是我国社会主义法制体系已经建立。但就事实而言，我们不敢说民族法制领域的法律体系已经建立起来了，这一方面依然是短板，在拖社会主义法治的后腿。至今，五大自治区还没有自治条例，这个需要仔细研究的。香港的高度自治是先有香港基本法，法律是先行的。作为我们国家的基本政治制度，民族区域自治制度必须认真对待，自治条例长期不作为，则说不过去的。关于民族地区经济促进法，他认为，立法上很难，但口号上可以。陈其斌教授则更为积极一些，他指出，日本曾经有一个《中小企业发展促进法》，是政府专门为中小企业制定的一部法律，立法效果很好，对日本的中小企业发展起了积极的推动作用，相信我国的民族地区经济发展促进法也会对民族地区发展起到积极的推动作用。关于清真食品立法问题，他建议多加调研，闭门造法的情形应该避免，防止步入《破产法》立而不用的后路。

关于《民族地区经济发展促进法》，中央民族大学法学院田艳副教授建议将其改为《全面促进民族地区发展法》，以期全面地促进民族地区发展，各个方面都要兼顾，尤其要促进教育领域。对教育领域、基础教育、高等教育基础设施加大投入将会有力地促进民族地区的发展。娜仁图雅教授有着近似的看法，因为民族地区是需要多方面发展的，不能只发展经济。希望在这方面我们能更深入地研究，能让民族地区更加快速和更好地发展。

梁庆副主任对学者们的评议作了简要的回应，民族经济促进法是不是可以改名的问题，他个人认为是可以的。但是，按照实际的工作和实践的程度，这个又是不可以的。重复一句就是，民族立法工作是需要有耐心的。延边大学李宝奇教授对此作了补充，单纯的《民族地区经济发展促进法》能做出来已经相当不容易，这还是需要我们再加努力，需要一步一步地来。

第二届法律人类学高级论坛会议综述

胡月军

2012年9月22日至23日，中国人类学民族学研究会2012年年会法人类学专题会议暨第二届法律人类学高级论坛在甘肃省兰州市召开。来自西北民族大学、西北师范大学、兰州大学、中国政法大学、中央民族大学、中南民族大学、四川师范大学、西南民族大学、贵州省社会科学院、贵州民族大学等全国高等院校与科研单位的专家学者30余人出席了会议。

本次论坛收到40篇论文，大致可以划分为四个板块：法律人类学研究、习惯法研究、地区纠纷解决机制研究、其他研究。

一、法律人类学研究

贵州省社会科学院院长吴大华研究员的《〈侗族习惯法研究〉诞生记》以一种学术纪录片的描述形式，为我们清晰地呈现了《侗族习惯法研究》诞生的"时间表"和"路线图"，同时向我们讲述了他关于侗族法人类学研究的心得体会。中国政法大学李鸣教授《边走边看边想：一个中国法人类学者的艰难探索——陈金全教授与中国法人类学研究》，以"陈金全教授个人学术史"为微观视角考察"中国法律人类学学科建设与人才培养"这一宏观问题。陈金全教授作为马林诺夫斯基等开创的法人类学研究在中国"最坚定的支持者、最忠实的继承者、最有力的推进者"之一，为繁荣中国法人类学研究做出了很大贡献。李鸣教授指出，像陈金全教授一样的杰出专家还很多，都值得撰文加以称颂。写这样的文章只是一种尝试，一个开头，以后还要继续进行下去。其实，当我们开始进行学术史考察的时候，我们具有两种身份：一种是法人类学的研究者，另一种是法人类学研究的研究者。作为法人类学的研究者，我们本身就是法人类学学术史的研究客体，我们其实是当代的法人类学学术史的一个个案，是中国法人类学学术流变的见证者，甚至是这一学术史的创造者。云南大学法学院张晓辉教授《论西南少数民族创世神话的规范价值——基于人类学理论的分析》为西南少数民族创世神话在法律层面的研究提供了一条崭新的路径，即通过创世神话的研究，探究早期社会的规范，发现现实社会中的“活法”，揭示规范变迁的过程，从而重新认识创世神话的规范价值。

这一尝试在中国法律人类学研究的知识论和方法论两个方面都具有开创意义。中央民族大学熊文钊教授、中央民族大学郑毅博士在其《民族法学的性质、地位及其理论体系——兼论民族法学与法律人类学之关系》文中指出，民族法学是一门独立的综合性法学学科，但尚不是一个独立的法律部门，这一判断对于理解民族法学的性质至关重要。其既有的理论体系研究已经落后于实践发展的需要，因此应当从应然和实然两个角度予以科学重构。此外，厘清民族法学与以法人类学为代表的相关学科的关系亦是关乎其深远发展的重大问题。中央民族大学郑毅博士在其《民族法学与民族法制研究的发展及学科建设刍议——法人类学的学科建设与人才培养的一种借鉴》中指出：作为与法人类学关系最为密切的法学学科，民族法学研究的发展、学科建设以及人才培养对于法人类学的学科建设和人才培养具有重要的借鉴意义。这主要包括四个方面的重要内容：一是作为基本前提的民族法制理论及其创新研究问题；二是作为重要保障的民族法制学术平台建设问题；三是作为关键路径的民族法学学科建设问题；四是作为核心目标的民族法制人才培养问题。上述四个方面相互关系的优化、互动与协调，构成了我国民族法学不断发展与完善的重要动力。这也是民族法学对于法人类学学科发展所提供的核心经验。贵州财经大学法学院刘云飞副教授《从自然法到结构人类学：关于法国法律人类学的演进谱系》则像一架西洋镜带领我们“穿越”到法国，为本次法律人类学研究的百花齐放增添了一处“西洋盆景”，他认为，法国的法律人类学倾向于从文化和哲学高度界定自身范畴，并在话语、实践、信仰和价值体系几个层面进行探索。孟德斯鸠的自然法、社会学年鉴派的社会学、列维·斯特劳斯的结构人类学都深刻影响了这一学科的发展。次撒哈拉非洲是法国法律人类学发展的田野基地，产出了丰富的研究成果。当前法国的法律人类学继续在多元文化背景下深入发展，同时面临从法学边缘向法学核心进军的挑战，以及从多学科进路向跨学科进路转变的挑战。贵州凯里学院副院长徐晓光教授《牯臓节的礼物——黔东南苗族祭祖活动中“礼物往来”仪规研究》认为，在黔东南苗族村寨的13年一度的牯臓节期间，亲朋好友挑着礼品或回赠的礼物在乡间小道上络绎不绝，成为一道靓丽的礼物文化风景线。牯臓节中盛大的杀牛祭祖礼是厚祭祖先、祈求赐福的仪式；客人丰厚的礼品，主人体面的回赠是体现亲属关系和族亲序列的标志。苗族这种特有的礼俗具有深刻的文化意义，独特的“牯臓文化”是由苗族自身的生存环境和历史文化背景决定的。所以苗族牯臓节祭祖活动中“送礼”与“回赠”的仪式与规则是法人类学研究的重要内容。西北师范大学法学院牛绿花副教授《法人类学的中国研究——以少数民族习惯法的研究为例》认为，少数民族习惯法是中国法人类学研究的重要内容。30年来国内少数民族习惯法研究得到蓬勃发展。呈现出研究的跨学科性、研究类型的多样性、所研究民族在地域分布上的南多北少、学者研究习惯法的业余性和兼职性、法律多元主义观点的认同等特点。存在着诸如具体实证研究不足、未形成固定研究团队、研究方法单一等问题和不足。总体来看，当代中国少数民族习惯法研究仍处于起步阶段，研究前景广大、领域广阔、可深入探讨的问题颇多，研究者任重道远，也将大有可为。

二、习惯法研究

清华大学法学院高其才教授、北京航空航天大学法学院罗昶教授在《传承与变异：浙江慈溪蒋村的订婚习惯法——以2010年农历十月初八戚周订婚为例》文中指出，2010年11月13日，他们通过对浙江省慈溪市附海镇蒋村戚周订婚的田野考察和访谈，发现在这里订婚通常称为“过书”，为婚姻成立的必要程序，村民较为严格的遵守这一历史上一直有效并传承至今的习惯法。固有的订婚习惯法在蒋村仍然客观存在，仍然有其现实功能和特殊价值。并且深入分析了蒋村订婚的基本原则，描述了相识与媒人规范、订婚程序规范、彩礼规范等订婚主要规范，指出订婚习惯法的发展中经济因素日益突出，历史上形成的固有习惯法在现代法治建设过程中是有其特殊价值的，并不一定会随着时代的变迁而被遗弃。法律现代化需要建基于中国社会的经济、历史、文化之上，我们需要从民众角度认真思考中国人的法生活方式。凯里学院李向玉讲师《回族婚姻习惯法的变迁及社会功能研究》认为，回族婚姻习惯法是阿拉伯伊斯兰婚姻制度与中国传统婚姻制度长期相互适应、吸收与交融的产物，回族婚姻习惯法被回族民众普遍接受并成为其婚姻方面的重要准则，回族婚姻习惯法在保持着本身特点的同时也随着社会、时代的发展而产生变迁，其与国家制定法发生着冲突，也保持了一定的共性，正确认识婚姻习惯法在当代法治社会的作用，有利于促进我国《婚姻法》在回族地区的顺利实施，增进民族团结。河南中医学院人文学院乔飞博士在其《“风水信仰”与“禁绝巫术”——晚清教案中的中国民间法与西方教会法之冲突》文中指出，从中西法文化冲突的角度，研究中国民间法与西方法的不同本质，可以拓宽民间法的研究途径。乌石山教案等晚清教案中，呈现出中国民间法“风水信仰”与西方教会法“禁绝巫术”之冲突；中国民间法具有“人本主义”特征，西方教会法具有“神本主义”特征。教案的发生是两种异质法律规范冲突的结果。贵州省社会科学院法律研究所文新宇副研究员在其《苗族习惯法研究探源》中指出，从1981年苗族学者李廷贵等提出苗族习惯法概念、开展苗族习惯法研究至今，苗族习惯法的研究已走过了30多年的历程。30多年来，苗族习惯法研究从发端到兴起，到出现高峰期，专家、学者们进行了积极的探索，形成了丰硕的研究成果。当前的苗族习惯法研究不能忽视苗族习惯法研究发端、源头的探讨，苗族习惯法研究对丰富学术研究成果、促进各学科建设、发展、繁荣学术和研究事业具有重要意义和积极作用。贵州民族大学法学院周相卿教授在其《当代高荡寨布依族习惯法田野调查民族志》中指出，位于贵州黔东南州镇宁布依族苗族自治县境内的高荡寨，属于扁担山地区布依族聚居地方的一个自然寨，由于特殊的地理环境和历史背景，较好地保留了原始习惯法文化。高荡寨阴历六月六敬神时制定规范的制度在历史上曾经是最重要的习惯法立法制度。历史上传承下来的仪式婚制度与国家法多元并存，仍然发挥着重要的作用。寨子内的人互相帮助一致对外的制度容易形成群体性斗殴事件，这与国家法存在冲突。

西南政法大学曾代伟教授、中南民族大学许娟副教授在其《社会变迁中的非正式惩罚——云南怒江傈僳族自治州福贡县腊吐底村的驻村观察》中指出，云南怒江傈僳族社会的非正式惩罚随着社会变迁而进化。从神判惩罚到祷告诅咒，从泼血诅咒到忏悔宽恕，从声誉受损到拒绝祷告，从人身罚到财产罚和资格罚，在公开训诫到写保证书再到公开训诫，惩罚形式不一而足。当前腊吐底村维持秩序的主要非正式惩罚有财产罚、资格罚、申戒罚等。非正式惩罚是一门在生活实践中形成的民间智慧和民间艺术形式。正当的非正式惩罚能够唤起社会舆论对被惩罚者的谴责，而惩罚者也会通过惩罚加深自我的权威，但非正式惩罚的正当性和有效性是相对的，惩罚恰恰也会在惩恶扬善的法器和十字架的殉难之间游走，社会治理者应该择机而动、顺势而为，适当运用惩罚来匡扶社会正义。西北政法大学民族问题与民族法研究所所长穆兴天教授在其《被误解的文化传统——论藏族“赔命价”的内涵》中指出，长期以来，学术界和司法实务界对于藏族习惯法中的“赔命价”的存在诟病不断，甚至认为这是一种“落后的”、“不文明的”存在。之所以存在各种观点的差异，关键在于不仅把“赔命价”没有作为一种民族文化传统而是作为封建残余看待，而且对“赔命价”的内涵存在重大误解。于是他从“赔命价”产生和“回潮”的历史传统、文化基础、现实根源入手，对“赔命价”进行了重新解读，恢复其本来面目，力图实现“拨乱反正”。他认为，对于藏区部分地区“赔命价”等习惯法“回潮”的问题，既不必如临大敌、惊慌失措，也不能听之任之、放任自流。一方面要研究和挖掘其合理合法的有益内容，以变通立法的形式吸纳到国家制定法体系之中，使目前不合法的现象合法化；另一方面，采取宣传教育与打击非法相结合的手段，在大力宣传国家制定法、讲解“赔命价”等习惯法“回潮”问题引发的消极后果及危害的同时，坚决打击违背我国刑法及刑法理论中罪刑法定原则、罪刑相适应原则、罪责自负和不株连无辜的原则的犯罪行为和活动。只有这样，藏区习惯法“回潮”及由此引发的各种社会问题才有望得到解决。贵州民族大学法学院孙韡副教授在其《村规民约与国家法的冲突、互补——以黔东南苗族村寨村规民约为例》文中指出，黔东南苗族村寨的村规民约含有较多苗族习惯法基因，使其与国家法之间存在一些冲突。但是，这种村规民约根植于苗族传统文化孕育下的价值观、正义观，关注细事、琐事，它对国家法又有诸多互补的方面。只要正确地消解冲突，充分发挥其互补优势，必然在乡村和谐社会的构建中体现其价值。西北民族大学法学院马敬博士在其《回族习惯法意识初探》中指出，习惯法意识是少数民族习惯法文化中的一个重要组成部分。探讨习惯法意识是深入研究少数民族习惯法的一个核心内容。他认为，回族的习惯法意识不仅维系着回族习惯法文化的传承与发展，调适着民族心理，而且深刻影响和规范着回族在日常生活、民族间交往、纠纷处理等方面的行为。因此，研究和探讨回族的习惯法意识，对于从法文化角度来分析、理解回族习惯法的内容，进而推进回族习惯法研究的深入具有积极的意义。

三、民族地区纠纷解决机制研究

西北民族大学法学院虎有泽院长在其《西北民族地区多元化纠纷解决机制探析——基于张家川回族自治县的调查》文中指出，民族地区是以少数民族人口为主的民族聚居地区。千百年来，民族地区形成了其独特的族源、语言、宗教和习惯等。当国家法进入这些特殊“乡土社会”之时，其与当地习惯法的冲突自然不可避免。在社会转型、价值多元的当代中国，如何实行避免脱离本土资源的“法治”是一个亟待研究的问题。于是，他从法社会学角度出发，在对西北某一民族地区进行田野调查的基础之上，分析了国家法与习惯法在民族地区的冲突，探讨了西北民族地区多元化纠纷解决机制的建构问题。并且认为，民族地区的稳定发展和长治久安对于促进不同民族、不同宗教信仰群众和谐相处，对加强民族团结、维护祖国统一、保障国家安全，具有极为重要的意义。坚持在依法治国背景下消融民族地区国家法与习惯法的冲突，发挥习惯法直接或间接的结构性力量，不仅有益于民族地区多元化纠纷解决机制的构建，也有益于国家秩序的构造和维系。西南政法大学法社会学与法人类学研究中心主任张永和教授、西南政法大学法社会学与法人类学研究中心研究人员张祺好在其《民族地区人民法庭建设对纠纷解决文化的影响》文中指出，改革开放以来，我国经历了一个庞大的社会转型，正在实现从传统社会向现代社会、从农业社会向工业社会、从封闭性社会向开放性社会的社会变迁和发展。在社会转型期，传统的社会规范和结构体系逐步解体，新的规范和结构体系正在形成并逐渐获得社会成员的普遍认同。改革开放带来的经济的快速发展为少数民族地区群众提供了获得物质利益的更多机会和可能，在利益争执的刺激之下，人们的权利意识逐渐增强，法制观念逐步树立，诉讼和审判作为实现公民权利的最终和最重要的手段越来越多地受到人们的关注，制定法和国家司法逐渐成为少数民族地区纠纷解决的主导规则和首选方式。同时，少数民族群众对国家法律和司法模式的认同也在逐渐增强。但是，单靠国家司法的单一力量是不够的，有时候，民族地区部分当事人在面对一些不能完全理解的法律条文时，法官要借助其宗教习惯和宗教教义说服当事人。在最大限度地发挥司法效能的同时，也应理性认识司法的限度，大力发掘作为国家法的辅助的习惯法的重要作用，通过构建与完善多元纠纷解决机制，实现从司法解纷方式的“单力困境”向多元化纠纷解决机制的“和力模式”迈进。贵州师范大学郭婧副教授在其《侗族地区民事纠纷非正式解决机制研究》文中通过描述侗族民事纠纷非正式解决机制在传统与现代两个时间段的不同与相同表现，展现了传统的民事纠纷解决机制经过历史的淬炼，以更适应国家体制和现代社会生活方式的形式，巧妙地与正式制度共存于当代侗族社会的规范体制中。并认为在现阶段以及今后的一定时间内，该地区的民事纠纷处理机制仍以这种多元的形式存在；而该地区的非正式纠纷解决方式也能为熟人社会的纠纷解决提供启示。云南大学法学院李毅博士研究生在其《“德古”影响力的减弱》、《传统德古：纠纷解决权威的式威》中指出，德古在历史上是重要的世俗权威，是彝族习惯法最主要的传承者，彝区的绝大多数纠纷和矛盾都由德古依据彝族习惯法解决，德古是彝区最重要的稳定力量。现代社会，彝区纠纷解决的权威出现了多元化，乡村的政治精英、乡村派出所、人民法院及其派出法庭等都涉足纠纷解决，纠纷解决不再是德古的专属权利。即使是德古，还分为新型德古与传统德古。新型德古主要适用国家法解决纠纷，彝区由于政治、经济、文化等方面的变化，传统德古解决纠纷的种类变窄，数量减少，其解决纠纷的权威式微。中国海洋大学法政学院时亮博士在其《乡村秩序与国家法律——通过对时寨村三个案例的透视看豫北乡村秩序重建的可能途径》中指出，乡村原有秩序的破坏并不是“国家法律”进入的结果，而恰恰是没有得到“国家法律”有效规范的基层行政力量直接作用的结果。乡村秩序的重建，虽然需要有“国家法律”的适当介入，而且通过“国家法律”有效规范行政力量的作用范围和方式，也是这一重建的重要内容之一；但是，由于“国家法律”本身的限制性，而使其根本无法承担起“乡村秩序”重建的整个重担。要重建“乡村秩序”，需要的完全不是像有些学者和官员所主张的那样，由“国家法律”对乡村生活进行直接全面而彻底的渗透。而实际上，“国家法律”也根本无法完成这样的“渗透”任务。倘若强行为之，必然会带来新的灾难。真正需要的是这样一种情况：由国家法律提供一个由某些明确的原则组成的、进而有一定解释空间的弹性活动框架，保证其中最基本最核心的几项条件（比如安全等），而把余下的尽可能多的已知事项和未知事项，都留给乡民们，让他们运用自己的知识和财富，来寻求和建设自己将要生活在其中的可能性秩序的实质部分。西北师范大学法学院王勇教授在其《草场权属、边界互动与纠纷解决——甘青藏区的经验观察》文中指出，哈丁所谓的“公地悲剧”实际上是发生在“边界”上的租值消散，这是在特定的局限条件下，为实现相邻社群（部落）之共有草场产权（经由第二方）所必须付出的最低交易费用。“边界”上的租值消散乃是由于草原“过密化”而引发的“边界挤压”的直接表现和具体后果。随着边界挤压程度的加剧，可蚕食的边界空间将越来越狭窄，其结果是作为缓冲地带的边界存在着随时崩溃的危险，一旦边界崩溃，即表现为一方越界，这样，边界冲突及其相应的私力救济行为就发生了。由于冲突双方的私力救济即复仇行为很难达成均衡状态，第二方协调的交易费用高不可攀，于是，一个替代第二方纠纷解决机制的方式出现了——这就是第三方纠纷解决机制。在这个第三方纠纷解决机制中，传统的部落宗教权威与现代的世俗国家权威之间——尤其是在现代民族国家建构的历史背景之下——呈现出一种既竞争又合作的错综复杂的局面。这就是近现代以来，中国甘青藏区草权政治的历史本相。西北民族大学法学院郑天锋在其《临夏回族自治州社会纠纷解决机制的调研与启示》中通过对甘肃省临夏州社会矛盾纠纷解决机制的调研，寻找民族地区经济社会发展到一定程度，其社会矛盾发展的特点、规律或者特殊性问题，以及其社会矛盾纠纷解决的方式、特点，试图在诉讼机制和非诉讼机制有效衔接基础上，进一步完善、发展适应新时期、新特点的西北少数民族地区社会纠纷解决机制。

四、其他问题研究

中南民族大学法学院潘弘祥教授在其《城市化背景下民族自治地方行政区划变更的现状分析与对策研究》文中指出，城市化的发展促使不少民族自治地方县改为市（区），这不仅与我国现行法律规范相悖，而且有削弱民族区域自治制度之虞。因此，在规范民族自治地方行政区划变更的同时，应及时修改相关法律制度，使法律规范与社会发展相适应。西北政法大学常安教授在其《统一多民族国家的宪制建构——新中国成立初期民族区域自治制度的奠基历程》文中认为，对于民族区域自治制度在我国的确立，《共同纲领》的宪政宣示尽管具有最为重要的合法性确认意义，但这一基本宪政制度的真正奠基，则有赖于民族识别、民族干部培养、少数民族地方民主改革等一系列相关政治实践。这其中，少数民族地方民主改革可视为我国民族区域自治制度奠基的关键，它直接决定了新中国的民族治理制度是否坚持和贯彻了社会主义方向这一民族区域自治制度的最实质所在。同时，新中国通过将民族区域自治制度作为我国民族治理的基本宪政制度，也实现了多民族大国的民族-国家建构的真正飞跃。云南大学法学院宁林博士研究生在其《少数民族医疗权的保障》文中指出，作为健康权重要组成部分的医疗权是公民的基本权利之一，医疗权保障亦为人权保障的重要内容。为了实现真正的医疗公平正义，我国应该给予少数民族医疗权以特别的保障，从而缩小由于地理、经济、政治、教育、人口等因素引起的医疗资源分配的差异性，使得多民族地区的医疗服务更具可供性、可及性和可接受性。同时，加强理论研究，在立法保障的前提下，制定相应的措施，以切实保障我国公民，特别是少数民族医疗权的顺利实现，从而构建和谐的医疗、社会和民族关系。西北民族大学法学院钟慧、兰州市公安局黄钟在其《回族文化的法律保护探究》文中指出，我国是个多民族的国家，回族是我国少数民族的重要组成部分，回族文物有着跨越多朝代、东西文化融合等鲜明的特征。随着经济全球化的不断深入，回族文物面临着不断被现代文明冲击的现状，文物流失、破坏情况严重。从全球来看，保护民族民间传统文化、维护世界文化多样性已经受到了国际社会的普遍关注，世界上很多国家和国际组织已经通过法律途径为民族文物等传统文化提供了保护。相比之下，我国的少数民族文物法律保护体系尚未构建。并就有关我国回族文物的法律保护提出了六点建设性意见：一是完善回族文物法律保护体系，二是建立回族文物的价值评估体制，三是鼓励上交新发现的回族文物，四是规范回族文物的收藏与拍卖，五是在回族文物的流转与返还问题上与国际条约、国际惯例接轨，六是加强回族文物保护的公众教育和参与。云南大学法学院华袁媛博士研究生在其《从一起维权事件看边境少数民族农村地区法律意识——对江城县曲水乡“橡胶事件”的调查》文中指出，随着边境少数民族地区卷入“现代”经济程度的加深，以经济利益为诱因的维权事件日趋多见，因为地域以及民族因素的影响，这类维权事件极易迅速发展为群体性事件。权利意识的提高和维权行动的出现，是该地区少数民族村民法律意识发展的必然结果。云南大学法学院蔡燕博士研究生在其《从发展权、受教育权看少数民族权益保障》文中从少数民族的发展权和受教育权的角度，探讨了国家对少数民族的帮助、支持和倾向性的保护，从而真正保障宪法所确定的少数民族权益。认为适度的帮助、促进少数民族的优先发展是人权的体现，受教育权的有差异的保障是发展的重要前提和保障，并提出了如何应对实践中面临的几个难点。贵州民族大学法学院潘志成副教授在其《中国的村民自治考察：草根民主与宪政之路》文中指出，对于中国的村民自治这种草根民主，对其存在的价值、意义及未来的发展问题，学术界一直存在严重的分歧。有鉴于此，他通过对村民自治诸问题的考察，试图从草根民主的国外经验、我国草根民主的实践及理论等多个层面对这一问题展开探讨。并且认为，村民自治对中国宪政进程的意义，既在于村民自治自身是当代中国民主化进程的一个起点，同时也在于这种草根民主为更多领域或更深入领域的民主政治生活所施加的示范效应。完全有理由相信，随着我国政治体制改革的不断深入，村民自治的示范性效应将愈加彰显，由此中国将走上一条与西方民主宪政之路不同的道路。贵州民族大学商学院周丽莎副教授在其《贵州省少数民族文化权保护探析》文中认为，贵州少数民族文化非常丰富，大量的少数民族文化遗产被列为联合国和国家非物质文化遗产名录，贵州省也制定了一系列的法律法规积极保护少数民族文化。但由于忽视了少数民族文化权的保护，造成少数民族文化受到冲击、少数民族缺乏民族自觉、民族文化传承"后继乏人"等问题。因此，应注重少数民族文化权主体、正确处理好少数民族文化继承和创新、协调保护文化与经济发展的关系、加强少数民族文化权意识、培养少数民族的文化自觉、文化自信。西南民族大学法学院田钒平副教授在其《民族间相互认同的文化之维》文中认为，在多民族背景下，不论如何强调不同民族之间的文化差异的重要性，共性文化才是维系不同民族之间的相互认同和相互交往的根基和纽带。准确把握文化的实质含义，合理区分文化的优劣，妥善处理一元与多元文化的关系，增强对共性文化的认知，推进共性文化的发展，是塑造民族间相互认同的文化根基的核心问题。